10 neue Rezept-Ideen für jedes KNORR Fix

Das Kochbuch

über 400 Rezepte

10 neue Rezept-Ideen für jedes KNORR Fix

Rezept Seite 195

Kochspaß ohne Grenzen

südwest

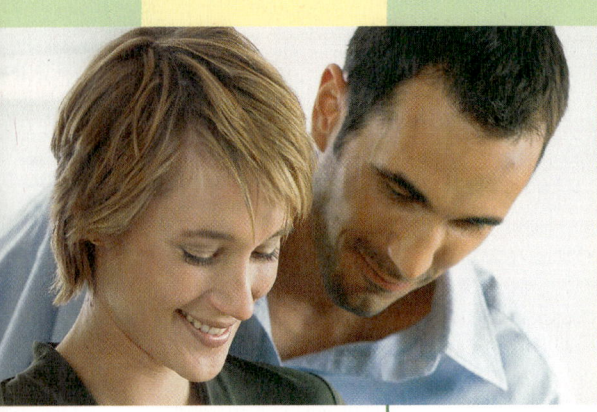

Inhalt

Das ist Kochspaß ohne Grenzen:
Zu jeder Varietät KNORR Fix finden Sie hier
10 neue Rezept-Ideen und viele Tipps.

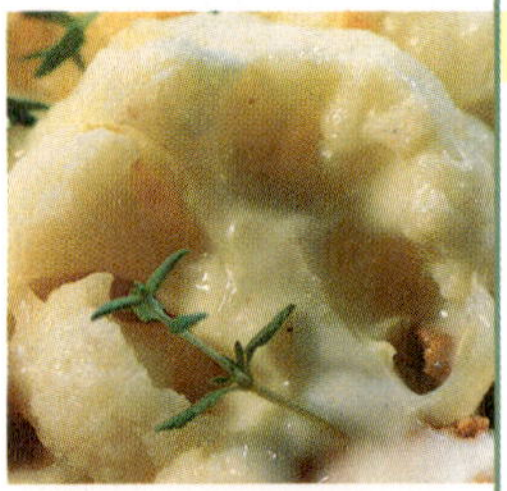

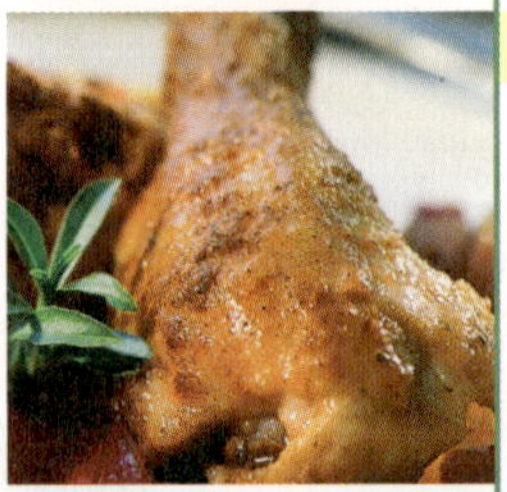

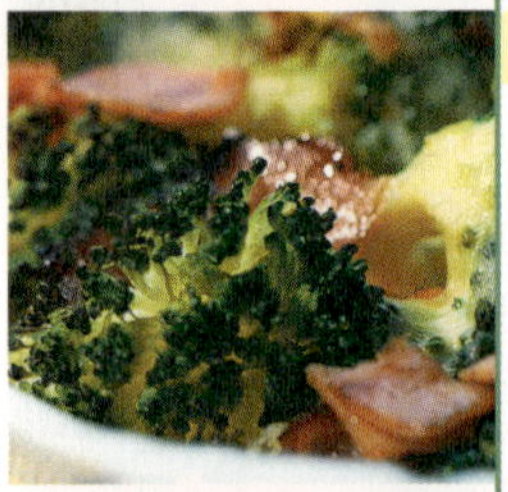

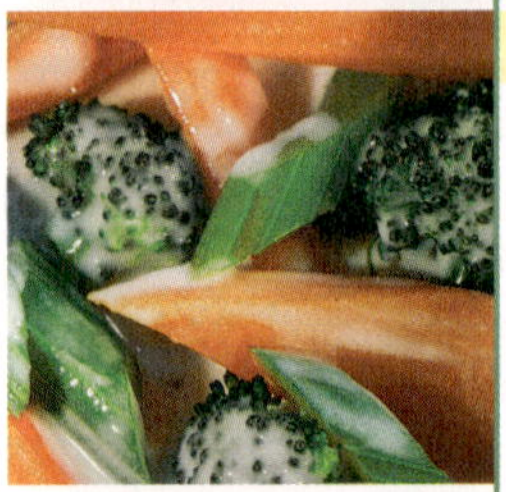

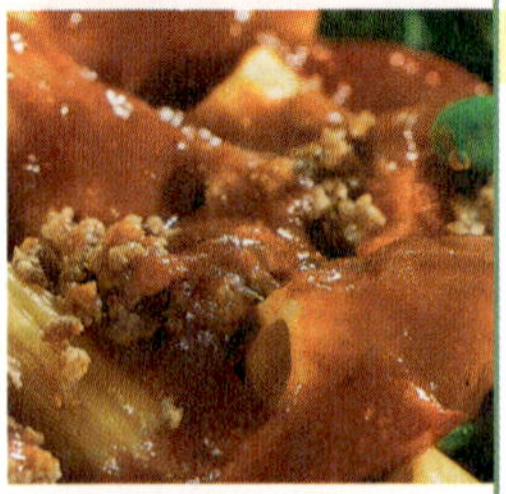

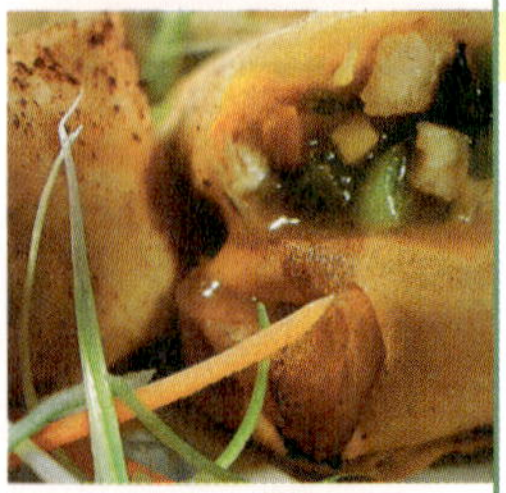

Inhalt

Inhalt

Inhalt

Inhalt

Inhalt

KNORR Fixibilität
Einfach flexibel

Kochbücher gibt es viele. Das Buch, das jetzt vor Ihnen liegt, ist anders als alle anderen. Sein Dreh- und Angelpunkt: KNORR Fixibilität. Was versteckt sich hinter diesem Wort? Eine neue Idee und eine einfallsreiche Art zu kochen.

Monatelang brutzelte und dampfte es in der KNORR Versuchsküche. Was kommt heraus, wenn man mit ein paar frischen Zutaten und einem Beutel KNORR Fix an den Herd geht? Fixibilität! Die Gleichung heißt: KNORR **Fix** plus Flex**ibilität** gleich KNORR **Fixibilität**. Kochspaß ohne Grenzen. In diesem Buch finden Sie das Ergebnis: zu jeder Fix-Varietät 10 neue Rezept-Ideen, also 40 KNORR Fix-Produkte, 40 Kapitel, 400 Rezepte und dazu viele Tipps und Anregungen. Auf diese Weise ist eine abwechslungsreiche Küche entstanden, so intensiv, so einfach und unbeschwert wie keine andere.

Bereiten Sie zum Beispiel mit Ihrem Lieblings-Fix, KNORR Fix für Spaghetti Bolognese, die schnellste Pasta der Welt oder eine pikante Chili-Bolognese mit Oliven, vielleicht auch eine herzhafte Pizza Bolognese. Ganz easy gelingen Bruschetta Bolognese oder der italienische Nudelauflauf – und die griechischen Blätterteigtaschen schmecken mit KNORR Fix für Spaghetti Bolognese super. Einfach fixibel.

Hungrig, müde und keine Lust auf lange Einkaufstouren? Den oft erheblichen Aufwand beim Zubereiten konventioneller Gerichte scheuen viel beschäftigte Genießer gerade im Alltag. Sie möchten ohne Umschweife etwas Selbstgemachtes auf den Tisch bringen. Fixibilität hilft dabei. Die Rezepte in diesem Buch sind vielseitig, modern und überraschend kreativ. Und sie kommen ohne lange Zutatenlisten aus. Wer zum Beispiel zu KNORR Fix für Hackbraten greift, braucht weder Eier, Kräuter noch Zwiebeln für herzhaft-lockere Frikadellen. In jedem Beutel Fix stecken die richtigen Gewürze, die typisch sind für eine jede Spezialität. Ganz gleich, ob Chili con Carne, Ratatouille oder Putengeschnetzeltes, mit KNORR Fix ist's garantiert perfekt gewürzt und gut gebunden.

Auf Wochenmärkten verfällt man leicht in einen Kaufrausch und trägt schnell einen großen Korb mit frischem Gemüse nach Hause. Nicht verzweifeln. Ein kurzer Rundruf – und alle kommen gern zum Essen. Schließlich lassen sich mit KNORR Fix aus der Gemüseküche ohne viel Aufwand die hinreißendsten Gerichte der Saison zaubern. Das finden übrigens nicht nur Vegetarier.

Experimentierfreudige Naturen, die sich mit neu entdeckten Zutaten gern auf unbekanntes Terrain wagen, verbuchen garantiert großen Erfolg beim Kochen, wenn das richtige Fix-Produkt im Spiel ist. Lockt etwa der Supermarkt mit einem Sonderangebot für frischen Lachs? Dann steht am Abend vielleicht ein köstliches Fisch-Gratin auf dem Familientisch – perfekt gelungen, auch wenn es das allererste seiner Art ist. Oder wollen plötzlich alle Schnitzel essen? Kein Thema. Einfach gleich mehrere in den Backofen schieben. Statt neben der Bratpfanne zu stehen und später die Fettspritzer vom Herd zu wischen, können Sie sich mit anderen Dingen vergnügen, bis der Küchenwecker klingelt und Schnitzel plus einer leckeren Sauce fertig sind zum Servieren.

Nichts macht mehr Spaß als ein Abend mit netten Gästen. Hausgemachtes Essen, das duftend und frisch aus der eigenen Küche kommt, trägt viel zur Atmosphäre bei. Soll ein Menü besonders stimmungsvoll geraten, verringert KNORR Fixibilität den Aufwand und sichert den Erfolg. Das ist besonders schön, weil dann Zeit bleibt, den Tisch trendgerecht zu dekorieren. Es lässt sich einfach herrlich genießen, wenn Kochen so fixibel und einfach ist.

EIN BEUTEL FÜR ALLE FÄLLE

Fix-Produkte haben Tradition: Seit 1975 gehören KNORR Fix für Gulasch und KNORR Fix für Sauerbraten zu den beliebtesten Produkten im Supermarkt. Zwei Drittel aller Bundesbürger haben schon einmal zu einem Beutel Fix gegriffen; viele kaufen ihre Lieblingssorten immer wieder. KNORR Fix begleitet die großen kulinarischen Trends Jahr für Jahr mit neuen Varietäten. Ganz gleich, ob prima Pasta, leichte Mittelmeerküche oder pfiffige Gemüsegerichte. Knorr hat zu jeder Zeit für jeden Geschmack das richtige Fix – und ab sofort zu jeder Sorte 10 weitere Rezept-Ideen.

Fix für Blumenkohl-Schinken-Gratin

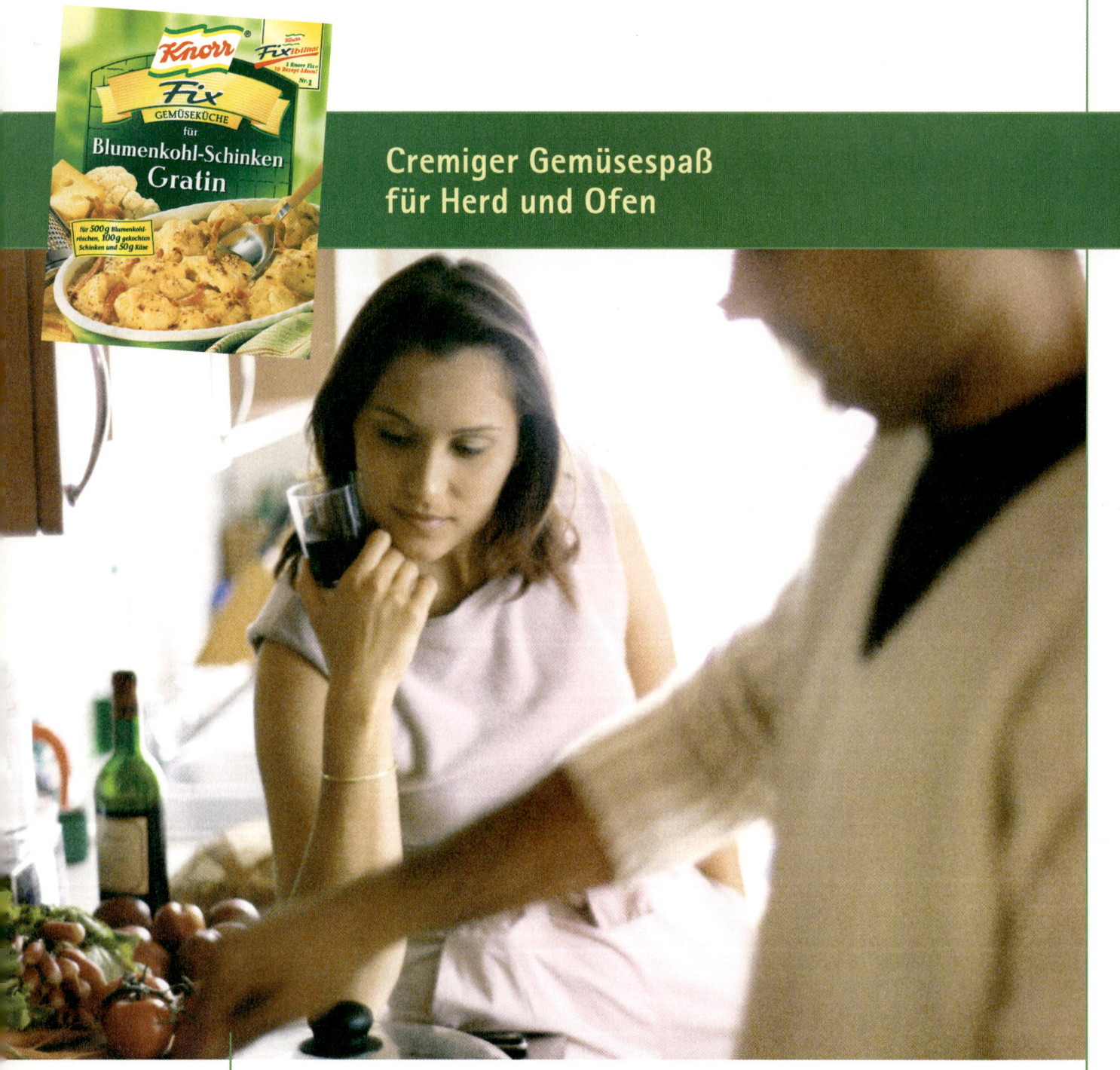

**Cremiger Gemüsespaß
für Herd und Ofen**

Lauch-Schinken-Gratin

Pro Portion (bei 3 Port.): 2140 kJ/515 kcal, 51 g E, 27 g F, 15 g KH

1. Lauch putzen, waschen und schräg in 1 Zentimeter dicke Scheiben schneiden. Lauch in einem Topf in 1/2 Liter (500 Milliliter) leicht gesalzenem Wasser etwa 2 Minuten garen. Herausnehmen und abtropfen lassen.

2. Schinken in kleine Würfel schneiden und mit dem Lauch in eine gefettete Auflaufform geben. Fix für Blumenkohl-Schinken-Gratin in 350 Milliliter kaltes Wasser einrühren und unter Rühren aufkochen. Sauce über Lauch und Schinken gießen und mit Käse bestreuen.

3. Im vorgeheizten Backofen bei 200 °C (Gas Stufe 3, Umluft 175 °C) in 25 bis 30 Minuten goldbraun backen.

   Dazu passen Kartoffeln oder Reis.

Zutaten für 2–3 Portionen:

500 g Lauch
Salz
120 g gekochter Schinken
1 Beutel KNORR Fix für Blumenkohl-Schinken-Gratin
50 g geriebener Käse

tipp

Ohne Beilage eine raffinierte Vorspeise, mit etwas Brot eine leichte Mahlzeit.

Zubereitungszeit ca. 30 min

Fischfilet auf Gemüse

Pro Portion (bei 2 Port.): 3230 kJ/774 kcal, 40 g E, 36 g F, 72 g KH

1. Nudeln in reichlich Salzwasser bissfest garen und in einem Sieb abgießen.

2. Frühlingszwiebeln putzen, waschen und in Ringe schneiden. Zucchini waschen, putzen und in Scheiben schneiden. Fisch in Portionsstücke schneiden, mit Salz und Pfeffer würzen, in Mehl wenden und in einer Pfanne in heißem Olivenöl von jeder Seite 3 bis 4 Minuten braten.

3. Frühlingszwiebeln, Zucchini und tiefgefrorene Erbsen in heißem Öl 5 Minuten dünsten. 400 Milliliter Wasser zugießen, Fix für Blumenkohl-Schinken-Gratin einrühren, unter Rühren aufkochen und 1 Minute kochen. Mit Salz und Pfeffer abschmecken. Nudeln mit der Gemüsesauce mischen. Fischfilets darauf anrichten.

Zutaten für 2–3 Portionen:

150 g Bandnudeln
Salz
1/2 Bund Frühlingszwiebeln
200 g Zucchini
250 g Seelachs- oder Rotbarschfilet
Salz, Pfeffer
2 EL Olivenöl
100 g TK-Erbsen
2 EL Öl
1 Beutel KNORR Fix für Blumenkohl-Schinken-Gratin

Zubereitungszeit ca. 1 h 15 min

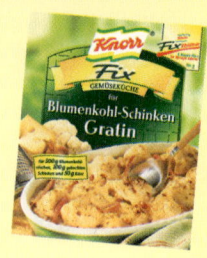

Wirsing-Gratin mit Hackbällchen

Pro Portion: 1800 kJ/432 kcal, 29 g E, 30 g F, 12 g KH

Zutaten für 3 Portionen:

500 g Wirsing
Salz
1/2 rote Paprikaschote
300 g Hackfleisch
Pfeffer
1/2 TL Edelsüß-Paprikapulver
1 Beutel KNORR Fix für Blumenkohl-Schinken-Gratin
1 Prise Muskat
50 g geriebener Käse

1. Wirsing waschen, putzen und in breite Streifen schneiden. Wirsingstreifen in Salzwasser etwa 2 Minuten garen. Herausnehmen, gut abtropfen lassen und in eine gefettete Auflaufform geben. Vom Gemüsewasser 350 Milliliter abmessen.
2. Paprikaschote waschen, entkernen und in Stücke schneiden. Hackfleisch mit Salz, Pfeffer und Paprikapulver würzen und 15 Bällchen formen.
3. Hackbällchen auf dem Wirsing verteilen und Paprikastückchen darüber streuen. Fix für Blumenkohl-Schinken-Gratin und Muskat in das Gemüsewasser einrühren, unter Rühren aufkochen und die Sauce über den Auflauf gießen. Mit Käse bestreuen und im vorgeheizten Backofen bei 200 °C (Gas Stufe 3, Umluft 175 °C) 25 bis 30 Minuten backen.

tipp

Wer die harte Haut der Paprikaschoten nicht mag, schält das Gemüse einfach mit dem Sparschäler; es wird dann leichter verdaulich und schmeckt milder.

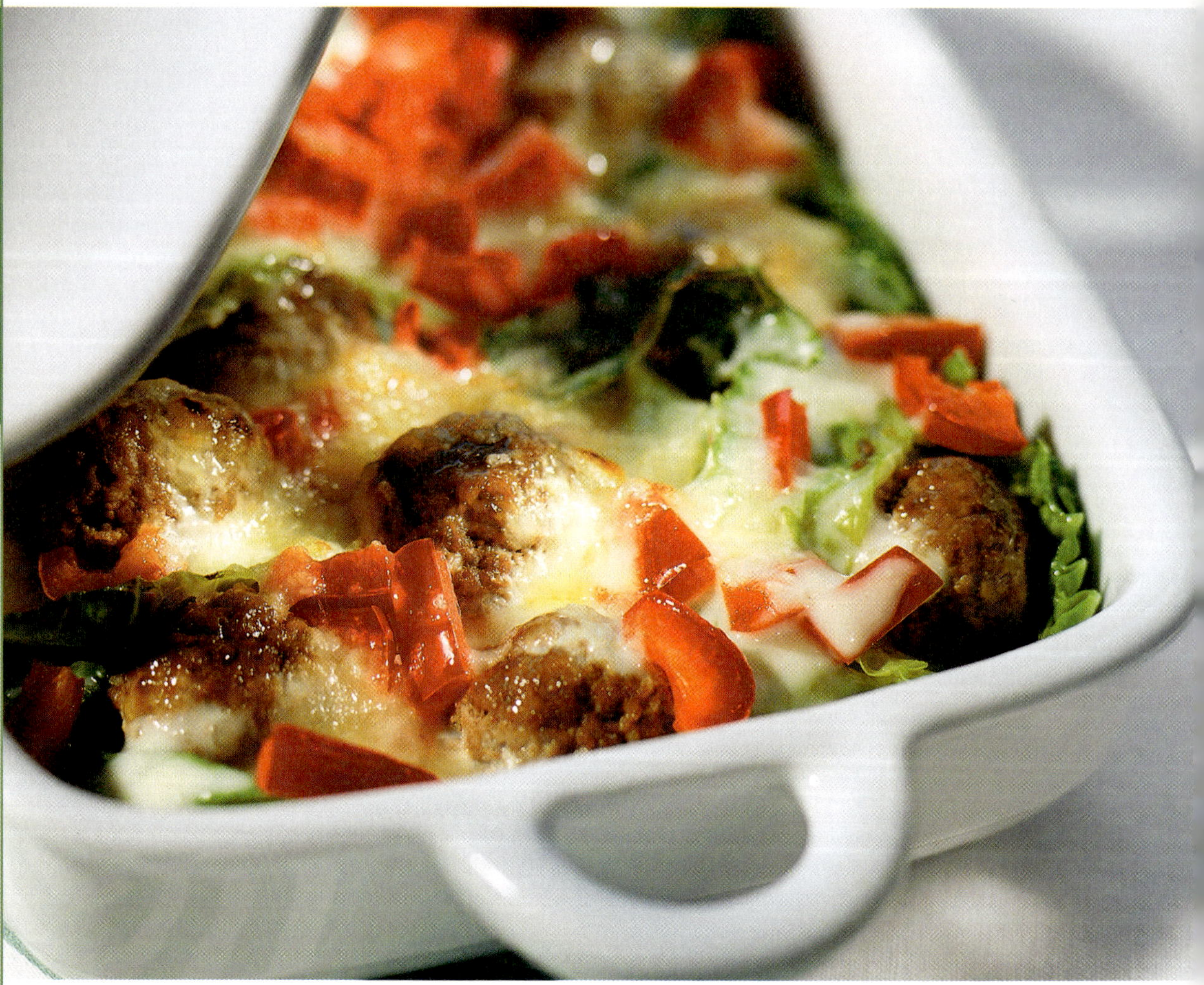

Zubereitungszeit ca. 60 min

Hähnchenbrust »Lombardische Art«

Pro Portion: 2220 kJ/532 kcal, 33 g E, 39 g F, 13 g KH

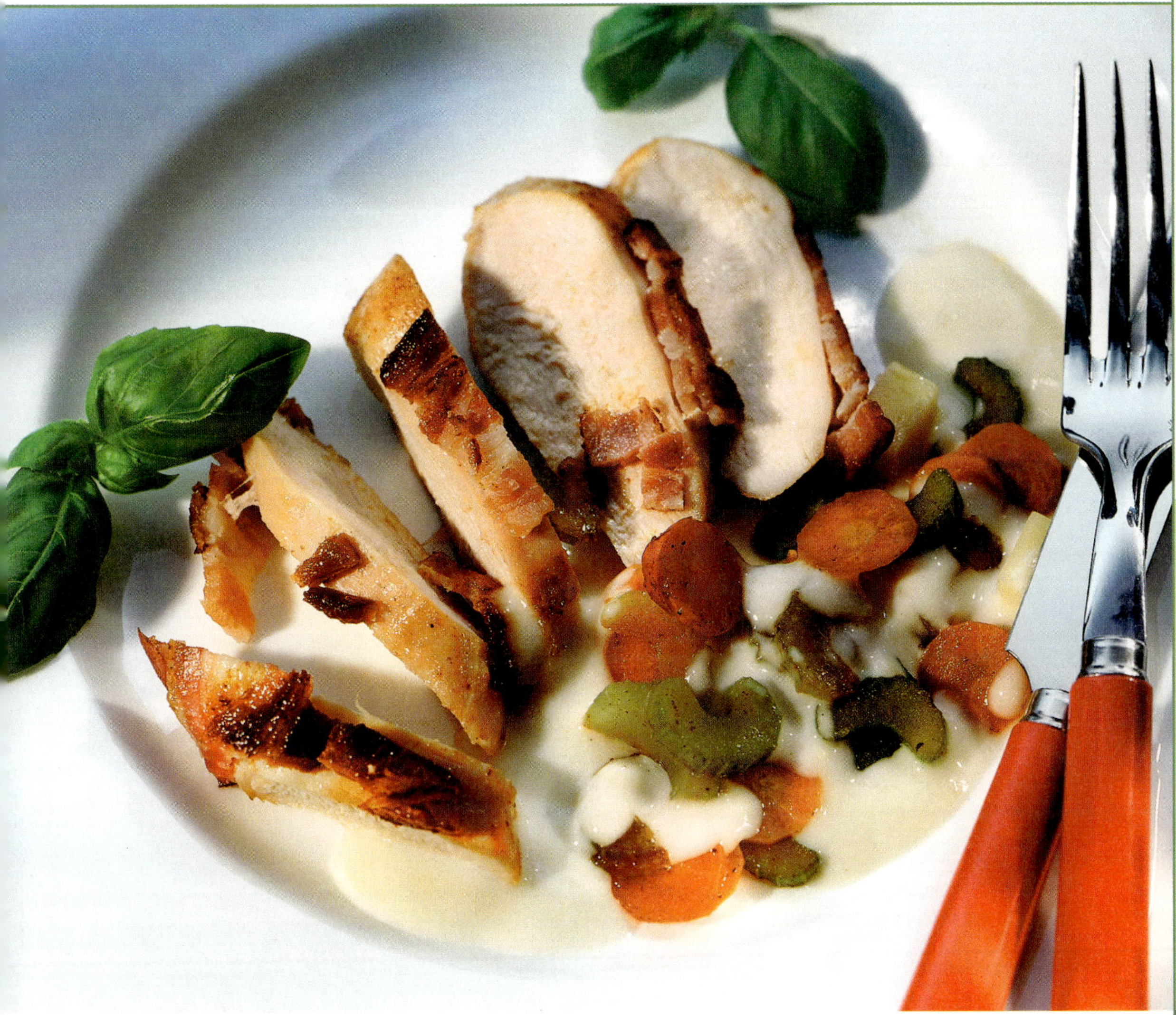

Zutaten für 3 Portionen:

250 g Staudensellerie
250 g Möhren
2 Hähnchenbrustfilets à 150 g
Pfeffer
6 Scheiben durchwachsener Speck
1 Beutel KNORR Fix für Blumenkohl-Schinken-Gratin
50 g Käsewürfel
evtl. Basilikum

1. Staudensellerie waschen und putzen. Möhren schälen. Beides in feine Scheiben schneiden und in eine gefettete Auflaufform geben.
2. Hähnchenbrustfilets pfeffern und mit je 3 Scheiben Speck umwickeln. Fix für Blumenkohl-Schinken-Gratin in 350 Milliliter kaltes Wasser einrühren und unter Rühren aufkochen.
3. Sauce über das Gemüse gießen. Filets darauf legen. Im vorgeheizten Backofen bei 200 °C (Gas Stufe 3, Umluft 175 °C) in 35 bis 40 Minuten goldbraun backen. Käsewürfel darüber streuen. Nach Belieben mit Basilikumblättchen garnieren.

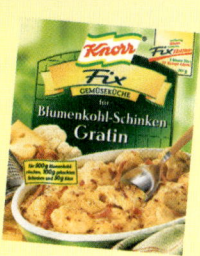

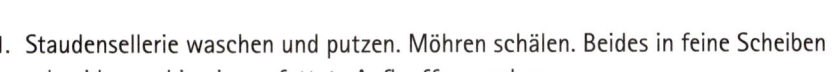

tipp

Zur Hähnchenbrust einen leicht gekühlten roten Landwein aus Norditalien servieren.

Blumenkohl-Hack-Auflauf

Pro Portion (bei 2 Port.): 3740 kJ/895 kcal, 61 g E, 66 g F, 16 g KH

Zutaten für 2–3 Portionen:

400 g frischer Blumenkohl oder 300 g TK-Blumenkohl

Salz

1 Knoblauchzehe

500 g Hackfleisch

1–2 TL Tomatenmark

2–3 EL Öl

Pfeffer

1/2 TL Thymian

1 Beutel KNORR Fix für Blumenkohl-Schinken-Gratin

50 g geriebener Käse

tipp

Wer beim Überbacken kräftiges Käsearoma liebt, nimmt anstelle von geriebenem Gouda oder Emmentaler den pikanteren Parmesan.

1. Blumenkohl putzen, waschen und in Röschen teilen. Tiefgefrorenen Blumenkohl auftauen lassen. Blumenkohl in 1/2 Liter (500 Milliliter) leicht gesalzenem Wasser 5 bis 7 Minuten garen. Herausnehmen und abtropfen lassen. 350 Milliliter Gemüsewasser abmessen.

2. Knoblauchzehe abziehen, zerdrücken und mit Hackfleisch und Tomatenmark in heißem Öl unter Rühren anbraten. Mit Salz, Pfeffer und Thymian würzen und in eine gefettete Auflaufform geben. Blumenkohlröschen darauf verteilen.

3. Fix für Blumenkohl-Schinken-Gratin in das Gemüsewasser einrühren und unter Rühren aufkochen. Sauce über den Blumenkohl gießen, mit Käse bestreuen und im vorgeheizten Backofen bei 200 °C (Gas Stufe 3, Umluft 175 °C) in 25 bis 30 Minuten goldbraun backen.

Fenchel-Schinken-Gratin

Pro Portion (bei 2 Port.): 1580 kJ/378 kcal, 27 g E, 21 g F, 19 g KH

1. Fenchelknollen putzen, waschen und halbieren oder vierteln. Gemüse in leicht gesalzenem und gezuckertem Wasser 5 Minuten kochen. Fenchel abtropfen lassen und in eine gefettete Auflaufform geben. Schinken in Streifen schneiden und darüber geben.

2. Fix für Blumenkohl-Schinken-Gratin in 350 Milliliter kaltes Wasser einrühren, unter Rühren aufkochen, 1 Minute kochen und über das Gemüse gießen.

3. Mit Käse bestreuen und im vorgeheizten Backofen bei 200 °C (Gas Stufe 3, Umluft 175 °C) in 25 bis 30 Minuten goldbraun backen. Nach Belieben mit Fenchelgrün garnieren.

Zutaten für 2–3 Portionen:

2 Fenchelknollen (ca. 600 g)
Salz, Zucker
100 g gekochter Schinken
1 Beutel KNORR Fix für Blumenkohl-Schinken-Gratin
50 g geriebener Käse

tipp

Frische Fenchel- knollen erkennt man an ihrem saftigen Grün. Fein gehackt eignet es sich gut zum Garnieren.

Apfel-Kartoffel-Gratin

Pro Portion: 1780 kJ/426 kcal, 16 g E, 29 g F, 25 g KH

1. Kartoffeln schälen, Apfel waschen, evtl. schälen und entkernen. Kartoffeln und Apfel in Stifte schneiden oder grob raspeln. Bratwürstchen in Scheiben schneiden.

2. Zwiebel abziehen, würfeln und in heißem Öl andünsten. 350 Milliliter Wasser dazugießen, Fix für Blumenkohl-Schinken-Gratin einrühren und kurz aufkochen. Mit Muskat abschmecken.

3. Kartoffel- und Apfelstifte zusammen mit den Würstchenscheiben in eine gefettete Auflauf- form geben. Sauce darüber gießen. Im vor- geheizten Backofen bei 200 °C (Gas Stufe 3, Umluft 175 °C) etwa 30 Minuten backen. Mit Petersilie bestreuen.

Zutaten für 3 Portionen:

300 g Kartoffeln
1 säuerlicher Apfel
4 grobe Brat- würstchen
1 kleine Zwiebel
1 EL Öl
1 Beutel KNORR Fix für Blumenkohl- Schinken-Gratin
Muskat
2 EL gehackte glatte Petersilie

Schweinefilet-Curry

Pro Portion: 1490 kJ/357 kcal, 33 g E, 21 g F, 9 g KH

Zutaten für 4 Portionen:

500 g Blumenkohl
500 g Schweinefilet
Salz, Pfeffer
2–3 EL Öl
1 Beutel KNORR Fix für Blumenkohl-Schinken-Gratin
1–2 EL Currypulver
150 g Crème fraîche
evtl. 1–2 EL Dill

tipp

Milde Currysorten können Sie ruhig großzügig dosieren.

1. Blumenkohl waschen, putzen und in kleine Röschen teilen. Schweinefilet in etwa 2 Zentimeter große Würfel schneiden. Mit Salz und Pfeffer würzen, in heißem Öl braten und aus der Pfanne nehmen.

2. 1/2 Liter (500 Milliliter) kaltes Wasser in die Pfanne gießen, Fix für Blumenkohl-Schinken-Gratin einrühren, Curry dazugeben und unter Rühren aufkochen. Blumenkohlröschen zufügen und zugedeckt bei schwacher Hitze etwa 10 Minuten garen.

3. Das Fleisch dazugeben und in der Sauce heiß werden lassen. Das Curry mit Crème fraîche verfeinern und nach Belieben mit Dill garnieren.

Hähnchen-Rucola-Topf

Pro Portion (bei 2 Port.): 1595 kJ/382 kcal, 45 g E, 15 g F, 16 g KH

Zutaten für 2–3 Portionen:

1 kleine gelbe Paprikaschote
2 Tomaten
50 g Rucola
350 g Hähnchenbrustfilets
2–3 EL Öl
Salz, Pfeffer
1 Beutel KNORR Fix für Blumenkohl-Schinken-Gratin
1–2 TL Zitronensaft

1. Paprikaschote waschen, halbieren, entkernen und in Streifen schneiden. Tomaten waschen und entkernen. Fruchtfleisch in Würfel schneiden. Rucola waschen, putzen, trockenschleudern und in mundgerechte Stücke zerpflücken.

2. Hähnchenbrustfilets in Streifen schneiden und in einem weiten Topf in heißem Öl braten. Mit Salz und Pfeffer würzen und herausnehmen. Paprikastreifen im Bratfett andünsten. 400 Milliliter Wasser dazugießen, Fix für Blumenkohl-Schinken-Gratin einrühren, unter Rühren aufkochen und 1 Minute kochen.

3. Hähnchenfleisch, Tomatenwürfel und Rucola dazugeben und heiß werden lassen. Mit Salz, Pfeffer und Zitronensaft abschmecken.

Zubereitungszeit ca. 55 min

Gnocchi-Gratin

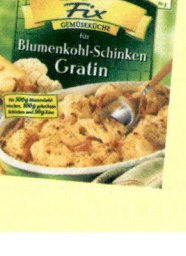

Pro Portion: 2410 kJ/576 kcal, 18 g E, 41 g F, 34 g KH

Zutaten für 3 Portionen:

500 g frische grüne Bohnen oder 450 g TK-Bohnen

100 g durchwachsener Speck

1 Beutel KNORR Fix für Blumenkohl-Schinken-Gratin

500 g Gnocchi aus dem Kühlregal

50 g geriebener Käse

1. Frische Bohnen waschen und putzen, tiefgefrorene Bohnen auftauen lassen. Speck würfeln, bei mittlerer Hitze knusprig braten und aus der Pfanne nehmen.
2. Bohnen in einen Topf geben, 400 Milliliter Wasser dazugießen und aufkochen. Zugedeckt bei schwacher Hitze 5 bis 8 Minuten kochen. Fix für Blumenkohl-Schinken-Gratin einrühren und unter Rühren kurz aufkochen.
3. Gnocchi in eine gefettete Auflaufform geben, Sauce darüber verteilen. Speckwürfel und Käse darüber geben. Im vorgeheizten Backofen bei 200 °C (Gas Stufe 3, Umluft 175 °C) etwa 20 Minuten überbacken.

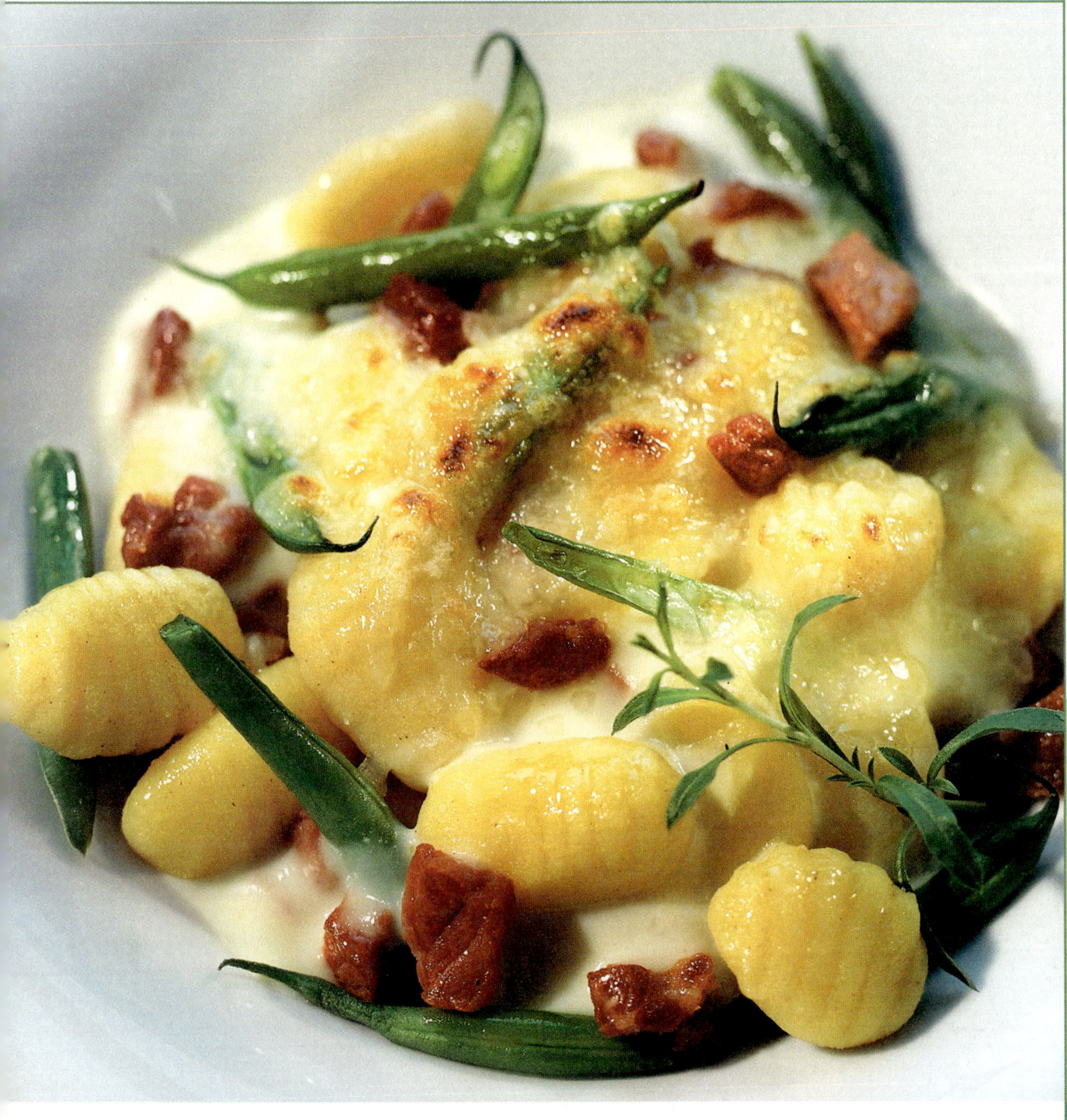

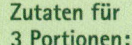

tipp

Zu gratinierten Gnocchi (sprich: Njokki) einen italienischen Weißwein servieren, z.B. einen Pinot Grigio aus dem Trentino.

10 Rezept-Ideen

Fix für knuspriges Brathähnchen

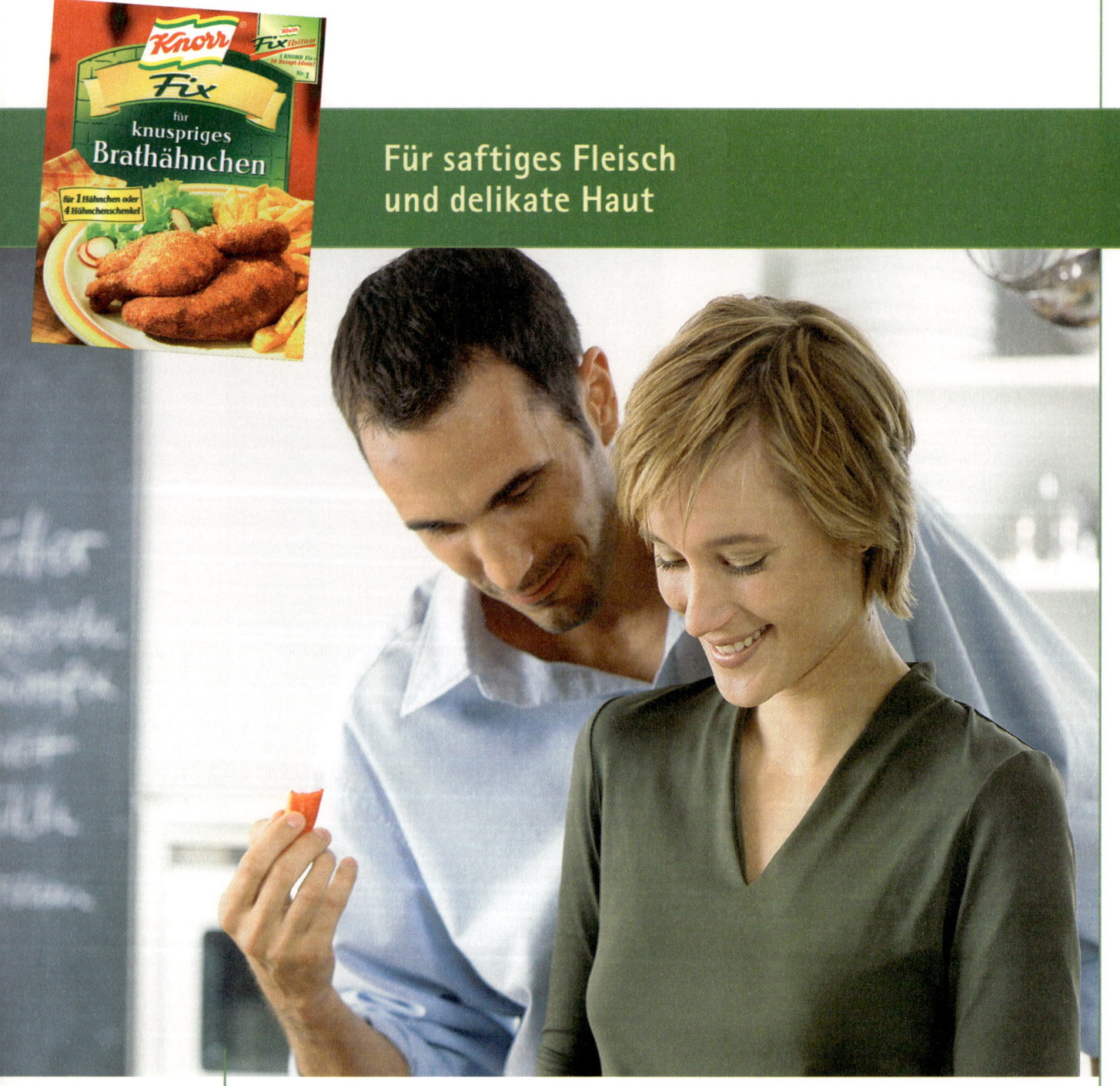

Für saftiges Fleisch
und delikate Haut

Zubereitungszeit ca. 40 min

Scharfe Chicken Wings

Pro Portion: 2815 kJ/673 kcal, 42 g E, 53 g F, 8 g KH

1. Fix für knuspriges Brathähnchen mit Öl, Honig und Chilipulver verrühren. Hähnchenflügel damit bestreichen.

2. Auf einem Backblech ausbreiten und im vorgeheizten Backofen bei 200 °C (Gas Stufe 3, Umluft 175 °C) 25 Minuten braten.

3. Nach Belieben Limette oder Zitrone achteln und zu den Chicken Wings servieren. Zum Essen die Hähnchenflügel evtl. mit Limetten- oder Zitronensaft beträufeln.

   Dazu einen Dip aus 150 g Crème fraîche, 2 EL Aprikosenkonfitüre oder Orangenmarmelade und je 1–2 TL Currypulver und Zitronensaft servieren.

Zutaten für 4 Portionen:

1 Beutel KNORR Fix für knuspriges Brathähnchen
5 EL Öl
1 EL flüssiger Honig
2 TL Chilipulver
1 kg Hähnchenflügel (Chicken Wings)
evtl. 1 Limette oder Zitrone

tipp

Chicken Wings sind Fingerfood. Sie schmecken am besten aus der Hand.

Zubereitungszeit ca. 1 h 20 min

Zitronen–Hähnchen

Pro Portion: 2810 kJ/674 kcal, 54 g E, 37 g F, 27 g KH

1. Fix für knuspriges Brathähnchen mit Olivenöl verrühren. Das Hähnchen damit bestreichen und auf ein tiefes Backblech (Fettpfanne) legen.

2. Kartoffeln mit der Schale gründlich waschen, evtl. halbieren und um das Hähnchen verteilen. Im vorgeheizten Backofen bei 200 °C (Gas Stufe 3, Umluft 175 °C) 40 Minuten braten.

3. Frühlingszwiebeln putzen, waschen und in Ringe schneiden, Zitronen in Stücke schneiden. Frühlingszwiebeln, Zitronen und Thymian um das Hähnchen verteilen und weitere 30 Minuten braten, das Gemüse ab und zu wenden.

Zutaten für 4 Portionen:

1 Beutel KNORR Fix für knuspriges Brathähnchen
5 EL Olivenöl
1 Hähnchen (ca. 1 kg)
500 g kleine Kartoffeln
1 Bund Frühlingszwiebeln
2 unbehandelte Zitronen
1–2 Zweige Thymian

19

Zubereitungszeit ca. 60 min

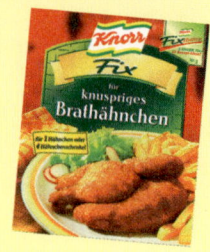

Sesam-Hähnchen mit Auberginengemüse

Pro Portion: 2030 kJ/488 kcal, 32 g E, 35 g F, 10 g KH

Zutaten für 4 Portionen:

1 Beutel KNORR Fix für knuspriges Brathähnchen
8 EL Öl
2 EL Sesamsaat
4 Hähnchenschenkel à 250 g
500 g Auberginen
500 g Zucchini
Salz, Pfeffer
1–2 Zweige Thymian

1. Fix für knuspriges Brathähnchen mit 5 Esslöffel Öl und Sesam vermischen, die Hähnchenschenkel damit bestreichen und auf ein tiefes Backblech (Fettpfanne) legen. Im vorgeheizten Backofen bei 200 °C (Gas Stufe 3, Umluft 175 °C) 30 Minuten braten.
2. Auberginen und Zucchini waschen, putzen, in Würfel schneiden und in restlichem, heißem Öl etwa 2 Minuten dünsten. Mit Salz und Pfeffer würzen.
3. Gemüse und Thymian um die Hähnchenschenkel verteilen und weitere 20 Minuten bei 200 °C braten.

tipp

Hähnchen und Gemüse auf einem Bett aus Langkornreis anrichten. Den Reis beim Kochen mit 1/4 Teelöffel Kurkuma gelb färben.

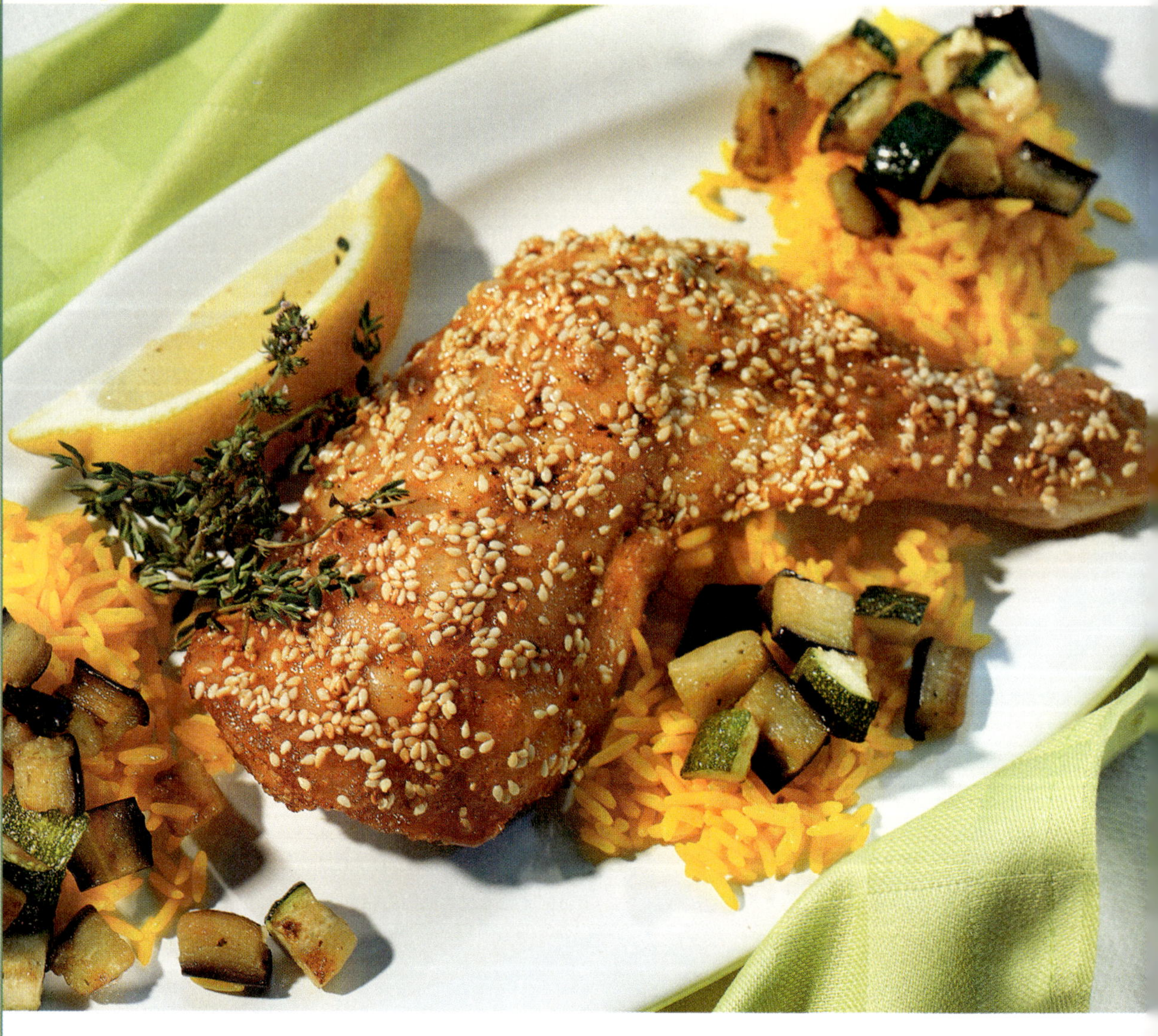

Zubereitungszeit ca. 30 min

Hähnchenbrustfilet mit Spinatfüllung

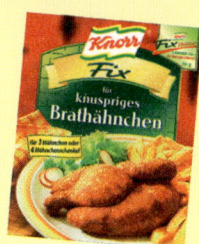

Pro Portion: 1300 kJ/315 kcal, 38 g E, 15 g F, 5 g KH

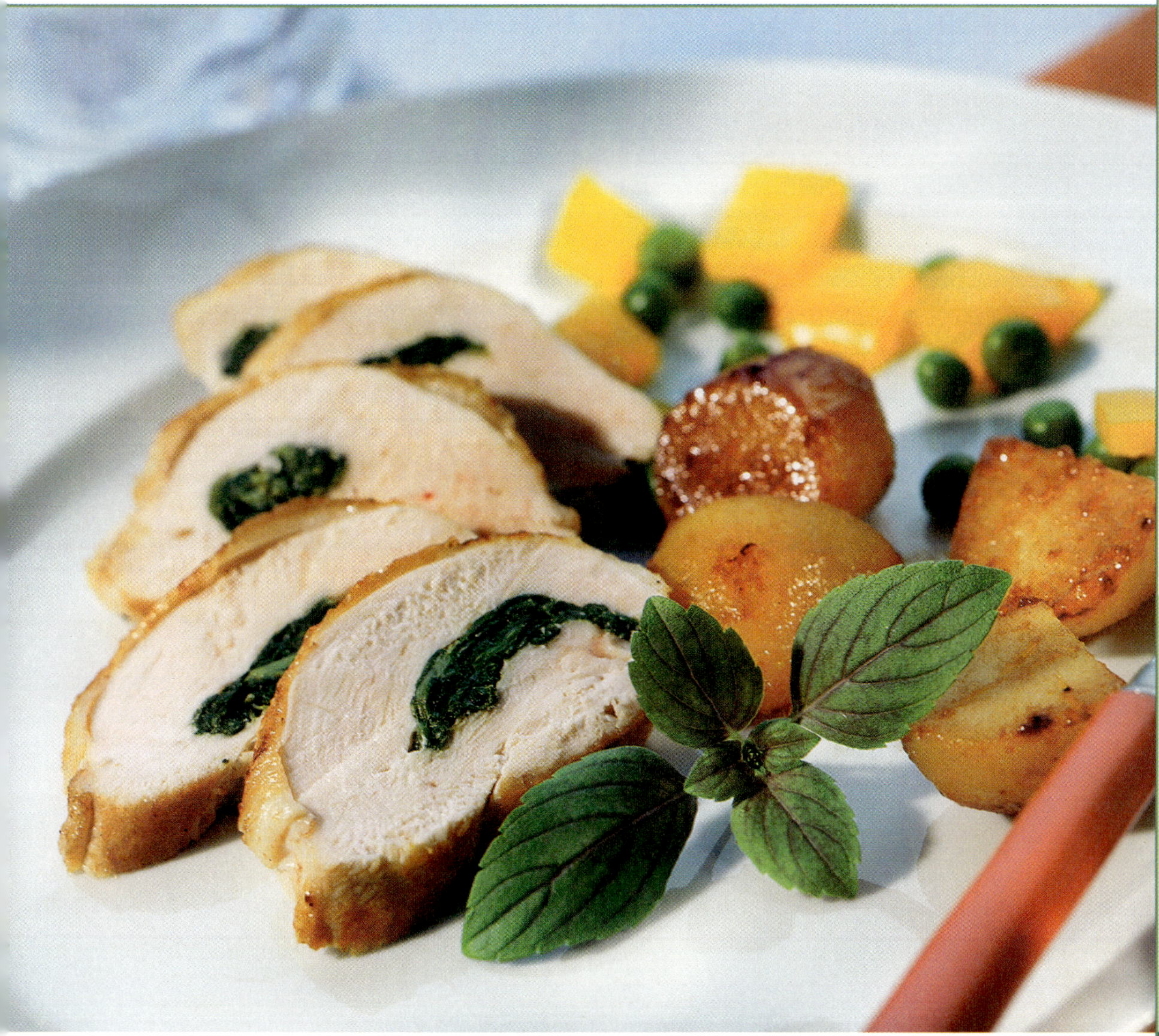

Zutaten für 4 Portionen:

225 g TK-Blattspinat
Salz, Pfeffer, Muskat
2 EL Doppelrahm-Frischkäse
4 Hähnchenbrustfilets à 150 g
1 Beutel KNORR Fix für knuspriges Brathähnchen
5 EL Öl

1. Blattspinat im Topf oder in der Mikrowelle auftauen, gut ausdrücken und mit Salz, Pfeffer und Muskat würzen. Frischkäse darin schmelzen lassen und unterrühren.
2. In jedes Hähnchenbrustfilet von der Seite eine Tasche schneiden. Spinat hineinfüllen und die Öffnung mit Holzspießchen verschließen.
3. Fix für knuspriges Brathähnchen mit Öl verrühren. Hähnchenbrustfilets auf ein Backblech legen und mit der Ölmischung bestreichen. Im vorgeheizten Backofen bei 225 °C (Gas Stufe 4, Umluft 200 °C) in 25 bis 30 Minuten goldbraun backen.

tipp

Die Hähnchenbrust mit Röstkartoffeln und gedünstetem Gemüse anrichten, mit Minze garnieren.

Zubereitungszeit ca. 55 min

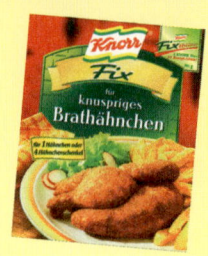

Paprika-Hähnchen

Pro Portion: 2510 kJ/602 kcal, 53 g E, 38 g F, 11 g KH

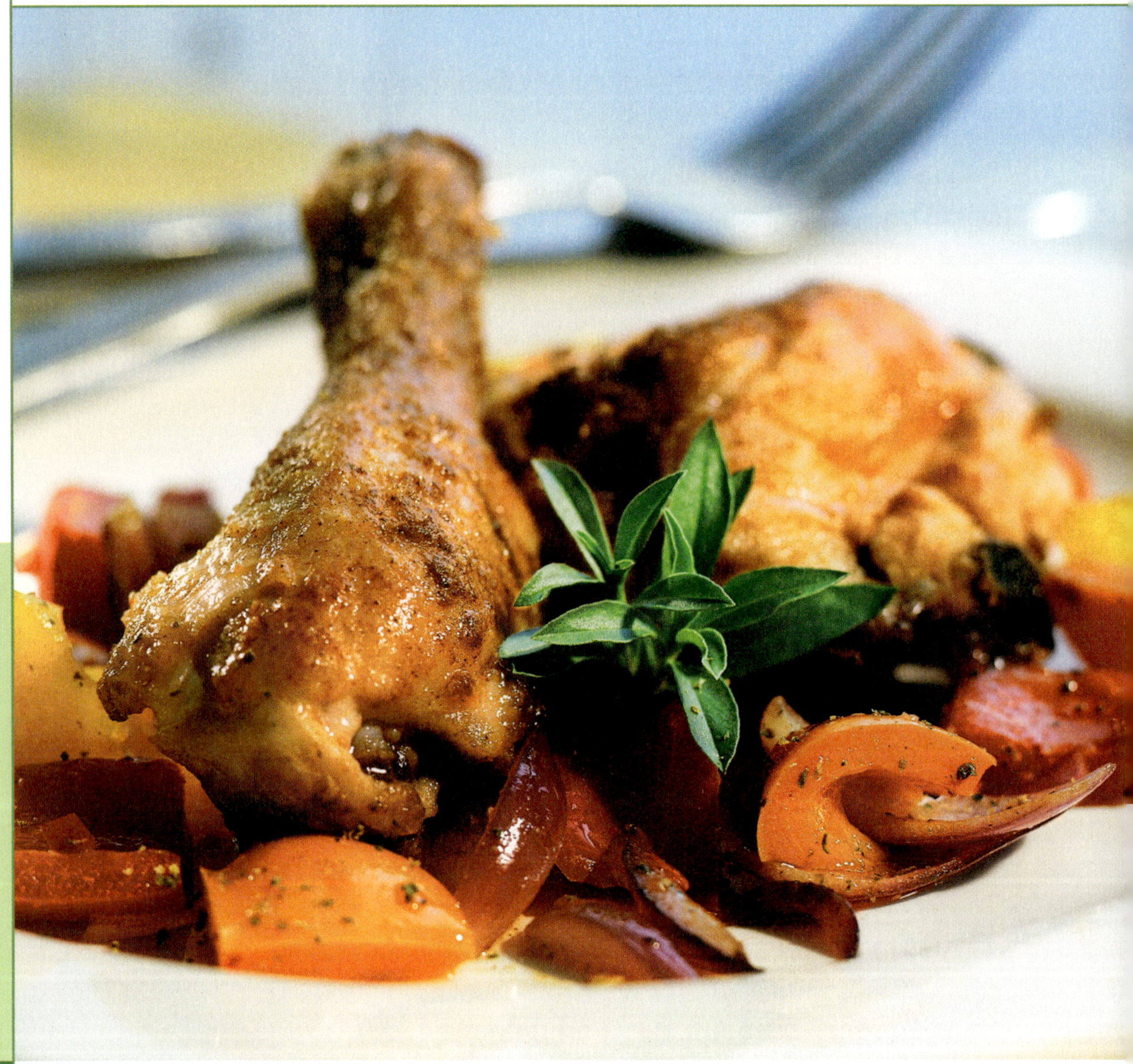

Zutaten für 4 Portionen:

- 1 Hähnchen (ca. 1 kg)
- 1 Beutel KNORR Fix für knuspriges Brathähnchen
- 5 EL Öl
- 2 TL Kreuzkümmel
- je 2 rote und gelbe Paprikaschoten
- 2 rote Zwiebeln
- 1 TL Chilipulver
- Salz, Pfeffer
- 1/8 l (125 ml) Gemüse-Kraftbouillon

tipp

Das Rezept ist ideal für Gäste. Dann die Zutaten verdoppeln und auf einem tiefen Backblech garen.

1. Hähnchen in 6 Teile zerlegen. Fix für knuspriges Brathähnchen mit Öl und Kreuzkümmel verrühren. Hähnchen damit bestreichen und in eine große Auflaufform legen. Im vorgeheizten Backofen bei 200 °C (Gas Stufe 3, Umluft 175 °C) 30 Minuten braten.
2. Inzwischen Paprikaschoten waschen, halbieren, entkernen und klein schneiden. Zwiebeln abziehen und in Spalten schneiden. Gemüse mit Chilipulver, Salz und Pfeffer würzen.
3. Gemüse um das Hähnchen verteilen, Gemüse-Kraftbouillon dazugießen und weitere 20 bis 30 Minuten braten.

Chicken Nuggets

Pro Portion: 1195 kJ/287 kcal, 31 g E, 14 g F, 10 g KH

1. Hähnchenbrustfilets in etwa 3 × 3 Zentimeter große Würfel schneiden. Fix für knuspriges Brathähnchen mit Öl und Semmelbröseln verrühren. Das Fleisch damit bestreichen.

2. Hähnchenbrustwürfel (Nuggets) auf ein Backblech verteilen und im vorgeheizten Backofen bei 200 °C (Gas Stufe 3, Umluft 175 °C) etwa 20 Minuten braten.

3. Die Saucen in kleine Schalen füllen und zu den Nuggets servieren.

Zutaten für 4 Portionen:

500 g Hähnchenbrustfilet

1 Beutel KNORR Fix für knuspriges Brathähnchen

2–3 EL Öl

3 EL Semmelbrösel

3 EL Chilisauce

3 EL Thousand Island Sauce

3 EL Asiasauce

tipp

Nuggets lassen sich auch mit Putenbrust zubereiten.

Asia-Hähnchen

Pro Portion: 2020 kJ/485 kcal, 37 g E, 35 g F, 5 g KH

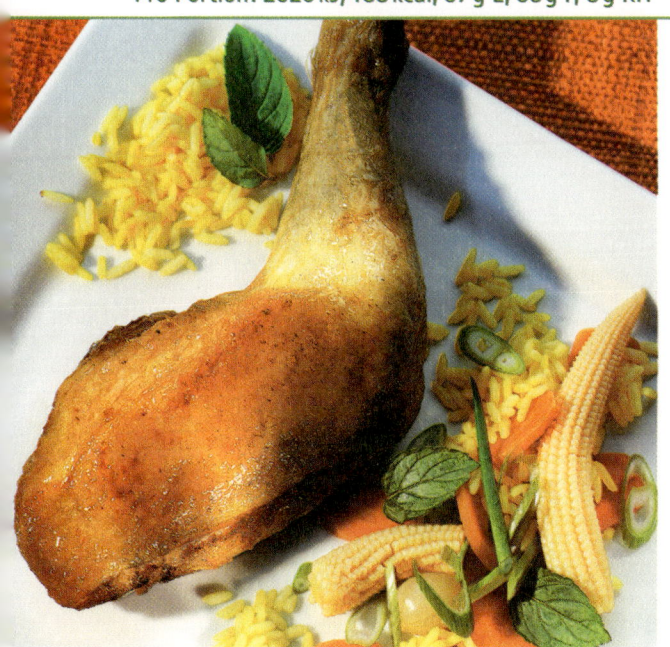

1. Fix für knuspriges Brathähnchen mit Öl, Fünf-Gewürze-Pulver und Sojasauce verrühren.

2. Hähnchenschenkel damit bestreichen und nebeneinander auf ein Backblech legen. Im vorgeheizten Backofen bei 200 °C (Gas Stufe 3, Umluft 175 °C) 50 Minuten braten.

Dazu passen Wok-Gemüse und Curryreis.

Zutaten für 4 Portionen:

1 Beutel KNORR Fix für knuspriges Brathähnchen

5 EL Öl

2 TL Fünf-Gewürze-Pulver

1 EL Sojasauce

4 Hähnchenschenkel à 250 g

tipp

Das Fünf-Gewürz besteht aus Sternanis, Fenchel, Zimt, Nelken und Pfeffer.

Tomaten-Hähnchen

Pro Portion (bei 2 Port.): 2170 kJ/521 kcal, 41 g E, 31 g F, 18 g KH

Zutaten für
2–3 Portionen:

1 Beutel KNORR
Fix für knuspriges
Brathähnchen

5 EL Olivenöl

2 Hähnchenbrustfilets
à ca. 150 g

3 Fleischtomaten

1 Zucchini

Salz, Pfeffer

1 TL Oregano

2 EL schwarze Oliven

tipp

Zum Entsteinen von
Oliven einen Kirsch-
entsteiner benutzen.

1. Fix für knuspriges Brathähnchen mit Olivenöl
   verrühren, Hähnchenbrustfilets damit bestreichen und in eine große Auflaufform legen. Im
   vorgeheizten Backofen bei 200 °C (Gas Stufe 3,
   Umluft 175 °C) 25 Minuten braten.

2. Fleischtomaten mit kochendem Wasser überbrühen und abziehen. Fruchtfleisch entkernen
   und in Spalten schneiden. Zucchini waschen,
   putzen und in dünne Scheiben schneiden.

3. Gemüse mit Salz, Pfeffer und Oregano würzen,
   zusammen mit den Oliven um die Hähnchenbrustfilets verteilen und weitere 25 Minuten
   braten. Fleisch in Scheiben schneiden und mit
   dem Gemüse anrichten.

   Gut dazu: Baguette oder Kartoffeln.

Orangen-Chicken-Wings

Pro Portion: 1480 kJ/355 kcal, 17 g E, 29 g F, 8 g KH

Zutaten für
4 Portionen:

5 EL Öl

1 EL Orangen-
marmelade

1 EL Orangensaft

2 TL brauner Zucker

1 Beutel KNORR
Fix für knuspriges
Brathähnchen

8 Hähnchenflügel
(Chicken Wings)

evtl. 1 unbehandelte
Orange

1. Öl mit Orangenmarmelade, Orangensaft und
   Zucker verrühren. Fix für knuspriges Brathähnchen einrühren und die Chicken Wings
   darin wenden.

2. Die Chicken Wings auf ein Backblech legen
   und im vorgeheizten Backofen bei 200 °C (Gas
   Stufe 3, Umluft 175 °C) 25 Minuten braten.

3. Eventuell zum Anrichten die Orange so
   schälen, dass die weiße Haut mit entfernt
   wird. Fruchtfilets herausschneiden. Die
   Chicken Wings mit den Orangenfilets und
   Streifen von der Schale garnieren.

   Gut dazu: frischer Salat.

Zubereitungszeit ca. 60 min

China-Hähnchen

Pro Portion: 2510 kJ/602 kcal, 52 g E, 40 g F, 8 g KH

Zutaten für 4 Portionen:

1 Hähnchen (ca. 1 kg)
1 Beutel KNORR Fix für knuspriges Brathähnchen
6 EL Öl
1 TL Cayennepfeffer
400 g Chinakohl
250 g Möhren
1 TL Currypulver
1 TL Hühner-Kraftbouillon
2 TL Sojasauce

tipp

Chinakohl liefert reichlich Vitamine und Mineralstoffe. Er ist leichter verdaulich als Weißkohl, schmeckt nur dezent nach Kohl und erzeugt wenig Abfall.

1. Hähnchen in 12 bis 14 Teile zerlegen. Fix für knuspriges Brathähnchen mit 5 Esslöffel Öl und Cayennepfeffer verrühren. Hähnchenteile damit bestreichen und auf ein Backblech legen. Im vorgeheizten Backofen bei 200 °C (Gas Stufe 3, Umluft 175 °C) etwa 50 Minuten braten.

2. Chinakohl waschen, putzen und in Stücke schneiden. Möhren schälen und in Streifen schneiden. Das Gemüse im restlichen, heißen Öl kurz andünsten, Curry darüber stäuben, umrühren und zugedeckt bei schwacher Hitze 5 Minuten garen, dabei falls nötig etwas Wasser zufügen.

3. 1/8 Liter (125 Milliliter) Wasser dazugießen, aufkochen und Hühner-Kraftbouillon einrühren. Gemüse mit Sojasauce würzen und zum Hähnchen servieren.

25

10 Rezept-Ideen

Fix für Broccoli-Gratin

Klassiker der französischen Gemüseküche

Zubereitungszeit ca. 45 min

Broccoli-Schinken-Gratin

Pro Portion: 1380 kJ/331 kcal, 21 g E, 23 g F, 10 g KH

1. Frischen Broccoli putzen, waschen und in Röschen teilen. Für 3 Minuten in kochendes Salzwasser geben. Herausnehmen und abtropfen lassen. Gefrorenen Broccoli auftauen lassen.

2. Schinken würfeln und in einer Pfanne in heißem Öl anbraten. 1/4 Liter (250 Milliliter) kaltes Wasser dazugeben, Fix für Broccoli-Gratin einrühren und 1 Minute kochen. Schmelzkäse in der Sauce schmelzen. Dabei mehrmals umrühren.

3. Broccoli in eine gefettete Auflaufform geben und die Sauce darüber gießen. Im vorgeheizten Backofen bei 225 °C (Gas Stufe 4, Umluft 200 °C) in etwa 20 Minuten goldbraun backen.

Zutaten für 2 Portionen:

400 g frischer Broccoli oder 300 g TK-Broccoli
Salz
100 g gekochter Schinken
1 EL Öl
1 Beutel KNORR Fix für Broccoli-Gratin
60 g Sahneschmelzkäse

tipp

Zur Abwechslung das Gratin mit zarten Romanesco-Röschen zubereiten.

Zubereitungszeit ca. 25 min

Hack-Käse-Suppe

Pro Portion: 1535 kJ/368 kcal, 16 g E, 28 g F, 13 g KH

1. Zwiebel abziehen, würfeln und mit dem Hackfleisch in heißem Öl unter Rühren anbraten. Lauch putzen, waschen, klein schneiden und mitdünsten.

2. 300 Milliliter Wasser und die Milch dazugießen, Fix für Broccoli-Gratin einrühren, aufkochen. Wein zufügen und 1 Minute kochen lassen.

3. Schmelzkäse in der Suppe schmelzen. Mit Salz, Pfeffer und Muskat würzen.

Zutaten für 3 Portionen:

1 Zwiebel
100 g Hackfleisch
1–2 EL Öl
250 g Lauch
300 ml Milch
1 Beutel KNORR Fix für Broccoli-Gratin
1–2 EL Weißwein
80 g Sahneschmelzkäse
Salz, Pfeffer, Muskat

Zubereitungszeit ca. 50 min

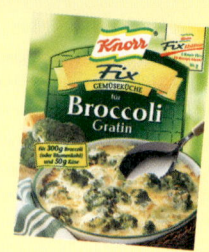

Knuspriges Blätterteig-Broccoli-Gratin

Pro Portion (bei 2 Port.): 2075 kJ/496 kcal, 16 g E, 31 g F, 38 g KH

Zutaten für 2–3 Portionen:

400 g frischer Broccoli oder 300 g TK-Broccoli

Salz

1 Beutel KNORR Fix für Broccoli-Gratin

2 TK-Blätterteigplatten (ca. 150 g)

3 EL geriebener Käse

1. Frischen Broccoli putzen, waschen, in Röschen teilen und in kochendem Salzwasser in 3 Minuten bissfest garen. Das Gemüse herausnehmen und abtropfen lassen. Gefrorenen Broccoli auftauen lassen.
2. Fix für Broccoli-Gratin in 1/4 Liter (250 Milliliter) kaltes Wasser einrühren und 1 Minute kochen. Broccoli in eine gefettete Auflaufform geben und die Sauce darüber gießen.
3. Blätterteigplatten in 2 Zentimeter breite Streifen schneiden und gitterförmig auf den Broccoli legen. Käse darüber streuen. Im vorgeheizten Backofen bei 225 °C (Gas Stufe 4, Umluft 200 °C) in 30 bis 35 Minuten goldbraun backen.

tipp

Für längere Teigstreifen den Blätterteig nicht kneten, sondern die Platten aufeinander legen und ausrollen. So behält der Teig seine lockere Konsistenz.

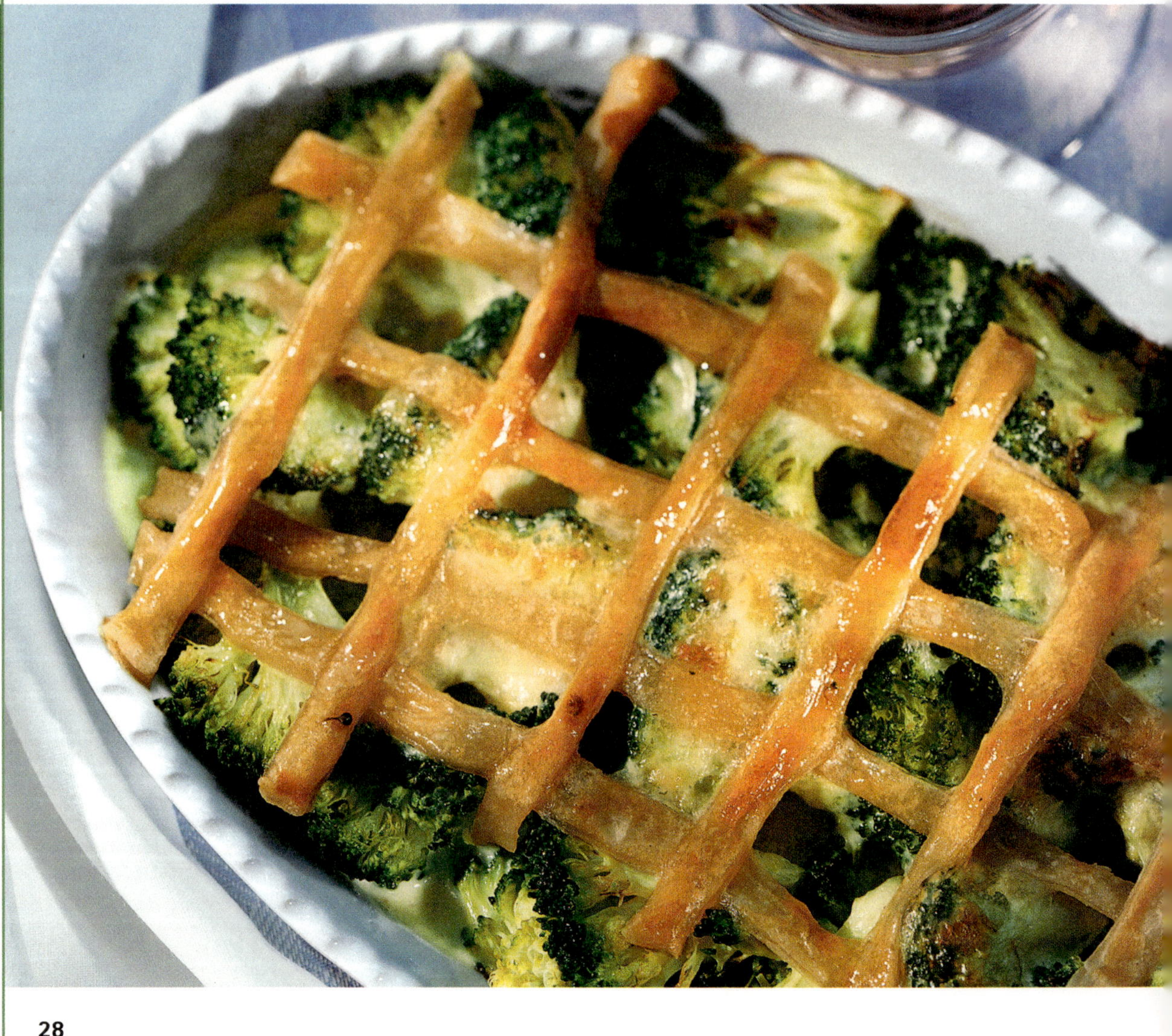

Zubereitungszeit ca. 40 min

Putenschnitzel mit Broccoli-Gratin

Pro Portion (bei 2 Port.): 1850 kJ/445 kcal, 44 g E, 24 g F, 12 g KH

Zutaten für 2–3 Portionen:

400 g frischer Broccoli oder 300 g TK-Broccoli

Salz

1 Beutel KNORR Fix für Broccoli-Gratin

50 g geriebener Käse

2–3 Putenschnitzel à 150 g

2 EL Öl

Salz, Pfeffer

tipp

Knoblauchfans schneiden 2 abgezogene Zehen in feine Scheiben und mischen sie unter das Gratin.

1. Frischen Broccoli putzen, waschen und in Röschen teilen. Für 3 Minuten in kochendes Salzwasser geben. Herausnehmen und abtropfen lassen. Gefrorenen Broccoli auftauen.

2. Fix für Broccoli-Gratin in 1/4 Liter (250 Milliliter) kaltes Wasser einrühren, unter Rühren aufkochen und 1 Minute kochen lassen.

3. Broccoli in eine gefettete flache Auflaufform geben und die Sauce darüber gießen. Mit Käse bestreuen. Im vorgeheizten Backofen bei 225 °C (Gas Stufe 4, Umluft 200 °C) in 15 bis 20 Minuten goldbraun backen.

4. Putenschnitzel in der Pfanne in heißem Öl von beiden Seiten braun braten. Mit Salz und Pfeffer würzen. Broccoli-Gratin als Beilage dazureichen.

Als Hauptgericht mit Kartoffeln servieren.

Zubereitungszeit ca. 55 min

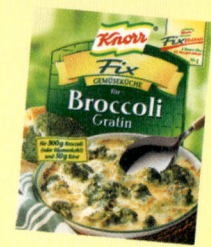

Spargel-Gratin

Pro Portion (bei 2 Port.): 1550 kJ/369 kcal, 30 g E, 20 g F, 17 g KH

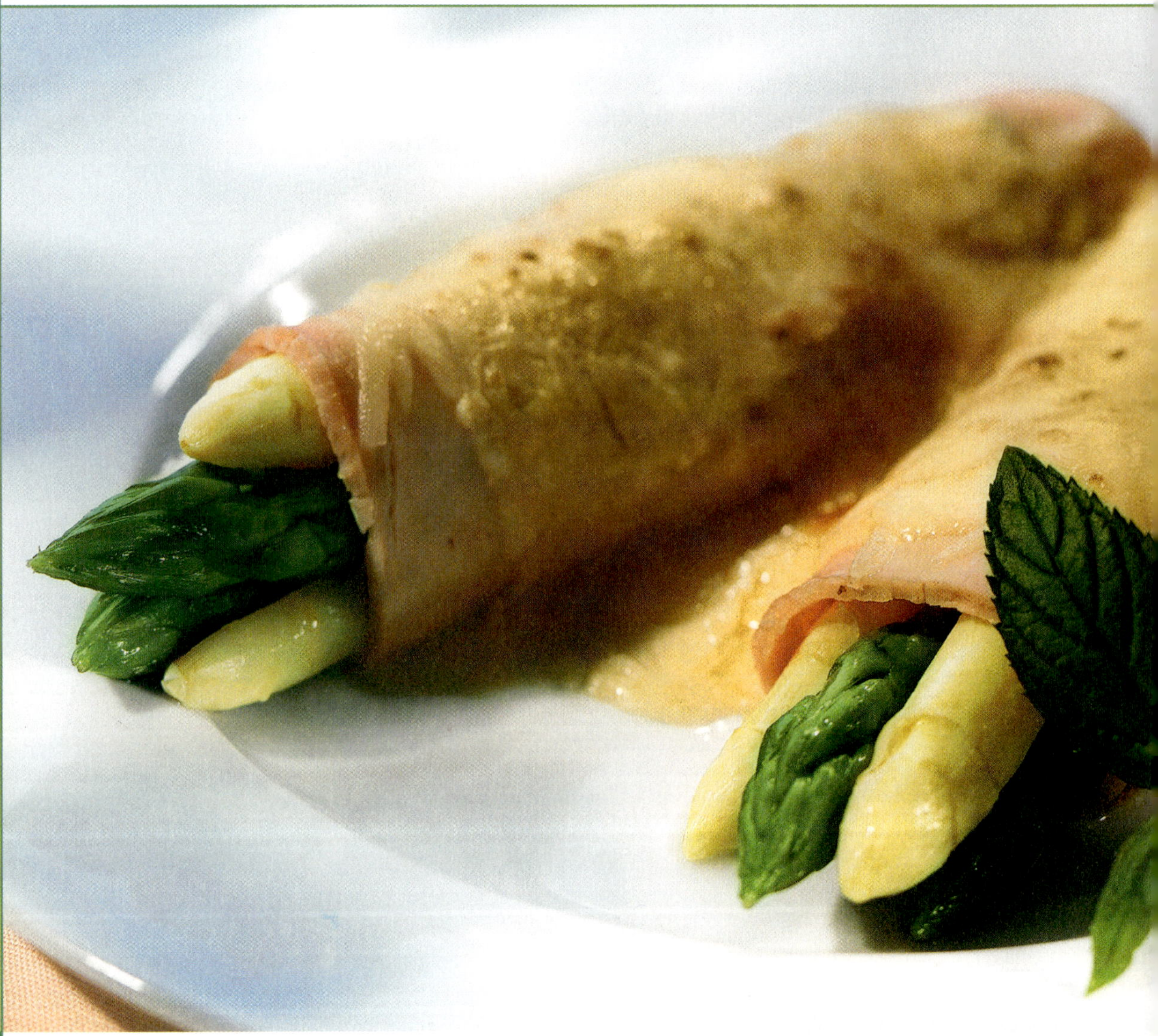

Zutaten für 2–3 Portionen:

500 g frischer Spargel oder 350 g TK-Spargel
Salz, Zucker
3-4 Scheiben gekochter Schinken
1 Beutel KNORR Fix für Broccoli-Gratin
1/4 l (250 ml) Milch
evtl. Zitronensaft
2–3 EL geriebener Käse

tipp

Wer Kochschinken nicht so gern mag, wickelt die Spargelstangen in dünne Scheiben von geräucherter Putenbrust.

1. Frischen Spargel schälen, in kochendem Salzwasser mit 1 Prise Zucker 5 Minuten garen. Tiefgefrorenen Spargel auftauen lassen.
2. Jeweils 3 bis 4 Spargelstangen in 1 Scheibe Schinken wickeln. Schinkenrollen in eine gefettete Auflaufform legen.
3. Fix für Broccoli-Gratin in 1/4 Liter (250 Milliliter) Milch einrühren, aufkochen und 1 Minute kochen lassen. Eventuell mit Zitronensaft abschmecken. Sauce über die Schinkenrollen geben und mit Käse bestreuen.
4. Im vorgeheizten Backofen bei 225 °C (Gas Stufe 4, Umluft 200 °C) 25 bis 30 Minuten backen.

Zubereitungszeit ca. 20 min

Würziger Käsespinat

Pro Portion (bei 2 Port.): 1430 kJ/343 kcal, 16 g E, 26 g F, 9 g KH

1. Den frischen Spinat putzen, waschen und kurz in kochendes Salzwasser tauchen. Herausnehmen und abtropfen lassen. TK-Blattspinat im Topf oder in der Mikrowelle auftauen. Spinat in heißem Olivenöl andünsten.

2. 1/4 Liter (250 Milliliter) kaltes Wasser dazugießen, Fix für Broccoli-Gratin einrühren und 2 Minuten kochen. Kurz vor dem Servieren den Käse unter das Gemüse mischen.

   Schmeckt köstlich mit gewürfelten, gekochten Kartoffeln und Spiegelei.

Zutaten für 2–3 Portionen:

500 g frischer Spinat oder 450 g TK-Blattspinat

Salz

2 EL Olivenöl

1 Beutel KNORR Fix für Broccoli-Gratin

70 g geriebener Käse (z.B. Gouda)

tipp

Statt Spiegeleier kurz erwärmte geräucherte Forellenfilets zum Spinat servieren.

Zubereitungszeit ca. 45 min

Rosenkohl-Gratin

Pro Portion (bei 2 Port.): 1920 kJ/459 kcal, 20 g E, 35 g F, 15 g KH

1. Frischen Rosenkohl putzen und etwa 5 Minuten in kochendem Salzwasser garen. Gefrorenen Rosenkohl auftauen lassen. Rosenkohl und den gewürfelten Schinkenspeck in eine gefettete Auflaufform geben.

2. Fix für Broccoli-Gratin in 1/4 Liter (250 Milliliter) kaltes Wasser einrühren, aufkochen und 1 Minute kochen. Sauce über den Rosenkohl gießen und mit Käse bestreuen.

3. Im vorgeheizten Backofen bei 200 °C (Gas Stufe 3, Umluft 175 °C) etwa 20 Minuten überbacken.

Zutaten für 2–3 Portionen:

550 g frischer Rosenkohl oder 450 g TK-Rosenkohl

Salz

50 g gewürfelter Schinkenspeck

1 Beutel KNORR Fix für Broccoli-Gratin

50 g geriebener Käse

tipp

Halbieren Sie die Köhlchen, ist das Gratin schneller gar.

Kraut-Nudel-Gratin

Pro Portion: 2540 kJ/608 kcal, 24 g E, 36 g F, 48 g KH

Zutaten für 2 Portionen:

100 g Bandnudeln
Salz
200 g Weißkohl
1 Zwiebel
100 g Schinkenwürfel
1 EL Öl
1 Beutel KNORR Fix
für Broccoli-Gratin
100 ml Schlagsahne
3 EL geriebener Käse

tipp

Wer's eilig hat,
nimmt Chinakohl.
Er ist nach nur
einer Minute gar.

1. Bandnudeln in reichlich kochendem Salzwasser bissfest garen und in einem Sieb abgießen.

2. Weißkohl putzen und in Streifen schneiden. Zwiebel abziehen, würfeln und mit den Schinkenwürfeln in heißem Öl anbraten. Weißkohl zugeben und 50 Milliliter Wasser dazugießen. Bei schwacher Hitze 10 Minuten dünsten.

3. 1/4 Liter (250 Milliliter) kaltes Wasser zugießen, Fix für Broccoli-Gratin einrühren und 1 Minute kochen lassen. Sahne unterrühren.

4. Nudeln und Weißkohl in eine gefettete Auflaufform schichten, Käse darüber streuen und im vorgeheizten Backofen bei 225 °C (Gas Stufe 4, Umluft 200 °C) in etwa 10 Minuten goldbraun überbacken.

Überbackener Chicorée

Pro Portion (bei 2 Port.): 1485 kJ/354 kcal, 28 g E, 16 g F, 23 g KH

Zutaten für 2–3 Portionen:

200 g mehlig
kochende Kartoffeln
3 Chicorée
6 kleine Scheiben
gekochter Schinken
1 Beutel KNORR Fix
für Broccoli-Gratin
2–3 EL geriebener
Käse

tipp

Chicorée mit hell-
gelben Blattspitzen
wählen; grüne sind
bitter.

1. Kartoffeln schälen, in dünne Scheiben schneiden oder auf einem Gurkenhobel in Scheiben hobeln. Chicorée waschen, halbieren und den Stielansatz abschneiden. Jede Chicoréehälfte mit 1 Scheibe Schinken umwickeln.

2. Fix für Broccoli-Gratin in 1/4 Liter (250 Milliliter) kaltes Wasser einrühren, aufkochen und 1 Minute kochen.

3. Kartoffelscheiben in eine gefettete Auflaufform geben, Chicorée-Schinken-Rollen darauf verteilen und Sauce darüber gießen. Mit Käse bestreuen und im vorgeheizten Backofen bei 200 °C (Gas Stufe 3, Umluft 175 °C) 25 bis 30 Minuten backen.

Zubereitungszeit ca. 50 min

Schollen-Spinat-Rollen

Pro Portion (bei 2 Port.): 1995 kJ/478 kcal, 43 g E, 27 g F, 13 g KH

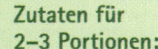

**Zutaten für
2–3 Portionen:**

225 g TK-Blattspinat

400 g Schollenfilet

Salz, Pfeffer

1 Knoblauchzehe

Muskat

50 g rote Linsen

1 Beutel KNORR Fix
für Broccoli-Gratin

100 ml Schlagsahne

1–2 TL körniger Senf

2 EL Schnittlauch-
röllchen

tipp

Die Schollenfilets
mit der Hautseite
nach innen aufrollen,
so halten die Rollen
auch ohne Spieß-
chen die Form.

1. Blattspinat im Topf oder in der Mikrowelle auftauen. Schollenfilets salzen und pfeffern.

2. Knoblauchzehe abziehen, fein hacken und mit dem Spinat auf den Filets verteilen. Mit Muskat würzen. Fischscheiben aufrollen, mit Spießchen zustecken und in eine gefettete Auflaufform legen. Linsen darum verteilen.

3. Fix für Broccoli-Gratin in 150 Milliliter kaltes Wasser und Sahne einrühren, aufkochen und 1 Minute kochen. Senf unterrühren und die Sauce über die Schollen-Rollen geben.

4. Im vorgeheizten Backofen bei 200 °C (Gas Stufe 3, Umluft 175 °C) 25 bis 30 Minuten garen. Die Schollen aus der Sauce heben, Linsen mit Schnittlauch und der Sauce auf Teller verteilen. Schollen-Rollen darauf anrichten.

33

Fix für Broccoli-Rahm-Suppe

Suppen-Vielfalt und mehr

Kohlrabisuppe

Pro Portion (bei 3 Port.): 2495 kJ/597 kcal, 14 g E, 55 g F, 14 g KH

1. Kohlrabi schälen und klein würfeln. Bratwurst als Klößchen aus der Pelle drücken und in heißem Öl rundherum anbraten. 600 Milliliter Wasser dazugießen und Kohlrabi dazugeben. Bei schwacher Hitze etwa 5 Minuten garen.

2. Sahne dazugießen. Fix für Broccoli-Rahm-Suppe einrühren und unter Rühren aufkochen. Bei mittlerer Hitze etwa 2 Minuten garen. Nach Belieben die Suppe mit Kerbelblättchen garnieren.

Zutaten für 3–4 Portionen:

300 g Kohlrabi

200 g ungebrühte Bratwurst

1–2 EL Öl

200 ml Schlagsahne

1 Beutel KNORR Fix für Broccoli-Rahm-Suppe

evtl. Kerbel

tipp

Für ein cremiges Schaumsüppchen die Klößchen herausnehmen und die Suppe mit einem Stabmixer aufmixen.

Gratinierter Blumenkohl

Pro Portion (bei 3 Port.): 2155 kJ/515 kcal, 12 g E, 46 g F, 14 g KH

1. Blumenkohl waschen, putzen und in kleine Röschen teilen. Salami in Streifen schneiden.

2. Blumenkohlröschen in kochendem Salzwasser etwa 5 Minuten garen, auf einem Sieb abtropfen lassen und in eine gefettete Auflaufform legen. Salamistreifen darüber streuen.

3. Fix für Broccoli-Rahm-Suppe mit Sahne verrühren und über den Blumenkohl gießen. Im vorgeheizten Backofen bei 200 °C (Gas Stufe 3, Umluft 175 °C) etwa 20 Minuten gratinieren. Vor dem Servieren mit Schnittlauchröllchen bestreuen.

Dazu passen Pell- oder Salzkartoffeln.

Zutaten für 3–4 Portionen:

650 g Blumenkohl

80 g Salami

Salz

1 Beutel KNORR Fix für Broccoli-Rahm-Suppe

1/4 l (250 ml) Schlagsahne

1–2 EL Schnittlauchröllchen

tipp

Vegetarisch: Die Salami gegen Goudaoder Schafskäsewürfel austauschen.

35

Zubereitungszeit ca. 25 min

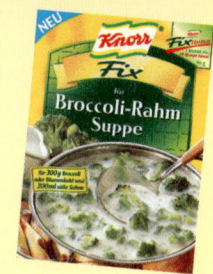

Buntes Gemüseragout in Broccolirahm

Pro Portion (bei 3 Port.): 1700 kJ/407 kcal, 11 g E, 34 g F, 15 g KH

Zutaten für 3–4 Portionen:

300 g Broccoli
250 g Möhren
2 Stangen Staudensellerie
100 g Crème fraîche
1 Beutel KNORR Fix für Broccoli-Rahm-Suppe
100 g Sahne-schmelzkäse
Salz, Pfeffer, Muskat
1/2 TL abgeriebene Zitronenschale

1. Gemüse putzen und waschen. Broccoli in kleine Röschen teilen, Möhren in dicke Stifte und Staudensellerie schräg in Scheiben schneiden.
2. Broccoliröschen, Möhrenstifte und Selleriescheiben in 600 Milliliter Wasser geben und zugedeckt bei mittlerer Hitze etwa 5 Minuten garen.
3. Crème fraîche dazugeben. Fix für Broccoli-Rahm-Suppe einrühren und unter Rühren aufkochen. Schmelzkäse untermischen und weitere 2 Minuten garen. Mit Salz, Pfeffer, Muskat und abgeriebener Zitronenschale abschmecken.

tipp

Für ein vegetarisches Hauptgericht gewürfelten Tofu (Sojaquark) untermischen und das Gericht mit gerösteten Sonnenblumenkernen bestreuen.

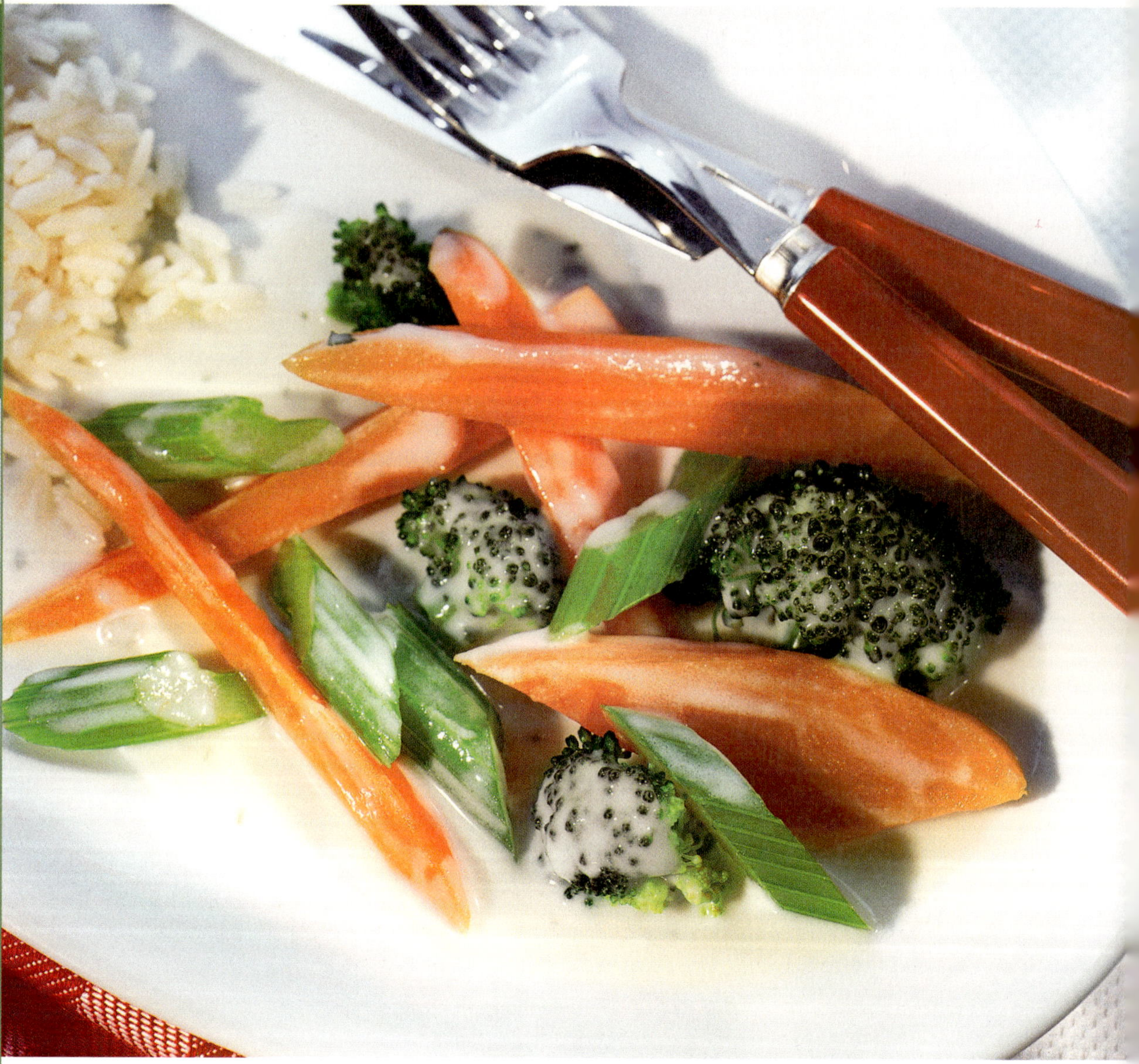

Zubereitungszeit ca. 35 min

Kartoffel-Rahmsuppe mit Krabben

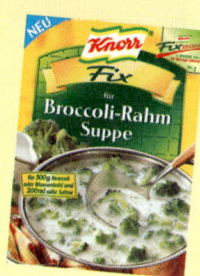

Pro Portion (bei 3 Port.): 2215 kJ/531 kcal, 13 g E, 42 g F, 24 g KH

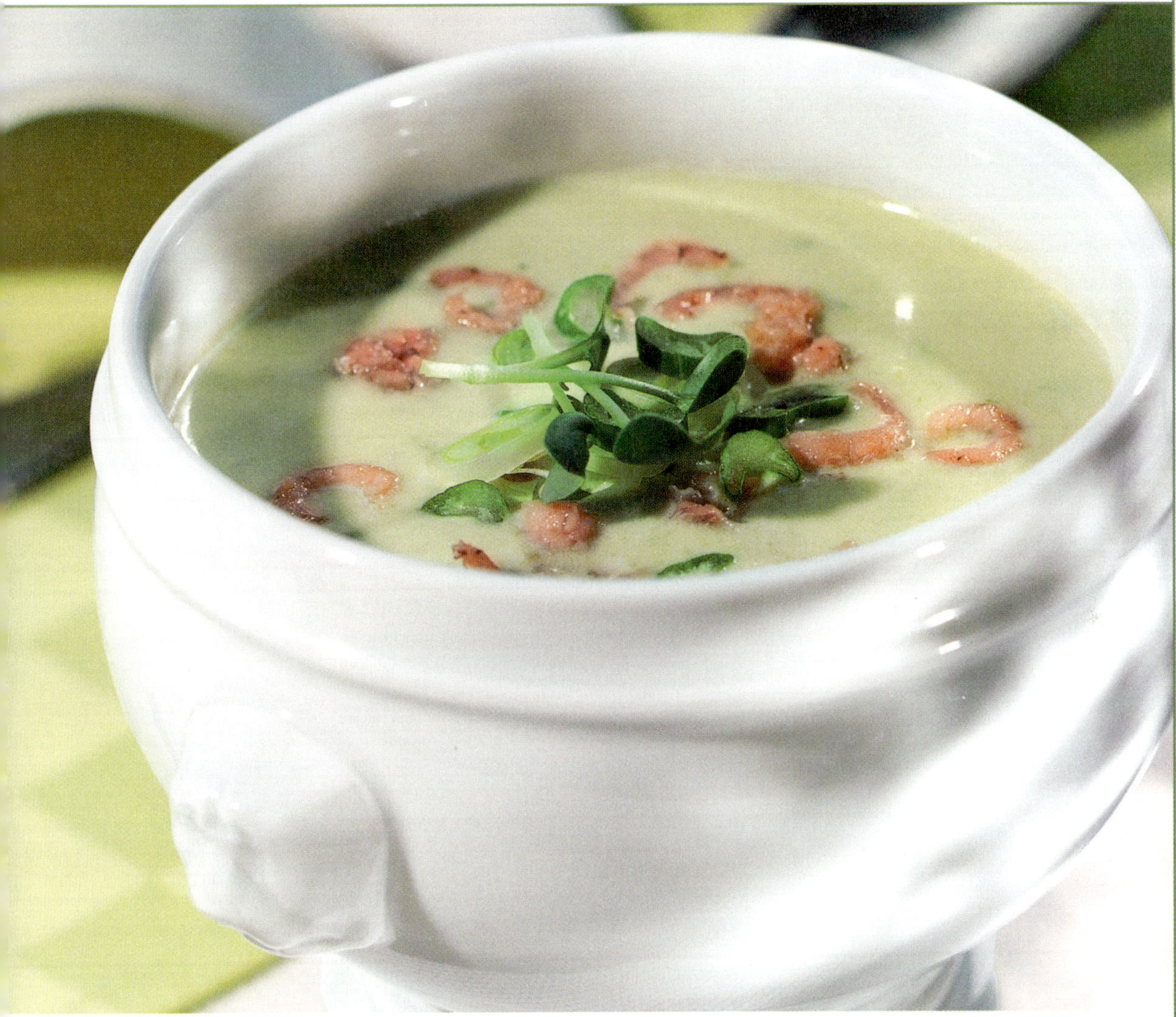

Zutaten für 3–4 Portionen:

3 Frühlingszwiebeln
400 g mehlig kochende Kartoffeln
1–2 EL Öl
250 g Crème fraîche
1 Beutel KNORR Fix für Broccoli-Rahm-Suppe
100 g Krabben
Salz, Pfeffer, Muskat

1. Frühlingszwiebeln putzen, waschen und in feine Ringe schneiden; einige Zwiebelringe beiseite stellen. Kartoffeln schälen und würfeln.
2. Zwiebelringe in heißem Öl andünsten. Kartoffelwürfel dazugeben. 700 Milliliter Wasser dazugießen und bei mittlerer Hitze etwa 10 Minuten garen. Suppe mit einem Stabmixer fein pürieren und Crème fraîche unterrühren.
3. Fix für Broccoli-Rahm-Suppe einrühren und unter Rühren aufkochen. Bei schwacher Hitze etwa 2 Minuten garen. Krabben untermischen. Suppe mit Salz, Pfeffer und Muskat abschmecken und mit den restlichen Zwiebelringen bestreut servieren.

tipp

Wer es deftig mag, tauscht die Krabben gegen in Scheiben geschnittene Würstchen aus.

Zubereitungszeit ca. 25 min

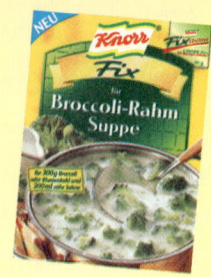

Broccoli-Pasta

Pro Portion (bei 3 Port.): 2650 kJ/634 kcal, 20 g E, 36 g F, 57 g KH

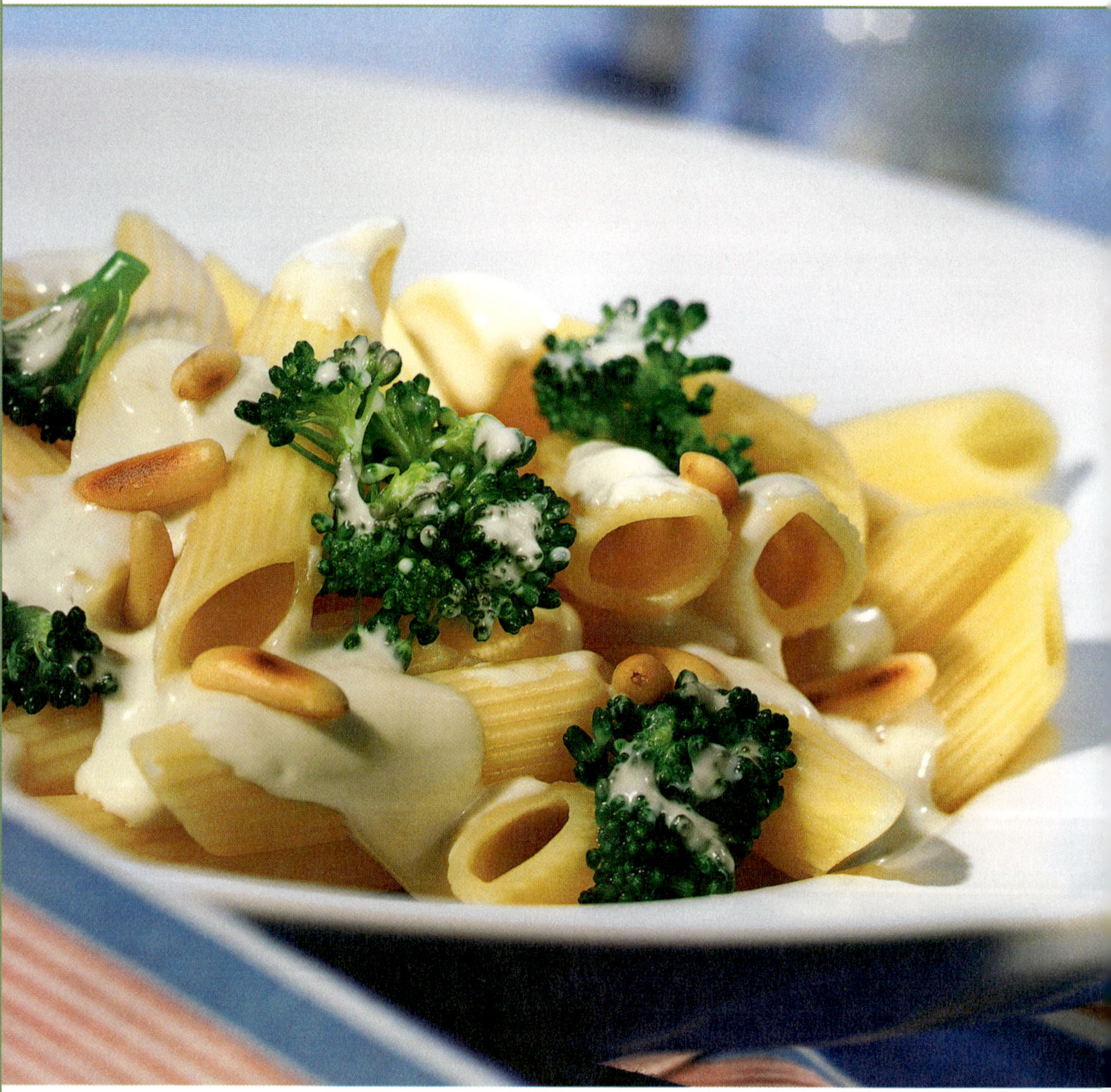

Zutaten für 2–3 Portionen:

- 200 g Nudeln (z.B. Penne)
- Salz
- 400 g Broccoli
- 100 ml Schlagsahne
- 1 Beutel KNORR Fix für Broccoli-Rahm-Suppe
- 100 g Gorgonzola
- evtl. 1–2 EL Pinienkerne

tipp

Pinienkerne schmecken besonders aromatisch, wenn sie in einer Pfanne ohne Fett goldbraun geröstet werden.

1. Nudeln in kochendem Salzwasser bissfest garen und in einem Sieb abgießen.
2. Broccoli putzen, waschen und in kleine Röschen teilen. Das Gemüse in 1/2 Liter (500 Milliliter) kochendes Wasser geben und zugedeckt bei mittlerer Hitze etwa 5 Minuten garen.
3. Sahne dazugießen. Fix für Broccoli-Rahm-Suppe einrühren und unter Rühren aufkochen. Gorgonzola unterrühren und 2 Minuten darin schmelzen lassen. Nudeln mit der Broccoli-Gorgonzola-Sauce vermischen. Nach Belieben mit Pinienkernen bestreuen.

Erbsencremesuppe

Pro Portion (bei 3 Port.): 2325 kJ/557 kcal, 12 g E, 45 g F, 25 g KH

1. 600 Milliliter Wasser aufkochen, 250 g gefrorene Erbsen dazugeben und 5 Minuten garen. Sahne dazugießen und die Suppe mit einem Stabmixer fein pürieren.

2. Fix für Broccoli-Rahm-Suppe einrühren und unter Rühren aufkochen. Die restlichen Erbsen dazugeben und die Suppe bei mittlerer Hitze etwa 5 Minuten garen.

3. Zwiebel abziehen und in feine Ringe schneiden. Speck klein würfeln. Zwiebelringe und Speckwürfel in heißem Öl braten. Frischkäse zur Suppe geben, mit Salz, Pfeffer und Zucker abschmecken. Erbsencremesuppe mit Zwiebelringen und Speckwürfeln bestreuen.

Zutaten für 3–4 Portionen:

300 g TK-Erbsen
200 ml Schlagsahne
1 Beutel KNORR Fix für Broccoli-Rahm-Suppe
1 Zwiebel
30 g durchwachsener Speck
1 EL Öl
1–2 EL Doppelrahm-Frischkäse »Kräuter«
Salz, Pfeffer,
1 Prise Zucker

Zubereitungszeit ca. 30 min

Kräuter-Rahmsuppe

Pro Portion (bei 3 Port.): 1945 kJ/467 kcal, 7 g E, 40 g F, 19 g KH

1. Zwiebel abziehen und würfeln. Spinat putzen, waschen und fein hacken. Zwiebelwürfel in 1 Esslöffel heißem Öl andünsten. Spinat hinzufügen und weiterdünsten.

3. 600 Milliliter Wasser und Sahne dazugießen. Fix für Broccoli-Rahm-Suppe einrühren und unter Rühren aufkochen lassen. Bei mittlerer Hitze 3 Minuten garen.

4. Brot in Würfel schneiden und in einer Pfanne im restlichen, heißen Öl goldgelb rösten. Kräuter zur Suppe geben und mit Muskat abschmecken. Mit den gerösteten Brotwürfeln bestreut servieren.

Zutaten für 3–4 Portionen:

1 Zwiebel
150 g frischer Spinat oder 125 g TK-Spinat
2 EL Öl
200 ml Schlagsahne
1 Beutel KNORR Fix für Broccoli-Rahm-Suppe
2 Scheiben Weiß- oder Toastbrot
2 EL gehackte, gemischte Kräuter (z.B. glatte Petersilie, Dill, Schnittlauch, Kerbel)
Muskat

Broccoli-Quiche

Pro Portion (bei 4 Port.): 2945 kJ/705 kcal, 22 g E, 47 g F, 47 g KH

**Zutaten für
3–4 Portionen:**

400 g frischer
Broccoli oder
300 g TK-Broccoli

100 g Schinken

1 Packung MONDAMIN
Pizza-Teig

1 Beutel KNORR Fix für
Broccoli-Rahm-Suppe

1/4 l (250 ml) Schlag-
sahne

2 Eier

50 g geriebener
Emmentaler

1. Broccoli putzen, waschen und in Röschen teilen. Gefrorenen Broccoli auftauen lassen. Schinken in Würfel schneiden.

2. 1 Beutel Pizza-Teig mit 1/8 Liter (125 Milliliter) lauwarmem Wasser verkneten. Teig in eine gefettete Springform (26 Zentimeter Durch-messer) geben, dabei einen 2 Zentimeter hohen Rand formen. Broccoliröschen und Schinken-würfel auf den Teigboden geben.

3. Fix für Broccoli-Rahm-Suppe mit Sahne ver-rühren, Eier darunter mischen und über den Broccoli gießen. Käse darüber streuen. Im vor-geheizten Backofen bei 200 °C (Gas Stufe 3, Umluft 175 °C) etwa 30 Minuten backen.

Rotes Rahmsauerkraut

Pro Portion (bei 3 Port.): 3685 kJ/883 kcal, 25 g E, 79 g F, 16 g KH

**Zutaten für
3–4 Portionen:**

200 g Rote Bete
aus dem Glas

1–2 TL Dill

1 Beutel KNORR Fix für
Broccoli-Rahm-Suppe

200 ml Schlagsahne

500 g Sauerkraut
aus der Dose

3–4 Bratwürste

1–2 EL Öl

Salz, Pfeffer, Zucker

1. Rote Bete abtropfen lassen und in Würfel schneiden. Dill fein hacken. Fix für Broccoli-Rahm-Suppe in 600 Milliliter kaltes Wasser einrühren. Sahne zufügen und unter Rühren aufkochen.

2. Sauerkraut abtropfen lassen, mit den Rote-Bete-Würfeln in die Sauce geben. Bei mittlerer Hitze etwa 5 Minuten garen.

3. Bratwürste in heißem Öl von beiden Seiten braten. Rahmsauerkraut mit Salz, Pfeffer, Zucker und gehacktem Dill abschmecken.

Zubereitungszeit ca. 30 min

Broccoli-Lachs-Suppe

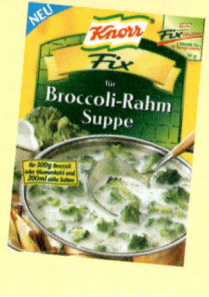

Pro Portion (bei 3 Port.): 1970 kJ/470 kcal, 26 g E, 34 g F, 14 g KH

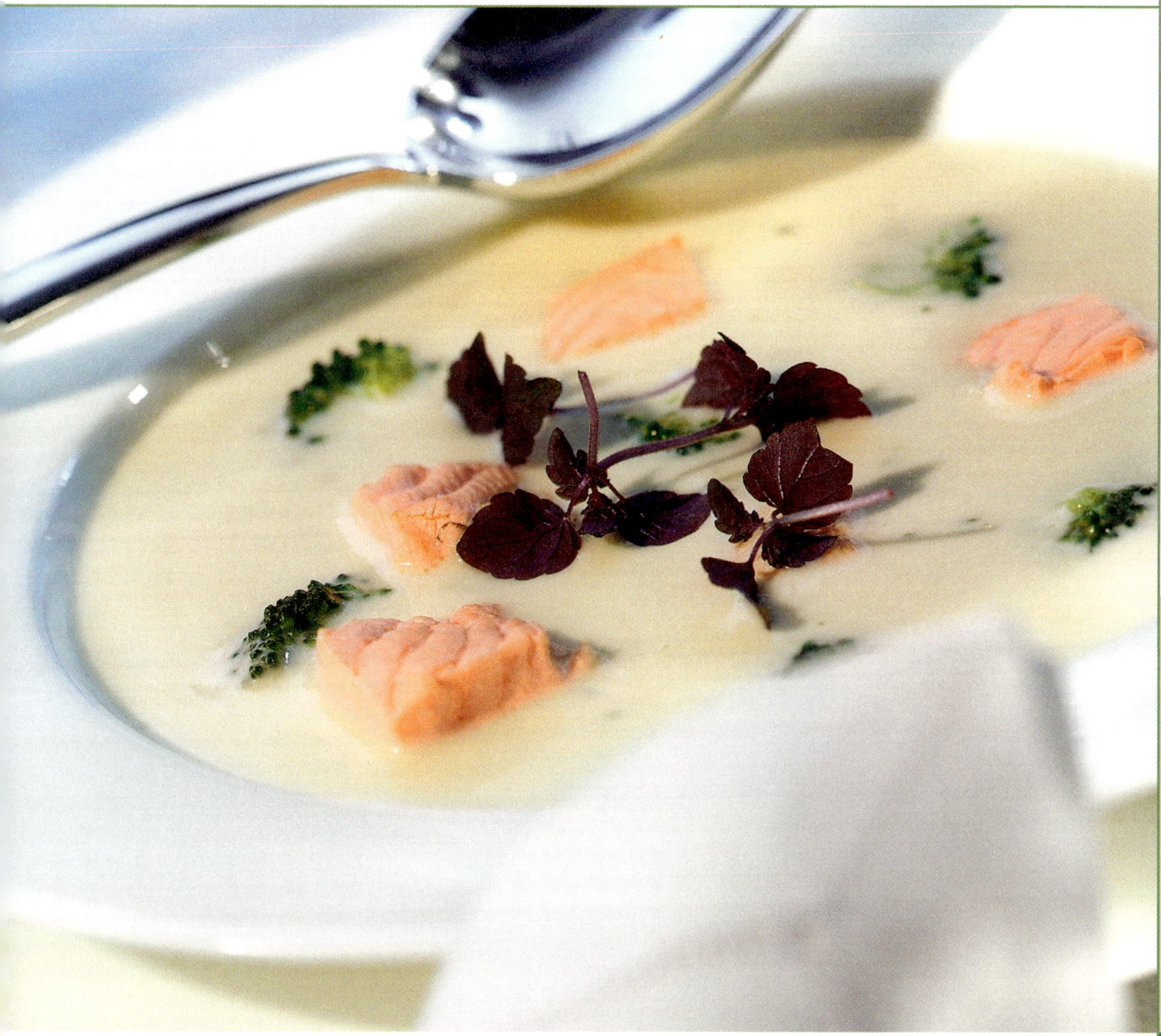

1. Fischfilet mit Zitronensaft beträufeln und in etwa 2 Zentimeter große Würfel schneiden. Broccoli putzen, waschen und in kleine Röschen teilen. TK-Broccoli eventuell etwas kleiner schneiden.
2. 600 Milliliter Wasser aufkochen, Broccoliröschen hineingeben und zugedeckt bei mittlerer Hitze 5 bis 8 Minuten garen.
3. Sahne dazugießen. Fix für Broccoli-Rahm-Suppe einrühren und unter Rühren aufkochen. Nach Belieben mit Weißwein verfeinern. Fischfilet hinzufügen und bei schwacher Hitze etwa 2 Minuten mitgaren.

Zutaten für 3–4 Portionen:

300 g Lachsfilet (oder Seelachs)

1–2 EL Zitronensaft

400 g frischer Broccoli oder 300 g TK-Broccoli

200 g Schlagsahne

1 Beutel KNORR Fix für Broccoli-Rahm-Suppe

evtl. 1–2 EL Weißwein

tipp

Garnieren Sie die Suppe mit Basilikum; Sorten mit rötlichen Blättern sind besonders dekorativ.

10 Rezept-Ideen

Fix für
Chili con Carne

**Einfach typisch
mexikanisch gewürzt**

Pikantes Gemüse-Chili

Pro Portion (bei 2 Port.): 895 kJ/214 kcal, 12 g E, 8 g F, 23 g KH

1. Paprikaschoten waschen, halbieren, entkernen und in Stücke schneiden. Zusammen mit den grünen Bohnen in heißem Öl andünsten.

2. 400 Milliliter kaltes Wasser dazugießen und Fix für Chili con Carne einrühren. Kidney-Bohnen abtropfen lassen, zugeben und unter Rühren aufkochen. Das Chili zugedeckt bei schwacher Hitze etwa 15 Minuten garen.

Zutaten für 2–3 Portionen:

je 1 rote und gelbe Paprikaschote
100 g grüne TK-Bohnen
2 EL Öl
1 Beutel KNORR Fix für Chili con Carne
240 g Kidney-Bohnen aus der Dose

tipp

Wer es feurig mag, gart eine der Länge nach halbierte und entkernte Chili-schote mit.

Zubereitungszeit ca. 20 min

Tortillas con Carne

Pro Stück: 1345 kJ/321 kcal, 20 g E, 16 g F, 23 g KH

1. Hackfleisch in heißem Öl krümelig anbraten. 300 Milliliter kaltes Wasser dazugießen und Fix für Chili con Carne einrühren.

2. Paprikaschote waschen, halbieren, entkernen und würfeln. Kidney-Bohnen abtropfen lassen. Paprikawürfel und Bohnen zum Chili geben und unter Rühren aufkochen. Zugedeckt bei schwacher Hitze 5 Minuten garen. Die Mais-Tortillas mit dem Chili füllen und servieren.

Zusätzlich mit 50 g geriebenem Käse bestreuen und im vorgeheizten Backofen bei 200 °C (Gas Stufe 3, Umluft 175 °C) 15 Minuten überbacken.

Zutaten für 4 Stück:

200 g Hackfleisch
1 EL Öl
1 Beutel KNORR Fix für Chili con Carne
1 grüne Paprikaschote (ca. 100 g)
250 g Kidney-Bohnen aus der Dose
4 Mais-Tortillas (Fertigprodukt)

tipp

Die Tortillas mal mit Hackfleisch von Lamm oder Pute zubereiten.

Zubereitungszeit ca. 40 min

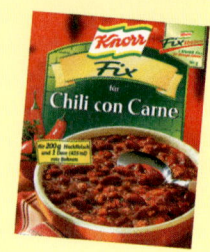

Chili con Carne mit Schafskäse

Pro Portion (bei 2 Port.): 2425 kJ/579 kcal, 34 g E, 33 g F, 35 g KH

Zutaten für 2–3 Portionen:

300 g Kartoffeln

Salz

200 g Hackfleisch

2 EL Öl

1 Beutel KNORR Fix für Chili con Carne

80 g Tomatenpaprika aus dem Glas

100 g Schafskäse

Petersilie oder Kerbel zum Garnieren

1. Kartoffeln in der Schale in Salzwasser etwa 20 Minuten kochen. Etwas abkühlen lassen, pellen und in Würfel schneiden.
2. Hackfleisch in heißem Öl krümelig anbraten. 300 Milliliter kaltes Wasser dazugießen. Fix für Chili con Carne einrühren, unter Rühren aufkochen und 1 Minute kochen. Die Kartoffeln zufügen.
3. Tomatenpaprika abtropfen lassen, in Streifen schneiden, zum Chili con Carne geben und heiß werden lassen.
4. Schäfskäse zerbröckeln oder grob raspeln und kurz vor dem Servieren auf dem Chili verteilen. Mit Petersilie oder Kerbel garnieren.

tipp

Ideal für viele Gäste: Das Chili lässt sich gut warm halten. Den Käse dann separat dazu servieren.

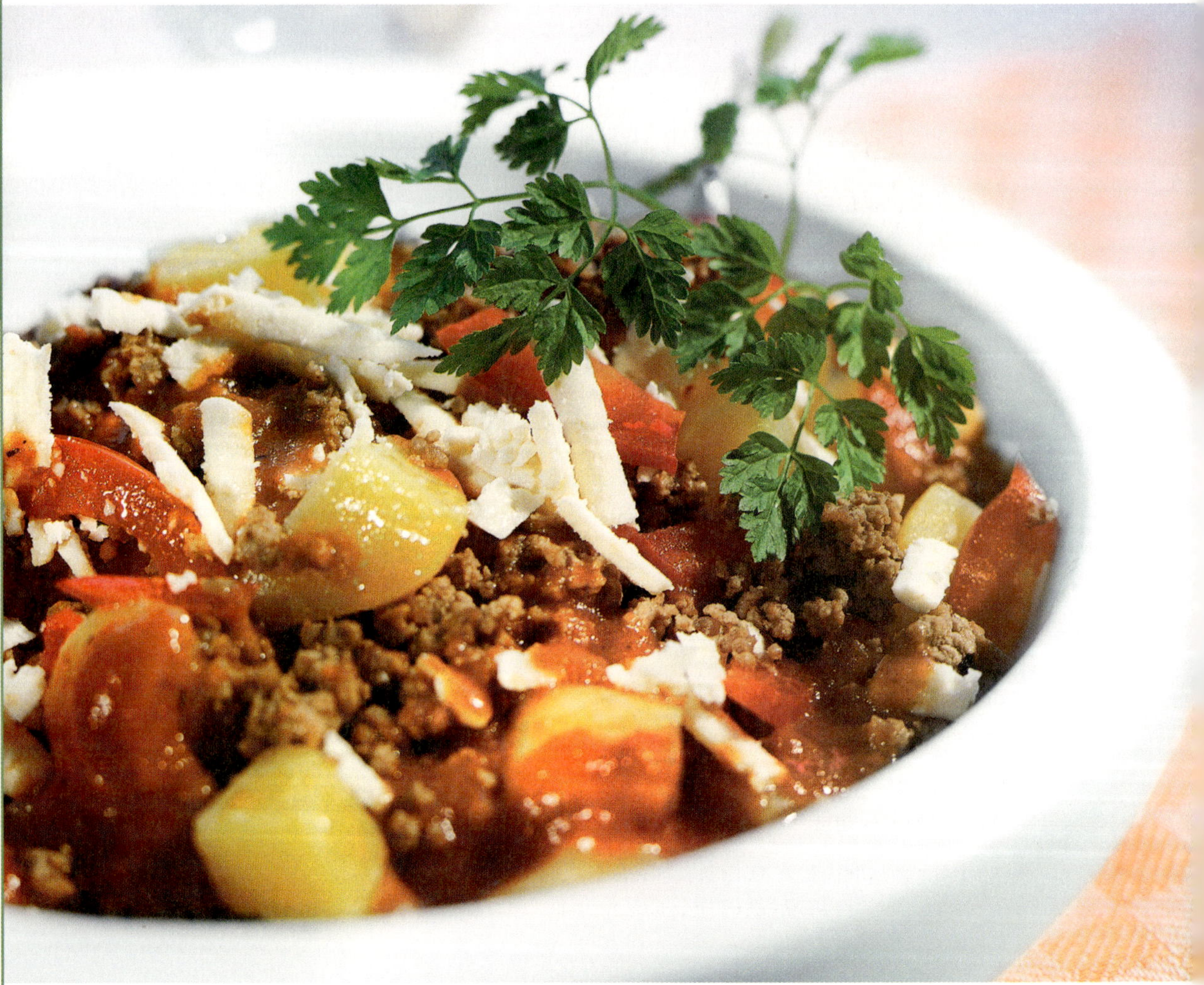

Zubereitungszeit ca. 30 min

Chili-Hähnchenbrust mit Honig

Pro Portion: 1800 kJ/431 kcal, 42 g E, 8 g F, 47 g KH

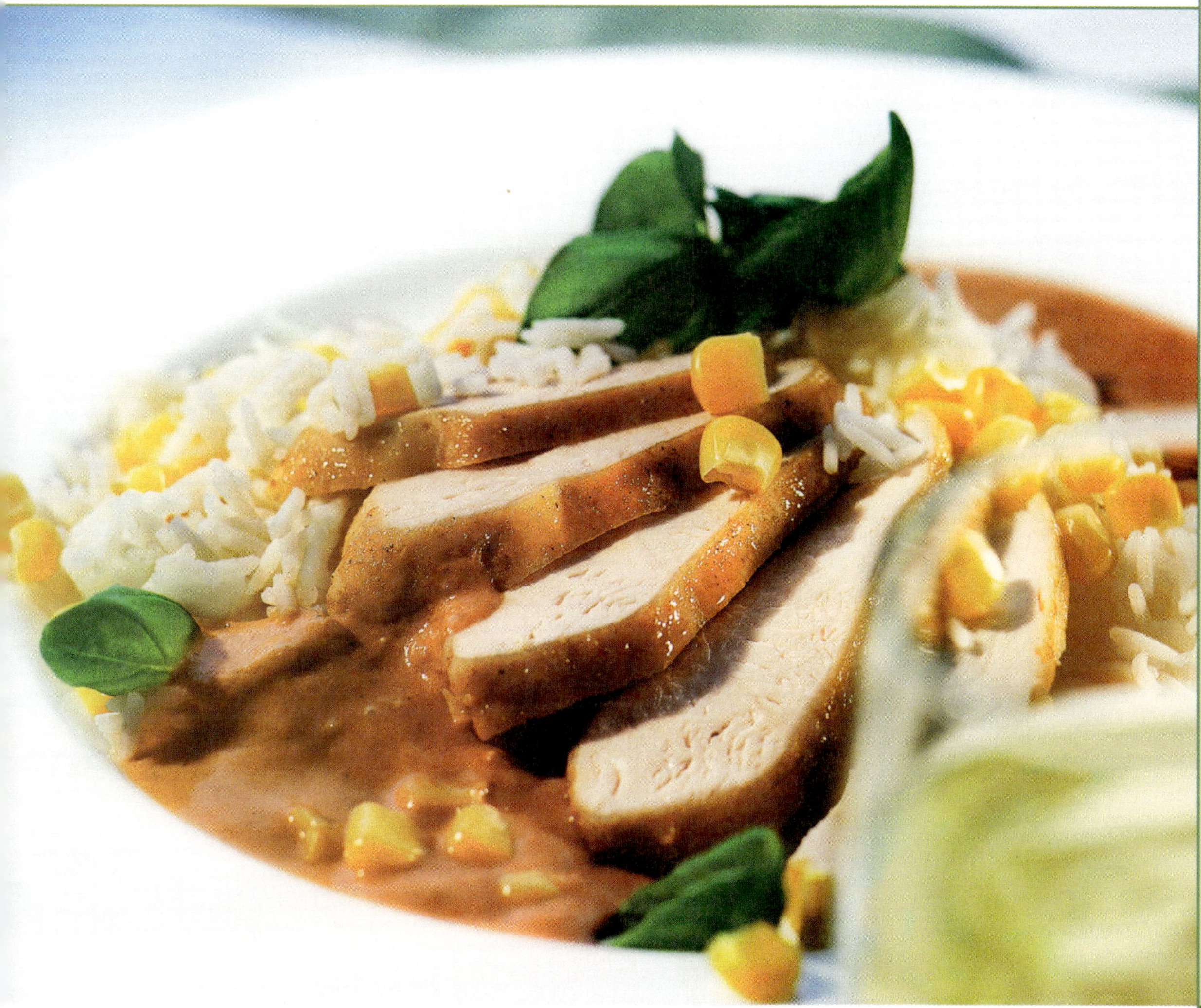

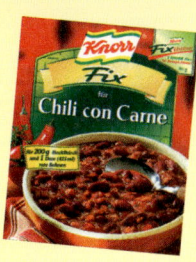

Zutaten für 3 Portionen:

125 g Basmatireis
Salz
3 Hähnchenbrustfilets à 150 g
2 EL Öl
1 Beutel KNORR Fix für Chili con Carne
140 g Mais aus der Dose
1–2 EL Honig
1 EL Aceto balsamico (Balsamessig)
1–2 EL Schlagsahne
evtl. einige Basilikumblätter

1. Reis in kochendem Salzwasser etwa 15 Minuten garen. Hähnchenbrustfilets salzen, in heißem Öl in etwa 15 Minuten rundherum braun braten. Herausnehmen und warm stellen.
2. 3/8 Liter (375 Milliliter) kaltes Wasser in die Pfanne gießen. Fix für Chili con Carne einrühren, unter Rühren aufkochen und zugedeckt bei schwacher Hitze 5 Minuten kochen.
3. Mais abtropfen lassen, zur Chilisauce geben und erwärmen. Mit Honig, Balsamico und Sahne abschmecken. Den Reis abgießen und abtropfen lassen.
4. Das Hähnchenfleisch in mundgerechte Scheiben schneiden und mit Chilisauce und Reis servieren. Nach Belieben mit Basilikumblättchen garnieren.

tipp

Eine edle Abwandlung: Anstelle von Hähnchenfleisch Entenbrust verwenden; je nach Größe der Fleischstücke ggf. einige Minuten länger braten.

Zubereitungszeit ca. 30 min

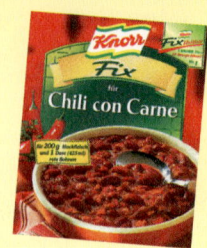

Chili-Tacos mit Guacamole

Pro Portion (bei 3 Port.): 2985 kJ/715 kcal, 28 g E, 48 g F, 43 g KH

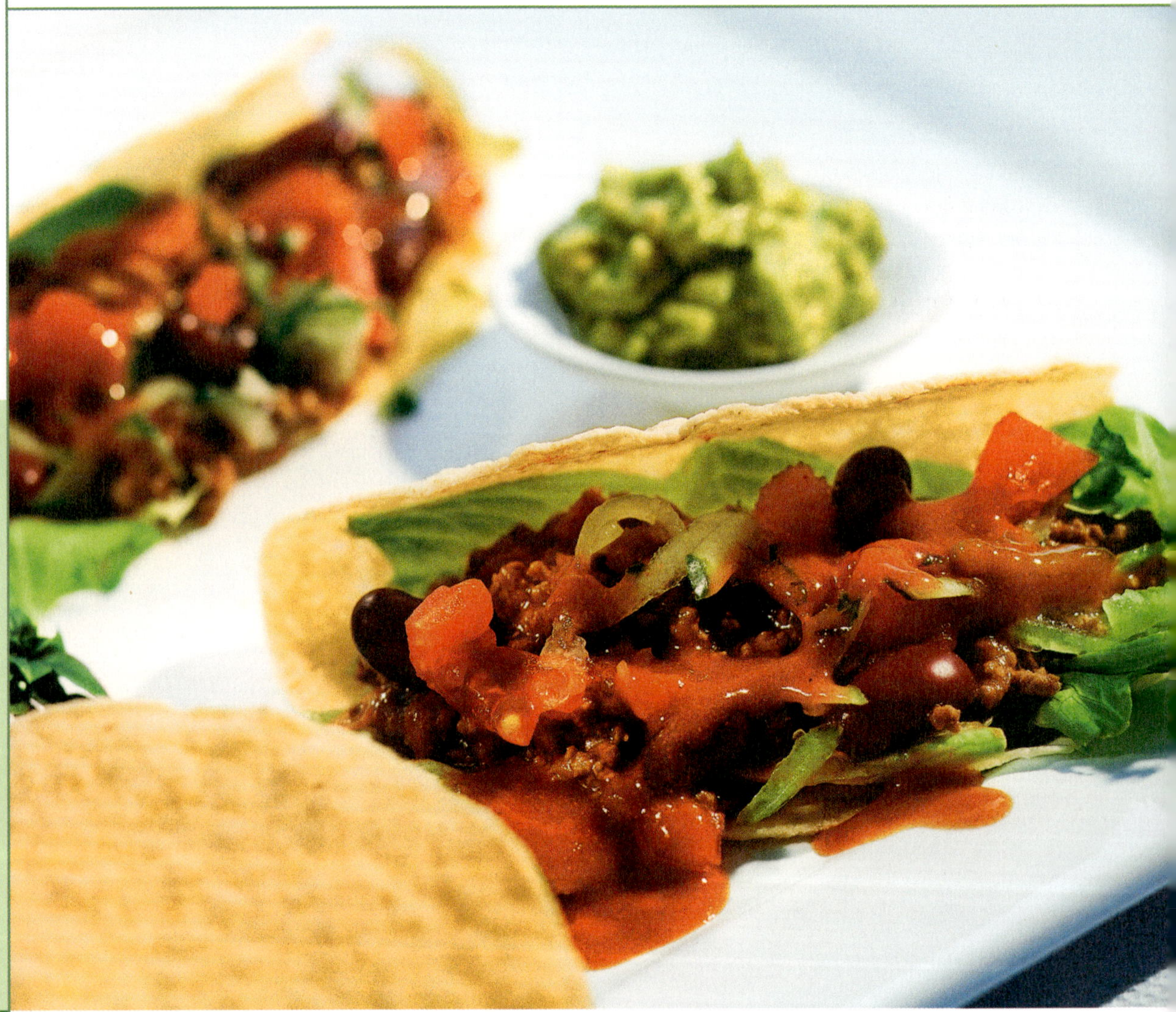

Zutaten für 2–3 Portionen:

1 Knoblauchzehe
250 g Hackfleisch
2 EL Öl
1 Beutel KNORR Fix für Chili con Carne
265 g Kidney-Bohnen aus der Dose
2 Tomaten
1/2 Salatgurke
einige Blätter vom Eisbergsalat
6 Taco-Schalen (Fertigprodukt)
1 kleines Glas Guacamole (Avocado-Creme)

tipp

Guacamole selber machen: Das Fruchtfleisch 1 Avocado mit 1 EL Zwiebelwürfel, etwas Knoblauch, Salz, Pfeffer und 1 Spritzer Zitrone verrühren.

1. Knoblauchzehe abziehen, fein hacken und mit dem Hackfleisch in heißem Öl anbraten. 300 Milliliter kaltes Wasser dazugießen, Fix für Chili con Carne einrühren.
2. Bohnen abtropfen lassen, zugeben und unter Rühren aufkochen. Zugedeckt bei schwacher Hitze 5 Minuten kochen.
3. Tomaten mit kochendem Wasser überbrühen und abziehen. Fruchtfleisch würfeln und zum Fleisch geben. Gurke waschen, halbieren, entkernen, grob raspeln und mit jeweils 2 bis 3 Blättern Eisbergsalat und dem Chili auf vorgewärmte Taco-Schalen verteilen. Die Guacamole dazu servieren.

Zubereitungszeit ca. 30 min

Chili-Nudelsalat

Pro Portion: 1724 kJ/413 kcal, 20 g E, 15 g F, 49 g KH

1. Nudeln in reichlich Salzwasser bissfest garen und in einem Sieb abgießen.

2. Hackfleisch in heißem Öl krümelig anbraten. Gefrorene Bohnen zufügen und 300 Milliliter kaltes Wasser dazugießen. Fix für Chili con Carne einrühren, unter Rühren aufkochen und zugedeckt bei schwacher Hitze etwa 10 Minuten kochen.

3. Tomatenpaprika in Streifen schneiden, mit Nudeln und dem Chili vermischen. Mit Balsamico und Olivenöl abschmecken. Den Salat 2 bis 3 Stunden durchziehen lassen.

Zutaten für 4 Portionen:

250 g Nudeln (z.B. Penne)

Salz

200 g Hackfleisch

2 EL Öl

250 g grüne TK-Bohnen

1 Beutel KNORR Fix für Chili con Carne

100 g Tomatenpaprika aus dem Glas

2 EL Aceto balsamico (Balsamessig)

1–2 EL Olivenöl

Zubereitungszeit ca. 25 min

Chili mit Mais und Reis

Pro Portion (bei 2 Port.): 3090 kJ/741 kcal, 36 g E, 30 g F, 79 g KH

1. Den Reis in reichlich Salzwasser etwa 20 Minuten kochen.

2. Die Paprikaschote waschen, halbieren, entkernen und würfeln. Paprikawürfel mit Hackfleisch in heißem Öl anbraten. 300 Milliliter kaltes Wasser dazugießen und Fix für Chili con Carne einrühren.

3. Mais und Bohnen in einem Sieb abtropfen lassen, zufügen und unter Rühren aufkochen. Zugedeckt bei schwacher Hitze 5 Minuten garen. Das Gemüse-Chili auf dem abgetropften Reis anrichten.

Zutaten für 2–3 Portionen:

125 g Reis

Salz

1 grüne Paprikaschote (ca. 150 g)

200 g Hackfleisch

2 EL Öl

1 Beutel KNORR Fix für Chili con Carne

140 g Mais aus der Dose

265 g Kidney-Bohnen aus der Dose

Schnitzel mexicano

Pro Portion: 1330 kJ/318 kcal, 35 g E, 11 g F, 19 g KH

Zutaten für 4 Portionen

1 grüne Paprikaschote

4 Schweineschnitzel à 125 g

2 EL Öl

140 g Mais aus der Dose

140 g Kidney-Bohnen aus der Dose

250 g weiße Bohnen aus der Dose

1 Beutel KNORR Fix für Chili con Carne

1. Paprikaschote waschen, halbieren, entkernen und in Streifen schneiden. Schweineschnitzel in heißem Öl braten, herausnehmen und warm stellen. Paprikastreifen in die Pfanne geben und 3 bis 5 Minuten dünsten.

2. Mais und Bohnen abtropfen lassen und zugeben. 300 Milliliter kaltes Wasser dazugießen, Fix für Chili con Carne einrühren und unter Rühren aufkochen. Zugedeckt bei schwacher Hitze 5 Minuten garen. Das Chili-Gemüse zu den Schnitzeln servieren.

Zubereitungszeit ca. 30 min

Lamm-Chili mit Kürbis

Pro Portion: 1355 kJ/324 kcal, 32 g E, 11 g F, 24 g KH

Zutaten für 2 Portionen:

200 g Lammfleisch

2 EL Öl

1 Beutel KNORR Fix für Chili con Carne

265 g Kidney-Bohnen aus der Dose

200 g gewürfelte Kürbisstücke aus dem Glas

1 TL Honig

1. Lammfleisch in kleine Würfel schneiden und in heißem Öl rundherum anbraten. 300 Milliliter Wasser dazugießen, Fix für Chili con Carne einrühren und unter Rühren aufkochen.

2. Bohnen und Kürbisstücke abtropfen lassen und zum Lammfleisch geben. Alles zugedeckt bei schwacher Hitze 20 Minuten garen. Eventuell etwas Wasser nachgießen. Das Lamm-Chili mit Honig abschmecken.

Dazu schmecken Salzkartoffeln.

Chili-Würstchen-Pfanne

Pro Portion: 1615 kJ/386 kcal, 18 g E, 26 g F, 20 g KH

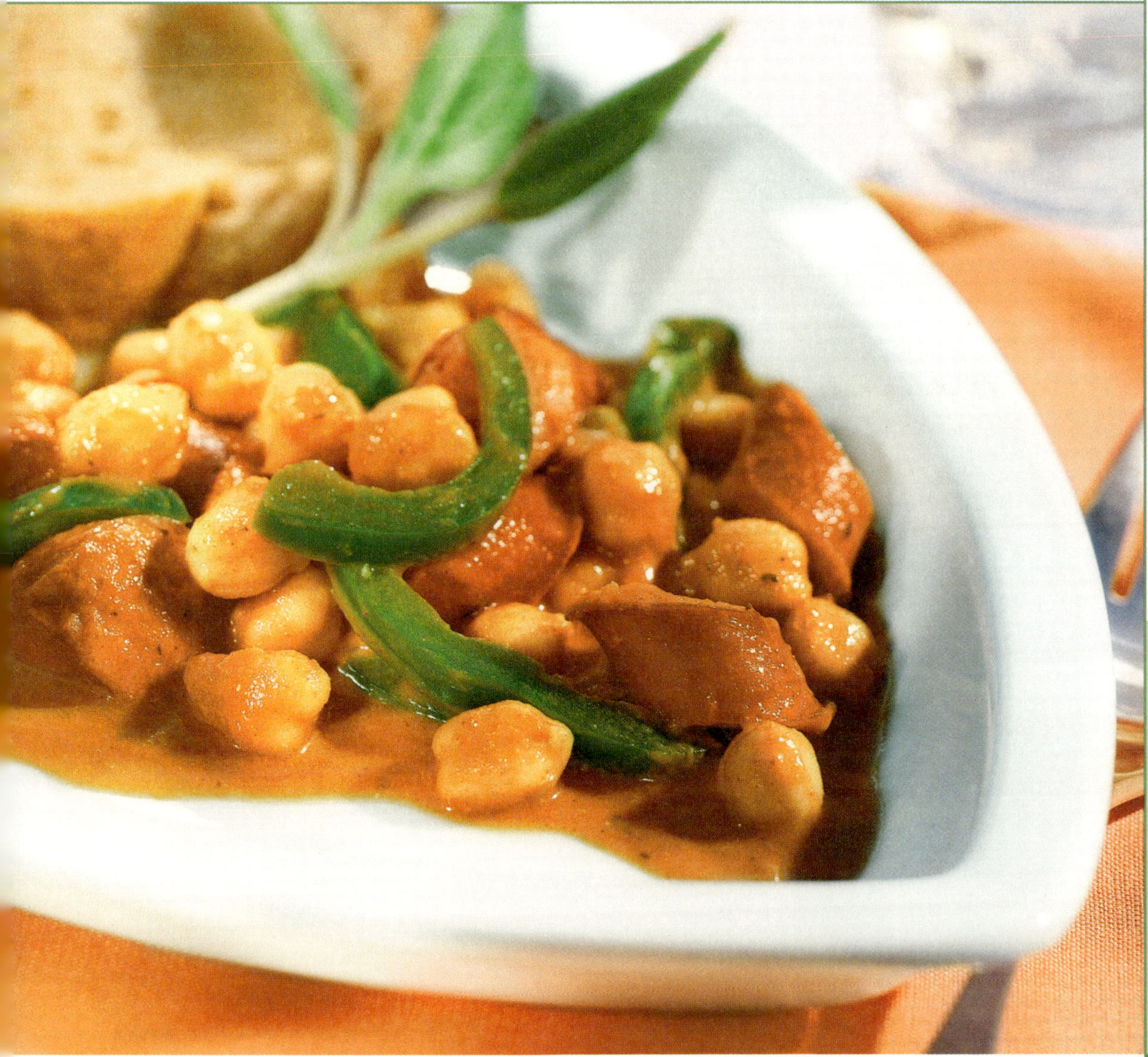

1. Würstchen schräg in Stücke schneiden, in heißem Öl anbraten. Paprikaschote waschen, halbieren und entkernen. Paprikahälften in Streifen schneiden, zu den Würstchen geben und mitdünsten.

2. 300 Milliliter kaltes Wasser dazugießen. Fix für Chili con Carne einrühren, unter Rühren aufkochen und zugedeckt bei schwacher Hitze 5 Minuten kochen.

3. Abgetropfte Kichererbsen zufügen und in der Sauce heiß werden lassen. Mit Crème fraîche abschmecken.

Dazu passt frisches Bauernbrot.

tipp

Probieren Sie das Gericht einmal mit Merguez, den würzig-deftigen Würstchen aus Lammfleisch.

10 Rezept-Ideen

Fix für China-Pfanne

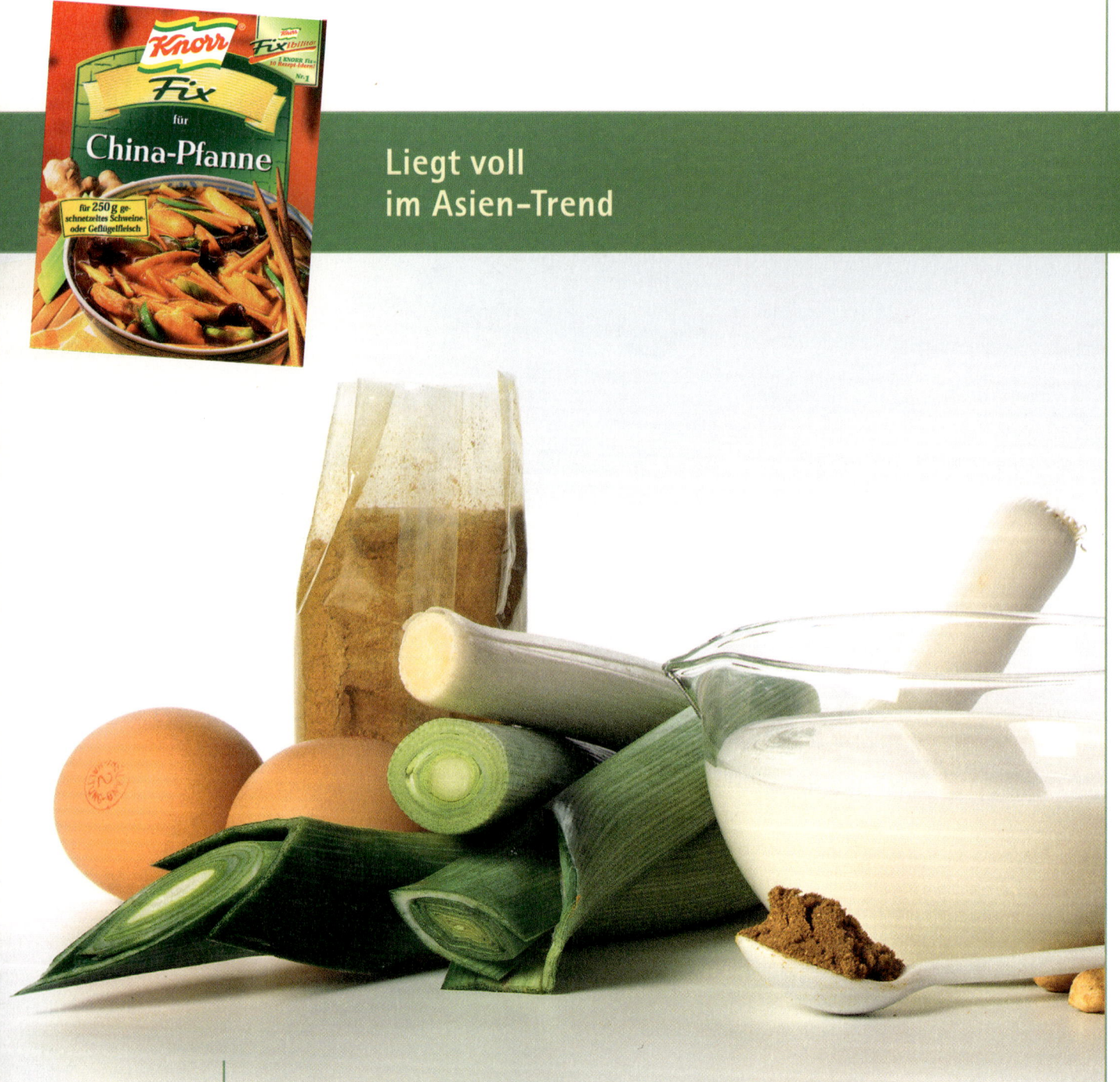

Liegt voll
im Asien-Trend

Zubereitungszeit ca. 25 min

Shrimps-Pfanne

Pro Portion: 675 kJ/163 kcal, 7 g E, 10 g F, 13 g KH

1. Möhren waschen, putzen und in Stifte schneiden. Broccoli putzen, waschen und in Röschen
teilen. Sojasprossen kurz abbrausen.

2. Shrimps in einer Pfanne in heißem Öl anbraten
und Gemüse und Sojasprossen dazugeben.

3. 300 Milliliter kaltes Wasser dazugießen und
Fix für China-Pfanne einrühren. Unter Rühren
aufkochen und zugedeckt bei schwacher Hitze
10 Minuten garen.

Dazu passt Basmatireis.

**Zutaten für
2 Portionen:**

200 g Gemüse
(z.B. Möhren,
Broccoli)
50 g Sojasprossen
100 g Shrimps
1 EL Öl
1 Beutel KNORR Fix
für China-Pfanne

tipp

Basmati gehört zu
den kostbarsten
Reissorten der Welt.
Die schlanken Kör-
ner sind schon nach
15 Minuten gar.

Zubereitungszeit ca. 30 min

Reispfanne mit Mango

Pro Portion: 1645 kJ/395 kcal, 21 g E, 8 g F, 59 g KH

1. Putenbrustfilet in Streifen schneiden. Mango
schälen, das Fruchtfleisch am Stein entlang
wegschneiden, die Fruchtstücke in dünne Streifen schneiden.

2. Fleisch in einer Pfanne in heißem Öl anbraten,
Mango zugeben und kurz mitdünsten. Beides
aus der Pfanne nehmen.

3. 1/2 Liter (500 Milliliter) kaltes Wasser in die
Pfanne gießen, Fix für China-Pfanne einrühren
und unter Rühren aufkochen. Reis zugeben
und zugedeckt bei schwacher Hitze 15 Minuten
gar ziehen lassen. Putenfleisch und Mango
zum Reis geben und heiß werden lassen. Eventuell mit Minze garnieren.

**Zutaten für
2 Portionen:**

125 g Putenbrustfilet
1 Mango
1 EL Öl
1 Beutel KNORR Fix
für China-Pfanne
100 g Basmatireis
evtl. Minze

tipp

Wer gern viel Reis
isst, gart ihn separat
und reicht ihn extra.

51

Zubereitungszeit ca. 35 min

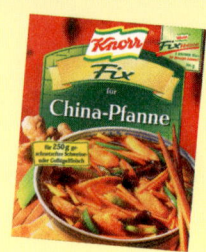

Chinesische Frühlingsrollen

Zutaten für 2–3 Portionen:

100 g Hähnchenbrustfilet
1/2 Bund Frühlingszwiebeln
100 g Möhren
1 EL Öl
1 Beutel KNORR Fix für China-Pfanne
8 Reispapierblätter (ca. 22 cm ∅)
Öl zum Frittieren

Pro Portion (bei 3 Port.): 1640 kJ/394 kcal, 17 g E, 23 g F, 28 g KH

1. Hähnchenbrustfilet in Streifen schneiden. Frühlingszwiebeln putzen, waschen und in Ringe schneiden. Möhren schälen und in Stifte schneiden.
2. Filetstreifen in einer Pfanne in 1 Esslöffel heißem Öl anbraten, Frühlingszwiebeln und Möhren zugeben und mitdünsten. 200 Milliliter kaltes Wasser dazugießen, Fix für China-Pfanne einrühren, unter Rühren aufkochen und 5 Minuten kochen lassen.
3. Reispapierblätter nacheinander in kaltem Wasser ca. 1 Minute einweichen. Auf einem Küchentuch ausbreiten und trockentupfen. Fleisch mit dem Gemüse so auf den Reispapierblättern verteilen, dass die Ränder frei bleiben. Ränder mit Wasser befeuchten und einschlagen. Blätter aufrollen und gut festdrücken.
4. Frühlingsrollen in reichlich Öl etwa 3 Minuten frittieren, bis sie knusprig sind.

tipp

Nach Belieben mit süß-saurer Sauce servieren.

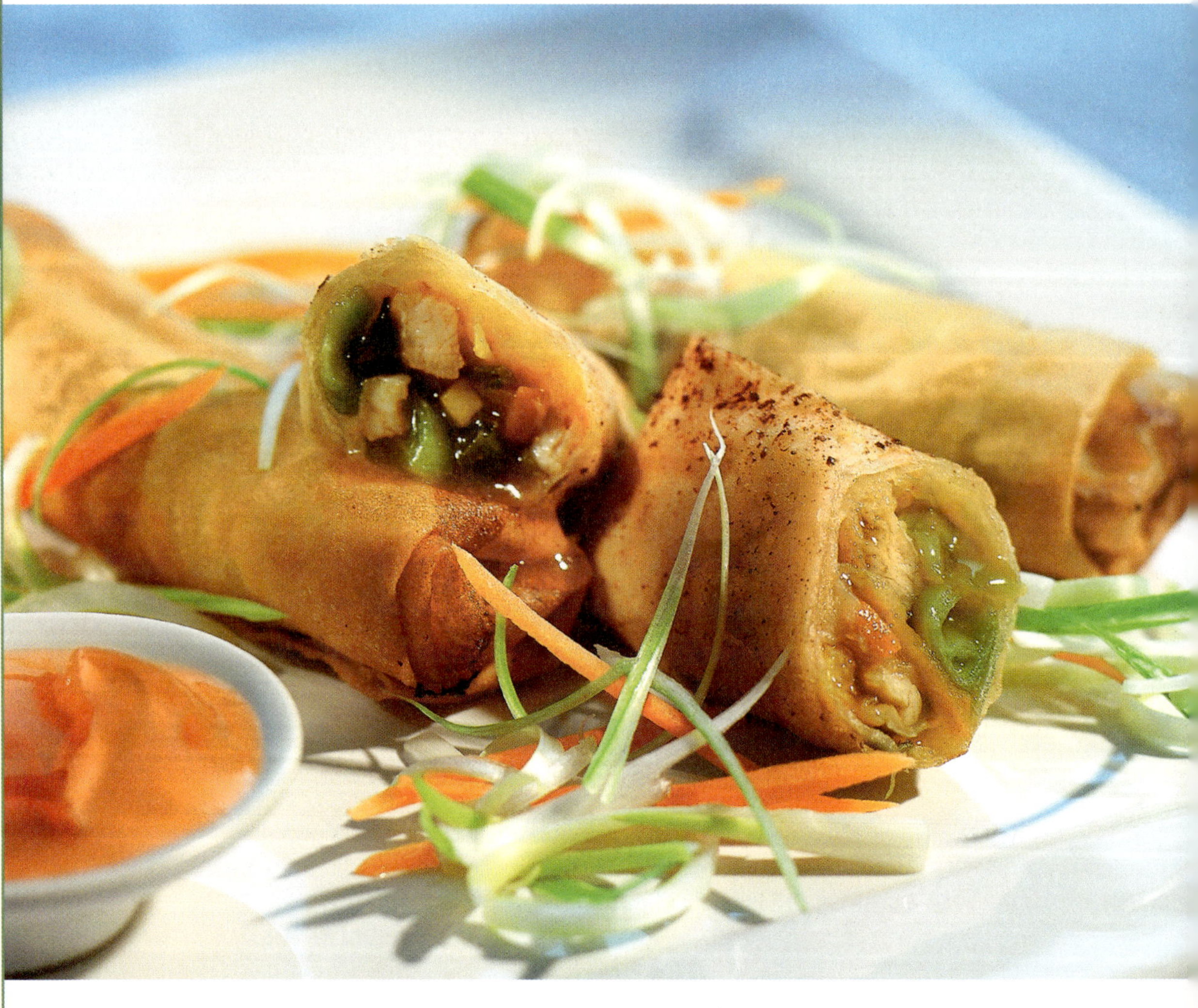

Broccoli-Ananas-Pfanne mit Erdnüssen

Pro Portion: 1120 kJ/268 kcal, 13 g E, 12 g F, 27 g KH

Zutaten für 2 Portionen:

400 g frischer Broccoli oder 300 g TK-Broccoli

4 EL ungesalzene Erdnüsse

1 Beutel KNORR Fix für China-Pfanne

100 g Ananasstücke aus der Dose

1. Broccoli putzen, waschen und in Röschen teilen. Gefrorenen Broccoli auftauen lassen.

2. Erdnüsse in einer Pfanne ohne Fett rösten und herausnehmen. 300 Milliliter kaltes Wasser in die Pfanne gießen, Fix für China-Pfanne einrühren und unter Rühren aufkochen. Broccoliröschen dazugeben und zugedeckt bei schwacher Hitze 5 Minuten garen.

3. Ananasstücke abtropfen lassen, den Saft dabei auffangen. Ananasstücke und 3 bis 4 Esslöffel Saft zum Gemüse geben und heiß werden lassen. Broccoli-Ananas-Pfanne mit den Erdnüssen servieren.

tipp

Gesalzene, geröstete Erdnüsse kurz unter fließendem Wasser abspülen, abtrock-nen und zum Schluss zufügen.

53

Zubereitungszeit ca. 35 min

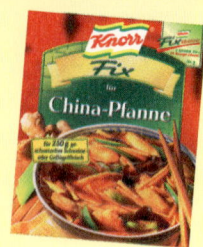

Asiatische Gemüsepfanne

Pro Portion: 630 kJ/151 kcal, 6 g E, 7 g F, 16 g KH

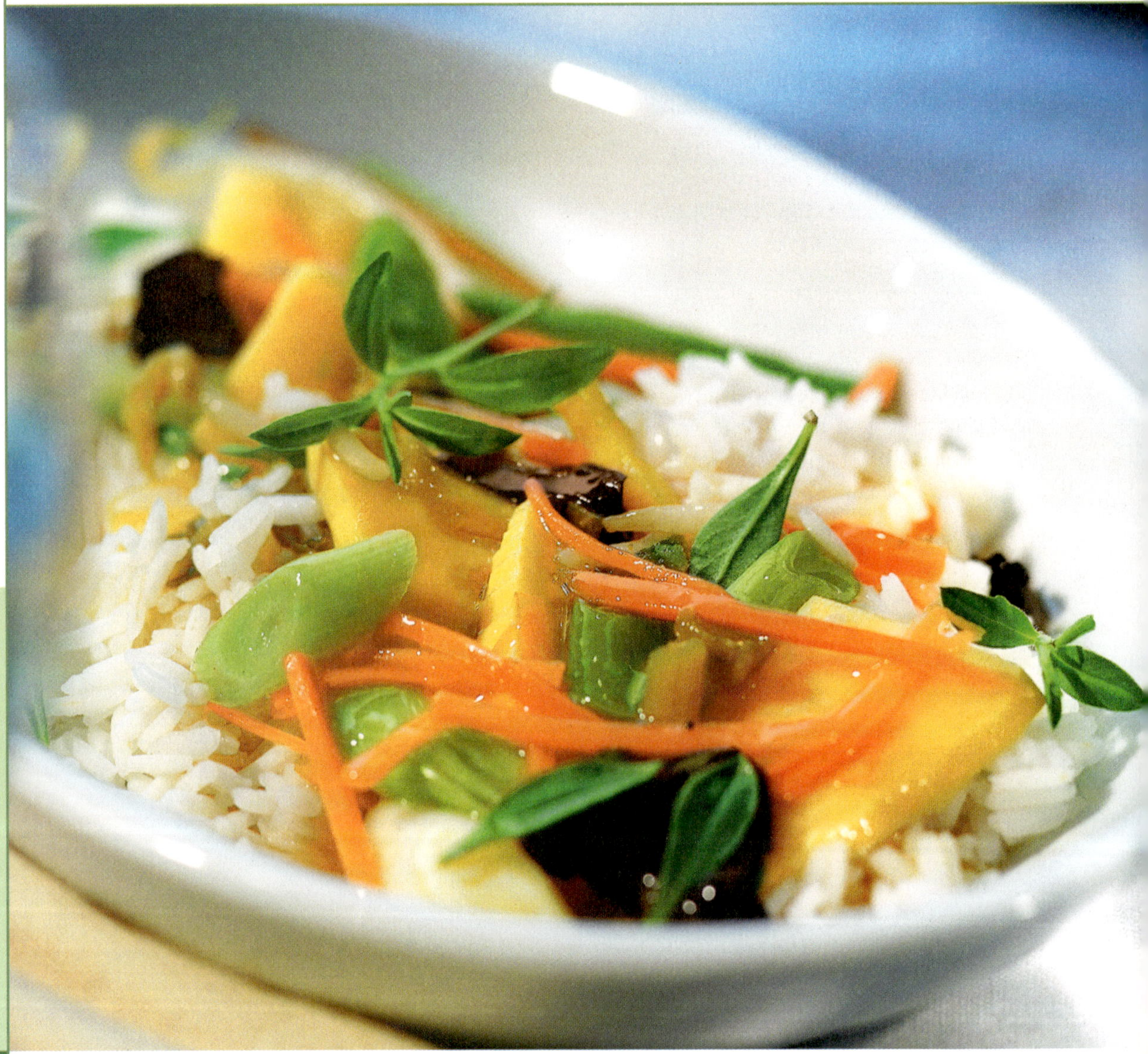

Zutaten für 2 Portionen:

1/2 Bund Frühlingszwiebeln
150 g Möhren
1 EL Öl
50 g Sojasprossen
1 Beutel KNORR Fix für China-Pfanne
140 g Bambussprossen aus der Dose
evtl. 1 TL Sojasauce
Salz, Pfeffer

tipp

Die Gemüsepfanne auf körnig gegartem Basmati- oder Duftreis anrichten.

1. Frühlingszwiebeln putzen, waschen und in Ringe schneiden, Möhren schälen und in feine Stifte schneiden.
2. Öl in einer Pfanne erhitzen. Frühlingszwiebeln, Möhren und Sojasprossen andünsten. 300 Milliliter kaltes Wasser dazugießen, Fix für China-Pfanne einrühren, unter Rühren aufkochen und zugedeckt bei schwacher Hitze 10 Minuten garen.
3. Bambussprossen abtropfen lassen, dazugeben und heiß werden lassen. Nach Belieben mit Sojasauce, Salz und Pfeffer abschmecken.

Puten-Ananas-Pfanne

Pro Portion: 1615 kJ/397 kcal, 22 g E, 19 g F, 32 g KH

1. Ananashälfte der Länge nach halbieren. Den harten Kern in der Mitte herausschneiden. Das Fruchtfleisch an der Schale entlang abschneiden und zerkleinern. Die beiden Schalenteile so auf eine Servierplatte legen, dass sie wieder eine komplette Hälfte bilden.

2. Cashewkerne in einer Pfanne ohne Fett goldbraun rösten. Putenfleisch in Streifen schneiden und in heißem Öl anbraten. 300 Milliliter kaltes Wasser dazugeben, Fix für China-Pfanne einrühren, unter Rühren aufkochen und zugedeckt bei schwacher Hitze 10 Minuten garen.

3. Ananasstücke und Cashewkerne kurz vor Ende der Garzeit zufügen. In der Ananasschale anrichten.

Zutaten für 2 Portionen:

1/2 kleine Ananas
50 g Cashewkerne
125 g Putenbrustfilet
1–2 EL Öl
1 Beutel KNORR Fix für China-Pfanne

tipp

Noch schneller gelingt die Puten-Pfanne, wenn Sie Ananaswürfel aus der Dose verwenden.

Zubereitungszeit ca. 15 min

China-Fischpfanne

Pro Portion: 1255 kJ/300 kcal, 33 g E, 8 g F, 23 g KH

1. Lachsfilet in Würfel schneiden. Fix für China-Pfanne in 300 Milliliter kaltes Wasser einrühren. Unter Rühren aufkochen und zugedeckt bei schwacher Hitze 5 Minuten garen.

2. Lachswürfel und Shrimps zugeben und etwa 5 Minuten gar ziehen lassen. Kichererbsen abtropfen lassen, dazugeben und erwärmen. Nach Belieben mit Schnittlauch garnieren.

Dazu passt Basmatireis.

Zutaten für 2 Portionen:

125 g Lachsfilet
1 Beutel KNORR Fix für China-Pfanne
150 g Shrimps
150 g Kichererbsen aus der Dose
evtl. Schnittlauch

tipp

Chinesen verwenden lieber den flach-blättrigen Schnitt-knoblauch.

Chinakohl-Eintopf

Pro Portion: 685 kJ/165 kcal, 6 g E, 5 g F, 24 g KH

Zutaten für 3 Portionen:

150 g Chinakohl

1 Beutel KNORR Fix für China-Pfanne

100 g TK-Erbsen

50 g asiatische Eiernudeln (z.B. Mie-Nudeln)

1–2 TL Sojasauce

Salz, Pfeffer

tipp

Wer Ingwer mag, gibt einige Scheibchen frische, geschälte Ingwerwurzel dazu.

1. Chinakohl putzen, waschen und in Streifen schneiden. Fix für China-Pfanne in 700 Milliliter kaltes Wasser einrühren, unter Rühren aufkochen und zugedeckt bei schwacher Hitze etwa 5 Minuten garen.

2. Gefrorene Erbsen dazugeben und aufkochen, Nudeln zufügen und den Eintopf zugedeckt bei schwacher Hitze 2 Minuten garen.

3. Chinakohlstreifen untermischen und 1 weitere Minute garen. Mit Sojasauce, Salz und Pfeffer abschmecken.

Glasnudelpfanne

Pro Portion: 860 kJ/207 kcal, 5 g E, 7 g F, 32 g KH

Zutaten für 2 Portionen:

1 mittelgroße Möhre

1 EL Öl

1 Beutel KNORR Fix für China-Pfanne

50 g Glasnudeln

1 TL Sojasauce

tipp

Zur Dekoration die Möhre vor dem Garen der Länge nach in dünne Scheiben schneiden. Mit einer Ausstechform, z.B. Blumen ausstechen.

1. Möhre schälen und in Scheiben schneiden. In einer Pfanne in heißem Öl andünsten. 350 Milliliter kaltes Wasser dazugießen, Fix für China-Pfanne einrühren und unter Rühren aufkochen.

2. Glasnudeln dazugeben und zugedeckt bei schwacher Hitze 10 Minuten garen. Mit Sojasauce abschmecken.

Zubereitungszeit ca. 20 min

Garnelen-Curry

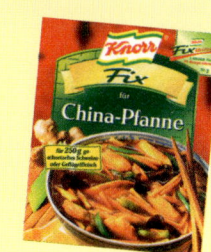

Pro Portion: 1060 kJ/255 kcal, 28 g E, 9 g F, 15 g KH

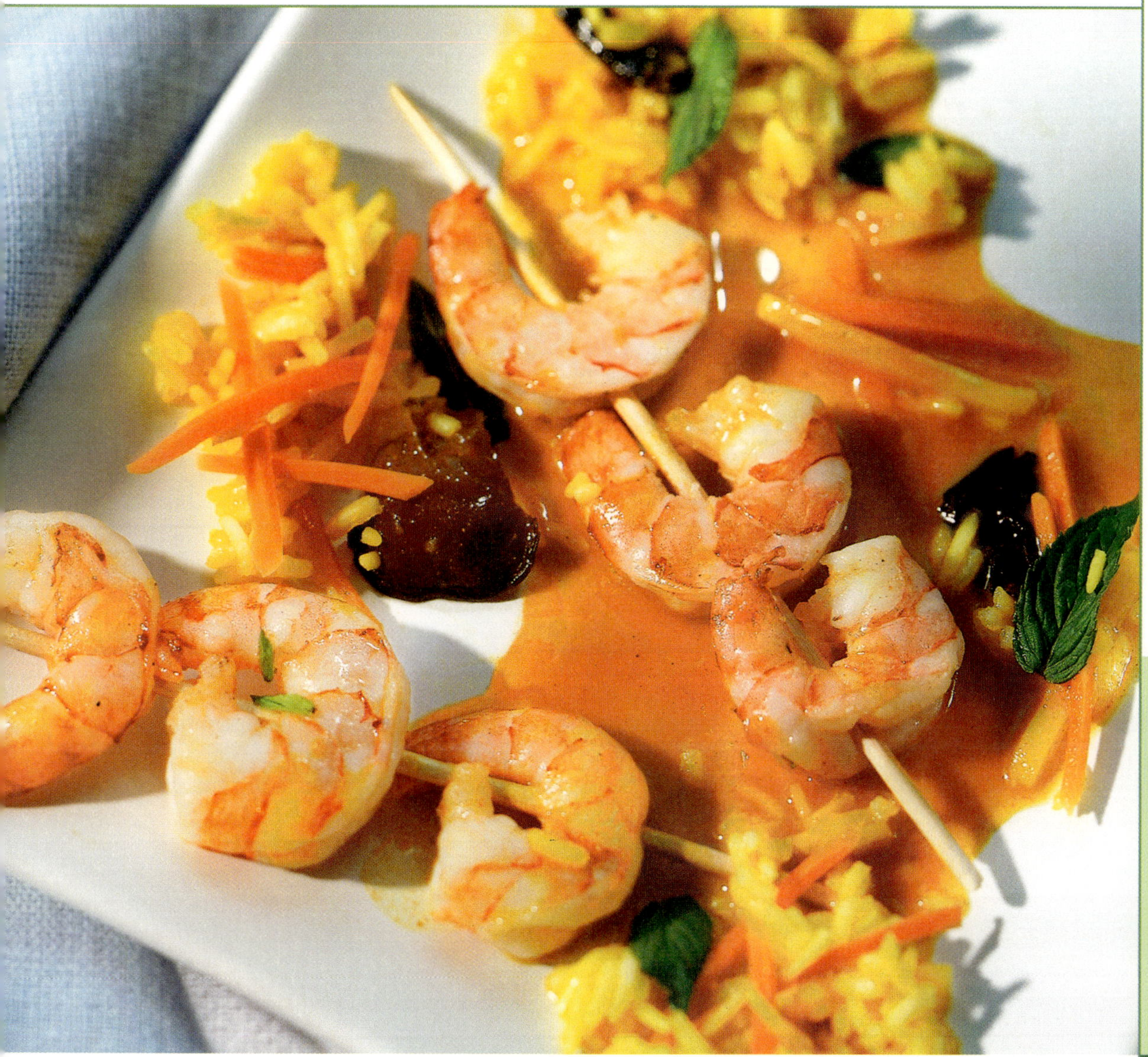

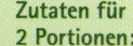

Zutaten für 2 Portionen:

250 g TK-Riesengarnelen ohne Schale

1 EL Öl

1 Beutel KNORR Fix für China-Pfanne

200 ml Kokosmilch aus der Dose

1–2 TL Currypulver

1 TL Zitronensaft

1. Garnelen nach Packungsanweisung auftauen lassen. Garnelen auf Holzspieße stecken und in heißem Öl 1 bis 2 Minuten anbraten. Herausnehmen und zur Seite stellen.
2. Fix für China-Pfanne in Kokosmilch und 150 Milliliter kaltes Wasser einrühren, unter Rühren aufkochen und Curry dazugeben. Zugedeckt bei schwacher Hitze 10 Minuten garen.
3. Garnelenspieße dazugeben und in der Sauce heiß werden lassen. Mit Zitronensaft abschmecken.

Gut dazu: Reis und kurz gedünstete Möhrenstreifen.

tipp

Riesengarnelen werden bei uns meist tiefgekühlt angeboten – manchmal auch unter dem Namen »King Prawns«.

Fix für Currywurst

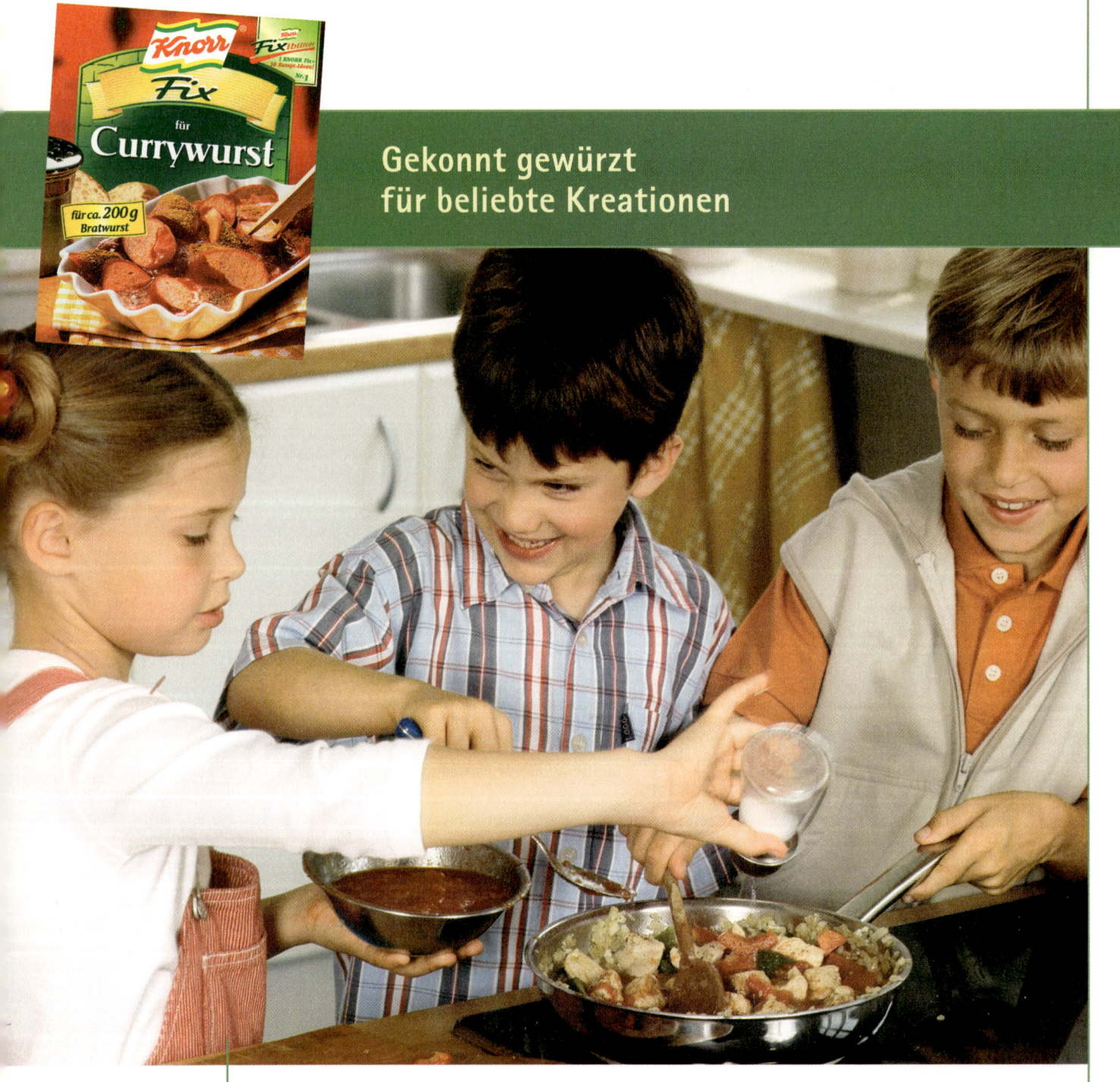

Gekonnt gewürzt
für beliebte Kreationen

Klassisches Schaschlik ·

Pro Portion: 980 kJ/234 kcal, 15 g E, 13 g F, 14 g KH

1. Schweinefleisch in etwa 2 × 2 Zentimeter große Würfel schneiden und mit Salz und Pfeffer würzen. Paprikaschoten waschen, halbieren, entkernen und in Stücke schneiden. Fleischwürfel und Paprikastücke abwechselnd auf 4 Spieße stecken.

2. Spieße in heißem Öl rundherum ca. 10 Minuten braten oder unter dem vorgeheizten Grill grillen. Fix für Currywurst in 200 Milliliter Wasser einrühren, unter Rühren aufkochen und 1 Minute kochen. Schaschlikspieße mit der Sauce servieren.

Gut dazu: Pommes frites.

Zutaten für 2 Portionen:

250 g Schweinefleisch (z.B. Nackensteak)
Salz, Pfeffer
je 1 kleine grüne und gelbe Paprikaschote
2 EL Öl
1 Beutel KNORR Fix für Currywurst

tipp

Auch köstlich: Zwiebelschaschlik. Dafür 1/2 Gemüsezwiebel in passende Stücke schneiden und mit aufspießen.

Zubereitungszeit ca. 30 min

Bratwurst-Curry

Pro Portion: 1215 kJ/291 kcal, 10 g E, 23 g F, 12 g KH

1. Lauch putzen, waschen und in Ringe schneiden. Möhren schälen und in dünne Scheiben schneiden.

2. Bratwürstchen in einer Pfanne in heißem Öl braun anbraten und herausnehmen. Das Gemüse im restlichen Bratfett andünsten.

3. 300 Milliliter Wasser zugießen und Fix für Currywurst einrühren. Unter Rühren aufkochen und zugedeckt bei schwacher Hitze etwa 10 Minuten kochen.

4. Die Würstchen in Scheiben schneiden und in der Sauce heiß werden lassen.

Dazu passt: Kartoffelpüree.

Zutaten für 3 Portionen:

150 g Lauch
150 g Möhren
9 Nürnberger Rostbratwürstchen
2 EL Öl
1 Beutel KNORR Fix für Currywurst

tipp

Zur Dekoration die Bratwurst mit mildem Curry oder Edelsüß-Paprika bestäuben.

Zubereitungszeit ca. 30 min

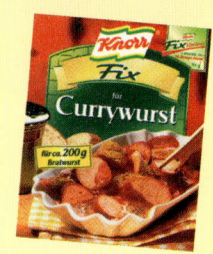

Zucchini-Hackbällchen in Currysauce

Pro Portion (bei 3 Port.): 1395 kJ/333 kcal, 20 g E, 21 g F, 16 g KH

Zutaten für 2–3 Portionen:

100 g Zucchini
250 g Hackfleisch
1 Ei
3 EL Semmelbrösel
Salz, Pfeffer
2–3 EL Öl
1 Beutel KNORR Fix für Currywurst

1. Zucchini waschen, putzen, in Würfel schneiden. Das Hackfleisch mit Ei, Semmelbröseln und Zucchiniwürfeln verkneten. Mit Salz und Pfeffer kräftig würzen.
2. 14 bis 15 Hackbällchen formen und in einer Pfanne in heißem Öl rundherum ca. 15 Minuten braten. Hackbällchen herausnehmen.
3. 200 Milliliter Wasser in die Pfanne gießen. Fix für Currywurst einrühren, unter Rühren aufkochen und bei schwacher 1 Minute kochen. Hackbällchen in der Sauce erwärmen.

Gut dazu: Bandnudeln.

tipp

Schmeckt auch mit Geflügelfleisch. Dafür Puten- oder Hähnchenfilet würfeln und im Blitzhacker (Cutter) zu Hack zerkleinern.

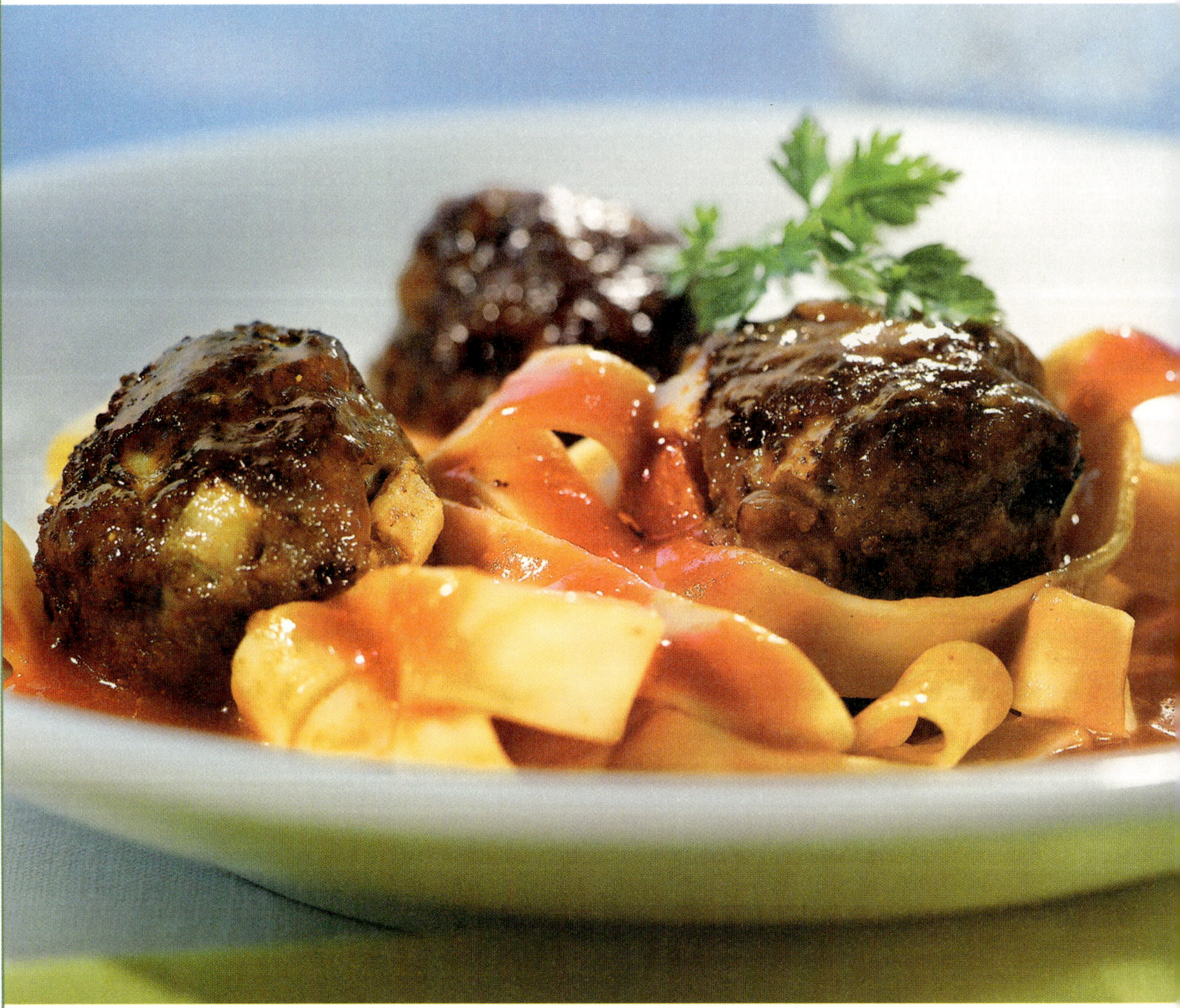

Zubereitungszeit ca. 35 min

Wurstschnecken mit Curry-Gemüse-Ragout

Pro Portion: 2090 kJ/499 kcal, 18 g E, 35 g F, 27 g KH

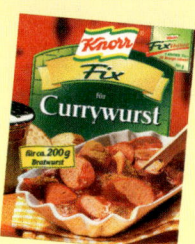

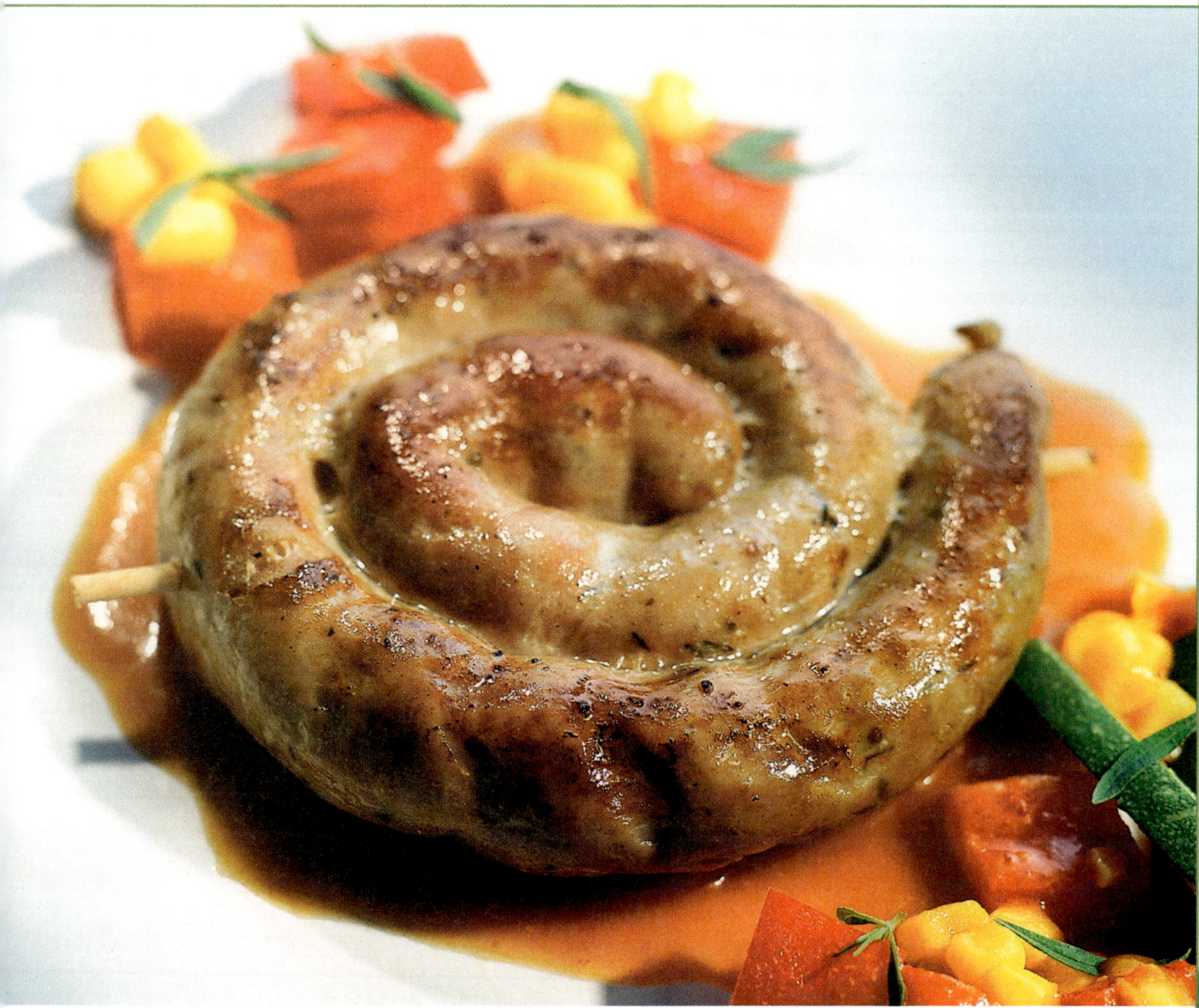

Zutaten für 2 Portionen:

2 Bratwurstschnecken

1–2 EL Öl

1 rote Paprikaschote (ca. 150 g)

150 g Zucchini

140 g Mais aus der Dose

1 Beutel KNORR Fix für Currywurst

1. Bratwurstschnecken in einer Pfanne in heißem Öl von jeder Seite etwa 4 Minuten braten. Herausnehmen und warm stellen.
2. Paprikaschote waschen, halbieren, entkernen und in Stücke schneiden. Zucchini waschen, putzen und in Stifte schneiden. Mais abtropfen lassen und zusammen mit Paprika und Zucchini im Bratfett 5 bis 10 Minuten dünsten.
3. 200 Milliliter Wasser dazugießen, Fix für Currywurst einrühren, aufkochen und bei schwacher Hitze 1 Minute kochen. Curry-Gemüse-Ragout zu den Wurstschnecken servieren.

Gut dazu: geröstetes Bauernbrot oder Salzkartoffeln.

tipp

Für eine gleichmäßig knusprige braune Haut die Wurst vor dem Braten mit einem scharfen Messer mehrfach schräg anritzen.

Zubereitungszeit ca. 25 min

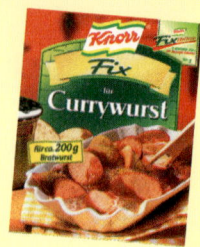

Ungarischer Bohnentopf

Pro Portion: 2455 kJ/586 kcal, 23 g E, 43 g F, 27 g KH

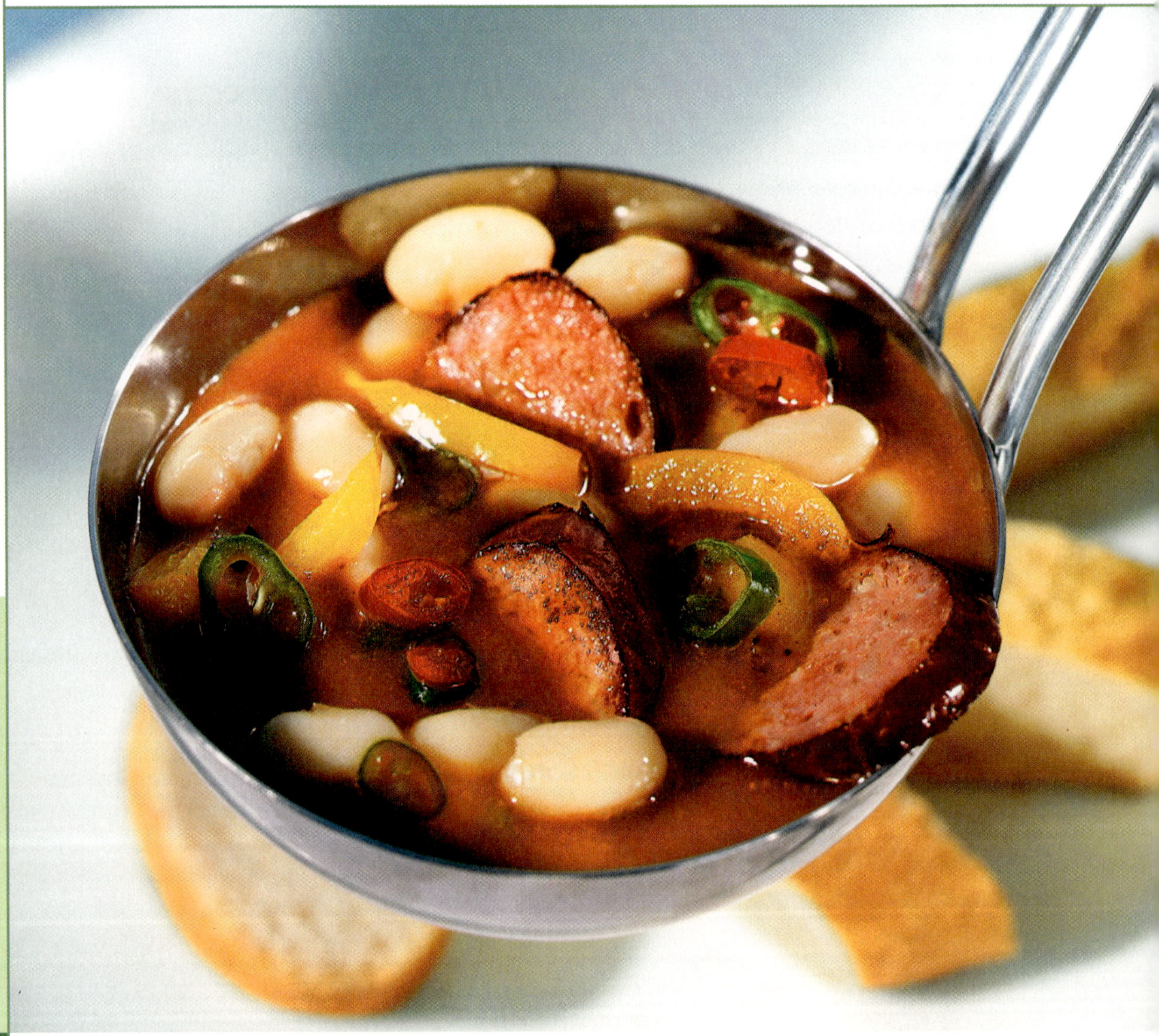

Zutaten für 2 Portionen:

200 g Cabanossi oder Debreziner Wurst

1 gelbe Paprikaschote

1 EL Öl

1 Beutel KNORR Fix für Currywurst

250 g weiße Bohnen aus der Dose

evtl. 1 rote Chilischote

tipp

Der Bohnentopf lässt sich gut vorbereiten. Als Partygericht ist er nicht zu schlagen.

1. Wurst in Scheiben schneiden. Paprikaschote waschen, halbieren, entkernen und in Stücke schneiden. Beides in heißem Öl anbraten.
2. 200 Milliliter Wasser dazugießen und Fix für Currywurst einrühren. Unter Rühren aufkochen und bei schwacher Hitze 1 Minute kochen.
3. Bohnen abtropfen lassen, dazugeben und etwa 1 Minute weiterkochen. Nach Belieben mit fein geschnittener Chilischote bestreuen.

   Gut dazu: Baguette.

Zubereitungszeit ca. 25 min

Paprika-Fleischkäse

Pro Portion: 1520 kJ/363 kcal, 14 g E, 27 g F, 16 g KH

1. Paprikaschote waschen, halbieren, entkernen und in Streifen schneiden. Zwiebel abziehen, halbieren und in Scheiben schneiden. Fleischkäse in 4 Dreiecke schneiden, dafür die Scheibe zweimal diagonal durchschneiden.

2. Paprikastreifen und Zwiebelscheiben in heißem Öl anbraten, Fleischkäse dazugeben und braten. Fleischkäse und Gemüse herausnehmen und warm stellen.

3. 200 Milliliter Wasser in die Pfanne gießen und Fix für Currywurst einrühren. Unter Rühren aufkochen und bei schwacher Hitze 1 Minute kochen lassen. Sauce über den Fleischkäse gießen.

Dazu schmecken deftige Bauernbrotscheiben oder knusprige Bratkartoffeln.

Zutaten für 2 Portionen:

1 gelbe Paprikaschote
1 Zwiebel
1 dicke Scheibe Fleischkäse (ca. 150–200 g)
2 EL Öl
1 Beutel KNORR Fix für Currywurst

tipp

Mit fertig gekauften Röstzwiebeln oder mit gerösteten Kürbiskernen bestreuen.

Zubereitungszeit ca. 25 min

Vegetarisches Curry

Pro Portion: 1240 kJ/296 kcal, 6 g E, 13 g F, 38 g KH

1. Paprikaschote waschen, halbieren, entkernen und in Stücke schneiden. In einer Pfanne in heißem Öl 5 bis 8 Minuten braten.

2. 1/4 Liter (250 Milliliter) Wasser dazugießen, Fix für Currywurst einrühren, unter Rühren aufkochen und bei schwacher Hitze 1 Minute kochen.

3. Die Aprikosenhälften abtropfen lassen und in Spalten schneiden. Zusammen mit den Rosinen und Mandelstiften in die Sauce geben. Bei schwacher Hitze 5 Minuten weitergaren. Nach Belieben mit Kreuzkümmel abschmecken und mit Schnittlauch garnieren.

Zutaten für 2 Portionen:

1 rote Paprikaschote (ca. 200 g)
1 EL Öl
1 Beutel KNORR Fix für Currywurst
140 g Aprikosenhälften aus der Dose
2 EL Rosinen
2 EL Mandelstifte
evtl. Kreuzkümmel
Schnittlauch zum Garnieren.

Bunte Würstchenspieße

Pro Portion (bei 2 Port.): 1875 kJ/448 kcal, 16 g E, 32 g F, 24 g KH

**Zutaten für
2–3 Portionen:**

1 kleine grüne
Paprikaschote

10 Cocktailtomaten

2 Pfirsichhälften
aus der Dose

180 g Cocktail-
würstchen aus
dem Glas

2 EL Öl

1 Beutel KNORR Fix
für Currywurst

evtl. 1–2 EL
Pfirsichsaft

1. Paprikaschote waschen, halbieren, entkernen und in Würfel schneiden. Cocktailtomaten waschen. Pfirsichhälften in Spalten schneiden.

2. Würstchen und Paprikawürfel, Cocktail- tomaten und Pfirsichspalten abwechselnd auf Schaschlik-Spieße stecken. Spieße in heißem Öl rundherum braten, aus der Pfanne nehmen und warm stellen.

3. 200 Milliliter Wasser in die Pfanne gießen. Fix für Currywurst einrühren und unter Rühren auf- kochen. Bei schwacher Hitze 1 Minute kochen. Sauce nach Belieben mit Pfirsichsaft abschme- cken und zu den Spießen servieren.

Dazu passen Pommes frites oder Reis.

Apfel-Currywurst

Pro Portion (bei 2 Port.): 2865 kJ/683 kcal, 26 g E, 57 g F, 19 g KH

**Zutaten für
2–3 Portionen:**

2 Bockwürste

1 roter Apfel

40 g durchwachsener
Speck

1 Beutel KNORR Fix
für Currywurst

evtl. Majoran zum
Garnieren

tipp

Säuerliche Äpfel
wie Boskop oder Cox
schmecken ge-
schmort am besten.

1. Bockwürste in Scheiben schneiden. Apfel waschen, vierteln und das Kerngehäuse entfer- nen. Fruchtfleisch in kleine Stücke schneiden.

2. Speck würfeln und in einer Pfanne ohne Fett knusprig braten. Wurstscheiben und Apfel- stücke dazugeben und dünsten.

3. 200 Milliliter Wasser dazugießen, Fix für Curry- wurst einrühren, unter Rühren aufkochen und bei schwacher Hitze 1 Minute kochen. Nach Belieben mit Majoran garnieren.

Dazu passt: Kartoffelpüree.

Zubereitungszeit ca. 30 min

Orientalisches Curry

Pro Portion: 2415 kJ/579 kcal, 36 g E, 31 g F, 37 g KH

Zutaten für 2 Portionen:

100 g Trockenfrüchte (z.B. Pflaumen, Äpfel, Aprikosen)

300 g Schweinenacken

Salz, Pfeffer

2 EL Öl

2 EL Pinien- oder Erdnusskerne

1 Beutel KNORR Fix für Currywurst

evtl. Zimt und Korianderblättchen

tipp

Gibt zusätzliches Aroma: Ein Stück Schale von einer unbehandelten Zitrone oder Limette mitkochen.

1. Die Trockenfrüchte evtl. klein schneiden. Schweinenacken in 2 Zentimeter große Würfel schneiden. Fleisch mit Salz und Pfeffer würzen und in einer Pfanne in heißem Öl rundherum braun anbraten.

2. 300 Milliliter Wasser dazugießen und die Trockenfrüchte und Kerne dazugeben. Fix für Currywurst einrühren und unter Rühren aufkochen. Zugedeckt bei schwacher Hitze 5 bis 10 Minuten kochen. Nach Belieben mit Zimt abschmecken und mit Korianderblättchen garnieren.

Gut dazu: Basmatireis.

65

10 Rezept-Ideen

Fix für Geschnetzeltes »Züricher Art«

Immer ganz besonders sahnig

Geschnetzeltes mit Apfel

Pro Portion (bei 2 Port.): 1585 kJ/380 kcal, 29 g E, 22 g F, 17 g KH

1. Schnitzel in Streifen schneiden und in einer Pfanne in heißem Öl bei starker Hitze anbraten. Das Fleisch herausnehmen und warm stellen.

2. Apfel waschen, vierteln, entkernen und in Spalten schneiden. Apfelspalten im Bratfett kurz anbraten, herausnehmen und zum Fleisch legen.

3. 1/4 Liter (250 Milliliter) kaltes Wasser in die Pfanne gießen und Fix für Geschnetzeltes »Züricher Art« einrühren. Unter Rühren aufkochen und 1 Minute kochen lassen. Fleisch und Apfelspalten mit der Sauce anrichten.

   Dazu passen Rösti, z.B. von Pfanni.

Zutaten für 2–3 Portionen:

250 g Schnitzel (Kalb oder Schwein)
2 EL Öl
1 roter Apfel
1 Beutel KNORR Fix für Geschnetzeltes »Züricher Art«

tipp

Dazu ein Glas französischen Cidre oder deutschen Apfelwein servieren.

Rouladenspieße

Pro Portion (bei 3 Port.): 2785 kJ/665 kcal, 59 g E, 42 g F, 14 g KH

1. Schweineschnitzel der Länge nach halbieren. Zucchini waschen, putzen und in dicke Scheiben schneiden. Mozzarella ebenfalls in Scheiben schneiden, die Schnitzel damit belegen und aufrollen.

2. Abwechselnd Fleischröllchen, Cocktailtomaten und Zucchinischeiben auf Spieße stecken und in heißem Öl rundherum braten. Spieße aus der Pfanne nehmen und warm stellen.

3. 1/4 Liter (250 Milliliter) kaltes Wasser in die Pfanne gießen, Fix für Geschnetzeltes »Züricher Art« einrühren, unter Rühren aufkochen und 1 Minute kochen lassen. Mit Basilikumblättern bestreuen.

   Gut dazu: Reis, z.B. eine Mischung aus Langkorn- und Wildreis.

Zutaten für 2–3 Portionen:

4 dünne Schweineschnitzel à 100 g
1 kleine Zucchini
125 g Mozzarella
8 Cocktailtomaten
2–3 EL Öl
1 Beutel KNORR Fix für Geschnetzeltes »Züricher Art«
Basilikumblätter

tipp

Falls nötig, die Schnitzel vor dem Füllen mit dem Handballen flach klopfen.

Zubereitungszeit ca. 45 min

Überbackene Schnitzel mit Gemüse

Pro Portion: 1900 kJ/455 kcal, 20 g E, 34 g F, 17 g KH

**Zutaten für
4 Portionen:**

4 Kalbsschnitzel
à 50–60 g

Salz, Pfeffer

250 g Champignons

1 Bund Frühlings-
zwiebeln

2 EL Öl

2 mehlig kochende
Kartoffeln

1 Beutel KNORR Fix
für Geschnetzeltes
»Züricher Art«

1/4 l (250 ml)
Schlagsahne

2 EL geriebener Käse

Kräuter zum
Garnieren

1. Kalbsschnitzel halbieren, mit Salz und Pfeffer würzen. Champignons und Frühlingszwiebeln putzen, waschen, in Stücke schneiden und in einer Pfanne in heißem Öl
kurz und kräftig andünsten.

2. Die Kartoffeln schälen und in feine Scheiben hobeln. Champignons, Frühlingszwiebeln, Kartoffeln und die Schnitzelhälften in eine gefettete große Auflaufform
geben.

3. Fix für Geschnetzeltes »Züricher Art« mit Sahne verrühren und gleichmäßig
über Fleisch und Gemüse geben. Käse darüber streuen und im vorgeheizten Backofen bei 225 °C (Gas Stufe 4, Umluft 200 °C) 20 bis 25 Minuten backen. Mit
Kräutern bestreut anrichten.

tipp

Das geht schnell:
Champignons mit ei-
nem Eierschneider in
gleichmäßige Schei-
ben schneiden.

Zubereitungszeit ca. 25 min

Blätterteigpasteten »Züricher Art«

Pro Portion: 2240 kJ/537 kcal, 31 g E, 32 g F, 31 g KH

Zutaten für 3 Portionen:

6 Blätterteigpasteten (150 g)

250 g Putenschnitzel

2 EL Öl

150 g TK-Erbsen

Salz und Pfeffer

1 Beutel KNORR Fix für Geschnetzeltes »Züricher Art«

evtl. 2 EL Weißwein

evtl. gehackte Petersilie

tipp

Probieren Sie dazu einen frischen, jungen Weißwein aus der Schweiz, z.B. einen Fendant.

1. Blätterteigpasteten im vorgeheizten Backofen erwärmen.

2. Putenfleisch in feine Streifen schneiden und in einer Pfanne in heißem Öl bei starker Hitze kurz braten. Gefrorene Erbsen zugeben und etwa 2 Minuten dünsten. Mit Salz und Pfeffer abschmecken.

3. 200 Milliliter kaltes Wasser dazugießen und Fix für Geschnetzeltes »Züricher Art« einrühren. Unter Rühren aufkochen und bei schwacher Hitze etwa 5 Minuten kochen. Nach Belieben mit Weißwein verfeinern.

4. Geschnetzeltes in die warmen Pasteten füllen. Nach Belieben mit Petersilie bestreut servieren.

Zubereitungszeit ca. 35 min

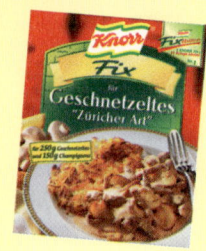

Spinat-Gnocchi

Pro Portion (bei 2 Port.): 2400kJ/576kcal, 47g E, 26g F, 37g KH

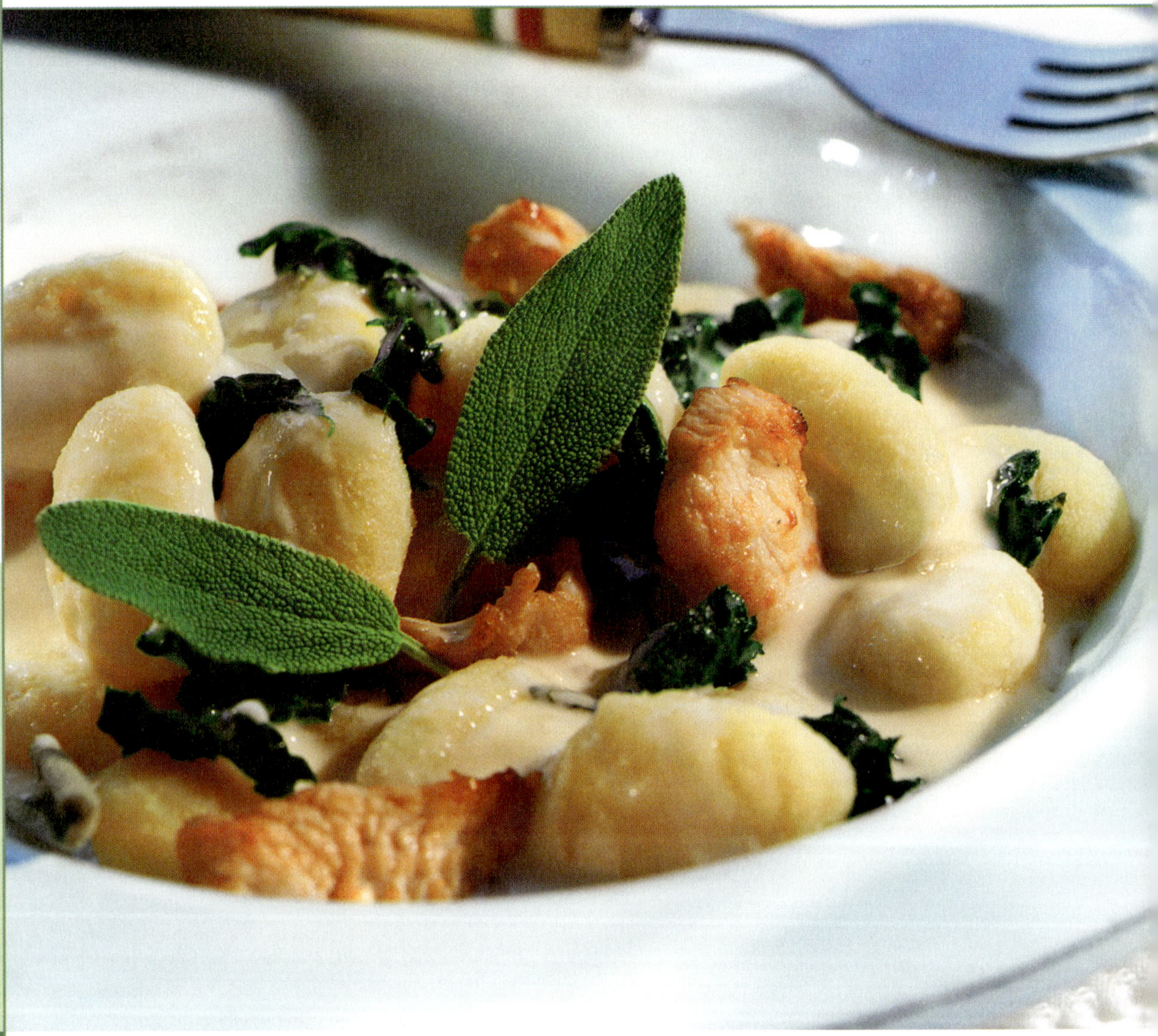

Zutaten für 2–3 Portionen:

225g TK-Blattspinat

400g Gnocchi aus dem Kühlregal

Salz

250g Putenschnitzel

2 EL Öl

1 Beutel KNORR Fix für Geschnetzeltes »Züricher Art«

20–30g geriebener Parmesan

tipp

Zu den Gnocchi einen gut gekühlten Roséwein aus der Provence oder aus Nordspanien servieren.

1. Blattspinat im Topf oder in der Mikrowelle auftauen. Gnocchi in reichlich kochendem Salzwasser garen.
2. Putenschnitzel in Streifen schneiden und in heißem Öl rundherum braun anbraten. 1/4 Liter (250 Milliliter) kaltes Wasser dazugießen, Fix für Geschnetzeltes »Züricher Art« einrühren, unter Rühren aufkochen und 1 Minute kochen.
3. Blattspinat zugeben und in der Sauce erhitzen. Mit Gnocchi anrichten und mit Parmesankäse bestreuen.

Nudel-Rahm-Pfanne

Pro Portion: 3815 kJ/912 kcal, 24 g E, 47 g F, 98 g KH

1. Nudeln in reichlich Salzwasser bissfest garen und in einem Sieb abgießen. Lauch und Möhren putzen, waschen und klein schneiden.

2. Das Gemüse in einer großen Pfanne in heißem Öl andünsten. Knoblauchzehe abziehen, fein hacken und zum Gemüse geben. Mit Salz und Pfeffer würzen. Sahne dazugießen, Fix für Geschnetzeltes »Züricher Art« einrühren und unter Rühren aufkochen.

3. Nudeln mit dem Gemüserahm vermischen. Mit Basilikumblättern bestreut servieren.

Zutaten für 4 Portionen:

500 g Nudeln
(z.B. Penne)
Salz
2 Stangen Lauch
4 Möhren
2 EL Öl
1 Knoblauchzehe
Salz, Pfeffer
400 ml Schlagsahne
1 Beutel KNORR Fix
für Geschnetzeltes
»Züricher Art«
Basilikumblätter

Gefüllte Schnitzel

Pro Portion: 2275 kJ/546 kcal, 28 g E, 45 g F, 8 g KH

1. Auf jedes Schnitzel 1 Speckscheibe legen. Lauch putzen, waschen und in feine Streifen schneiden. Lauchstreifen in einer Pfanne in 2 Esslöffel heißem Öl andünsten und auf den Schnitzeln verteilen.

2. Die Schnitzel zusammenklappen, mit Holzspießchen zustecken und mit Salz und Pfeffer würzen. Schnitzel in restlichem, heißen Öl braten, herausnehmen und warm stellen.

3. Champignons putzen, vierteln und im Bratfett anbraten. 1/4 Liter (250 Milliliter) kaltes Wasser in die Pfanne gießen. Fix für Geschnetzeltes »Züricher Art« einrühren und unter Rühren aufkochen. Zugedeckt bei schwacher Hitze etwa 5 Minuten garen. Schnitzel mit der Sauce servieren.

Zutaten für 3 Portionen:

3 dünn geschnittene
Schweineschnitzel
à 100 g
3 dünne Scheiben
durchwachsener
Speck
250 g Lauch
Salz, Pfeffer
4 EL Öl
250 g Champignons
1 Beutel KNORR Fix
für Geschnetzeltes
»Züricher Art«

tipp

Dazu passt ein feines Kartoffel-Gratin.

Pasta in Gemüserahm

Pro Portion (bei 2 Port.): 3210 kJ/768 kcal, 21 g E, 36 g F, 88 g KH

Zutaten für 2–3 Portionen:

200 g Bandnudeln
Salz
200 g Zucchini
200 g Möhren
2 EL Öl
1 Beutel KNORR Fix für Geschnetzeltes »Züricher Art«
50 g gehackte Walnüsse
1–2 EL Zitronensaft

1. Bandnudeln in reichlich Salzwasser bissfest garen und in einem Sieb abgießen.

2. Zucchini und Möhren waschen, putzen und auf einem Gemüsehobel in dünne Scheiben hobeln oder in feine Scheiben schneiden In einer Pfanne in heißem Öl 5 bis 8 Minuten dünsten.

3. 1/4 Liter (250 Milliliter) kaltes Wasser dazugießen und Fix für Geschnetzeltes »Züricher Art« einrühren. Unter Rühren aufkochen und 2 bis 3 Minuten kochen lassen. Walnüsse zugeben und die Sauce mit Zitronensaft abschmecken. Bandnudeln mit der Gemüsesauce anrichten.

Champignonragout

Pro Portion (bei 2 Port.): 2595 kJ/618 kcal, 23 g E, 26 g F, 74 g KH

Zutaten für 2–3 Portionen:

1 Packung PFANNI «Meine Semmelknödel«
1/4 l (250 ml) Milch
Salz
1 Zwiebel
500 g Champignons
2 EL Öl
Pfeffer
1 Beutel KNORR Fix für Geschnetzeltes »Züricher Art«
3 EL gehackte Petersilie

1. Die Knödelmischung mit heißer Milch vermischen und 5 Minuten quellen lassen. Noch einmal gut durchmischen und aus der Masse 6 Knödel formen. In kochendes Salzwasser legen und 10 Minuten bei schwacher Hitze ziehen lassen.

2. Inzwischen die Zwiebel abziehen und würfeln, Champignons putzen und evtl. halbieren. Beides in einer Pfanne in heißem Öl braten, mit Salz und Pfeffer würzen.

3. 1/4 Liter (250 Milliliter) kaltes Wasser dazugießen und Fix für Geschnetzeltes »Züricher Art« einrühren. Unter Rühren aufkochen und 1 Minute kochen lassen. Petersilie dazugeben. Semmelknödel und Champignonragout zusammen anrichten.

Zubereitungszeit ca. 45 min

Gefüllte Koteletts

Pro Portion: 2510 kJ/602 kcal, 42 g E, 44 g F, 9 g KH

Zutaten für 3 Portionen:

3 Schweinekoteletts à 200–250 g

150 g Schafskäse

3 Tomaten

3 EL gehackte Petersilie

1 EL Mandelblättchen

3 EL Olivenöl

Thymian

Salz, Pfeffer

1 Beutel KNORR Fix für Geschnetzeltes »Züricher Art«

1. In die Koteletts vom Rand zum Knochen je eine tiefe Tasche schneiden.

2. Schafskäse mit einer Gabel zerdrücken. 2 Tomaten waschen, putzen, entkernen und würfeln. Schafskäse, Tomatenwürfel, 2 Esslöffel Petersilie, Mandelblättchen und 1 Esslöffel Olivenöl verrühren, mit Thymian, Salz und Pfeffer abschmecken. Koteletts damit füllen und die Taschen mit Garn zunähen oder mit Spießen verschließen.

3. Koteletts in restlichem, heißem Öl bei mittlerer Hitze von jeder Seite 5 bis 7 Minuten braten. 1/4 Liter (250 Milliliter) kaltes Wasser dazugießen, Fix für Geschnetzeltes »Züricher Art« einrühren und unter Rühren aufkochen. Zugedeckt bei schwacher Hitze etwa 1 Minute garen.

4. Restliche Tomate mit kochendem Wasser überbrühen, abziehen, klein schneiden und in der Sauce erwärmen. Restliche Petersilie darüberstreuen.

Dazu passen grüne Bohnen und Salzkartoffeln.

tipp

Zu den Koteletts ein Pilsner Bier oder einen trockenen Wein servieren, z.B. einen Grauburgunder aus Württemberg.

73

10 Rezept-Ideen
Fix für Gulasch

Da bleibt keine
Gulasch-Idee offen

Zubereitungszeit ca. 1 h 20 min

Kalbsgulasch

Pro Portion: 1540 kJ/368 kcal, 27 g E, 23 g F, 11 g KH

1. Zwiebel abziehen und würfeln. Mit dem Kalbsgulasch in heißem Öl anbraten.

2. Weißwein, Sahne und 1/8 Liter (125 Milliliter)
Wasser dazugießen, aufkochen und Fix für
Gulasch einrühren. Zugedeckt bei schwacher
Hitze 1 Stunde garen.

3. 10 Minuten vor Ende der Garzeit Rosinen und
Mandelstifte zufügen. Mit Pfeffer, Zitronensaft,
Kreuzkümmel und Koriander würzen.

**Zutaten für
4 Portionen:**

1 Zwiebel
500 g Kalbsgulasch
2 EL Öl
50 ml Weißwein
1/8 l (125 ml)
Schlagsahne
1 Beutel KNORR Fix
für Gulasch
1–2 EL Rosinen
1–2 EL Mandelstifte
Pfeffer
1–2 TL Zitronensaft
1/2 TL Kreuzkümmel
1/2 TL Koriander

Zubereitungszeit ca. 1 h 45 min

Gulasch-Kartoffel-Suppe

Pro Portion: 1485 kJ/355 kcal, 29 g E, 16 g F, 23 g KH

1. Zwiebel abziehen, würfeln und mit dem Gulasch
in heißem Öl anbraten. 1 Liter Wasser
(1000 Milliliter) zugießen, aufkochen und Fix
für Gulasch einrühren. Zugedeckt bei schwacher Hitze 1 1/2 Stunden garen.

2. Kartoffeln schälen und in Würfeln schneiden.
Paprikaschote waschen, halbieren, entkernen
und ebenfalls würfeln. Nach etwa 1 Stunde ins
Gulasch geben und mitgaren.

3. Die Suppe mit Tomatenmark, Salz, Pfeffer und
Paprikapulver abschmecken.

**Zutaten für
4 Portionen:**

1 Zwiebel
500 g gemischtes
Rinder- und
Schweinegulasch
2 EL Öl
1 Beutel KNORR Fix
für Gulasch
500 g mehlig
kochende Kartoffeln
1 grüne Paprikaschote
1 EL Tomatenmark
Salz, Pfeffer,
Paprikapulver

Zubereitungszeit ca. 1 h 40 min

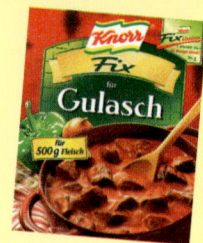

Lammgulasch mit Fenchel und Zucchini

Pro Portion: 1165 kJ/279 kcal, 28 g E, 13 g F, 9 g KH

Zutaten für 4 Portionen:

- 2 Knoblauchzehen
- 500 g Lammgulasch
- 2 EL Olivenöl
- 1/8 l (125 ml) Rotwein
- 1 Beutel KNORR Fix für Gulasch
- 300 g Zucchini
- 150 g Fenchel
- Salz, Pfeffer
- getrockneter Thymian

1. Knoblauchzehen abziehen und zerdrücken. Mit dem Lammgulasch in heißem Öl anbraten.
2. Rotwein und 3/8 Liter (375 Milliliter) Wasser zugießen, aufkochen, Fix für Gulasch einrühren und zugedeckt bei schwacher Hitze 1 1/2 Stunden garen.
3. Zucchini und Fenchel waschen und putzen. Zucchini in Stifte und Fenchel in Streifen schneiden. Beide Gemüse 20 Minuten vor Ende der Garzeit zum Gulasch geben. Mit Salz, Pfeffer und Thymian abschmecken.

Dazu schmecken neue Kartoffeln, halbiert und mit Schale angebraten.

tipp

Zum Kochen und zum Trinken denselben Rotwein verwenden, am besten einen tiefroten, z.B. aus Navarra oder dem französischen Languedoc.

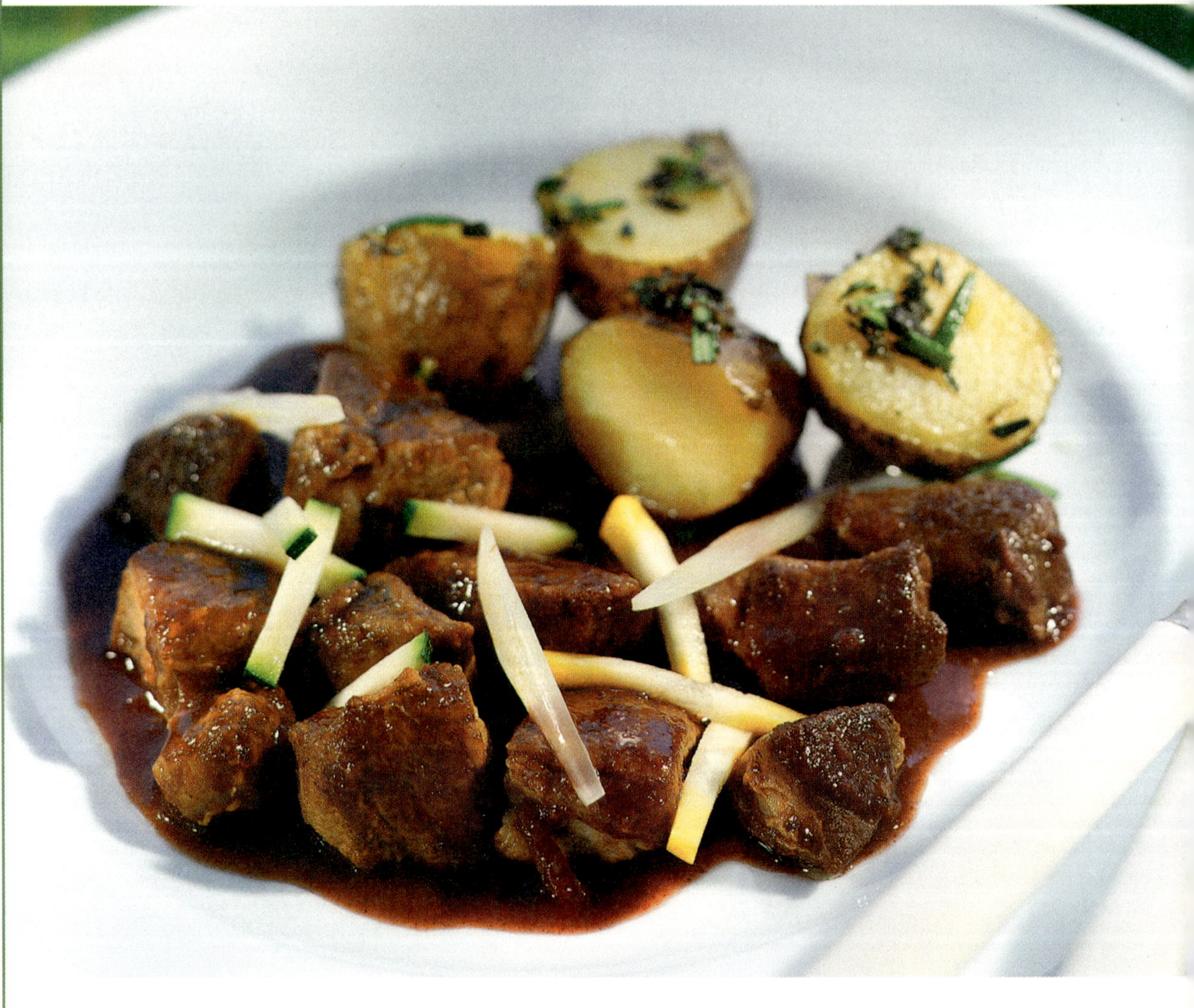

Zubereitungszeit ca. 1 h 50 min

Schweinegulasch »Jäger Art«

Pro Portion: 1605 kJ/384 kcal, 29 g E, 27 g F, 6 g KH

Zutaten für 4 Portionen:

400 g Champignons

50 g Speckwürfel

2 EL Öl

500 g Schweine-gulasch

1 Beutel KNORR Fix für Gulasch

2 EL gehackte Petersilie

1. Champignons putzen und in Scheiben schneiden. Speckwürfel in einem Topf in heißem Öl bei mittlerer Hitze ausbraten. Champignonscheiben im Speckfett anbraten und herausnehmen.

2. Schweinegulasch im Bratfett anbraten. 1/2 Liter (500 Milliliter) Wasser zugießen, aufkochen und Fix für Gulasch einrühren. Zugedeckt bei schwacher Hitze 1 1/2 Stunden garen.

3. Champignons und Speck zum fertigen Gulasch geben und darin erwärmen. Mit Petersilie bestreuen und servieren.

tipp

Dazu ein helles Bier oder ein Glas Tomatensaft mit viel Pfeffer servieren.

77

Zubereitungszeit ca. 1 h 50 min

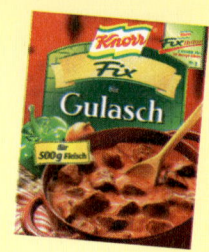

Wildgulasch mit Rotwein

Pro Portion: 1410 kJ/337 kcal, 28 g E, 17 g F, 14 g KH

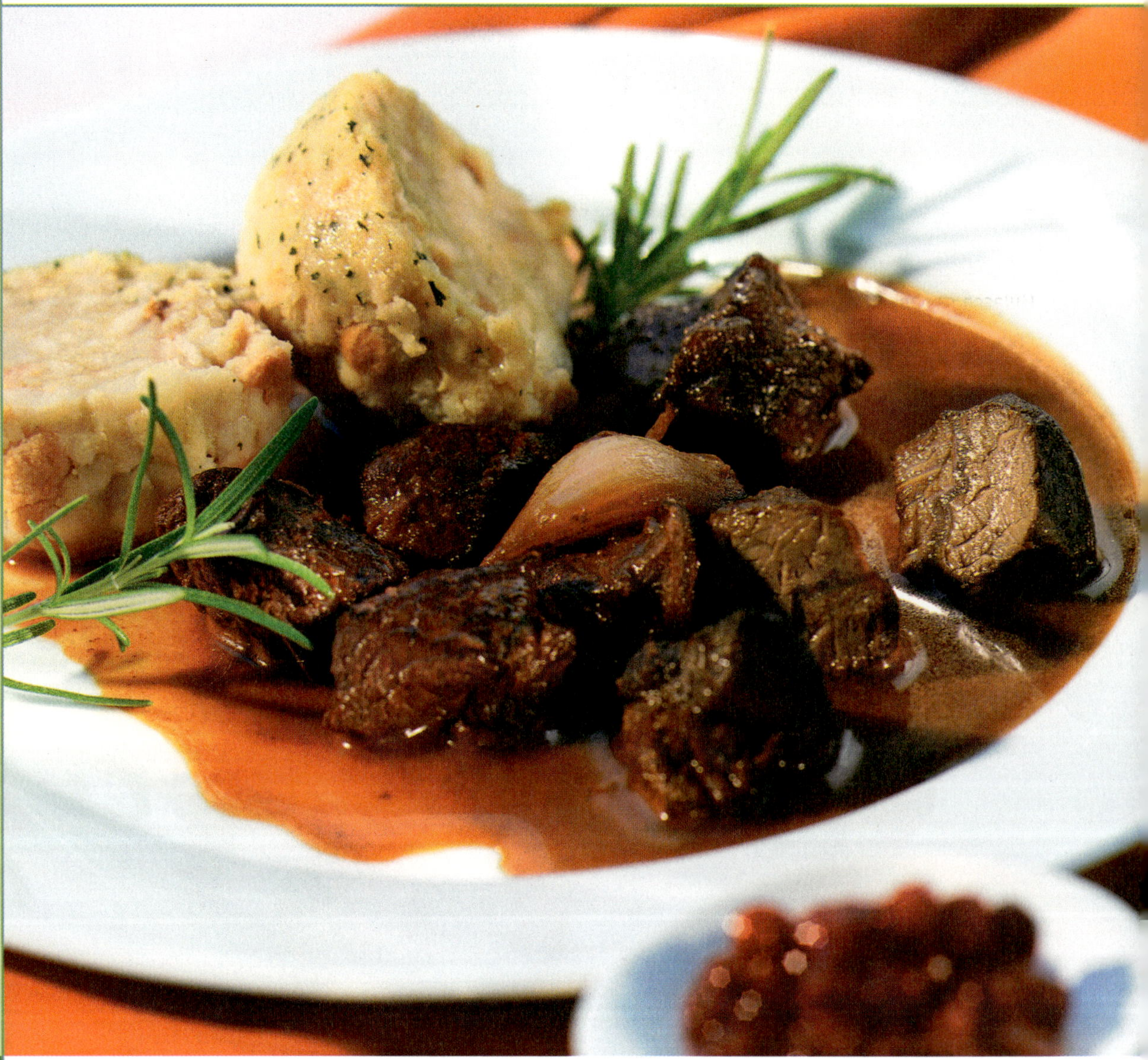

Zutaten für 4 Portionen:

- 50 g Speckwürfel
- 1 Zwiebel
- 500 g Wildbret-Gulasch (z.B. Hirsch oder Damwild)
- 1/8 l (125 ml) Rotwein
- 1 Beutel KNORR Fix für Gulasch
- 1 Lorbeerblatt
- 2–3 Nelken
- 4 Wacholderbeeren
- 2 TL Senf
- 4–6 EL Wild-preiselbeeren

tipp

Gefrorenes Wildgulasch schmeckt besonders zart, wenn es Zeit hatte, langsam im Kühlschrank aufzutauen.

1. Speckwürfel in einem Topf ausbraten. Zwiebel abziehen, in Spalten schneiden und zusammen mit dem Wildbret-Gulasch ins Fett geben und anbraten.
2. 3/8 Liter (375 Milliliter) Wasser und Rotwein zugießen, aufkochen und Fix für Gulasch einrühren. Lorbeerblatt, Nelken und Wacholderbeeren zufügen. Zugedeckt bei schwacher Hitze 1 1/2 Stunden garen.
3. Gulasch mit Senf abschmecken und mit Preiselbeeren servieren.

Gut dazu: Knödel halb und halb, z.B. von Pfanni.

Zwiebel-Rinder-Gulasch

Pro Portion: 1245 kJ/297 kcal, 27 g, 15 g F, 10 g KH

1. Knoblauchzehe abziehen und zerdrücken. Mit dem Rindergulasch in heißem Olivenöl anbraten. 3/8 Liter (375 Milliliter) Wasser und Rotwein dazugießen, aufkochen und Fix für Gulasch einrühren.

2. Zimt, Lorbeerblatt und Tomatenmark zum Gulasch geben. Zugedeckt bei schwacher Hitze 1 Stunde garen.

3. Schalotten abziehen, halbieren, zufügen und weitere 30 Minuten garen. Mit Salz abschmecken.

Zutaten für 4 Portionen:

1 Knoblauchzehe
500 g Rindergulasch
2 EL Olivenöl
1/8 l (125 ml) Rotwein
1 Beutel KNORR Fix für Gulasch
1/2 TL Zimt
1 Lorbeerblatt
2 EL Tomatenmark
250 g Schalotten
Salz

tipp

Probieren Sie dazu einen griechischen Weißwein, z.B. den geharzten Retsina.

Gulasch provençal

Pro Portion: 1279 kJ/304 kcal, 27 g E, 18 g F, 8 g KH

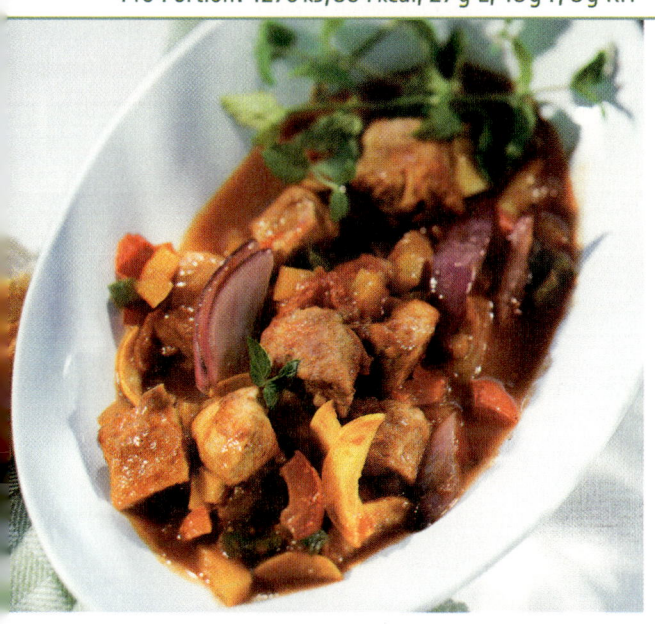

1. Schweinegulasch in heißem Öl anbraten. 1/2 Liter (500 Milliliter) Wasser dazugießen, aufkochen und Fix für Gulasch einrühren. Zugedeckt bei schwacher Hitze 1 Stunde garen.

2. Gemüse waschen und putzen, die Zwiebel abziehen. Zwiebel und Paprikaschote in Spalten, Zucchini in kleine Würfel schneiden.

3. Knoblauchzehe abziehen, zerdrücken und zusammen mit dem Gemüse und den Kräutern der Provence zum Gulasch geben. Weitere 30 Minuten garen. Mit Pfeffer abschmecken.

Gut dazu: knuspriges Baguette.

Zutaten für 4 Portionen:

500 g Schweinegulasch
2 EL Öl
1 Beutel KNORR Fix für Gulasch
1 rote Zwiebel
1 gelbe Paprikaschote
1 Zucchini
1 Knoblauchzehe
1 1/2 TL Kräuter der Provence
Pfeffer

Mexikanisches Gulasch

Pro Portion: 1680 kJ/402 kcal, 31 g E, 21 g F, 21 g KH

Zutaten für 4 Portionen:

500 g Schweine-
gulasch

2 EL Öl

1 Beutel KNORR Fix
für Gulasch

285 g Mais
aus der Dose

250 g Kidney-Bohnen
aus der Dose

Chilipulver, Salz

1–2 EL Crème fraîche

1. Schweinegulasch in heißem Öl anbraten. 1/2 Liter (500 Milliliter) Wasser zugießen, auf- kochen und Fix für Gulasch einrühren. Zuge- deckt bei schwacher Hitze 1 1/2 Stunden garen.

2. Mais und Kidney-Bohnen in einem Sieb abtropfen lassen und 5 Minuten vor Ende der Garzeit zugeben. Mit Chilipulver und Salz abschmecken und mit einem Klecks Crème fraîche servieren.

Putengulasch mit Apfel

Pro Portion: 1025 kJ/247 kcal, 32 g, 8 g F, 11 g KH

Zutaten für 4 Portionen:

500 g Putengulasch

2 EL Öl

1 Beutel KNORR Fix
für Gulasch

1 großer Apfel
(ca. 250 g)

1–2 TL Currypulver

2 TL Schlagsahne

1 EL Weißwein

tipp

Für gelben Reis et- was gemahlenes Kur- kuma (Gelbwurz) ins Kochwasser geben.

1. Putengulasch in heißem Öl anbraten. 1/2 Liter (500 Milliliter) Wasser zugießen, aufkochen und Fix für Gulasch einrühren. Zugedeckt bei schwa- cher Hitze 30 Minuten garen.

2. Apfel waschen, vierteln, entkernen und in Stücke schneiden. Mit Curry ins Gulasch geben, kurz mitgaren und mit Sahne und Weißwein abschmecken.

Gut dazu: Reis.

Zubereitungszeit ca. 1h 40min

Kartoffel-Kraut-Gulasch

Pro Portion: 1415 kJ/338 kcal, 28 g E, 17 g F, 17 g KH

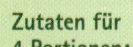

**Zutaten für
4 Portionen:**

500 g Schweine-
gulasch

2 EL Öl

1 Beutel KNORR Fix
für Gulasch

400 g Kartoffeln

285 g Sauerkraut
aus der Dose

tipp

Die Sauce wird
cremig, wenn man
2 Esslöffel Crème
fraîche hineinrührt.

1. Schweinegulasch in heißem Öl anbraten. 1/2 Liter (500 Milliliter) Wasser zugießen, aufkochen und Fix für Gulasch einrühren. Zugedeckt bei schwacher Hitze 1 1/2 Stunden garen.

2. Kartoffeln schälen und würfeln. Nach 1 Stunde Garzeit die Kartoffelwürfel und das Sauerkraut zugeben und 30 Minuten mitgaren.

81

10 Rezept-Ideen

Fix für Gulasch-Suppe

**Für Highlights
der feurigen Art**

Zubereitungszeit ca. 60 min

Gulasch-Suppe

Pro Portion (bei 3 Port.): 1730 kJ/413 kcal, 26 g E, 17 g F, 26 g KH

1. Rindfleisch in kleine Würfel schneiden und in heißem Öl anbraten. 1/2 Liter (500 Milliliter) Wasser und Rotwein dazugießen. Fix für Gulasch-Suppe einrühren und unter Rühren aufkochen.

2. Lebkuchengewürz und Weinessig dazugeben und zugedeckt bei mittlerer Hitze etwa 40 Minuten kochen; bei Bedarf etwas Wasser nachgießen.

3. Rosinen dazugeben und die Suppe mit Mandelblättchen bestreuen.

Zutaten für 3–4 Portionen:

350 g Rindfleisch (z.B. aus der Hüfte)

1–2 EL Öl

1/4 l (250 ml) Rotwein

1 Beutel KNORR Fix für Gulasch-Suppe

1/2–1 TL Lebkuchengewürz

1 EL Weinessig

50 g Rosinen

1 EL Mandelblättchen

tipp

Goldgelb geröstet schmecken Mandelblättchen besonders aromatisch.

Zubereitungszeit ca. 1 h 50 min

Ossobuco

Pro Portion (bei 3 Port.): 1270 kJ/305 kcal, 35 g E, 12 g F, 15 g KH

1. Knoblauchzehe abziehen und fein hacken. Kalbshaxenscheiben in heißem Olivenöl anbraten. Knoblauch, Zitronenschale und Thymian dazugeben und kurz mitbraten. Tomatenstückchen zufügen.

2. Fix für Gulasch-Suppe einrühren und unter Rühren aufkochen.

3. Zugedeckt bei schwacher Hitze etwa 1 1/2 Stunden schmoren, zwischendurch die Fleischscheiben wenden.

   Dazu passt Ciabatta oder Baguette.

Zutaten für 3–4 Portionen:

1 Knoblauchzehe

3–4 Scheiben Kalbshaxe (ca. 200 g)

2 EL Olivenöl

1 TL abgeriebene Zitronenschale

1–2 TL getrockneter Thymian

500 g Tomatenstückchen aus der Packung

1 Beutel KNORR Fix für Gulasch-Suppe

Zubereitungszeit ca. 45 min

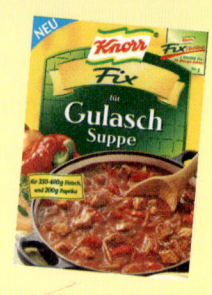

Lammgulasch mit grünen Bohnen

Zutaten für 3–4 Portionen:

250 g grüne Bohnen oder 200 g TK-Bohnen

350 g Lammfleisch (z.B. aus der Schulter)

1–2 EL Öl

1 Beutel KNORR Fix für Gulasch-Suppe

1 Zweig Minze

Pro Portion (bei 3 Port.): 1150 kJ/274 kcal, 27 g E, 13 g F, 13 g KH

1. Bohnen waschen, putzen und eventuell einmal durchschneiden.
2. Lammfleisch in 1 Zentimeter kleine Würfel schneiden und in heißem Öl anbraten. 3/4 Liter (750 Milliliter) Wasser dazugießen. Fix für Gulasch-Suppe einrühren und unter Rühren aufkochen. 10 Minuten kochen.
3. Bohnen zufügen. Zugedeckt bei mittlerer Hitze etwa 15 bis 20 Minuten kochen. Minze fein hacken und unterrühren.

Dazu passen Salzkartoffeln oder Kartoffelpüree.

tipp

Anstelle von frischer Minze einen Portionsbeutel Pfefferminztee öffnen und eine kräftige Prise der getrockneten Blätter zum Fleisch geben und mitgaren.

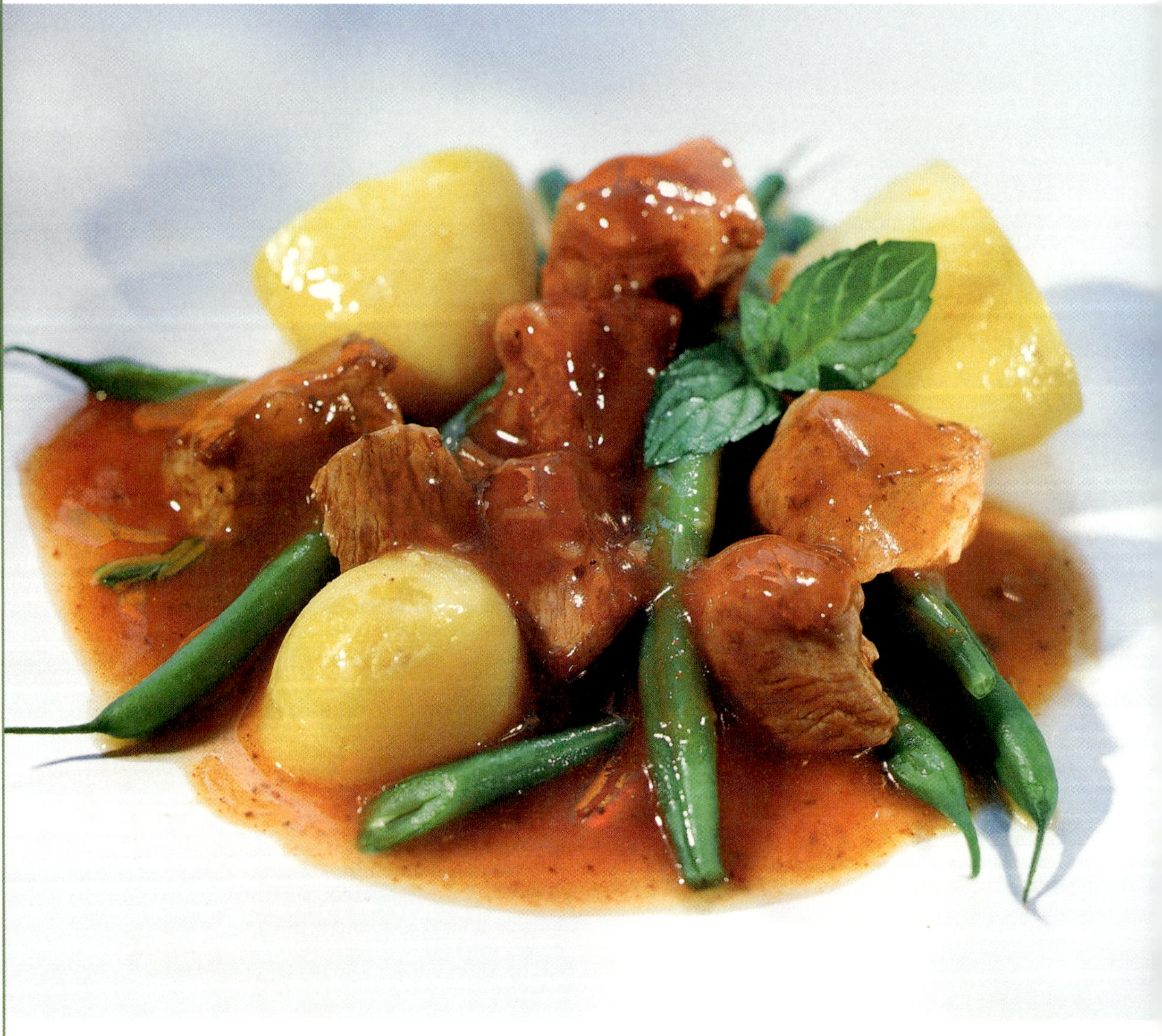

Zubereitungszeit ca. 35 min

Cabanossi-Sauerkraut-Topf

Pro Portion (bei 3 Port.): 2240 kJ/536 kcal, 19 g E, 40 g F, 24 g KH

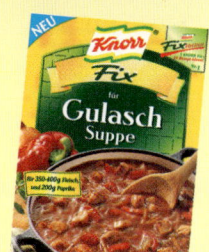

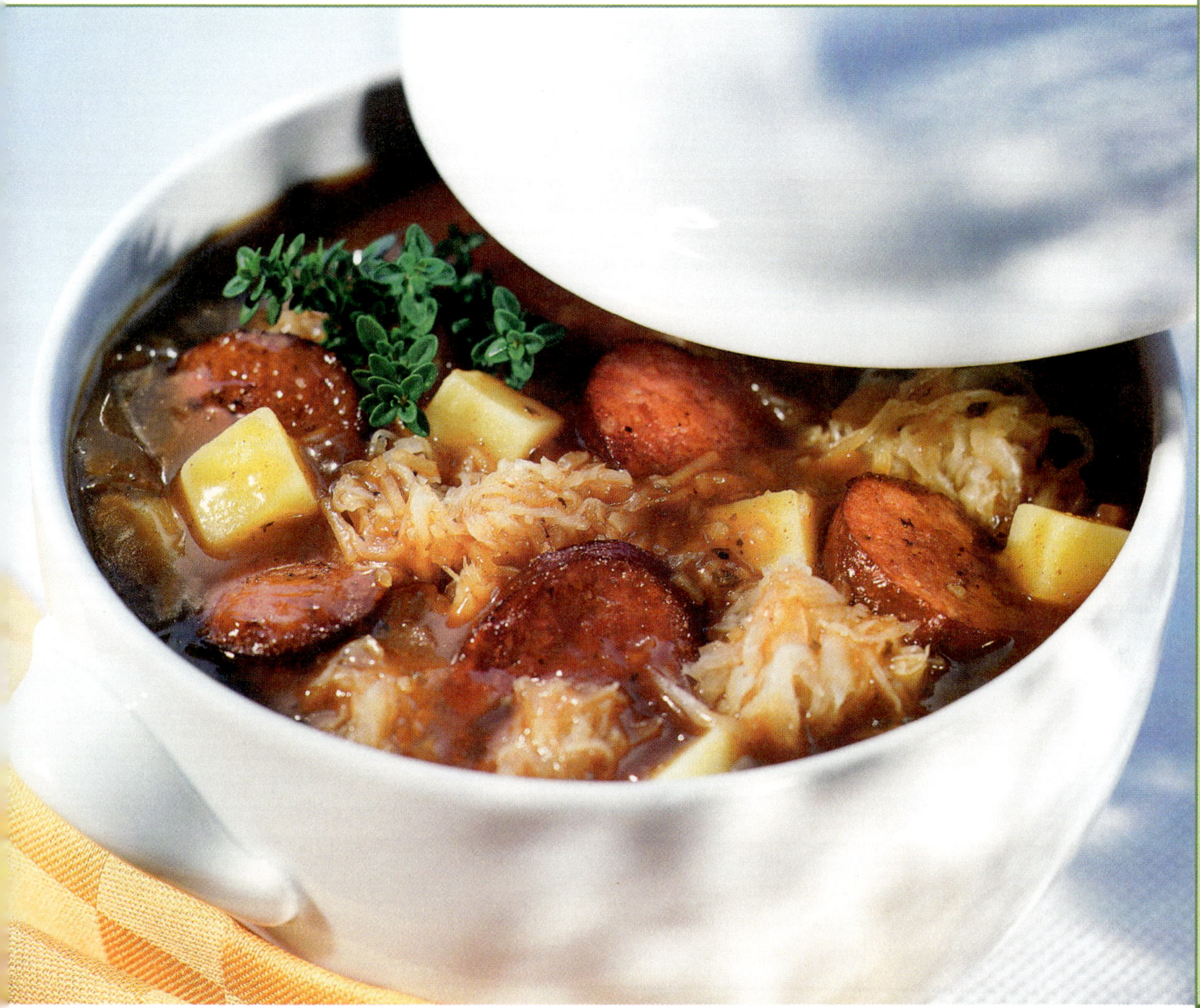

Zutaten für 3–4 Portionen:

400 g Kartoffeln

300 g Cabanossi oder Debreziner Wurst

1 EL Öl

1 Beutel KNORR Fix für Gulasch-Suppe

285 g Sauerkraut aus der Dose

evtl. 1 TL Thymian

evtl. 1 Prise Zucker

1. Kartoffeln schälen und in kleine Würfel schneiden. Würste in Scheiben schneiden und in heißem Öl anbraten.
2. 3/4 Liter (750 Milliliter) Wasser dazugießen, Fix für Gulasch-Suppe einrühren und unter Rühren aufkochen. Sauerkraut abtropfen lassen und mit den Kartoffelwürfeln zufügen. Nach Belieben mit Thymian würzen.
3. Den Eintopf zugedeckt bei mittlerer Hitze etwa 15 Minuten kochen. Eventuell mit Zucker abschmecken.

tipp

Noch schneller: Statt roher Kartoffeln 1 Dose PFANNI »Kartoffel pur« am Ende der Garzeit in die Suppe geben.

Zubereitungszeit ca. 35 min

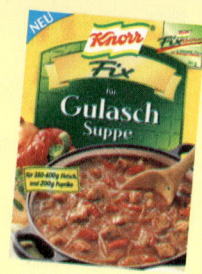

Reissuppe mit Würstchen

Pro Portion (bei 3 Port.): 1255 kJ/299 kcal, 9 g E, 12 g F, 38 g KH

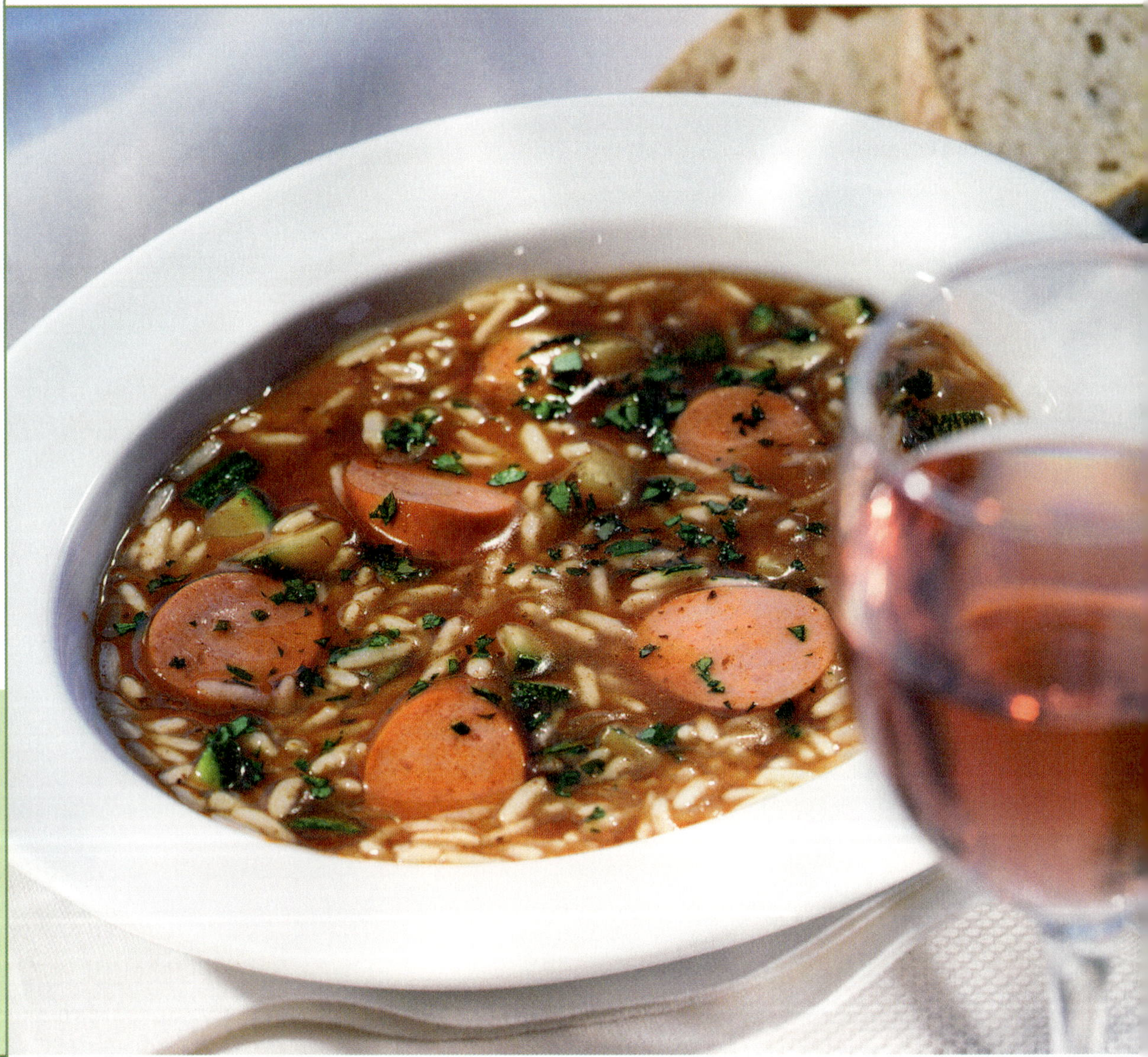

Zutaten für 3–4 Portionen:

200 g Zucchini
2 Wiener Würstchen
1–2 EL Öl
100 g Schnellkochreis
1 Beutel KNORR Fix für Gulasch-Suppe
2 TL gehackte Petersilie

tipp

Der Reistopf gelingt auch mit gekochtem Reis vom Vortag. Dann erst zum Schluss mit den Würstchen in der Suppe erwärmen.

1. Zucchini waschen und in Würfel schneiden. Würstchen in Scheiben schneiden.
2. Zucchini in heißem Öl anbraten, Reis dazugeben und mitdünsten.
3. 1/2 Liter (500 Milliliter) Wasser dazugeben, Fix für Gulasch-Suppe einrühren und unter Rühren aufkochen. Zugedeckt bei schwacher Hitze etwa 15 Minuten garen.
4. Kurz vor Ende der Garzeit die Würstchenscheiben dazugeben. Eintopf mit gehackter Petersilie bestreuen.

Zubereitungszeit ca. 30 min

Mexikanischer Eintopf

Pro Portion (bei 3 Port.): 1920 kJ/460 kcal, 30 g E, 26 g F, 25 g KH

1. Hackfleisch in heißem Öl anbraten. 3/4 Liter (750 Milliliter) Wasser dazugießen. Fix für Gulasch-Suppe einrühren und unter Rühren aufkochen.

2. Kidney-Bohnen und Mais abtropfen lassen und mit dem Tomatenmark zufügen. Zugedeckt bei mittlerer Hitze etwa 15 Minuten kochen.

   Dazu passt Reis.

Zutaten für 3–4 Portionen:

350 g Hackfleisch
2 EL Öl
1 Beutel KNORR Fix für Gulasch-Suppe
250 g Kidney-Bohnen aus der Dose
140 g Mais aus der Dose
2 EL Tomatenmark

tipp

Mit einem Klecks Crème fraîche oder einem Blättchen Kerbel servieren.

Zubereitungszeit ca. 40 min

Paprikabraten

Pro Portion: 2834 kJ/676 kcal, 41 g E, 47 g F, 22 g KH

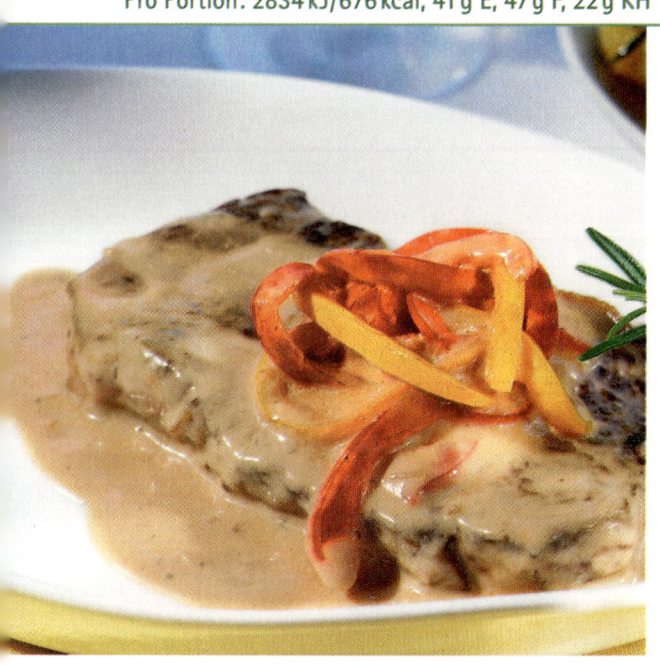

1. Paprikaschoten waschen, halbieren, entkernen und in feine Streifen schneiden. Rindersteaks in eine flache Auflaufform legen. Paprikastreifen darauf verteilen.

2. Fix für Gulasch-Suppe mit Sahne verrühren und darüber gießen.

3. Im vorgeheizten Backofen bei 200 °C (Gas Stufe 3, Umluft 175 °C) etwa 30 Minuten garen.

   Servieren Sie dazu im Ofen gebackene Rosmarinkartoffeln. Einfach die Kartoffeln halbieren oder vierteln, mit Öl bestreichen und auf dem Backblech verteilen. Salzen und pfeffern, mit Rosmarin bestreuen und 30 bis 40 Minuten bei 200 °C (Gas Stufe 3, Umluft 175 °C) backen.

Zutaten für 3 Portionen:

je 1 rote und gelbe Paprikaschote
3 Rindersteaks à 180 g (z.B. Rumpsteaks)
1 Beutel KNORR Fix für Gulasch-Suppe
300 ml Schlagsahne

tipp

Für die Optik etwas Edelsüß-Paprika über die Rindersteaks stäuben.

Fruchtiges Wildgulasch

Pro Portion (bei 3 Port.): 1320 kJ/315 kcal, 32 g E, 9 g F, 23 g KH

Zutaten für 3–4 Portionen:

400 g Wildfleisch (Reh oder Hirsch, z.B. aus der Schulter)

200 g Aprikosen-hälften aus der Dose

2 EL Öl

1 Beutel KNORR Fix für Gulasch-Suppe

1 TL Wildgewürz

2 EL Rotwein

1–2 TL Wildpreisel-beeren aus dem Glas

tipp

Statt Preiselbeeren Cranberries nehmen.

1. Wildfleisch in kleine Würfel schneiden. Aprikosenhälften abtropfen lassen und in Spalten schneiden.

2. Wildfleisch in heißem Öl anbraten. 3/4 Liter (750 Milliliter) Wasser dazugießen, Fix für Gulasch-Suppe einrühren und unter Rühren aufkochen.

3. Wildgewürz dazugeben und zugedeckt bei mittlerer Hitze etwa 30 Minuten kochen. 5 Minuten vor Ende der Garzeit Aprikosen-spalten und Rotwein zufügen. Gulasch mit Preiselbeeren abschmecken.

Dazu passen Kartoffelklöße.

Gulaschtopf mit Malzbier

Pro Portion (bei 3 Port.): 2015 kJ/482 kcal, 29 g E, 21 g F, 42 g KH

Zutaten für 3–4 Portionen:

350 g Schweinefleisch (z.B. aus Schulter oder Hals)

1–2 EL Öl

1/4 l (250 ml) Malzbier

1 Beutel KNORR Fix für Gulasch-Suppe

3 EL Schlagsahne

2 TL Schnittlauch-röllchen

1. Schweinefleisch in 1 Zentimeter kleine Würfel schneiden und in heißem Öl anbraten.

2. 1/2 Liter (500 Milliliter) Wasser und Malzbier dazugießen. Fix für Gulasch-Suppe einrühren und unter Rühren aufkochen.

3. Zugedeckt bei mittlerer Hitze etwa 30 Minuten kochen. Gulasch mit Sahne abschmecken und mit Schnittlauchröllchen bestreuen.

Gut dazu: geröstete Roggenbrotscheiben oder Brotchips.

Zubereitungszeit ca. 40 min

Feurige Kartoffelsuppe

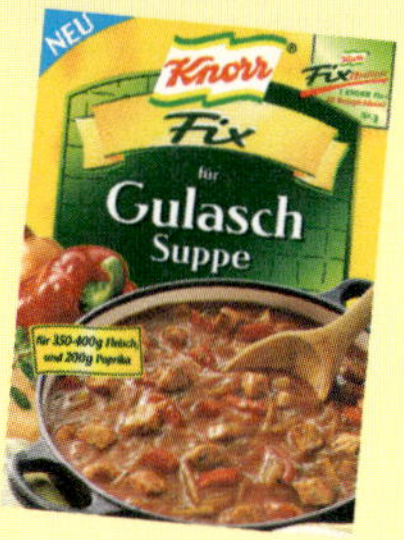

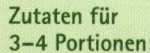

Pro Portion (bei 3 Port.): 806 kJ/205 kcal, 6 g E, 5 g F, 33 g KH

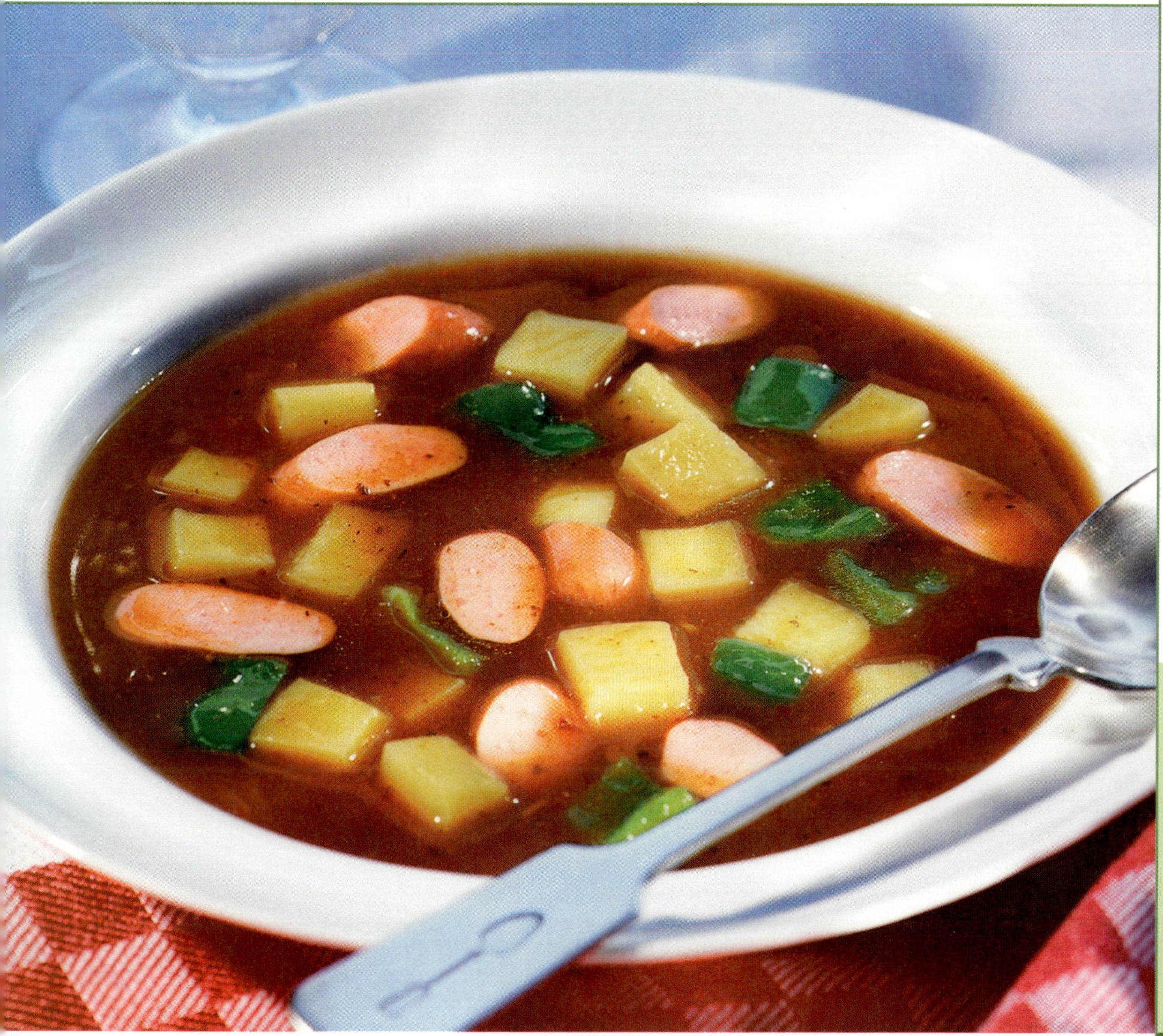

Zutaten für 3–4 Portionen:

600 g Kartoffeln

3–4 Frankfurter Würstchen

1 grüne Paprikaschote

1 rote Chilischote

1 EL Öl

1 Beutel KNORR Fix für Gulasch-Suppe

1. Kartoffeln schälen und in Würfel schneiden. Würstchen in Scheiben schneiden. Paprikaschote und Chilischote waschen, halbieren und entkernen. Paprikaschote in Würfel schneiden, Chilischote fein hacken. Beides in heißem Öl andünsten.
2. 3/4 Liter (750 Milliliter) Wasser dazugießen. Fix für Gulasch-Suppe einrühren und unter Rühren aufkochen. Kartoffelwürfel zufügen.
3. Zugedeckt bei mittlerer Hitze etwa 15 Minuten kochen. Würstchenscheiben in der Suppe erwärmen.

Dazu schmeckt geröstetes Roggenmischbrot oder Mehrkorntoast.

tipp

Statt Würstchen tiefgekühlte Fleischklößchen verwenden. Mit Kresse bestreut anrichten.

10 Rezept-Ideen
Fix für Hackbraten

Hinreißend herzhaft,
locker zuzubereiten

Knusper-Hackbällchen

Pro Portion: 2060 kJ/493 kcal, 28 g E, 36 g F, 16 g KH

1. Tomaten waschen, Möhre und Gurke schälen. Die Möhre raspeln, Gurke und Tomaten in etwa 1 Zentimeter dicke Scheiben schneiden.

2. Fix für Hackbraten in 1/8 Liter (125 Milliliter) lauwarmes Wasser einrühren. Möhrenraspel, Haselnüsse und Hackfleisch dazugeben und gut vermischen. Etwa 16 Hackbällchen formen und in heißem Öl rundherum braun braten.

3. Mit einem Holzspieß auf jede Gurkenscheibe 1 Hackbällchen und 1 Tomatenscheibe stecken. Mit 1 Basilikumblatt garnieren.

Zutaten für 4 Portionen:

3–4 kleine Tomaten
1 Möhre (ca. 150 g)
1 kleine Salatgurke
1 Beutel KNORR Fix für Hackbraten
50 g gehackte Haselnüsse
500 g Hackfleisch
2 EL Öl
16 Basilikumblätter

tipp

Die Hackbällchen eignen sich sowohl als Partysnack wie auch als Vorspeise oder zum Aperitif.

Frikadellen »Hawaii«

Pro Stück: 1250 kJ/298 kcal, 18 g E, 19 g F, 15 g KH

1. Ananas abtropfen lassen und 50 Milliliter Saft auffangen. Ananas in kleine Stücke schneiden.

2. Fix für Hackbraten in den Ananassaft und 75 Milliliter warmes Wasser einrühren. Hackfleisch, Ananasstücke und Curry dazugeben. Alles gut vermischen.

3. Frikadellen formen, flach drücken und unter dem vorgeheizten Grill von jeder Seite etwa 5 Minuten grillen oder in heißem Öl braten. Mit Salatblättern anrichten.

Dazu schmeckt frisches Weißbrot.

Zutaten für 6 Stück:

140 g Ananasscheiben aus der Dose
1 Beutel KNORR Fix für Hackbraten
500 g Hackfleisch
1 TL Currypulver
evtl. 2–3 EL Öl
einige Salatblätter

tipp

Geben Sie grob gehackte Pinienkerne oder Macadamia-Nüsse in den Teig.

Zubereitungszeit ca. 55 min

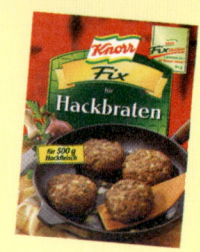

Paprikaschoten mit Hack-Mais-Füllung

Pro Portion: 1740 kJ/416 kcal, 29 g E, 24 g F, 22 g KH

Zutaten für 4 Portionen:

- je 2 rote und gelbe Paprikaschoten
- 1 Beutel KNORR Fix für Hackbraten
- 500 g Hackfleisch
- 140 g Mais aus der Dose
- 1 Msp. Cayennepfeffer

1. Paprikaschoten waschen, halbieren und entkernen.
2. Fix für Hackbraten in 1/8 Liter (125 Milliliter) lauwarmes Wasser einrühren. Hackfleisch, abgetropften Mais und Cayennepfeffer dazugeben. Alles gut vermischen.
3. Die Hackmischung in die Paprikahälften füllen. Das Gemüse in eine gefettete Auflaufform setzen und im vorgeheizten Backofen bei 200 °C (Gas Stufe 3, Umluft 175 °C) etwa 40 Minuten garen.

tipp

Servieren Sie dazu bunten Blattsalat. Das Dressing machen Sie im Handumdrehen aus 1 Beutel KNORR Salatkrönung®.

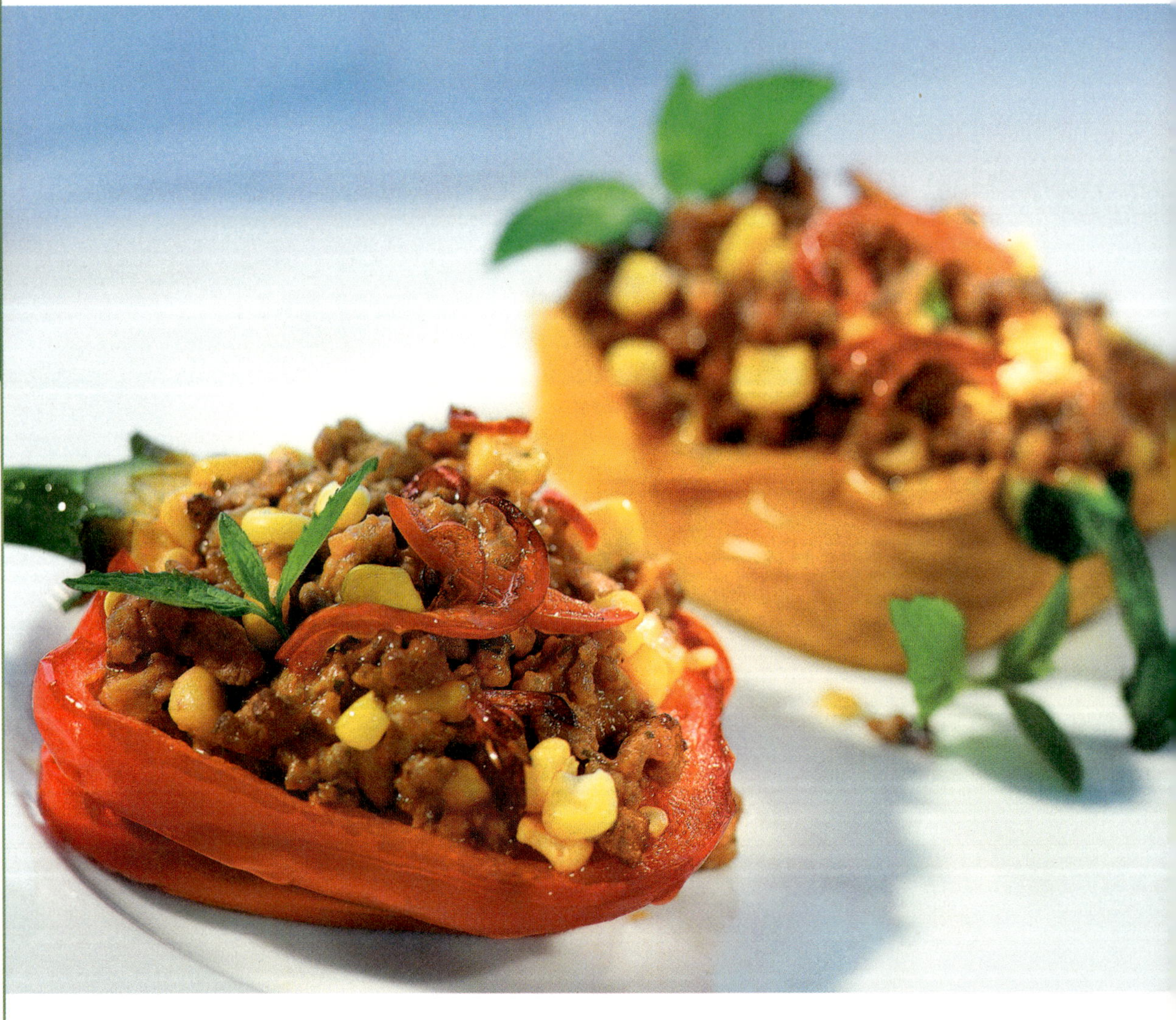

Zubereitungszeit ca. 35 min

Königsberger Klopse in Kapernsauce

Pro Portion: 1985 kJ/474 kcal, 27 g E, 28 g F, 28 g KH

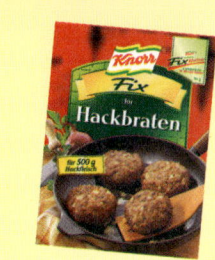

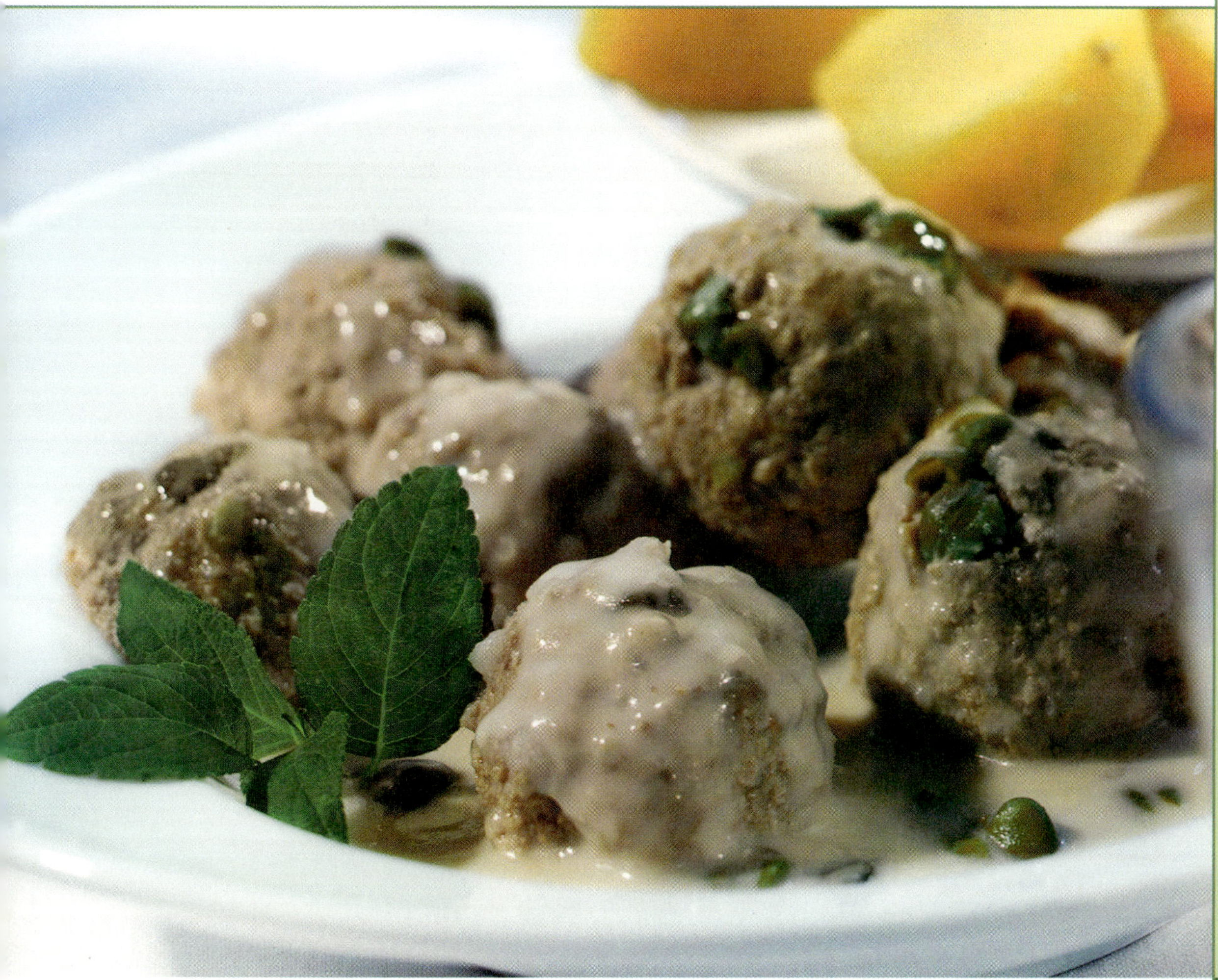

Zutaten für 4 Portionen:

1 Beutel KNORR Fix für Hackbraten

3 EL Kapern

500 g Hackfleisch

1 TL Salz

5 gehäufte EL MONDAMIN Fix-Soßenbinder, hell

50 ml Schlagsahne

Pfeffer

Zitronensaft

1. Fix für Hackbraten und 1 Esslöffel Kapern in 1/8 Liter (125 Milliliter) lauwarmes Wasser einrühren. Hackfleisch dazugeben, gut vermischen und etwa 12 Klopse formen.
2. 3/4 Liter (750 Milliliter) Wasser und Salz aufkochen, die Klopse hineingeben. Bei schwacher Hitze 10 bis 15 Minuten ziehen lassen und herausnehmen.
3. Das Kochwasser aufkochen und mit Fix-Soßenbinder binden. Sahne zugießen und mit restlichen Kapern, Salz, Pfeffer und Zitronensaft abschmecken. Die Klopse in der Sauce kurz erhitzen.

Dazu schmecken Salzkartoffeln oder Reis.

tipp

Ins Kochwasser für die Klopse 2 bis 3 frische Lorbeerblätter geben.

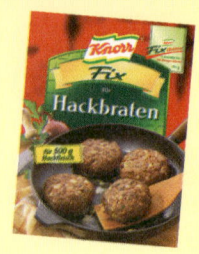

Zubereitungszeit ca. 60 min

Hackfleischtaschen

Pro Stück: 1165 kJ/278 kcal, 12 g E, 17 g F, 18 g KH

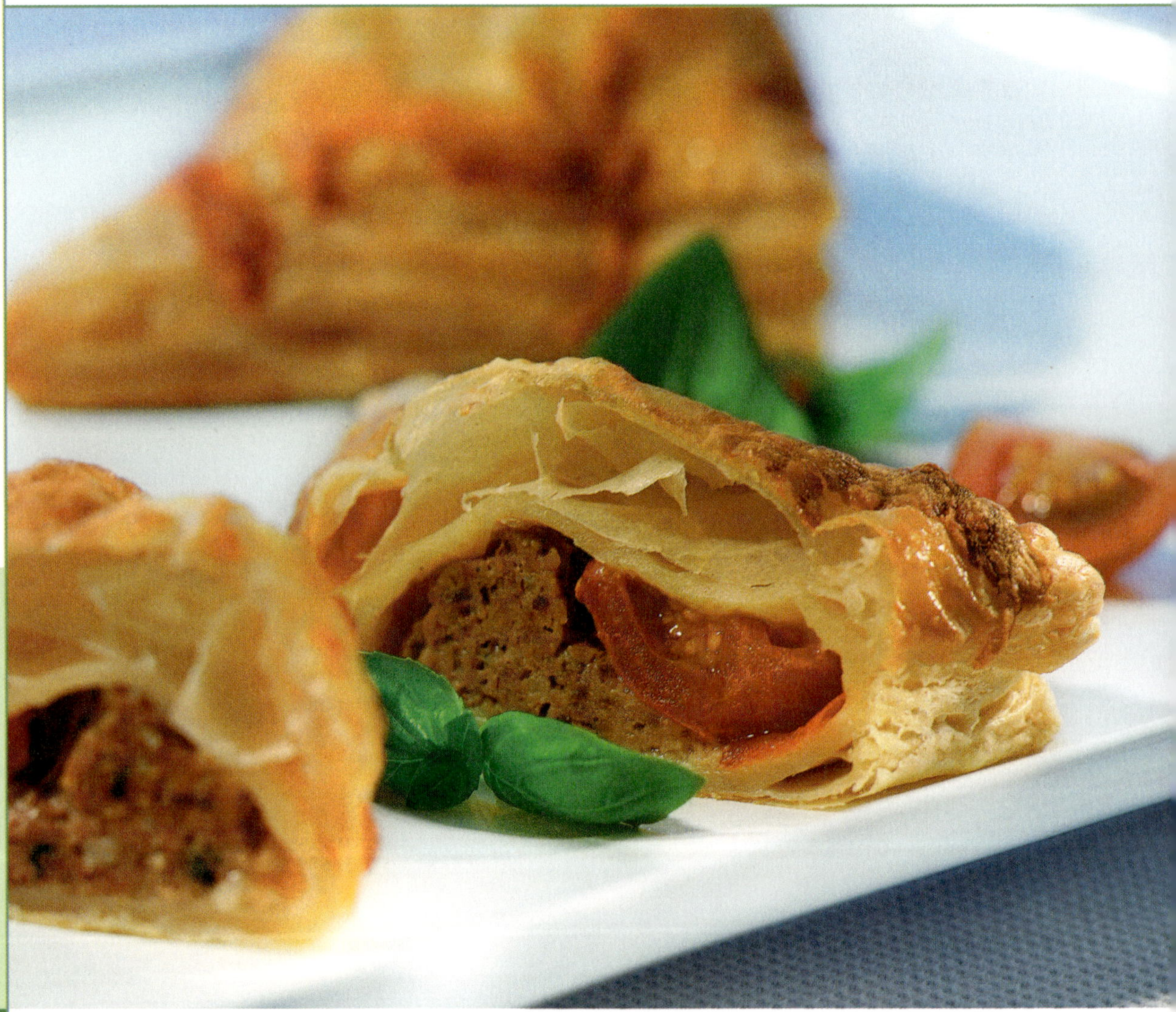

Zutaten für 12 Stück:

450 g TK-Blätterteig
12 Cocktailtomaten
1 Ei
1 Beutel KNORR Fix für Hackbraten
1 Knoblauchzehe
400 g Hackfleisch
1/2 TL Oregano
100 g geriebener Gouda

tipp

Hackfleischtaschen sind ein echter Partyhit. Pro Person etwa 3 Stück kalkulieren.

1. Blätterteig auftauen. Cocktailtomaten waschen. Ei trennen. Fix für Hackbraten in 1/8 Liter (125 Milliliter) lauwarmes Wasser einrühren. Knoblauchzehe abziehen, zerdrücken und Hackfleisch und Oregano dazugeben. Alles gut vermischen.

2. Blätterteig in 12 Quadrate teilen. Jeweils in die Mitte der Teigstücke etwas Fleischmasse und 1 Cocktailtomate geben. Die Ränder mit verquirltem Eiweiß bestreichen und den Teig zu Dreiecken zusammenfalten. Die Ränder festdrücken.

3. Blätterteigstücke mit Eigelb bestreichen und mit Käse bestreuen. Im vorgeheizten Backofen bei 200 °C (Gas Stufe 3, Umluft 175 °C) 25 bis 30 Minuten backen.

Zubereitungszeit ca. 40 min

Gemüse-Hackburger

Pro Portion: 1580 kJ/377 kcal, 27 g E, 23 g F, 16 g KH

1. Gemüse-Mischung auftauen lassen. Tomaten und Salatblätter waschen. Tomaten in Scheiben schneiden. Hamburger-Brötchen aufbacken.

2. Fix für Hackbraten in 1/8 Liter (125 Milliliter) lauwarmes Wasser einrühren. Hackfleisch und Gemüse dazugeben und gut vermischen. 4 Frikadellen formen und in heißem Öl von beiden Seiten 5 bis 8 Minuten braten.

3. Die Hamburger-Brötchen mit Salatblättern, Frikadellen, Schmelzkäse- und Tomatenscheiben belegen.

Zutaten für 4 Portionen:

200 g TK-Gemüse-Mischung (z.B. Broccoli, Möhren, Bohnen)

4 kleine Tomaten

einige Blätter von Batavia- oder Friséesalat

4 Hamburger-Brötchen

1 Beutel KNORR Fix für Hackbraten

500 g Hackfleisch

2–3 EL Öl

4 Scheiben Schmelzkäse

Zubereitungszeit ca. 50 min

Hackbraten mit Schafskäse

Pro Portion: 2020 kJ/482 kcal, 35 g E, 32 g F, 14 g KH

1. Fix für Hackbraten in 1/8 Liter (125 Milliliter) lauwarmes Wasser einrühren. Schafskäse würfeln und mit dem Hackfleisch dazugeben. Alles gut vermischen.

2. Aus der Masse mit angefeuchteten Händen einen Laib formen und in einen gefetteten Bräter oder auf ein Backblech legen. Im vorgeheizten Backofen bei 200 °C (Gas Stufe 3, Umluft 175 °C) etwa 40 Minuten garen.

Zutaten für 4 Portionen:

1 Beutel KNORR Fix für Hackbraten

200 g Schafskäse

500 g Hackfleisch

tipp

Servieren Sie als Beilage geröstete Kartoffelwürfel mit einer würzigen Remoulade.

95

Hackpizza mit Gemüse

Pro Portion: 1905 kJ/455 kcal, 33 g E, 29 g F, 16 g KH

Zutaten für 8 Portionen:

2 Beutel KNORR Fix für Hackbraten

1 kg Hackfleisch

2 TL Oregano

2 Knoblauchzehen

5 Tomaten (ca. 400 g)

1 Zucchini (ca. 350 g)

1 gelbe Paprikaschote (ca. 150 g)

Salz, Pfeffer

150 g geriebener Käse

tipp

Dazu passt ein frischer Salat der Saison.

1. Fix für Hackbraten in 1/4 Liter (250 Milliliter) lauwarmes Wasser einrühren. Hackfleisch und 1 Teelöffel Oregano zugeben. Knoblauchzehen abziehen, zerdrücken und zufügen. Alles gut vermischen.

2. Das Gemüse waschen und putzen. Tomaten und Zucchini in Scheiben, die Paprikaschote in Streifen schneiden.

3. Den Fleischteig auf einem mit Backpapier ausgelegten Backblech dünn ausrollen und mit dem Gemüse belegen. Alles mit Salz, Pfeffer und restlichem Oregano würzen. Mit Käse bestreuen und im vorgeheizten Backofen bei 200 °C (Gas Stufe 3, Umluft 175 °C) 40 bis 50 Minuten backen.

Exotische Hackspieße

Pro Stück: 1030 kJ/246 kcal, 14 g E, 13 g F, 19 g KH

Zutaten für 8 Stück:

1 Beutel KNORR Fix für Hackbraten

500 g Hackfleisch

1/2 TL Kreuzkümmel

3 Bananen

1 EL Zitronensaft

2–3 EL Öl

240 g Aprikosenhälften aus der Dose

tipp

Anstelle von gemischtem Hack Lammhackfleisch verwenden.

1. Fix für Hackbraten in 1/8 Liter (125 Milliliter) lauwarmes Wasser einrühren. Hackfleisch und Kreuzkümmel dazugeben und gut vermischen. Aus der Hackfleischmasse 16 kleine Kugeln formen.

2. Bananen in je 5 Stücke schneiden, mit etwas Zitronensaft beträufeln. Hackbällchen in heißem Öl braun braten, herausnehmen und warm stellen. Bananen und abgetropfte Aprikosen in die Pfanne geben und kurz braten.

3. Zum Servieren abwechselnd Hackbällchen, Bananenstücke und Aprikosenhälften auf Spieße stecken.

Auf Basmatireis anrichten.

Zubereitungszeit ca. 45 min

Hackkuchen »rot-weiß«

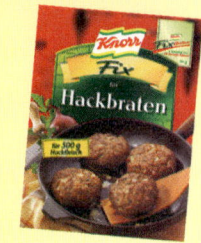

Pro Portion: 1500 kJ/358 kcal, 25 g E, 24 g F, 11 g KH

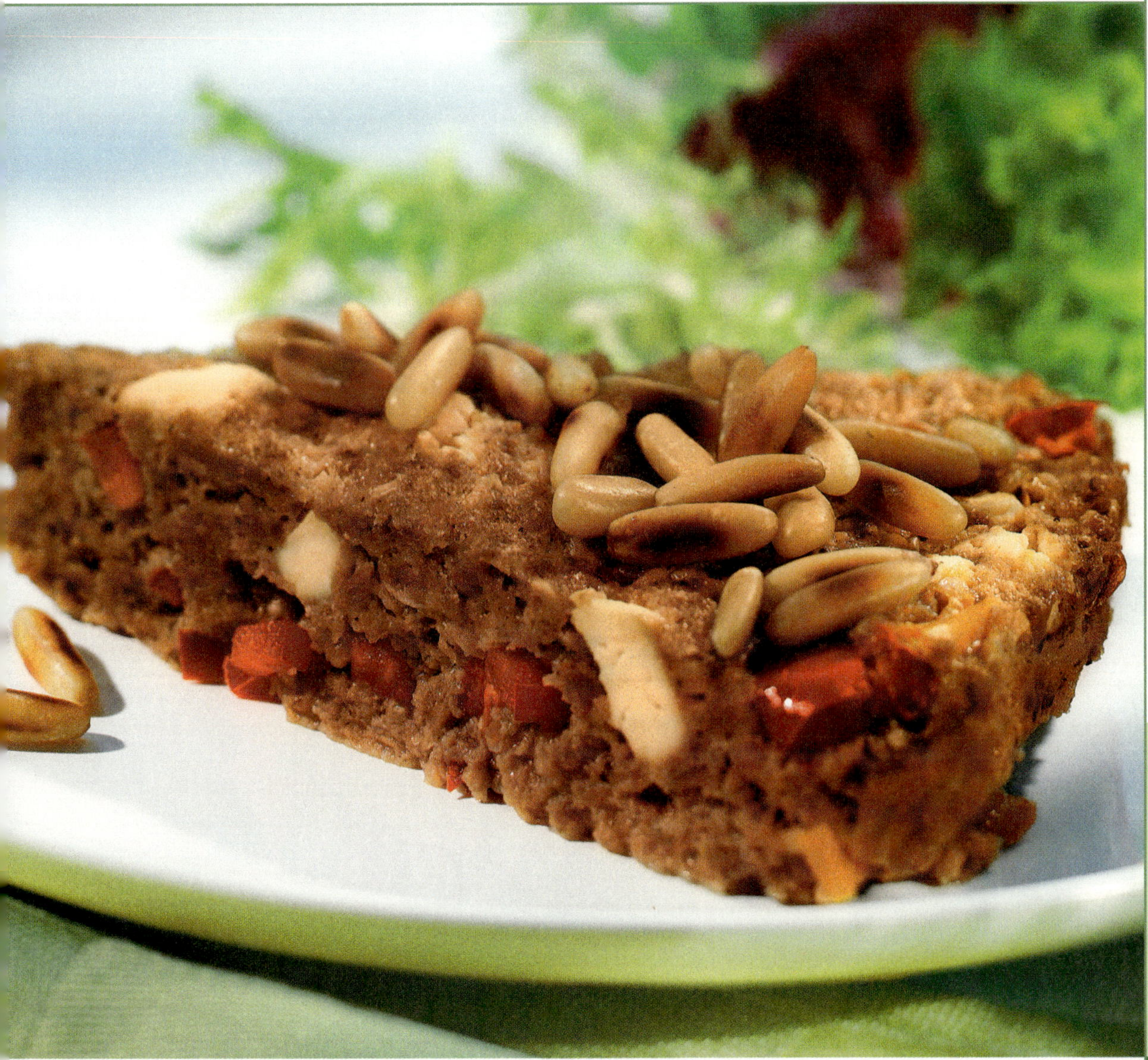

Zutaten für 6 Portionen:

2 kleine rote Paprikaschoten (ca. 250 g)

200 g Schafskäse

1 Beutel KNORR Fix für Hackbraten

500 g Hackfleisch

2 EL Pinienkerne

1. Paprikaschoten waschen, halbieren, entkernen und würfeln. Schafskäse ebenfalls in Würfel schneiden.
2. Fix für Hackbraten in 1/8 Liter (125 Milliliter) lauwarmes Wasser einrühren. Das Hackfleisch dazugeben und vermischen. Schafskäse- und Paprikawürfel untermischen.
3. Die Hackmischung in eine gefettete Springform (26 Zentimeter Durchmesser) geben, gleichmäßig verteilen und mit Pinienkernen bestreuen. Im vorgeheizten Backofen bei 225 °C (Gas Stufe 4, Umluft 200 °C) etwa 30 Minuten backen.

tipp

Fürs Partybüfett den Kuchen in kleine Stücke schneiden und je 1 Zahnstocher zum Anfassen hineinstecken.

10 Rezept-Ideen

Fix für Hackfleisch »Jäger Art«

Heute ländlich-deftig, morgen exotisch

Zubereitungszeit ca. 40 min

Kartoffel-Gemüse-Topf

Pro Portion (bei 2 Port.): 1645 kJ/394 kcal, 13 g E, 11 g F, 60 g KH

1. Kartoffeln schälen und in Würfel schneiden. Gemüsezwiebel abziehen, vierteln und in dünne Streifen schneiden. Zucchini waschen, putzen und in Scheiben schneiden. Paprikaschoten waschen, halbieren, entkernen und würfeln.

2. Kartoffeln, Zwiebel, Zucchini und Paprika in einem Topf in heißem Öl andünsten. 1/2 Liter (500 Milliliter) Wasser dazugießen, Fix für Hackfleisch »Jäger Art« einrühren und aufkochen. Zugedeckt bei schwacher Hitze etwa 20 Minuten garen.

Dazu schmeckt Baguette.

Zutaten für 2–3 Portionen:

300 g Kartoffeln

1 Gemüsezwiebel

300 g Zucchini

je 1 rote und gelbe Paprikaschote

2 EL Öl

2 Beutel KNORR Fix für Hackfleisch »Jäger Art«

tipp

Anstelle der Gemüsezwiebel 1 Bund Lauchzwiebeln verwenden.

Zubereitungszeit ca. 45 min

Hackpastetchen

Pro Stück: 2095 kJ/500 kcal, 18 g E, 33 g F, 32 g KH

1. Ei trennen. 3 Blätterteigplatten so halbieren, dass 6 Quadrate entstehen. 2 Quadrate in je 8 etwa 1 Zentimeter breite Streifen schneiden. Ränder der restlichen Quadrate mit Eiweiß bestreichen, die Streifen als Rand darauf setzen.

2. Hackfleisch in heißem Öl anbraten. 150 Milliliter Wasser dazugießen, Fix für Hackfleisch »Jäger Art« einrühren, unter Rühren aufkochen. Zugedeckt bei schwacher Hitze 10 Minuten garen. Mit Oregano abschmecken.

3. Hackfleisch auf dem Blätterteig verteilen. Jede Pastete mit 1 bis 2 Tomatenscheiben belegen und mit Käse bestreuen. Im vorgeheizten Backofen bei 200 °C (Gas Stufe 3, Umluft 175 °C) in 12 bis 15 Minuten goldbraun backen.

Zutaten für 4 Stück:

1 Ei

300 g TK-Blätterteig

200 g Hackfleisch

1 EL Öl

1 Beutel KNORR Fix für Hackfleisch »Jäger Art«

1 TL Oregano

2 kleine Tomaten

50 g geriebener Käse

tipp

Hohlpasteten gibt es bereits fertig beim Bäcker zu kaufen.

Gebackene Äpfel mit Hack-Reis-Füllung

Pro Stück: 1230 kJ/294 kcal, 12 g E, 12 g F, 28 g KH

Zutaten für 4 Stück:

50 g Langkornreis
Salz
4 säuerliche Äpfel
200 g Hackfleisch
1 EL Öl
1 Beutel KNORR
Fix für Hackfleisch
»Jäger Art«
Pfeffer, Zucker
fein geschnittene
Salbeiblätter
1/4 l (125 ml)
Weißwein

1. Reis in kochendem Salzwasser etwa 15 Minuten garen. Abtropfen lassen. Von den Äpfeln einen »Deckel« abschneiden; zum Füllen das Apfelinnere mit einem Kugelausstecher oder Teelöffel herauslösen. Das Kerngehäuse entfernen, Fruchtfleisch in kleine Stücke schneiden.

2. Hackfleisch in heißem Öl anbraten. 1/4 Liter (250 Milliliter) Wasser und Apfelstücke dazugeben, Fix für Hackfleisch »Jäger Art« einrühren und unter Rühren aufkochen. Zugedeckt bei schwacher Hitze 10 Minuten garen.

3. Reis untermischen. Mit Salz, Pfeffer, Zucker und fein geschnittenem Salbei würzen. Äpfel mit der Hackfleisch-Reis-Mischung füllen und die Deckel aufsetzen. Äpfel in eine Auflaufform setzen und Weißwein zugießen. Im vorgeheizten Backofen bei 200 °C (Gas Stufe 3, Umluft 175 °C) etwa 30 Minuten garen.

tipp

Zur Dekoration frische Salbeiblätter mit Holzspießchen als »Stiel« auf den Äpfeln befestigen.

Hackfleischkuchen mit Kartoffeln und Tomaten

Pro Portion (bei 2 Port.): 2980 kJ/712 kcal, 41 g E, 41 g F, 43 g KH

**Zutaten für
2–3 Portionen:**

2 Tomaten
1 kleine Zucchini
500 g Kartoffeln
Salz, Pfeffer
1 TL Oregano
200 g Hackfleisch
1 EL Öl
1 Knoblauchzehe
1 Beutel KNORR
Fix für Hackfleisch
»Jäger Art«
100 g geriebener Käse

tipp

Ideal für Gäste: Gut
gekühlten weißen
Landwein aus der
Pfalz oder helles Bier
dazu servieren.

1. Tomaten und Zucchini waschen, putzen und in Scheiben schneiden. Kartoffeln
   schälen und auf einem Gemüsehobel in dünne Scheiben hobeln. Kartoffelscheiben
   in eine gefettete Pizzaform (28 Zentimeter Durchmesser) legen und mit Salz, Pfeffer
   und Oregano bestreuen.

2. Hackfleisch in einem Topf in heißem Öl anbraten. Knoblauchzehe abziehen,
   zerdrücken und zum Hackfleisch geben. 400 Milliliter Wasser dazugießen, Fix
   für Hackfleisch »Jäger Art« einrühren und unter Rühren aufkochen.

3. Hackfleisch auf den Kartoffelscheiben verteilen. Mit Tomaten- und Zucchinischeiben belegen und mit Käse bestreuen. Im vorgeheizten Backofen bei 200 °C
   (Gas Stufe 3, Umluft 175 °C) 30 Minuten backen.

Zubereitungszeit ca. 35 min

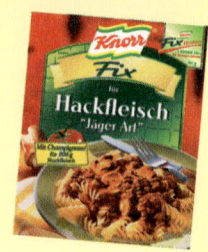

Gemüse-Hack-Pfanne

Pro Portion (bei 2 Port.): 2185 kJ/524 kcal, 26 g E, 25 g F, 47 g KH

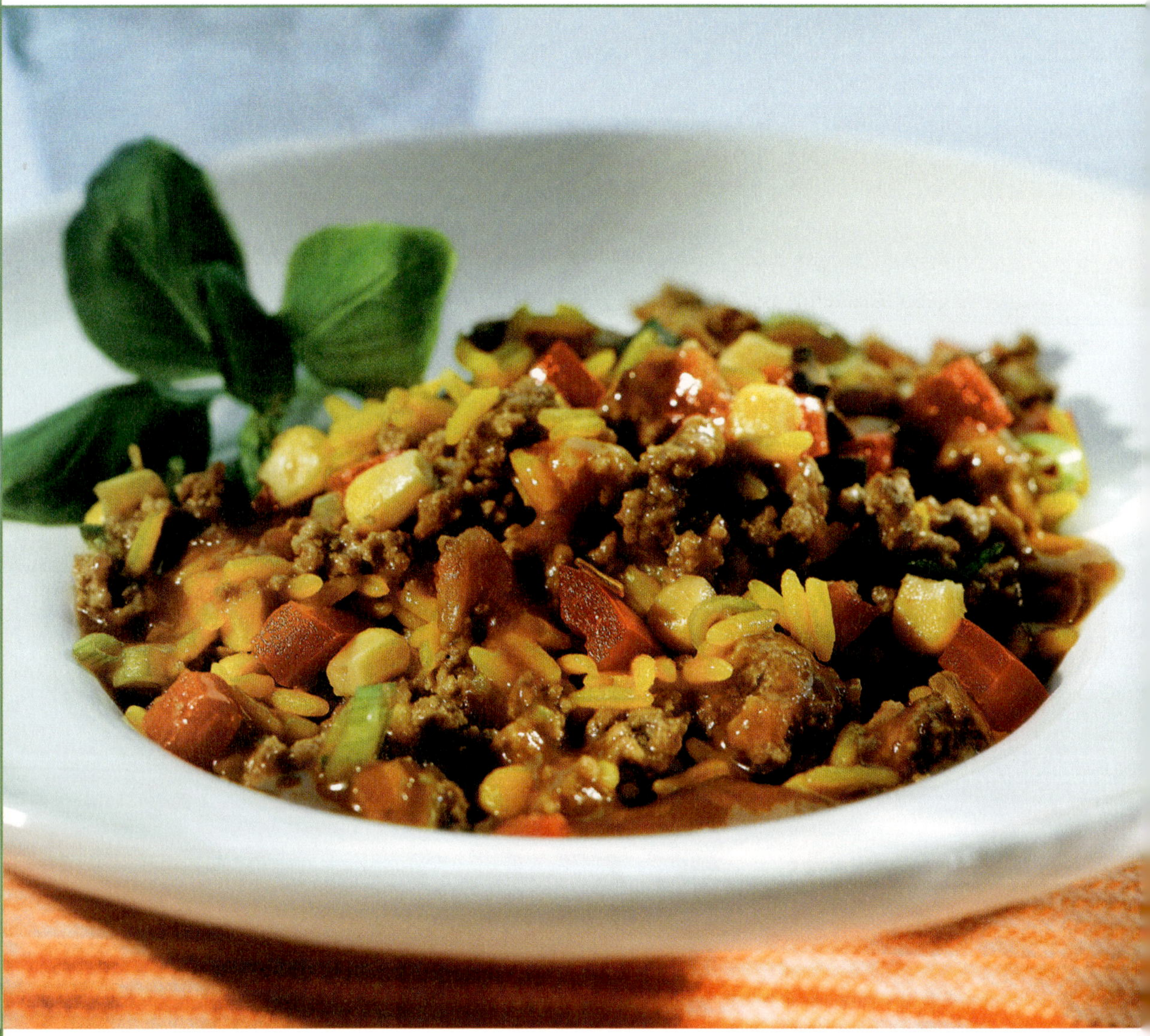

Zutaten für 2–3 Portionen:

- 50 g Langkornreis
- Salz
- 1/2 TL Kurkuma
- 1/2 Bund Frühlingszwiebeln
- 1 rote Paprikaschote
- 200 g Hackfleisch
- 1 EL Öl
- 140 g Mais aus der Dose
- 1 Beutel KNORR Fix für Hackfleisch »Jäger Art«

tipp

Knuspriges Fladenbrot und gut gekühltes Weißbier mit Zitrone dazu servieren.

1. Reis in reichlich Salzwasser mit Kurkuma 15 bis 20 Minuten garen und auf einem Sieb abgießen.
2. Frühlingszwiebeln putzen, waschen und in Ringe schneiden. Paprikaschote waschen, halbieren, entkernen und in kleine Würfel schneiden.
3. Hackfleisch in einem Topf in heißem Öl anbraten. Mais abtropfen lassen und mit den Paprikawürfeln und Frühlingszwiebeln dazugeben.
4. 1/4 Liter (250 Milliliter) Wasser dazugießen, Fix für Hackfleisch »Jäger Art« einrühren und unter Rühren aufkochen. Zugedeckt bei schwacher Hitze 10 Minuten garen. Reis untermischen.

Geflügel-Spinat-Pfanne

Pro Portion (bei 2 Port.): 1315 kJ/315 kcal, 30 g E, 8 g F, 30 g KH

1. Reis in 1/8 Liter (125 Milliliter) kochendes Salzwasser geben und zugedeckt bei schwacher Hitze 10 Minuten garen. Spinat im Topf oder in der Mikrowelle auftauen, anschließend grob hacken.

2. Putengeschnetzeltes in heißem Öl anbraten. 1/4 Liter (250 Milliliter) Wasser dazugießen, Fix für Hackfleisch »Jäger Art« einrühren und unter Rühren aufkochen. Zugedeckt bei schwacher Hitze 10 Minuten garen.

3. Spinat und Reis dazugeben, heiß werden lassen und mit Salz, Pfeffer und Muskat abschmecken.

Zutaten für 2–3 Portionen:

50 g Schnellkochreis
Salz
125 g TK-Blattspinat
200 g Putengeschnetzeltes
1–2 EL Öl
1 Beutel KNORR Fix für Hackfleisch »Jäger Art«
Pfeffer, Muskat

tipp

Eingelegte getrocknete Tomaten in Streifen untermischen.

Gefüllter Fenchel

Pro Stück: 1150 kJ/275 kcal, 18 g E, 17 g F, 12 g KH

1. Fenchelknollen waschen, halbieren, das Innere herauslösen und würfeln. Fenchelblätter in kochendem Salzwasser 10 Minuten garen. Herausnehmen und in eine gefettete Auflaufform geben.

2. Hackfleisch und Fenchelwürfel in heißem Öl anbraten. 1/4 Liter (250 Milliliter) Wasser dazugießen, Fix für Hackfleisch »Jäger Art« einrühren und unter Rühren aufkochen. Kidney-Bohnen abtropfen lassen, mit Rosinen, Mandelstiften, Chili und Zimt dazugeben. Zugedeckt bei schwacher Hitze 10 Minuten garen.

3. Hackfleisch in die Fenchelblätter füllen und mit Käse bestreuen. Im vorgeheizten Backofen bei 200 °C (Gas Stufe 3, Umluft 175 °C) 15 bis 20 Minuten überbacken.

Zutaten für 4 Stück:

2 Fenchelknollen (ca. 400 g)
Salz
200 g Hackfleisch
1–2 EL Öl
1 Beutel KNORR Fix für Hackfleisch »Jäger Art«
125 g Kidney-Bohnen aus der Dose
1 EL Rosinen
1 EL Mandelstifte
1/2 TL Chilipulver
1 Prise Zimt
50 g geriebener Käse

Gefüllte Zwiebeln

Pro Portion: 1080 kJ/258 kcal, 14 g E, 14 g F, 19 g KH

Zutaten für 4 Portionen:

4 Gemüsezwiebeln

Salz

1 kleine rote Paprikaschote

1 EL Öl

150 g Hackfleisch

1 Beutel KNORR Fix für Hackfleisch »Jäger Art«

50 g Schafskäse

tipp

Zwiebeln mit fein gehacktem frischem Rosmarin würzen.

1. Zwiebeln abziehen, einen Deckel abschneiden und die Zwiebeln in kochendem Salzwasser 15 bis 20 Minuten kochen, bis sich die äußeren 3 Zwiebelschichten ablösen lassen. Deckel und das Zwiebelinnere würfeln.

2. Paprikaschote waschen, halbieren, entkernen und würfeln. Mit den Zwiebelwürfeln in heißem Öl andünsten. Hackfleisch dazugeben und anbraten. 1/4 Liter (250 Milliliter) Wasser dazugießen und Fix für Hackfleisch »Jäger Art« einrühren. Unter Rühren aufkochen und zugedeckt bei schwacher Hitze 10 Minuten garen.

3. Zwiebeln mit Hack füllen, mit zerbröckeltem Käse bestreuen und in eine gefettete Auflaufform setzen. Im vorgeheizten Ofen bei 200 °C (Gas Stufe 3, Umluft 175 °C) 30 Minuten garen.

Hack-Püree-Auflauf

Pro Portion (bei 2 Port.): 3140 kJ/750 kcal, 37 g E, 43 g F, 53 g KH

Zutaten für 2–3 Portionen:

1 kleine rote Paprikaschote

200 g Hackfleisch

1 EL Öl

1 EL Tomatenmark

1 Beutel KNORR Fix für Hackfleisch »Jäger Art«

1 Tomate

100 g Schafskäse

Salz

1/8 l (125 ml) Milch

1 Beutel PFANNI Kartoffel-Püree »kräftig & herzhaft«

2–3 EL gehackte Petersilie

1. Paprikaschote waschen, halbieren, entkernen und würfeln. Hackfleisch in heißem Öl anbraten. Paprikawürfel und Tomatenmark dazugeben und 2 bis 3 Minuten mitdünsten. 150 Milliliter Wasser dazugießen, Fix für Hackfleisch »Jäger Art« einrühren und unter Rühren aufkochen.

2. Tomate waschen und würfeln. Hack in eine gefettete Auflaufform geben und mit Tomatenwürfeln und zerbröckeltem Käse bestreuen.

3. 3/8 Liter (375 Milliliter) Wasser mit Salz aufkochen, kalte Milch dazugießen. Püreeflocken einrühren, Petersilie untermischen. Püree auf Hackfleisch und Käse verteilen. Im vorgeheizten Backofen bei 200 °C (Gas Stufe 3, Umluft 175 °C) 30 bis 40 Minuten backen.

Zubereitungszeit ca. 30 min

Tortilla-Salat

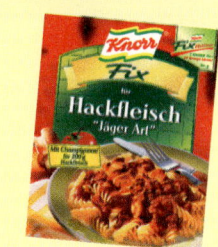

Pro Portion (bei 2 Port.): 3425 kJ/822 kcal, 30 g E, 62 g F, 37 g KH

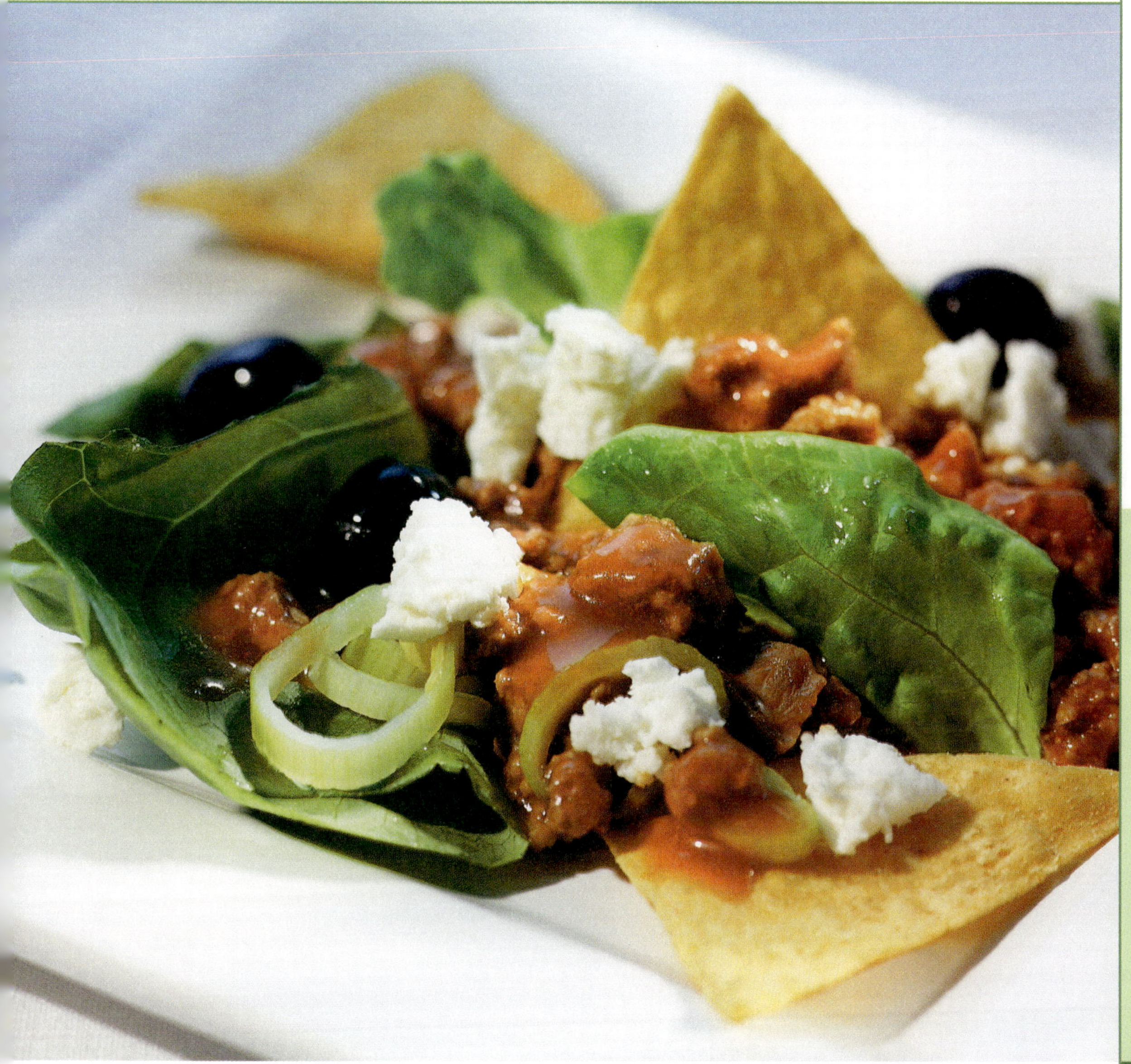

Zutaten für 2–3 Portionen:

1 Knoblauchzehe
200 g Hackfleisch
1 EL Öl
1 Beutel KNORR Fix für Hackfleisch »Jäger Art«
Cayennepfeffer
1/2 Stange Lauch
1 kleiner Kopfsalat
2–3 EL Limettensaft
100 g Tortilla-Chips
50 g Schafskäse
20 schwarze Oliven ohne Stein

1. Knoblauchzehe abziehen und zerdrücken. Mit dem Hackfleisch in einem Topf in heißem Öl anbraten. 1/4 Liter (250 Milliliter) Wasser dazugießen, Fix für Hackfleisch »Jäger Art« einrühren und unter Rühren aufkochen. Zugedeckt bei schwacher Hitze 10 Minuten garen. Mit Cayennepfeffer abschmecken.
2. Lauch putzen, waschen und in dünne Ringe schneiden. Kopfsalat putzen, waschen, trockenschütteln und in Stücke zupfen. Salat und Lauch in eine Schüssel geben und mit Limettensaft beträufeln. Darauf das Hackfleisch und die Tortilla-Chips geben. Alles mit zerbröckeltem Schafskäse und Oliven bestreuen.

tipp

Den Salat sofort nach dem Anrichten servieren, damit die Tortilla-Chips knusprig bleiben.

10 Rezept-Ideen

Fix für Hackfleisch-Käse-Suppe mit Lauch

Es lohnt sich,
etwas Neues auszuprobieren

Rote-Bete-Topf

Pro Portion (bei 3 Port.): 2255 kJ/541 kcal, 22 g E, 40 g F, 22 g KH

1. Frühlingszwiebeln putzen, waschen und in Ringe schneiden. Rote Bete in Streifen schneiden. Hackfleisch in heißem Öl anbraten. Zwiebelringe und Rote Bete dazu geben und kurz mitbraten.

2. 1/2 Liter (500 Milliliter) Wasser dazugießen. Fix für Hackfleisch-Käse-Suppe einrühren und aufkochen. Bei mittlerer Hitze ohne Deckel etwa 10 Minuten kochen.

3. Crème fraîche unterrühren und den Rote-Bete-Topf mit Meerrettich, Salz und Pfeffer abschmecken. Nach Belieben mit Dill garnieren.

Dazu passen Bratkartoffeln oder Rösti.

Zutaten für 3–4 Portionen:

3–4 Frühlingszwiebeln

500 g Rote Bete (küchenfertig, vakuumverpackt)

250 g Hackfleisch

1–2 EL Öl

1 Beutel KNORR Fix für Hackfleisch-Käse-Suppe mit Lauch

150 g Crème fraîche

2 EL geriebener Meerrettich

Salz, Pfeffer

evtl. Dill

Weiße-Bohnen-Eintopf

Pro Portion (bei 3 Port.): 2365 kJ/565 kcal, 30 g E, 32 g F, 30 g KH

1. Lauch putzen, waschen und in Ringe schneiden. Lauch in heißem Öl andünsten.

2. 1/2 Liter (500 Milliliter) Wasser und die weißen Bohnen mit der Flüssigkeit dazugießen. Fix für Hackfleisch-Käse-Suppe einrühren und unter Rühren aufkochen.

3. Die Mettwürste oder Würstchen in Scheiben schneiden und zufügen. Unter Rühren bei mittlerer Hitze etwa 5 Minuten garen. Den Eintopf mit Salz, Pfeffer und Muskat abschmecken. Mit Petersilie bestreuen.

Dazu passen Roggenbrötchen oder Sesam-Knäckebrot.

Zutaten für 3–4 Portionen:

350 g Lauch

1–2 EL Öl

800 g weiße Bohnen aus der Dose

1 Beutel KNORR Fix für Hackfleisch-Käse-Suppe mit Lauch

2 Kochmettwürste oder geräucherte Würstchen

Salz, Pfeffer, Muskat

2 TL gehackte Petersilie

Zubereitungszeit ca. 30 min

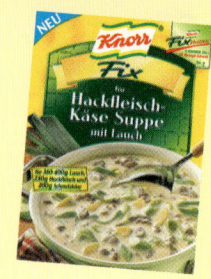

Spinatsuppe mit Schafskäse

Pro Portion (bei 3 Port.): 2470 kJ/591 kcal, 34 g E, 45 g F, 12 g KH

Zutaten für 3–4 Portionen:

250 g Hackfleisch
1–2 EL Öl
1 Beutel KNORR Fix für Hackfleisch-Käse-Suppe mit Lauch
450 g TK-Rahmspinat (Minis)
1 Prise Muskat
50 ml Schlagsahne
250 g Schafskäse
evtl. einige Basilikumblätter

1. Hackfleisch in heißem Öl anbraten. 3/4 Liter (750 Milliliter) Wasser dazugießen, Fix für Hackfleisch-Käse-Suppe einrühren und unter Rühren aufkochen.
2. Rahmspinat in der Suppe schmelzen lassen, unterrühren und bei mittlerer Hitze 10 bis 15 Minuten kochen. Die Spinatsuppe mit Muskat abschmecken.
3. Sahne unterrühren. Den Schafskäse zerbröckeln und zur Suppe geben. Nach Belieben mit Basilikumblättern garnieren.

Dazu passt Fladenbrot oder dicke Scheiben geröstetes Bauernbrot.

tipp

Bei großem Hunger zur Suppe frisch gebratene TK-Reibekuchen servieren.

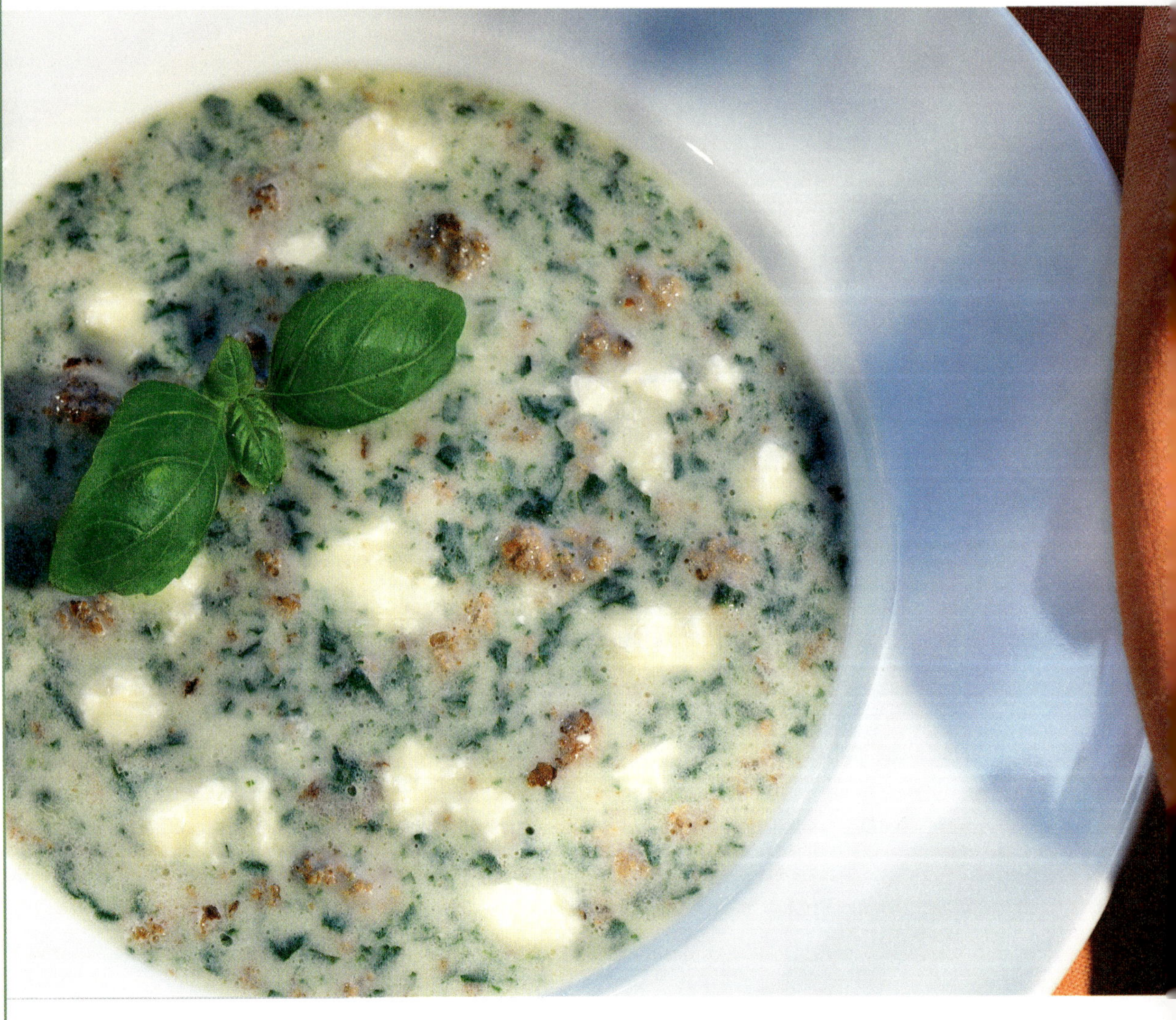

Zubereitungszeit ca. 40 min

Zwiebelsuppe mit Hackklößchen

Pro Portion (bei 3 Port.): 1675 kJ/402 kcal, 22 g E, 27 g F, 16 g KH

Zutaten für 3–4 Portionen:

450 g Zwiebeln

1 Knoblauchzehe

1 EL Öl

1 Beutel KNORR Fix für Hackfleisch-Käse-Suppe mit Lauch

250 g Hackfleisch

1 Ei

Salz, Pfeffer

2 TL Schnittlauch-röllchen

1. Zwiebeln abziehen und in Ringe schneiden. Knoblauchzehe abziehen und fein hacken. Zwiebelringe und Knoblauch in heißem Öl andünsten.

2. 3/4 Liter (750 Milliliter) Wasser dazugießen. Fix für Hackfleisch-Käse-Suppe einrühren und unter Rühren aufkochen. Bei mittlerer Hitze ohne Deckel etwa 10 Minuten kochen.

3. Hackfleisch und Ei vermischen, mit Salz und Pfeffer würzen. Aus der Hackfleisch-masse kleine Klößchen formen, in die Suppe geben und bei schwacher Hitze 10 Minuten gar ziehen lassen.

4. Zwiebelsuppe nach Belieben mit Salz und Pfeffer abschmecken. Schnittlauch-röllchen unterrühren.

Dazu passen Kürbiskernbrötchen oder Leinsamenbrot.

tipp

Ideale Partysuppe: Einfach den Abend über auf einem Stövchen warm halten.

Zubereitungszeit ca. 35 min

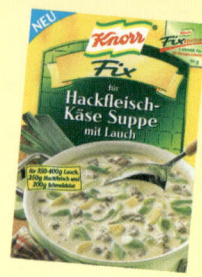

Kartoffel-Lauch-Suppe

Pro Portion (bei 3 Port.): 2205 kJ/528 kcal, 23 g E, 34 g F, 33 g KH

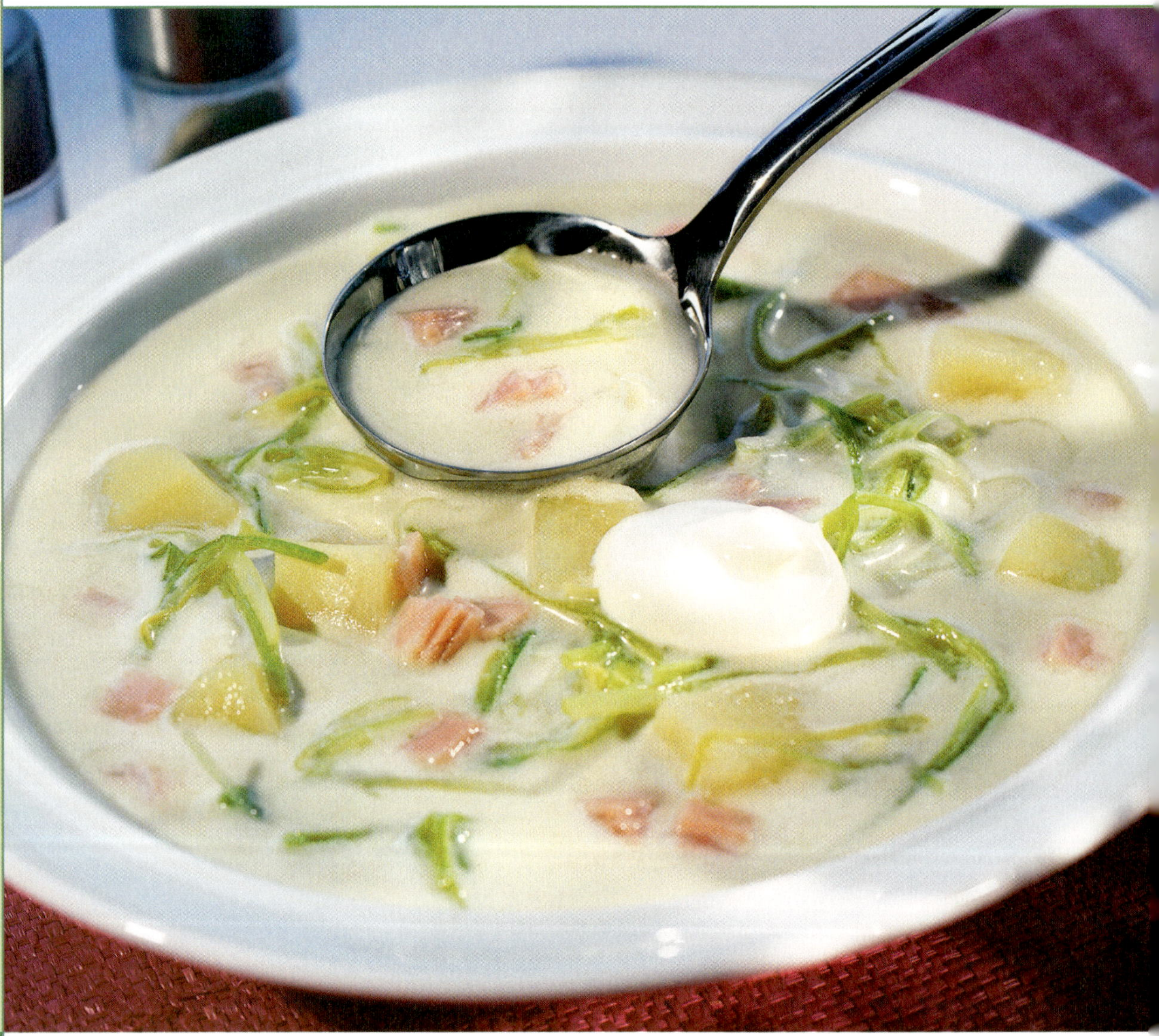

Zutaten für 3–4 Portionen:

400 g Lauch

400 g Kartoffeln

100 g gekochter Schinken

2 EL Öl

1 Beutel KNORR Fix für Hackfleisch-Käse-Suppe mit Lauch

200 g Sahneschmelzkäse

3–4 TL saure Sahne

tipp

Die Suppe mit einem Schuss trockenem Wermutwein (Noilly Prat) abschmecken.

1. Lauch putzen, waschen und in Streifen schneiden. Kartoffeln schälen und in Würfel schneiden. Schinken ebenfalls würfeln.
2. Lauch in heißem Öl andünsten. 3/4 Liter (750 Milliliter) Wasser dazugießen. Fix für Hackfleisch-Käse-Suppe einrühren und unter Rühren aufkochen.
3. Schmelzkäse unterrühren, Kartoffelwürfel dazugeben und bei mittlerer Hitze ohne Deckel etwa 15 Minuten garen.
4. Schinkenwürfel untermischen und erwärmen. Kartoffel-Lauch-Suppe mit einem Klecks saure Sahne servieren.

Wirsing mit Kasseler

Pro Portion (bei 3 Port.): 1975 kJ/473 kcal, 22 g E, 34 g F, 22 g KH

1. Wirsing putzen, waschen und in Streifen schneiden. Wirsing in heißem Öl andünsten.

2. 3/4 Liter (750 Milliliter) Wasser dazugießen. Fix für Hackfleisch-Käse-Suppe einrühren und unter Rühren aufkochen.

3. Schmelzkäse unterrühren und das Gemüse zugedeckt bei mittlerer Hitze etwa 10 Minuten garen.

4. Die Birne schälen, entkernen und in Spalten schneiden. Birnenspalten und Kasseler auf den Wirsing legen und zugedeckt weitere 5 Minuten garen. Mit Salz, Pfeffer und evtl. Kümmel abschmecken.

Zutaten für 3–4 Portionen:

500 g Wirsing
1–2 EL Öl
1 Beutel KNORR Fix für Hackfleisch-Käse-Suppe mit Lauch
200 g Sahneschmelzkäse
1 Birne
2 Scheiben gekochtes Kasseler
Salz, Pfeffer
evtl. gemahlener Kümmel

Zubereitungszeit ca. 40 min

Lauch-Ananas-Hähnchen

Pro Portion (bei 3 Port.): 1990 kJ/476 kcal, 25 g E, 34 g F, 18 g KH

1. Lauch putzen, waschen und in sehr feine Streifen schneiden. Lauchstreifen in eine flache Auflaufform geben. Hähnchenbrustfilets auf das Gemüse legen.

2. Fix für Hackfleisch-Käse-Suppe, Sahne und Ananassaft (oder 50 Milliliter Wasser) verrühren und darüber gießen.

3. Ananasscheiben abtropfen lassen und darauf legen. Im vorgeheizten Backofen bei 200 °C (Gas Stufe 3, Umluft 175 °C) etwa 30 Minuten garen.

   Dazu passt Reis, z.B. eine Mischung aus Langkorn- und Wildreis.

Zutaten für 3–4 Portionen:

200 g Lauch
250 g Hähnchenbrustfilet
1 Beutel KNORR Fix für Hackfleisch-Käse-Suppe mit Lauch
1/4 l (250 ml) Schlagsahne
150 g Ananasscheiben und 50 ml Saft aus der Dose

tipp

Mit grobem Pfeffer bestreut anrichten.

Zubereitungszeit ca. 25 min

Pilz-Käse-Suppe

Zutaten für 3–4 Portionen:

500 g Pilze (Champignons, Austernpilze oder Shiitake)

2 EL Öl

1 Beutel KNORR Fix für Hackfleisch-Käse-Suppe mit Lauch

100 g Sahne-schmelzkäse

100 g Blauschimmel-käse (z.B. Castello blue oder Roquefort)

Pfeffer, Salz

1–2 TL fein gehackte Petersilie

Cayennepfeffer

Pro Portion (bei 3 Port.): 1780 kJ/425 kcal, 17 g E, 32 g F, 21 g KH

1. Pilze putzen, in kleine Stücke schneiden und in heißem Öl andünsten.
2. 3/4 Liter (750 Milliliter) Wasser dazugießen. Fix für Hackfleisch-Käse-Suppe einrühren und unter Rühren aufkochen.
3. Schmelzkäse und Blauschimmelkäse unterrühren. Bei mittlerer Hitze ohne Deckel etwa 10 Minuten garen. Pilz-Käse-Suppe mit Salz und Pfeffer abschmecken und mit Petersilie und Cayennepfeffer bestreuen.

   Dazu passen Baguettebrötchen oder frische Laugenbrezeln.

Zubereitungszeit ca. 50 min

Lasagne

Zutaten für 3–4 Portionen:

200 g Zucchini

250 g Hackfleisch

1–2 EL Öl

1 Beutel KNORR Fix für Hackfleisch-Käse-Suppe mit Lauch

200 g Crème fraîche

12 Lasagneplatten (ohne Vorkochen)

1 Packung KNORR Tomato al Gusto Kräuter

50 g geriebener Emmentaler

Pro Portion (bei 3 Port.): 3345 kJ/800 kcal, 32 g E, 54 g F, 46 g KH

1. Zucchini waschen und in Scheiben schneiden. Hackfleisch in einer Pfanne in heißem Öl anbraten. Zucchinischeiben dazugeben und kurz mitdünsten.
2. 3/8 Liter (375 Milliliter) Wasser dazugießen. Fix für Hackfleisch-Käse-Suppe einrühren und aufkochen. Crème fraîche unterrühren und 5 Minuten garen.
3. In eine gefettete flache Auflaufform abwechselnd Lasagneplatten, Hackfleischsauce und Tomato al Gusto schichten. Mit Sauce abschließen. Mit Käse bestreuen und im vorgeheizten Backofen bei 200 °C (Gas Stufe 3, Umluft 175 °C) etwa 30 Minuten garen.

Zubereitungszeit ca. 30 min

Lauch-Tomaten-Sauce

Pro Portion (bei 3 Port.): 1585 kJ/380 kcal, 7 g E, 32 g F, 17 g KH

Zutaten für 3–4 Portionen:

500 g Lauch

10 Cocktailtomaten

2 EL Öl

200 g Schlagsahne

1 Beutel KNORR Fix für Hackfleisch-Käse-Suppe mit Lauch

Salz, Pfeffer

tipp

Vegetarier servieren die Sauce zu gekochten Eiern, Fleischfans zu Frikadellen.

1. Lauch putzen, waschen und in feine Streifen schneiden. Cocktailtomaten waschen und halbieren.

2. Lauch in heißem Öl andünsten. 400 Milliliter Wasser und Sahne dazugießen und Fix für Hackfleisch-Käse-Suppe einrühren und unter Rühren aufkochen. Bei mittlerer Hitze ohne Deckel etwa 10 Minuten garen.

3. Cocktailtomaten darin erwärmen. Die Sauce mit Salz und Pfeffer abschmecken.

Dazu passen Kräuterkartoffeln. Kleine gekochte Kartoffeln in etwas Öl anbraten und mit gehackten Kräutern mischen.

10 Rezept-Ideen

Fix für Hühner-
Champignon-Suppe

**Mehr als ein
Suppen-Highlight**

Zubereitungszeit ca. 35 min

Hühnersuppe mit Shrimps

Pro Portion (bei 3 Port.): 1930 kJ/463 kcal, 27 g E, 29 g F, 25 g KH

1. Reis in 1/8 Liter (125 Milliliter) kochendes Wasser geben und zugedeckt bei schwacher Hitze 10 Minuten garen.

2. Hähnchenbrustfilet in Streifen schneiden und in heißem Öl anbraten. 700 Milliliter Wasser und Sahne dazugießen.

3. Fix für Hühner-Champignon-Suppe einrühren und unter Rühren aufkochen. Bei mittlerer Hitze ohne Deckel etwa 5 Minuten garen. Shrimps und Reis in der Suppe heiß werden lassen. Mit Zitronensaft, Salz, Pfeffer und Dill abschmecken.

Dazu passt Baguette oder Ciabatta.

Zutaten für 3–4 Portionen:

50 g Schnellkochreis
200 g Hähnchen-brustfilet
2 EL Öl
100 ml Schlagsahne
1 Beutel KNORR Fix für Hühner-Champignon-Suppe
100 g Shrimps
1–2 EL Zitronensaft
Salz, Pfeffer
1–2 EL gehackter Dill

tipp

Statt Dill fein geschnittenen Rucola zufügen.

Zubereitungszeit ca. 30 min

Champignoncremesuppe

Pro Portion (bei 3 Port.): 2225 kJ/533 kcal, 27 g E, 39 g F, 19 g KH

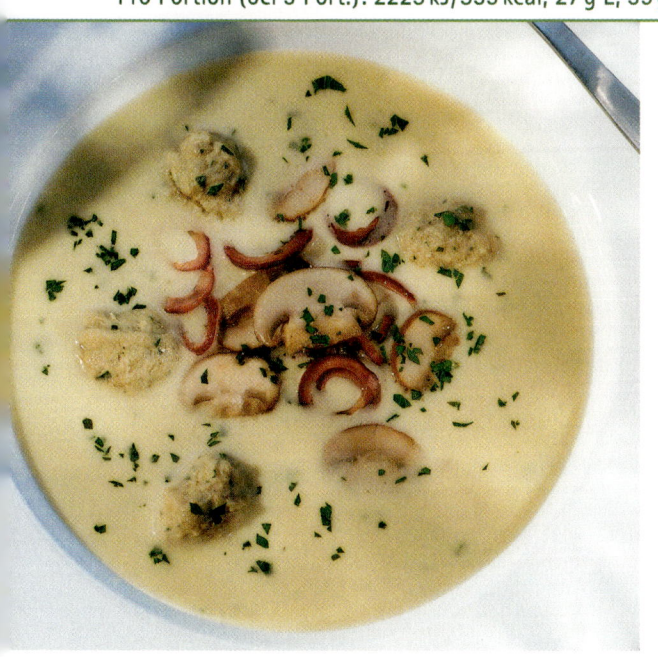

1. Champignons putzen und in Scheiben schneiden. Zwiebeln abziehen und in Ringe schneiden. Geflügelfleisch würfeln und im Blitzhacker zu Hack verarbeiten. Mit Quark, Haferflocken und 2 Esslöffel Petersilie vermischen. Salzen, pfeffern und kleine Klößchen formen.

2. Champignonscheiben und Zwiebelringe in heißem Öl andünsten. 600 Milliliter Wasser und die Sahne dazugießen. Fix für Hühner-Champignon-Suppe einrühren und unter Rühren aufkochen.

3. Klößchen dazugeben und alles bei schwacher Hitze etwa 10 Minuten garen. Mit restlicher Petersilie bestreuen.

Zutaten für 3–4 Portionen:

150 g Champignons
2 rote Zwiebeln
200 g Putenschnitzel oder Hähnchen-brustfilet
100 g Magerquark
2 EL Haferflocken
3 EL gehackte Petersilie
Salz, Pfeffer
1–2 EL Öl
200 g Schlagsahne
1 Beutel KNORR Fix für Hühner-Champignon-Suppe

Zubereitungszeit ca. 40 min

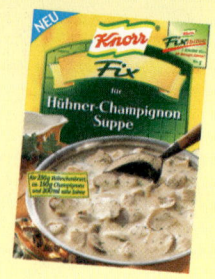

Überbackene Hähnchenbrust »Kentucky«

Pro Portion: 2705 kJ/645 kcal, 34 g E, 50 g F, 16 g KH

Zutaten für 3 Portionen:

200 g Tomaten

50 g gesalzene Erdnüsse

3 Hähnchenbrustfilets (ca. 350 g)

1 Beutel KNORR Fix für Hühner-Champignon-Suppe

1/4 l (250 ml) Schlagsahne

1 EL Erdnussbutter

1. Tomaten waschen und in Scheiben schneiden. Erdnüsse klein hacken. Hähnchenbrustfilets in eine flache Auflaufform legen. Tomatenscheiben darüber verteilen.
2. Fix für Hühner-Champignon-Suppe mit Sahne und Erdnussbutter verrühren und über das Fleisch gießen. Mit den gehackten Erdnüssen bestreuen.
3. Im vorgeheizten Backofen bei 200 °C (Gas Stufe 3, Umluft 175 °C) etwa 30 Minuten garen.

Dazu passen Röstkartoffeln aus dem Backofen.

tipp

Dazu einen gut gekühlten kalifornischen Weißwein servieren.

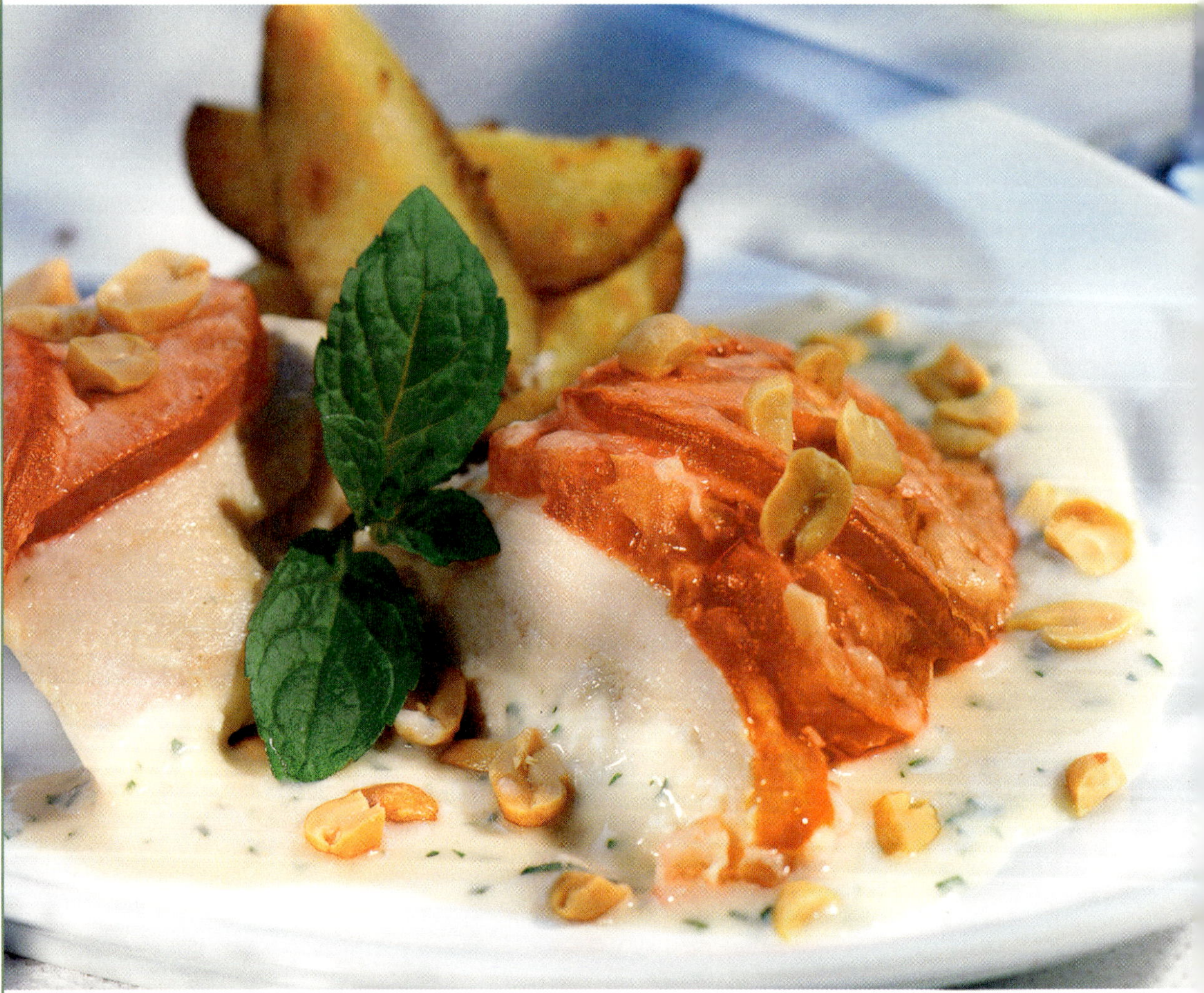

Zubereitungszeit ca. 20 min

Schweinegeschnetzeltes mit Champignons

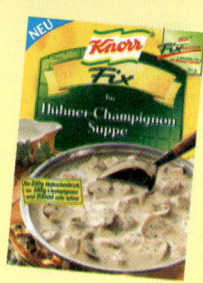

Pro Portion (bei 3 Port.): 2090 kJ/500 kcal, 24 g E, 39 g F, 13 g KH

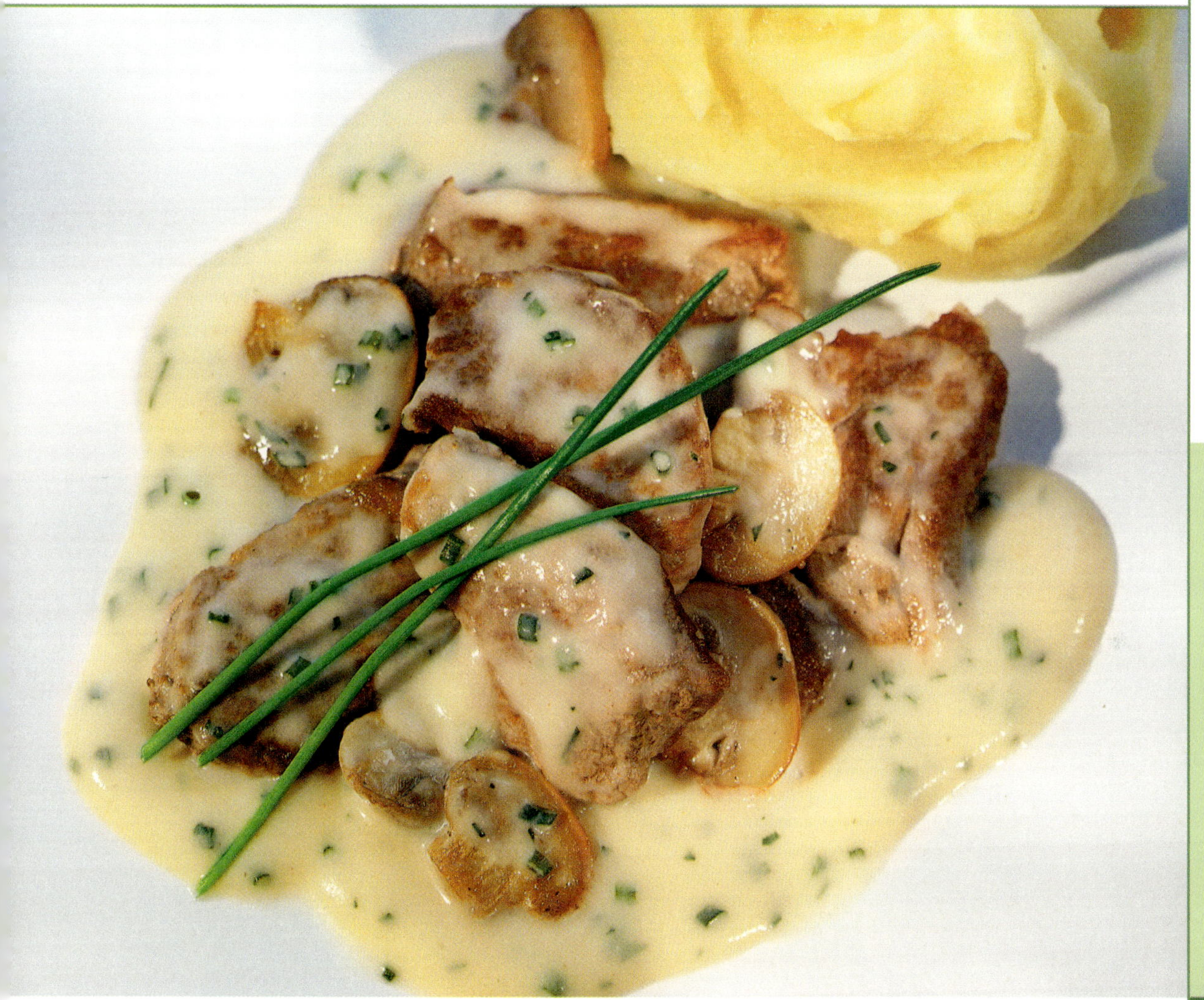

Zutaten für 2–3 Portionen:

250 g Schweine- oder Putenschnitzel
2 EL Öl
150 g Champignons
200 g Schlagsahne
1 Beutel KNORR Fix für Hühner-Champignon-Suppe
1–2 TL mittelscharfer Senf
2 EL Schnittlauchröllchen

1. Fleisch in Streifen schneiden und in heißem Öl rundherum braten, herausnehmen und warm stellen.
2. Champignons putzen, in Scheiben schneiden und im restlichen Bratfett anbraten. 400 Milliliter Wasser und Sahne dazugießen. Fix für Hühner-Champignon-Suppe einrühren, unter Rühren aufkochen und 1 Minute kochen.
3. Fleisch wieder dazugeben und die Sauce mit Senf abschmecken. Mit Schnittlauchröllchen bestreuen und servieren.

tipp

Eine schnelle Beilage: PFANNI Kartoffel-Püree »locker & zart«.

Zubereitungszeit ca. 25 min

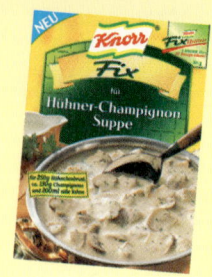

Hühner-Zitronen-Suppe

Pro Portion (bei 3 Port.): 1745 kJ/418 kcal, 19 g E, 27 g F, 25 g KH

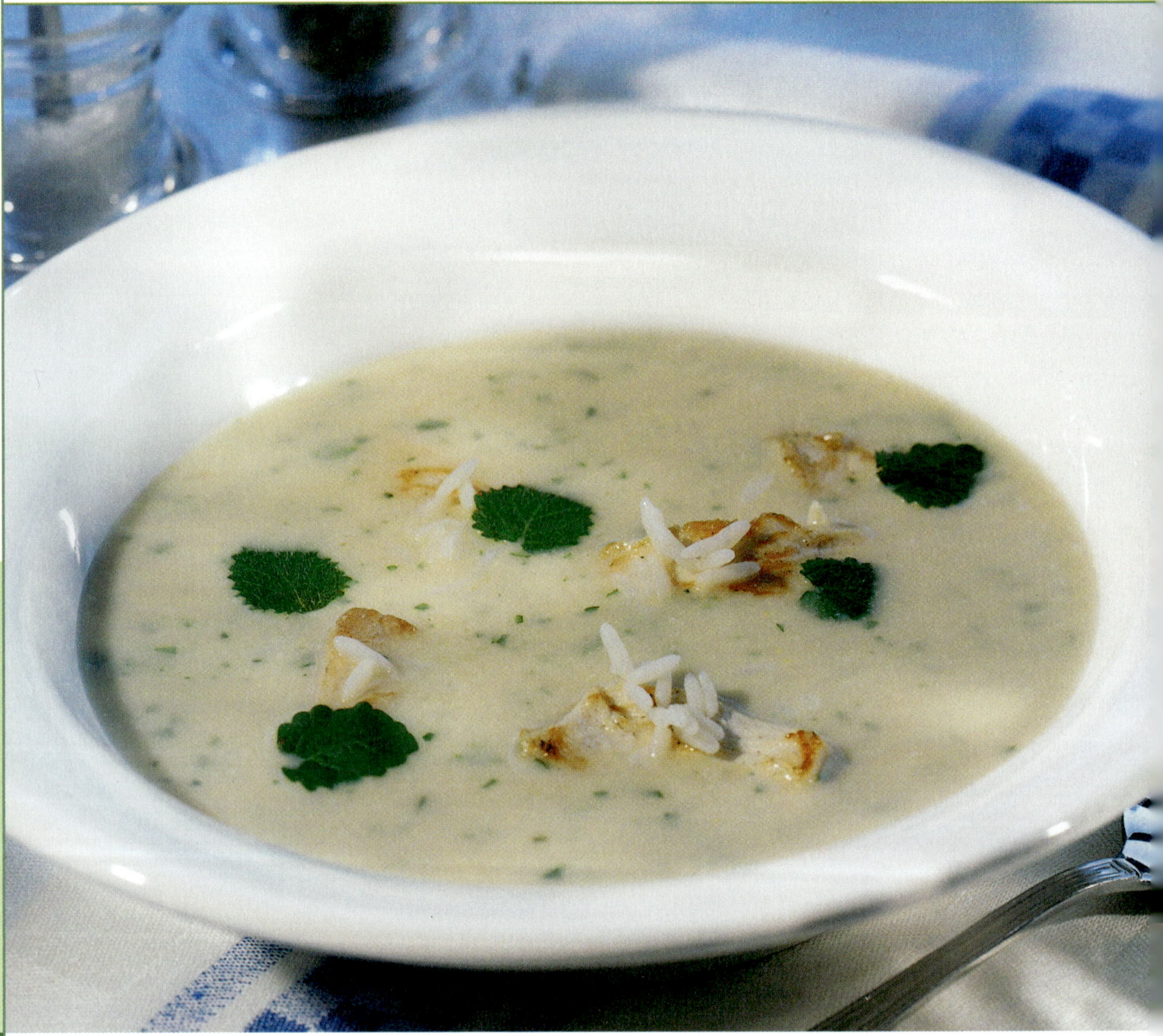

Zutaten für 3–4 Portionen:

150 g Hähnchenbrustfilet

50 g Schnellkochreis

100 ml Schlagsahne

1 Beutel KNORR Fix für Hühner-Champignon-Suppe

1 Zitrone

1 Ei

evtl. 1 Prise Zimt

evtl. Zitronenmelisse

tipp

Für Asia-Fans: Fein gehackte Ingwerwurzel mitgaren und mit frischem Koriandergrün garnieren.

1. Hähnchenbrustfilet in Streifen schneiden. 700 Milliliter Wasser aufkochen, Reis und Hähnchenbruststreifen dazugeben. Zugedeckt bei schwacher Hitze etwa 10 Minuten garen.
2. Sahne dazugießen. Fix für Hühner-Champignon-Suppe einrühren, unter Rühren aufkochen und 1 Minute kochen.
3. Suppe vom Herd nehmen. Zitrone auspressen, Zitronensaft mit Ei verrühren und unter die heiße Suppe mischen. Nach Belieben mit Zimt abschmecken und mit Zitronenmelisseblättchen bestreuen.

   Dazu passt Fladenbrot.

Zubereitungszeit ca. 25 min

Lauch-Champignon-Suppe

Pro Portion (bei 3 Port.): 2125 kJ/509 kcal, 8 g E, 47 g F, 14 g KH

1. Speck würfeln. Lauch putzen, waschen und in feine Streifen schneiden. Champignons putzen und in Scheiben schneiden. Speck anbraten, 600 Milliliter Wasser dazugießen, Champignonscheiben und Lauchstreifen dazugeben.

2. Sahne dazugießen. Fix für Hühner-Champignon-Suppe einrühren und unter Rühren aufkochen. Bei mittlerer Hitze ohne Deckel etwa 5 Minuten garen. Suppe mit Muskat abschmecken.

Zutaten für 3–4 Portionen:

50 g durchwachsener Speck

300 g Lauch

100 g Champignons

200 ml Schlagsahne

1 Beutel KNORR Fix für Hühner-Champignon-Suppe

Muskat

tipp

Die Suppe vor dem Servieren mit gehackten Walnusskernen bestreuen.

Zubereitungszeit ca. 25 min

Hühner-Kokos-Curry

Pro Portion (bei 3 Port.): 1420 kJ/340 kcal, 23 g E, 19 g F, 20 g KH

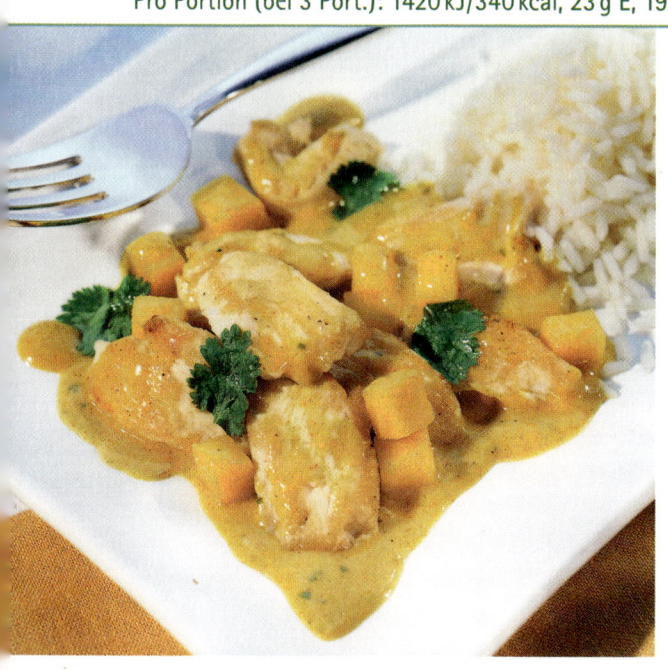

1. Mango oder Ananas abtropfen lassen und in Würfel schneiden. Hähnchenbrustfilet in Streifen schneiden und in heißem Öl anbraten. Currypulver dazugeben und kurz mit anschwitzen.

2. 400 Milliliter Wasser dazugießen, unter Rühren aufkochen und bei mittlerer Hitze etwa 3 Minuten garen. Kokosmilch dazugießen. Fix für Hühner-Champignon-Suppe einrühren und unter Rühren aufkochen.

3. Fruchtwürfel dazugeben und ohne Deckel etwa 5 Minuten garen. Mit Salz, Pfeffer und Zitronensaft abschmecken.

Dazu passt Basmatireis.

Zutaten für 3–4 Portionen:

100 g Mango- oder Ananasscheiben aus der Dose

250 g Hähnchenbrustfilet

2 EL Öl

1–2 EL Currypulver

400 ml Kokosmilch aus der Dose

1 Beutel KNORR Fix für Hühner-Champignon-Suppe

Salz, Pfeffer

1–2 TL Zitronensaft

Zubereitungszeit ca. 30 min

Hackfleisch-Bohnen-Topf

Pro Portion (bei 4 Port.): 1780 kJ/426 kcal, 14 g E, 37 g F, 11 g KH

**Zutaten für
3–4 Portionen:**

250 g frische grüne
Bohnen oder
200 g TK-Bohnen

200 g Hackfleisch

1–2 EL Öl

Salz, Pfeffer

200 g Schlagsahne

1 Beutel KNORR Fix
für Hühner-
Champignon-Suppe

1/2 TL getrockneter
Oregano

1 Knoblauchzehe

1. Frische Bohnen putzen und in der Mitte durch-schneiden. Hackfleisch in heißem Öl anbraten, mit Salz und Pfeffer würzen.

2. 600 Milliliter Wasser und Sahne dazugießen. Fix für Hühner-Champignon-Suppe einrühren und unter Rühren aufkochen. Bohnen und Oregano dazugeben.

3. Knoblauch abziehen, zerdrücken und zu den Bohnen geben. Alles bei mittlerer Hitze ohne Deckel etwa 10 bis 15 Minuten garen.

   Dazu passen Röstkartoffeln.

Zubereitungszeit ca. 25 min

Hühnerfrikassee

Pro Portion (bei 3 Port.): 2020 kJ/483 kcal, 24 g E, 35 g F, 18 g KH

**Zutaten für
3–4 Portionen:**

200 g Hähnchen-
brustfilet

100 g Champignons

150 g Spargel
(TK oder Glas)

100 g TK-Erbsen

200 g Schlagsahne

1 Beutel KNORR Fix
für Hühner-
Champignon-Suppe

Salz, Pfeffer

1–2 TL Zitronensaft
oder Weißwein

1. Hähnchenbrustfilet würfeln. Champignons putzen und in Scheiben schneiden. Spargel auf-tauen lassen oder abtropfen und in Stücke schneiden.

2. 1/2 Liter (500 Milliliter) Wasser aufkochen, Hähnchenwürfel, Champignonscheiben, Spar-gelstücke und gefrorene Erbsen dazugeben. Sahne dazugießen, Fix für Hühner-Champignon-Suppe einrühren und unter Rühren aufkochen.

3. Bei mittlerer Hitze ohne Deckel etwa 10 Minu-ten garen. Das Frikassee mit Salz, Pfeffer und Zitronensaft oder Weißwein abschmecken.

Zubereitungszeit ca. 1 h 15 min

Sahnerollbraten

Pro Portion (bei 3 Port.): 2540 kJ/608 kcal, 29 g E, 37 g F, 10 g KH

**Zutaten für
3–4 Portionen:**

1 Knoblauchzehe

500 g Putenrollbraten

Salz, Pfeffer

2 EL Öl

je 1 TL Rosmarin,
Thymian und Salbei

1/4 l (250 ml)
Schlagsahne

1 Beutel KNORR Fix
für Hühner-
Champignon-Suppe

tipp

In der Saison statt
getrockneter Kräu-
ter reichlich frisches
Bohnenkraut ver-
wenden.

1. Knoblauchzehe abziehen und fein hacken. Putenrollbraten salzen und pfeffern und in heißem Öl rundherum anbraten. Knoblauch und Kräuter dazugeben. 400 Milliliter Wasser und die Sahne dazugießen.

2. Fix für Hühner-Champignon-Suppe einrühren, unter Rühren aufkochen und zugedeckt bei schwacher Hitze etwa 1 Stunde schmoren; den Braten zwischendurch wenden, eventuell etwas Wasser nachgießen.

3. Rollbraten in Scheiben schneiden und mit der Sauce servieren.

Dazu passen breite Bandnudeln.

121

10 Rezept-Ideen

Fix für Jägerschnitzel

Neuer Kick mit frischen Zutaten

Jägerschnitzel al forno

Pro Portion: 2355 kJ/564 kcal, 47 g E, 38 g F, 10 g KH

1. Die Putenschnitzel in eine Auflaufform legen. Champignons putzen, in Scheiben schneiden und darauf verteilen.

2. Fix für Jägerschnitzel in die Sahne einrühren, über die Champignons gießen und mit Käse bestreuen.

3. Die Schnitzel im vorgeheizten Backofen bei 200 °C (Gas Stufe 3, Umluft 175 °C) in etwa 30 Minuten goldbraun backen. Eventuell mit frischen Kräutern anrichten.

   Gut dazu: Reis oder Salzkartoffeln.

Zutaten für 3 Portionen:

3 Putenschnitzel à 150 g

250 g Champignons

1 Beutel KNORR Fix für Jägerschnitzel

1/4 l (250 ml) Schlagsahne

50 g geriebener Käse

evtl. Kräuter zum Garnieren

tipp

Zusätzlich 1 oder 2 gewürfelte Zwiebeln in die Sahne einrühren.

Zubereitungszeit ca. 45 min

Gnocchi mit Pute

Pro Portion (bei 2 Port.): 2630 kJ/631 kcal, 53 g E, 27 g F, 42 g KH

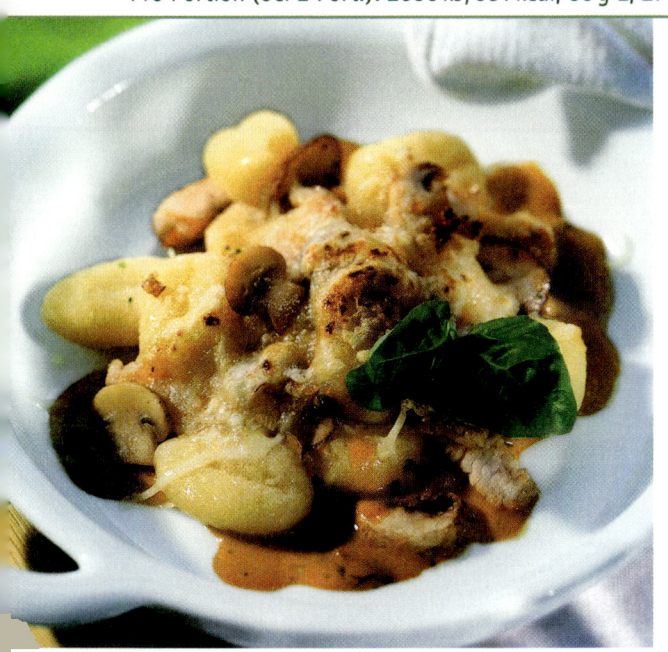

1. Gnocchi in eine gefettete Auflaufform geben. Putenschnitzel in Streifen schneiden und auf den Gnocchi verteilen.

2. Champignons putzen und in Scheiben schneiden. Zwiebel abziehen und fein würfeln. Beides in heißem Öl dünsten.

3. 300 Milliliter Wasser dazugießen, Fix für Jägerschnitzel einrühren, unter Rühren aufkochen und 1 Minute kochen lassen. Sauce über Fleisch und Gnocchi verteilen. Mit Käse bestreuen und im vorgeheizten Backofen bei 200 °C (Gas Stufe 3, Umluft 175 °C) etwa 30 Minuten backen.

Zutaten für 2–3 Portionen:

400 g Gnocchi aus dem Kühlregal

250 g Putenschnitzel

400 g Champignons

1 Zwiebel

2 EL Öl

1 Beutel KNORR Fix für Jägerschnitzel

50 g geriebener Käse

tipp

Dazu schmeckt ein gut gekühlter Prosecco.

Zubereitungszeit ca. 25 min

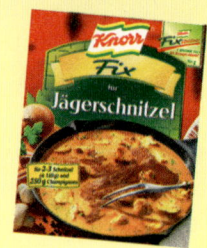

Rindergeschnetzeltes in Senfrahm

Pro Portion (bei 2 Port.): 1560 kJ/374 kcal, 31 g E, 22 g F, 12 g KH

Zutaten für 2–3 Portionen:

250 g Rinderfilet
2 EL Öl
1 Gewürzgurke
1 Knoblauchzehe
1 Beutel KNORR Fix für Jägerschnitzel
1 TL Tomatenmark
3–4 EL Schlagsahne
1 TL mittelscharfer Senf

1. Das Fleisch in Streifen schneiden und in heißem Öl bei starker Hitze kurz anbraten. Fleisch aus der Pfanne nehmen und warm stellen.
2. Gewürzgurke in Scheiben schneiden, Knoblauchzehe abziehen, zerdrücken und mit den Gurkenscheiben im restlichen Bratfett dünsten. 1/4 Liter (250 Milliliter) kaltes Wasser dazugießen, Fix für Jägerschnitzel und Tomatenmark einrühren. Unter Rühren aufkochen, 1 Minute kochen lassen.
3. Mit Sahne und mittelscharfem Senf abschmecken. Das Fleisch in der Sauce erwärmen und sofort servieren.

   Dazu passt Reis.

tipp

Veredeln Sie die Sauce mit 2 bis 3 Esslöffeln Weißwein, das gibt ihr eine feine Note.

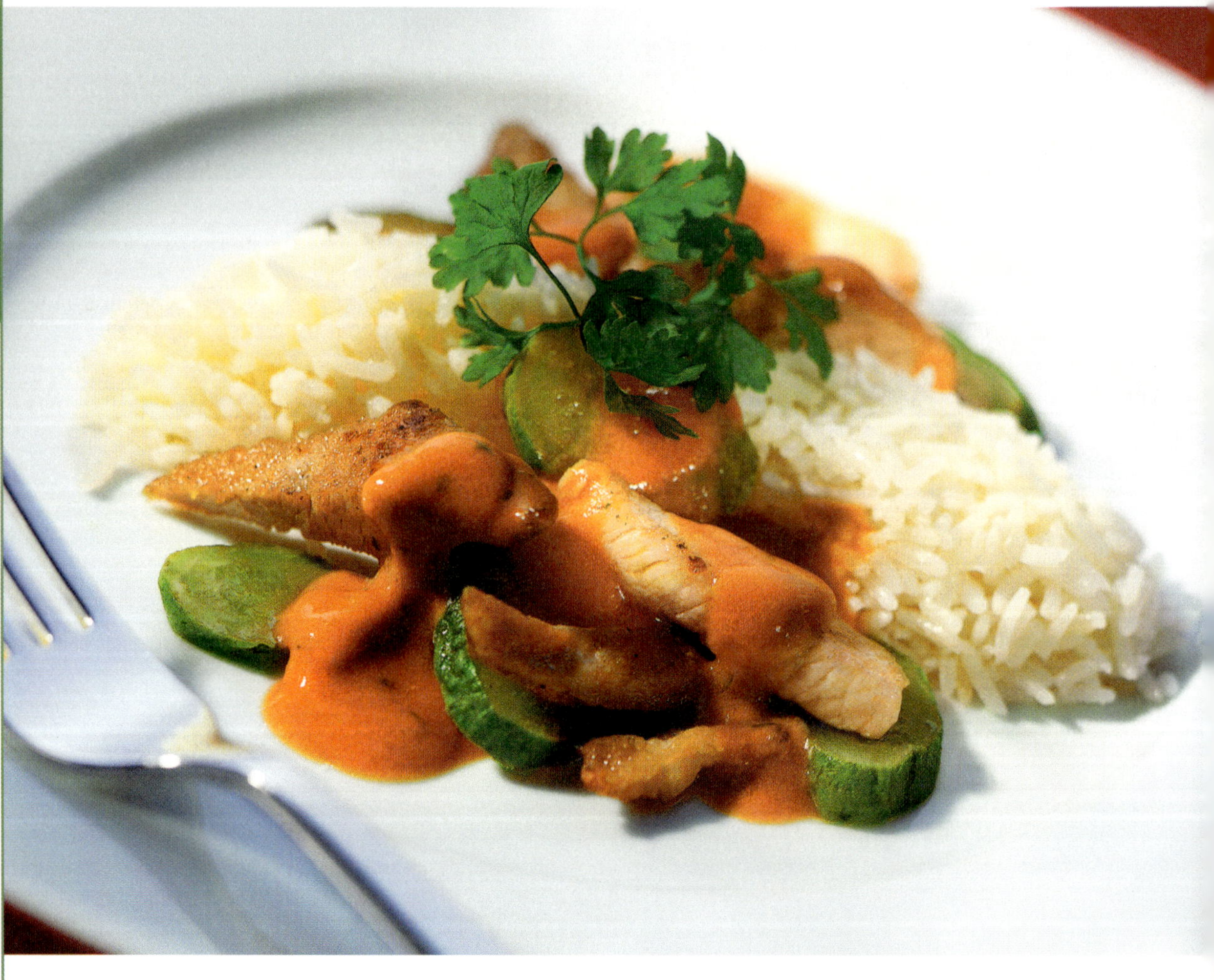

Zubereitungszeit ca. 30 min

Mettbällchen in Jäger-Sauce

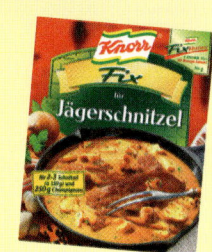

Pro Portion (bei 2 Port.): 2750 kJ/658 kcal, 29 g E, 34 g F, 57 g KH

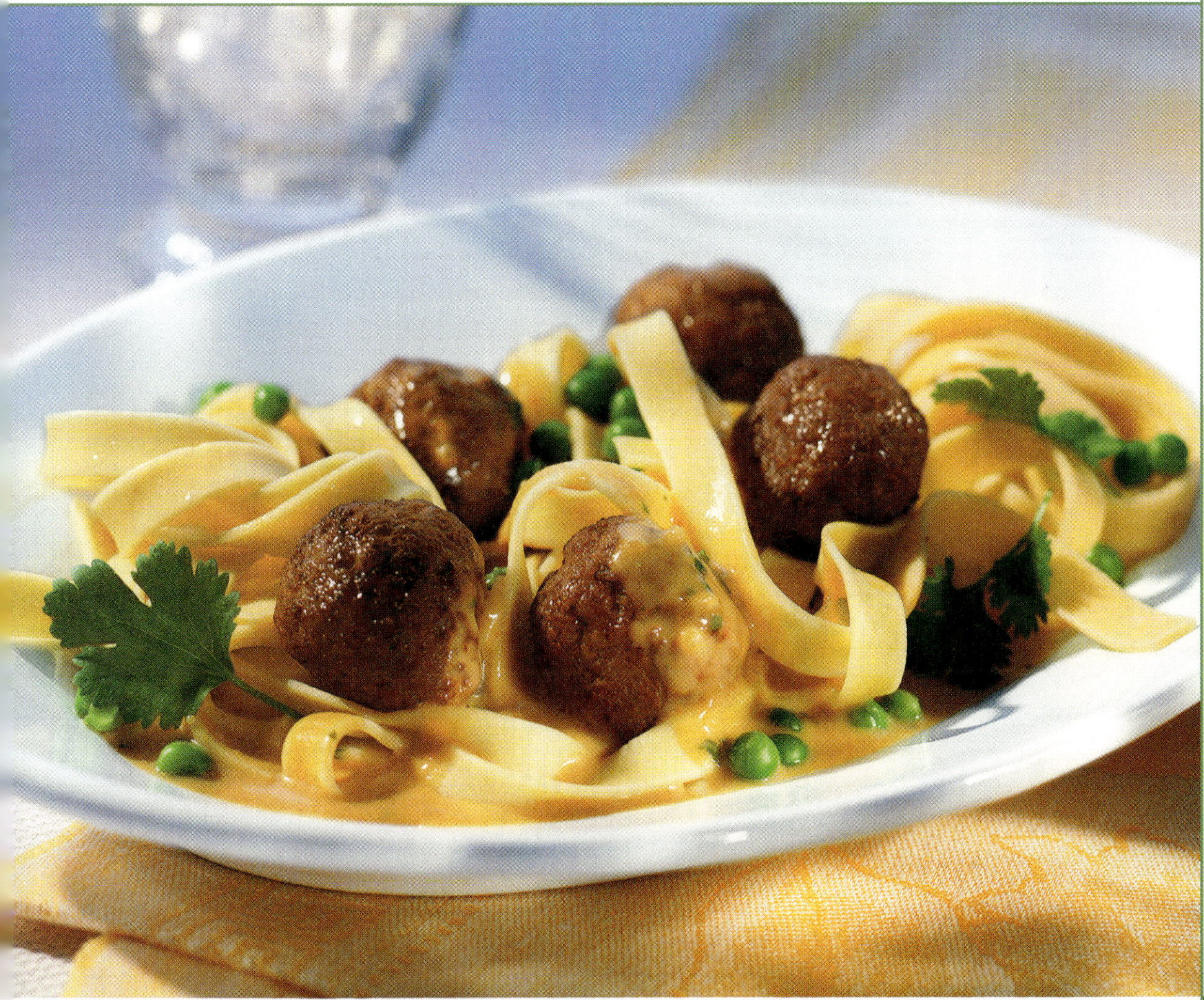

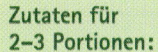

Zutaten für 2–3 Portionen:

200 g Nudeln (z.B. Tagliatelle oder Spaghetti)

Salz

250 g Mett (gewürztes Schweine-Hackfleisch)

2–3 EL Öl

250 g Champignons

1 Beutel KNORR Fix für Jägerschnitzel

100 g TK-Erbsen

2 EL Weißwein oder Apfelsaft

1. Nudeln in reichlich Salzwasser bissfest kochen. Mett zu etwa 20 kleinen Bällchen formen, in heißem Öl anbraten und aus der Pfanne nehmen.
2. Champignons putzen, in Scheiben schneiden und im restlichen Bratfett goldbraun braten. 1/4 Liter (250 Milliliter) kaltes Wasser dazugießen, Fix für Jägerschnitzel einrühren und unter Rühren aufkochen.
3. Tiefgefrorene Erbsen und Mettbällchen hinzufügen. Mit Weißwein oder Apfelsaft verfeinern und etwa 2 Minuten kochen. Die Mettbällchen mit Sauce auf den Nudeln anrichten.

tipp

Statt der Erbsen können Sie auch TK-Zuckerschoten oder eingelegte Paprikaschoten verwenden.

Zubereitungszeit ca. 30 min

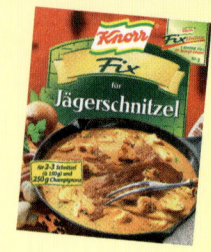

Medaillons mit Shiitake

Pro Portion: 1330 kJ/318 kcal, 36 g E, 13 g F, 18 g KH

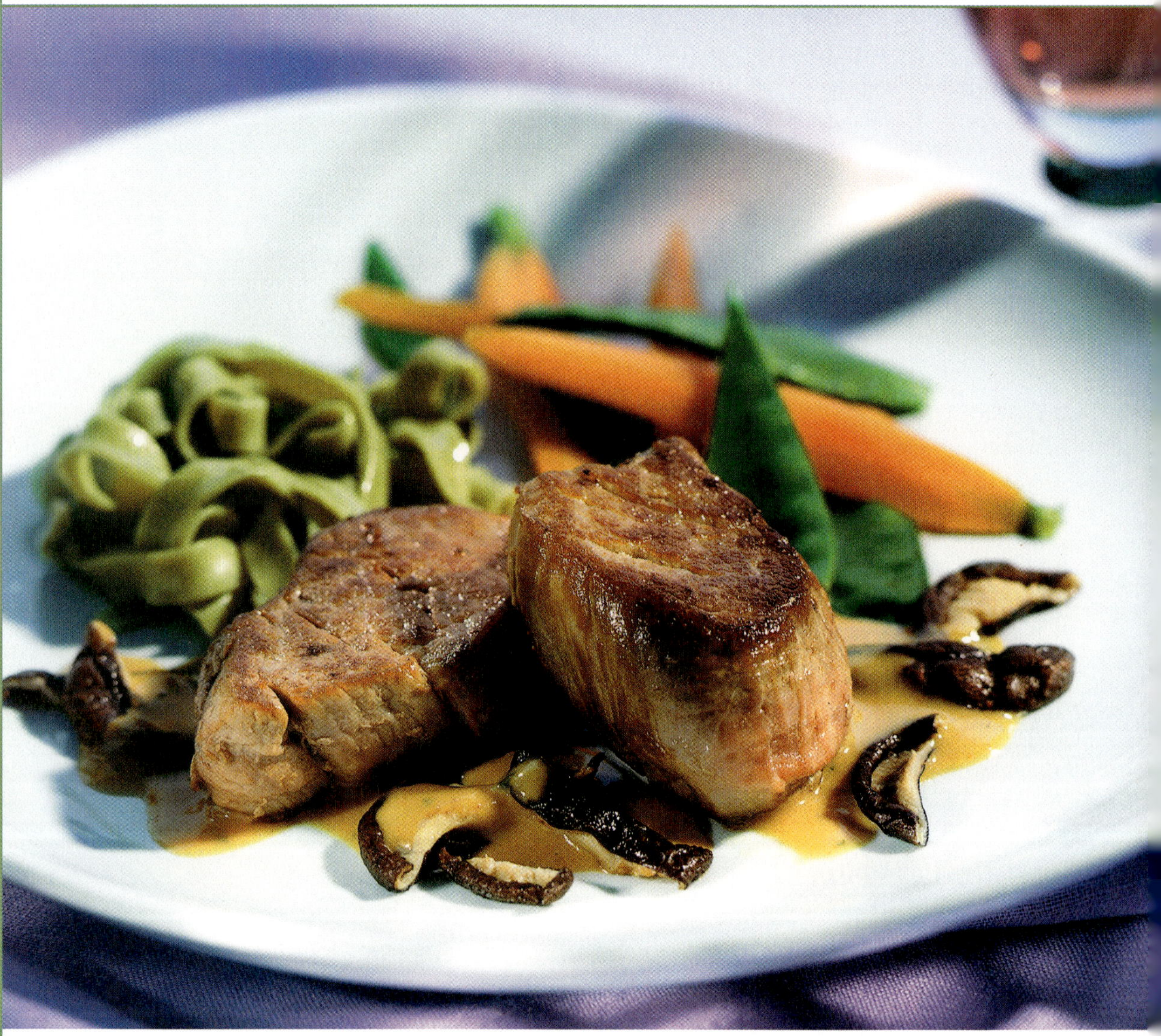

Zutaten für 3 Portionen:

- 250 g Shiitake (oder Champignons)
- 1 Zwiebel
- 400 g Schweinefilet
- 2–3 EL Öl
- 1 Beutel KNORR Fix für Jägerschnitzel
- 2 EL Weißwein oder Apfelsaft

tipp

Probieren Sie statt Shiitake in der Pilzsaison Wildpilze wie Maronen, Steinpilze oder Pfifferlinge.

1. Die Pilze putzen, halbieren oder vierteln und nach Belieben in Scheiben schneiden. Zwiebel abziehen und in kleine Würfel schneiden.
2. Schweinefilet in Portionsstücke (Medaillons) schneiden. In heißem Öl von beiden Seiten 5 bis 8 Minuten braten, aus der Pfanne nehmen und warm stellen.
3. Im restlichen Bratfett Zwiebelwürfel und Pilze dünsten. 1/4 Liter (250 Milliliter) kaltes Wasser dazugießen, Fix für Jägerschnitzel einrühren, unter Rühren aufkochen, mit Weißwein oder Apfelsaft abschmecken und 1 Minute kochen lassen.
4. Die Fleischstücke auf Teller verteilen. Ausgetretenen Bratensaft in die Pilzsauce einrühren und über die Schweinemedaillons geben.

Gut dazu: grüne Bandnudeln und gedünstetes Gemüse.

Herzhafter Jägertopf

Pro Portion (bei 3 Port.): 1715 kJ/412 kcal, 21 g E, 30 g F, 15 g KH

1. Champignons putzen und in Scheiben schneiden. Lauch putzen, waschen und in feine Ringe schneiden. Gemüse nacheinander in einem Topf in 2 Esslöffel heißem Öl dünsten, herausnehmen und zur Seite stellen.

2. Hackfleisch in restlichem Öl braten, mit Pfeffer und Salz abschmecken. 600 Milliliter Wasser dazugeben. Fix für Jägerschnitzel einrühren, unter Rühren aufkochen und 1 Minute kochen lassen.

3. Gemüse dazugeben und in dem Eintopf heiß werden lassen.

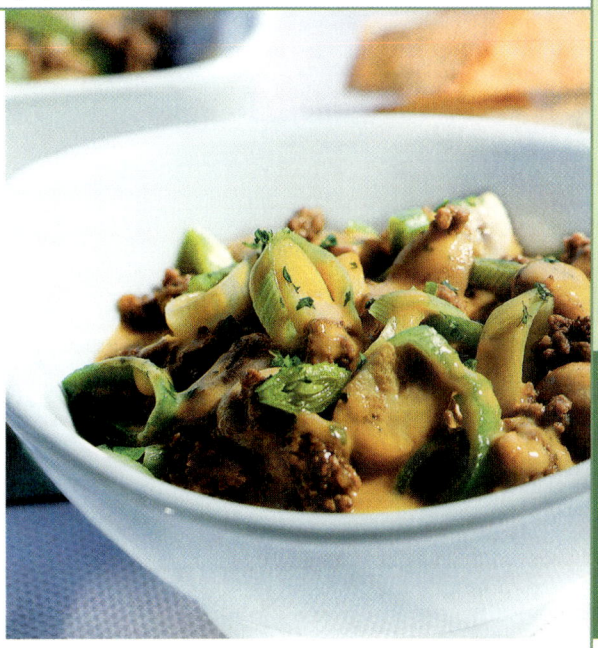

Zutaten für 3–4 Portionen:

250 g Champignons
200 g Lauch
3 EL Öl
250 g Hackfleisch
Pfeffer, Salz
2 Beutel KNORR Fix für Jägerschnitzel

tipp

Den Jägertopf mit Kartoffelpüree oder mit Bandnudeln anrichten.

Puten-Reis-Pfanne

Pro Portion (bei 3 Port.): 1635 kJ/392 kcal, 28 g E, 11 g F, 45 g KH

1. Reis in kochendem Salzwasser etwa 20 Minuten garen, abtropfen lassen und nach Belieben mit Curry würzen.

2. Putenschnitzel in feine Streifen schneiden, in einer Pfanne in 1 Esslöffel heißem Öl braten, salzen und pfeffern. Aus der Pfanne nehmen und warm stellen.

3. Champignons putzen und in Scheiben schneiden, Paprikaschote waschen, halbieren, entkernen und in feine Streifen schneiden. Zwiebel abziehen und fein würfeln.

4. Das Gemüse in restlichem Öl bissfest dünsten. Reis und Fleisch dazugeben. 1/4 Liter (250 Milliliter) kaltes Wasser dazugießen, Fix für Jägerschnitzel einrühren, aufkochen und unter Rühren 1 Minute kochen lassen.

Zutaten für 3–4 Portionen:

125 g Reismischung (Langkorn- mit Wildreis)
Salz
evtl. Currypulver
250 g Putenschnitzel
2 EL Öl
Pfeffer
250 g Champignons
1 grüne Paprikaschote
1 Zwiebel
1 Beutel KNORR Fix für Jägerschnitzel

Jägerragout mit Weißkohl

Zutaten für 2–3 Portionen:

250 g Weißkohl

Salz

1/2 TL Kümmel

250 g Schweinefleisch (z.B. aus der Schulter)

Pfeffer

2 EL Öl

50 g durchwachsener Speck

1 Beutel KNORR Fix für Jägerschnitzel

2 TL Senf

1–2 EL Weinbrand

Pro Portion (bei 2 Port.): 2800 kJ/672 kcal, 34 g E, 50 g F, 18 g KH

1. Weißkohl waschen, in Streifen schneiden und in etwas Salzwasser mit Kümmel 10 bis 15 Minuten garen. Abgießen und abtropfen lassen.

2. Schweinefleisch in Würfel schneiden, mit Salz und Pfeffer würzen und in heißem Öl von allen Seiten anbraten. Fleisch aus der Pfanne nehmen.

3. Speck würfeln und in der Pfanne anbraten. 1/4 Liter (250 Milliliter) kaltes Wasser zugießen, Fix für Jägerschnitzel einrühren, unter Rühren aufkochen und 1 Minute kochen lassen.

4. Fleisch und Weißkohl in der Sauce erwärmen, Senf unterrühren und mit Weinbrand oder Senf abschmecken.

Kleine Blätterteigpizzen

Zutaten für 6 Stück:

6 Scheiben TK-Blätterteig à 45 g

200 g Champignons

1 EL Öl

1 Beutel KNORR Fix für Jägerschnitzel

50 g geriebener Käse

tipp

Reste vom Blätterteig in Stücke schneiden, mit Milch bestreichen und mit Sesam bestreut mitbacken.

Pro Stück: 1100 kJ/263 kcal, 6 g E, 18 g F, 19 g KH

1. Blätterteig auftauen und Kreise von etwa 12 Zentimeter Durchmesser ausschneiden oder ausstechen.

2. Champignons putzen, in Scheiben schneiden und in heißem Öl braten, bis die Flüssigkeit verdampft ist. 1/8 Liter (125 Milliliter) kaltes Wasser dazugeben, Fix für Jägerschnitzel einrühren und unter Rühren kurz aufkochen.

3. Champignonmasse so auf die Teigkreise verteilen, dass ein 1 Zentimeter breiter Rand frei bleibt. Die Pizzen mit Käse bestreuen und im vorgeheizten Backofen bei 200 °C (Gas Stufe 3, Umluft 175 °C) in etwa 25 Minuten goldbraun backen.

Zubereitungszeit ca. 35 min

Kartoffel-Jägerpfanne

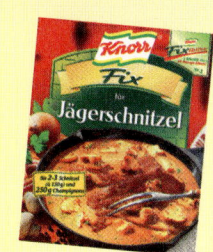

Pro Portion (bei 2 Port.): 1955 kJ/470 kcal, 39 g E, 23 g F, 25 g KH

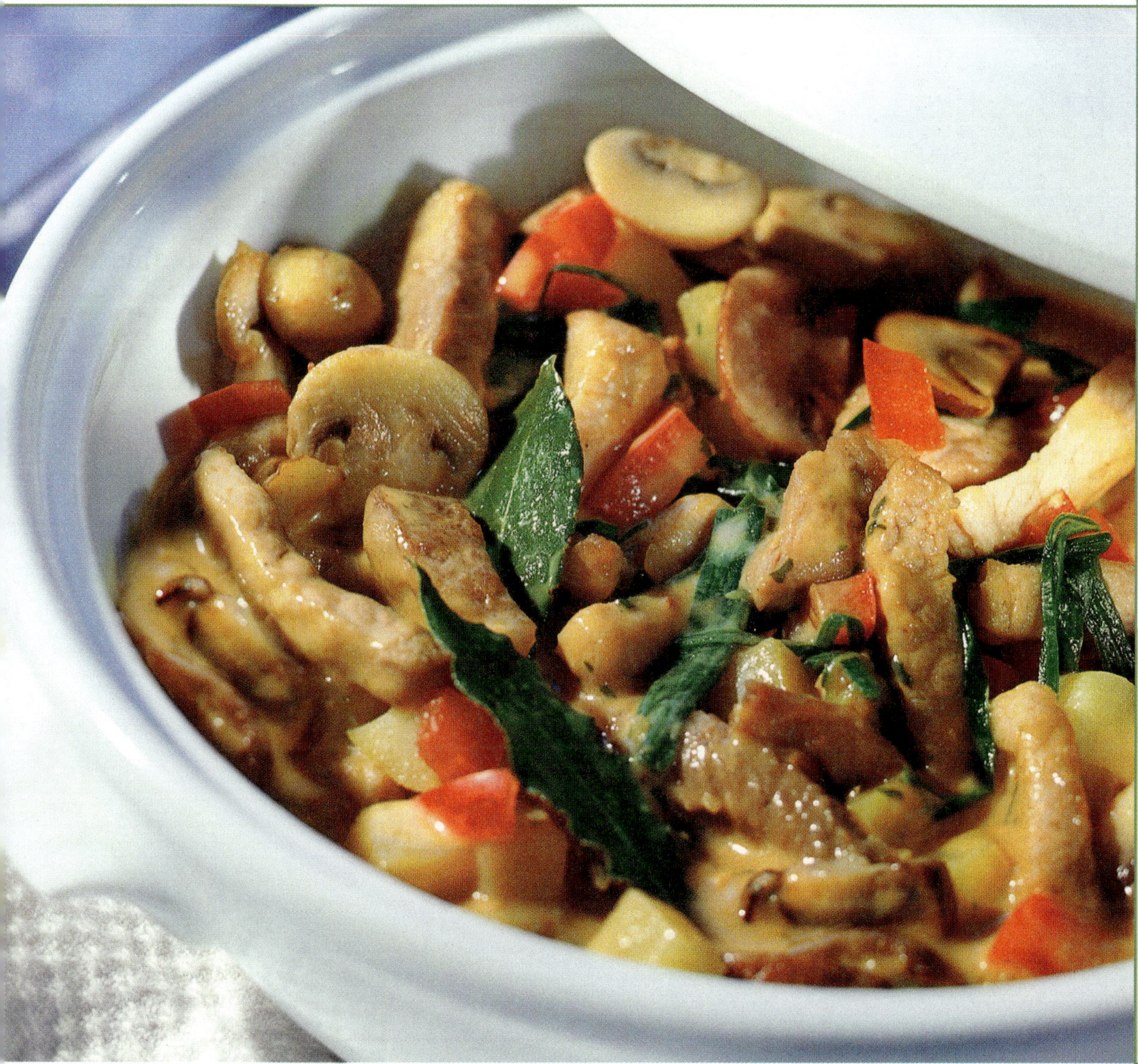

Zutaten für 2–3 Portionen:

300 g Schweineschnitzel
2 EL Öl
200 g Kartoffeln
100 g Lauch
150 g Champignons
1 kleine rote Paprikaschote
1 Beutel KNORR Fix für Jägerschnitzel

1. Schweineschnitzel in Streifen schneiden, in heißem Öl bei starker Hitze anbraten, aus der Pfanne nehmen und warm stellen.
2. Kartoffeln schälen und würfeln. Lauch putzen, waschen und in Ringe schneiden. Champignons putzen und in Scheiben schneiden. Paprikaschote waschen, halbieren, entkernen und würfeln.
3. Gemüse in die Pfanne geben. 300 Milliliter kaltes Wasser dazugießen. Fix für Jägerschnitzel einrühren, unter Rühren aufkochen und zugedeckt bei schwacher Hitze 10 Minuten kochen. Fleisch dazugeben und in der Sauce heiß werden lassen.

tipp

Wer Knoblauch liebt, brät 2 bis 3 fein gehackte Knoblauchzehen mit an.

10 Rezept-Ideen

Fix für
Kartoffel-Gratin

**Wenn's ein bisschen
kreativer sein darf**

Zubereitungszeit ca. 60 min

Kartoffel-Gratin

Pro Portion (bei 6 Port.): 1220 kJ/292 kcal, 10 g E, 15 g F, 28 g KH

1. Kartoffeln schälen, waschen und in dünne Scheiben schneiden; das geht am schnellsten in der Küchenmaschine. Fix für Kartoffel-Gratin in einen großen Topf in 700 Milliliter kaltes Wasser und Sahne einrühren.

2. Kartoffelscheiben dazugeben, unter Rühren aufkochen und 3 Minuten bei schwacher Hitze kochen lassen.

3. Alles in eine große gefettete Gratinform oder ein tiefes Backblech (Fettpfanne) geben. Käse darüber streuen. Im vorgeheizten Backofen bei 200 °C (Gas Stufe 3, Umluft 175 °C) 30 bis 40 Minuten backen.

Zutaten für 4–6 Portionen:

1,2 kg Kartoffeln
2 Beutel KNORR Fix für Kartoffel-Gratin
60 ml Schlagsahne
100 g geriebener Käse

tipp

Ideal für Gäste und eine feine Beilage zu gebratenem Lammrücken, Steaks oder Geflügel und Sauce.

Zubereitungszeit ca. 25 min

Pasta al limone

Pro Portion: 2700 kJ/645 kcal, 20 g E, 20 g F, 96 g KH

1. Nudeln in reichlich kochendem Salzwasser bissfest garen und in einem Sieb abgießen. Frühlingszwiebeln putzen, waschen und in Ringe schneiden.

2. Fix für Kartoffel-Gratin in 1/4 Liter (250 Milliliter) kaltes Wasser und Sahne einrühren, unter Rühren aufkochen. Abgeriebene Zitronenschale und Frühlingszwiebeln dazugeben und 1 Minute kochen lassen.

3. Die Sauce mit 1 bis 2 Esslöffel ausgepresstem Zitronensaft abschmecken. Nudeln mit der Sauce anrichten, mit Pinienkernen und Kräutern bestreuen. Pinienkerne eventuell zuvor ohne Fett in einer Pfanne rösten.

Zutaten für 2 Portionen:

250 g Bandnudeln
Salz
2 Frühlingszwiebeln
1 Beutel KNORR Fix für Kartoffel-Gratin
3 EL Schlagsahne
1/2 unbehandelte Zitrone
1–2 EL Pinienkerne
frische Kräuter (z.B. Zitronenmelisse, Thymian oder Basilikum)

tipp

Etwas Mascarpone in der Sauce schmelzen.

Zubereitungszeit ca. 60 min

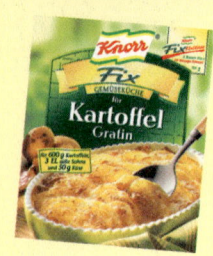

Kartoffel-Lasagne mit Schinken

Pro Portion: 1935 kJ/463 kcal, 26 g E, 22 g F, 38 g KH

Zutaten für 2 Portionen:

3 große grüne Wirsingblätter

Salz

500 g Kartoffeln

1 Beutel KNORR Fix für Kartoffel-Gratin

3 Scheiben gekochter Schinken

50 g geriebener Käse

Kräuter zum Garnieren

1. Wirsingblätter waschen und in kochendem Salzwasser 3 bis 4 Minuten garen, kalt abbrausen und abtropfen lassen. Blattrippen flach schneiden.
2. Kartoffeln schälen, waschen und in dünne Scheiben schneiden. Fix für Kartoffel-Gratin in 350 Milliliter kaltes Wasser einrühren. Kartoffelscheiben dazugeben, unter Rühren aufkochen und 3 Minuten bei schwacher Hitze kochen lassen.
3. In eine gefettete Auflaufform eine dünne Schicht Kartoffelscheiben, 1 Wirsingblatt und 1 Scheibe Schinken geben. Den Vorgang zweimal wiederholen. Lasagne mit Käse bestreuen. Im vorgeheizten Backofen bei 200 °C (Gas Stufe 3, Umluft 175 °C) etwa 30 bis 40 Minuten backen. Mit Kräutern garnieren.

tipp

Am besten eine fest kochende Kartoffelsorte wählen, damit die Lasagne gut in Form bleibt.

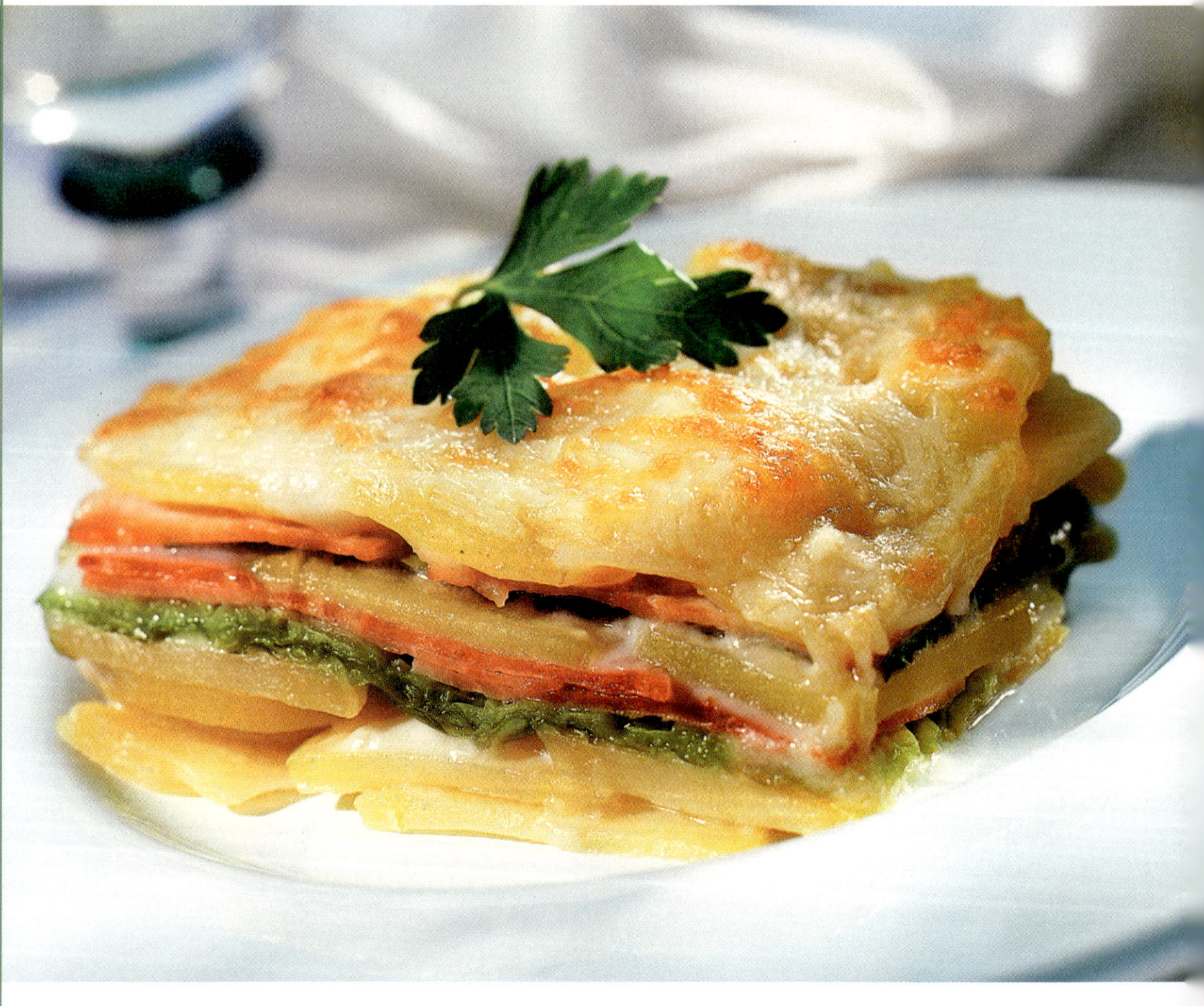

Zubereitungszeit ca. 45 min

Überbackene Hähnchenbrustfilets

Pro Portion: 2490 kJ/596 kcal, 42 g E, 43 g F, 11 g KH

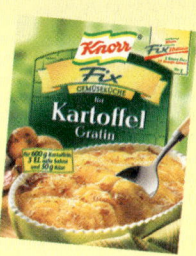

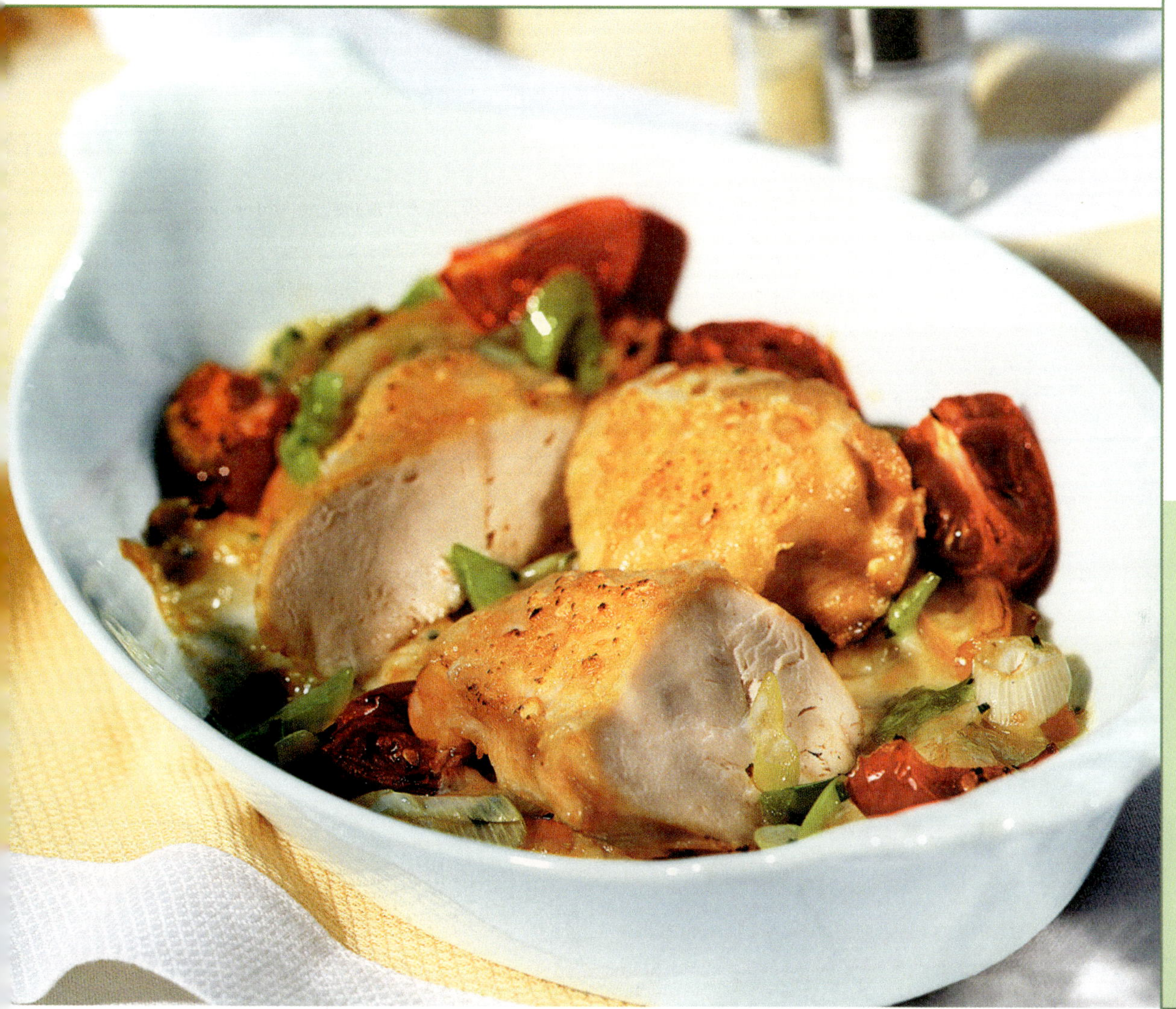

Zutaten für 2 Portionen:

3 kleine Hähnchenbrustfilets à 100 g
2 EL Öl
1 kleine gelbe Paprikaschote
1 Stange Lauch
50 ml Schlagsahne
1 Beutel KNORR Fix für Kartoffel-Gratin
100 g Cocktailtomaten
50 g geriebener Käse

1. Hähnchenbrustfilets in einer Pfanne in heißem Öl von beiden Seiten anbraten und in eine gefettete Auflaufform geben. Gemüse waschen und putzen.
2. Paprika in dünne Streifen und Lauch in feine Ringe schneiden. Im restlichen Bratfett andünsten. 100 Milliliter Wasser und Sahne zum Gemüse geben, Fix für Kartoffel-Gratin einrühren und 1 Minute kochen. Gemüse mit der Sauce zum Fleisch geben.
3. Cocktailtomaten halbieren und auf das Gemüse setzen. Mit Käse bestreuen. Im vorgeheizten Backofen bei 200 °C (Gas Stufe 3, Umluft 175 °C) etwa 20 Minuten überbacken.

tipp

Eine Hand voll frische Estragonblätter vor dem Garen untermischen.

Zubereitungszeit ca. 55 min

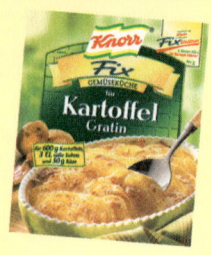

Gratinierter Seelachs

Pro Portion (bei 2 Port.): 1645 kJ/394 kcal, 38 g E, 22 g F, 10 g KH

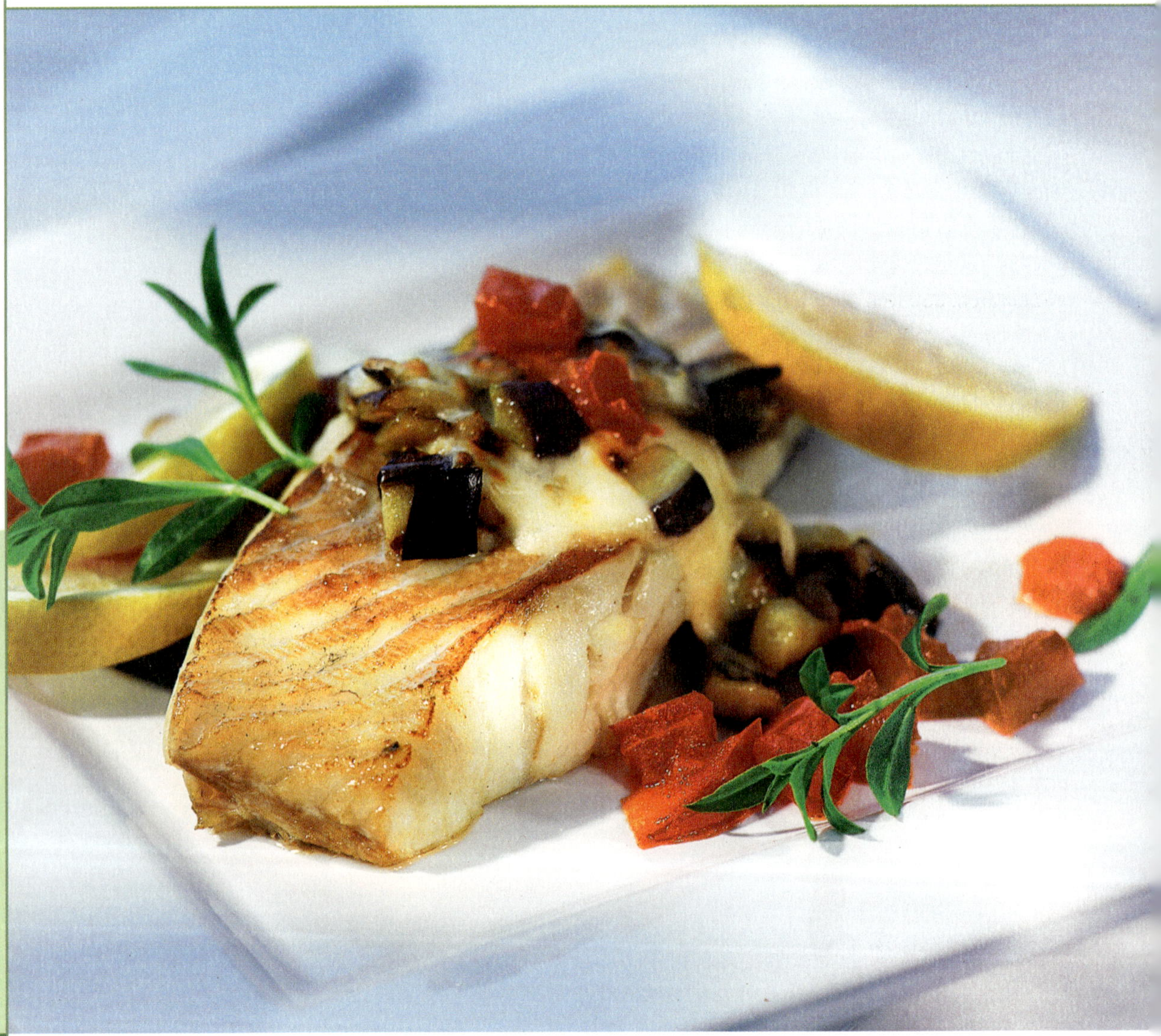

Zutaten für 2–3 Portionen:

300 g Seelachsfilet
1/2 TL Zitronensaft
Salz
4 EL Öl
300 g Aubergine
1 Beutel KNORR Fix für Kartoffel-Gratin
2 Tomaten
50 g geriebener Käse
Tomatenwürfel und Kräuter zum Garnieren

tipp

Dazu schmeckt ein Glas Grüner Veltliner aus der österreichischen Wachau oder ein frischer Müller-Thurgau aus Baden.

1. Seelachsfilet in Portionsstücke schneiden, mit Zitronensaft beträufeln und leicht salzen. In 2 Esslöffel heißem Öl bei mittlerer Hitze kurz anbraten und in eine gefettete Auflaufform legen.
2. Aubergine waschen, würfeln und im restlichen Öl 5 Minuten anbraten. 200 Milliliter kaltes Wasser dazugeben, Fix für Kartoffel-Gratin einrühren, unter Rühren aufkochen und 1 Minute kochen lassen. Tomaten in Würfel schneiden und dazugeben.
3. Gemüsesauce auf dem Fisch verteilen. Käse darüber streuen. Im vorgeheizten Backofen bei 200 °C (Gas Stufe 3, Umluft 175 °C) etwa 30 Minuten überbacken. Jede Portion mit Tomaten und Kräutern anrichten.

Zubereitungszeit ca. 60 min

Bohnen-Speck-Auflauf

Pro Portion: 1945 kJ/464 kcal, 10 g E, 32 g F, 34 g KH

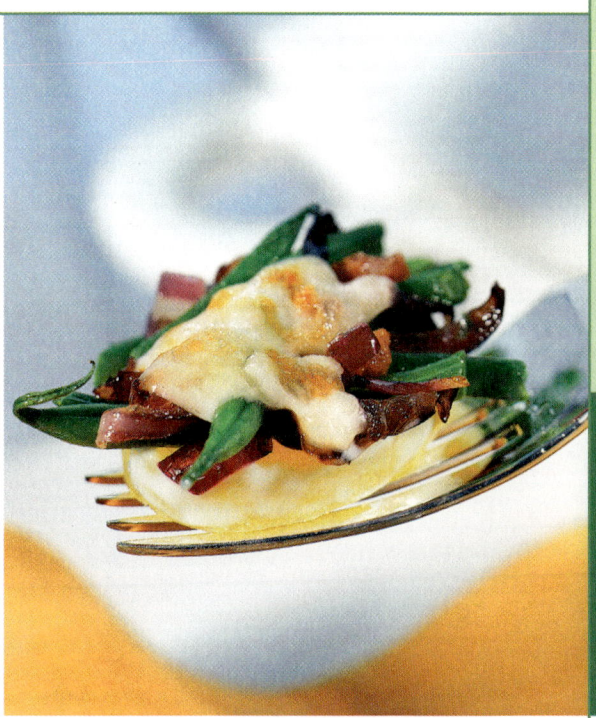

1. Kartoffeln schälen, waschen und in dünne Scheiben schneiden. Bohnen putzen und waschen. Gemüse in eine gefettete Auflaufform geben.

2. Zwiebel abziehen und würfeln, Speck ebenfalls in Würfel schneiden. Zwiebel- und Speckwürfel anbraten. 350 Milliliter kaltes Wasser und Sahne dazugeben. Fix für Kartoffel-Gratin einrühren, aufkochen und unter Rühren 1 Minute kochen lassen.

3. Sauce über das Gemüse gießen und im vorgeheizten Backofen bei 200 °C (Gas Stufe 3, Umluft 175 °C) 30 bis 40 Minuten backen.

Zutaten für 2 Portionen:

400 g Kartoffeln
300 g grüne Bohnen
1 rote Zwiebel
50 g durchwachsener Speck
3 EL Schlagsahne
1 Beutel KNORR Fix für Kartoffel-Gratin

tipp

Frischetest: Grüne Bohnen brechen glatt durch und sehen an der Bruchstelle saftig aus.

Zubereitungszeit ca. 25 min

Scharfes Paprikagemüse

Pro Portion: 755 kJ/181 kcal, 5 g E, 12 g F, 12 g KH

1. Paprikaschoten waschen, halbieren und entkernen. Das Fruchtfleisch in Streifen schneiden und in heißem Öl andünsten.

2. 350 Milliliter kaltes Wasser und Sahne zum Gemüse geben, Fix für Kartoffel-Gratin einrühren, aufkochen und bei starker Hitze 5 Minuten kochen lassen. Paprikagemüse mit Tabasco oder Cayennepfeffer scharf abschmecken.

   Dazu passen Reis oder Röstkartoffeln.

Zutaten für 3 Portionen:

5 Paprikaschoten (rot, gelb, grün)
2 EL Öl
3 EL Schlagsahne
1 Beutel KNORR Fix für Kartoffel-Gratin
Tabasco oder Cayennepfeffer

tipp

Kürbiskerne in der Mikrowelle 3 Minuten rösten und darüber streuen.

Wirsing-Gratin

Pro Portion: 1420 kJ/340 kcal, 14 g E, 26 g F, 12 g KH

Zutaten für 3 Portionen:

1 kg Wirsing, Salz
2 Knoblauchzehen
1/2 Bund Petersilie
2–3 Tomaten
1 Beutel KNORR Fix für Kartoffel-Gratin
150 ml Schlagsahne
50 g geriebener Käse
Tomatenstücke und Kräuter zum Garnieren

tipp

Servieren Sie das Gratin zu Lammsteaks oder Fisch.

1. Wirsing putzen, den Strunk und dicke Blattrippen entfernen. Wirsing waschen, in breite Streifen schneiden und in kochendem Salzwasser 5 bis 10 Minuten garen. Auf einem Sieb abgießen, das Kochwasser auffangen.

2. Knoblauchzehen abziehen und zerdrücken. Petersilie hacken. Tomaten waschen und in kleine Stücke schneiden. Fix für Kartoffel-Gratin in Sahne und 50 Milliliter vom Wirsingkochwasser einrühren. Knoblauch, Petersilie und Tomatenstücke zufügen, aufkochen und 1 Minute kochen lassen.

3. Wirsing in eine gefettete Auflaufform geben. Sauce darüber gießen. Mit Käse bestreuen. Im vorgeheizten Backofen bei 200 °C (Gas Stufe 3, Umluft 175 °C) etwa 15 Minuten überbacken. Mit Tomatenstücken und Kräutern garnieren.

Spinat-Käse-Auflauf

Pro Portion (bei 2 Port.): 1395 kJ/333 kcal, 12 g E, 17 g F, 30 g KH

Zutaten für 2–3 Portionen:

200 g TK-Blattspinat
400 g Kartoffeln
1 Beutel KNORR Fix für Kartoffel-Gratin
3 EL Schlagsahne
50 g Schafskäse
Kräuter zum Garnieren

tipp

Probieren Sie dazu einen griechischen Wein, z.B. den lieblichen Imiglikos.

1. Blattspinat im Topf oder in der Mikrowelle auftauen lassen. Kartoffeln schälen, waschen und in dünne Scheiben schneiden.

2. Fix für Kartoffel-Gratin und Sahne in 350 Milliliter kaltes Wasser einrühren. Kartoffelscheiben dazugeben, unter Rühren aufkochen und 3 Minuten bei schwacher Hitze kochen lassen. Blattspinat unter die Kartoffeln mischen.

3. Alles in eine flache gefettete Auflaufform geben. Schafskäse zerbröseln und darüber streuen. Den Auflauf im vorgeheizten Backofen bei 200 °C (Gas Stufe 3, Umluft 175 °C) in 30 bis 40 Minuten goldbraun backen. Mit Kräutern garnieren.

Zubereitungszeit ca. 60 min

Fenchel-Gratin

Pro Portion: 2100 kJ/502 kcal, 21 g E, 15 g F, 69 g KH

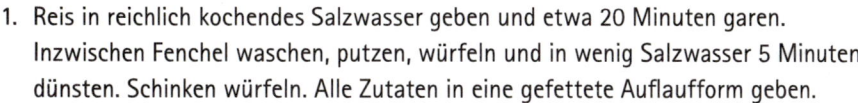

Zutaten für 2 Portionen:

150 g Langkornreis

Salz

300 g Fenchel

100 g gekochter Schinken

1 Beutel KNORR Fix für Kartoffel-Gratin

3 EL Schlagsahne

1. Reis in reichlich kochendes Salzwasser geben und etwa 20 Minuten garen. Inzwischen Fenchel waschen, putzen, würfeln und in wenig Salzwasser 5 Minuten dünsten. Schinken würfeln. Alle Zutaten in eine gefettete Auflaufform geben.

2. Fix für Kartoffel-Gratin in 300 Milliliter kaltes Wasser und Sahne einrühren, unter Rühren aufkochen und 2 Minuten kochen lassen.

3. Sauce über die Zutaten geben und im vorgeheizten Backofen bei 200 °C (Gas Stufe 3, Umluft 175 °C) etwa 30 Minuten überbacken.

tipp

Sehr dekorativ: Fenchelblätter ablösen, 5 bis 8 Minuten in Salzwasser garen, mit der Reismischung füllen und 10 bis 15 Minuten überbacken.

137

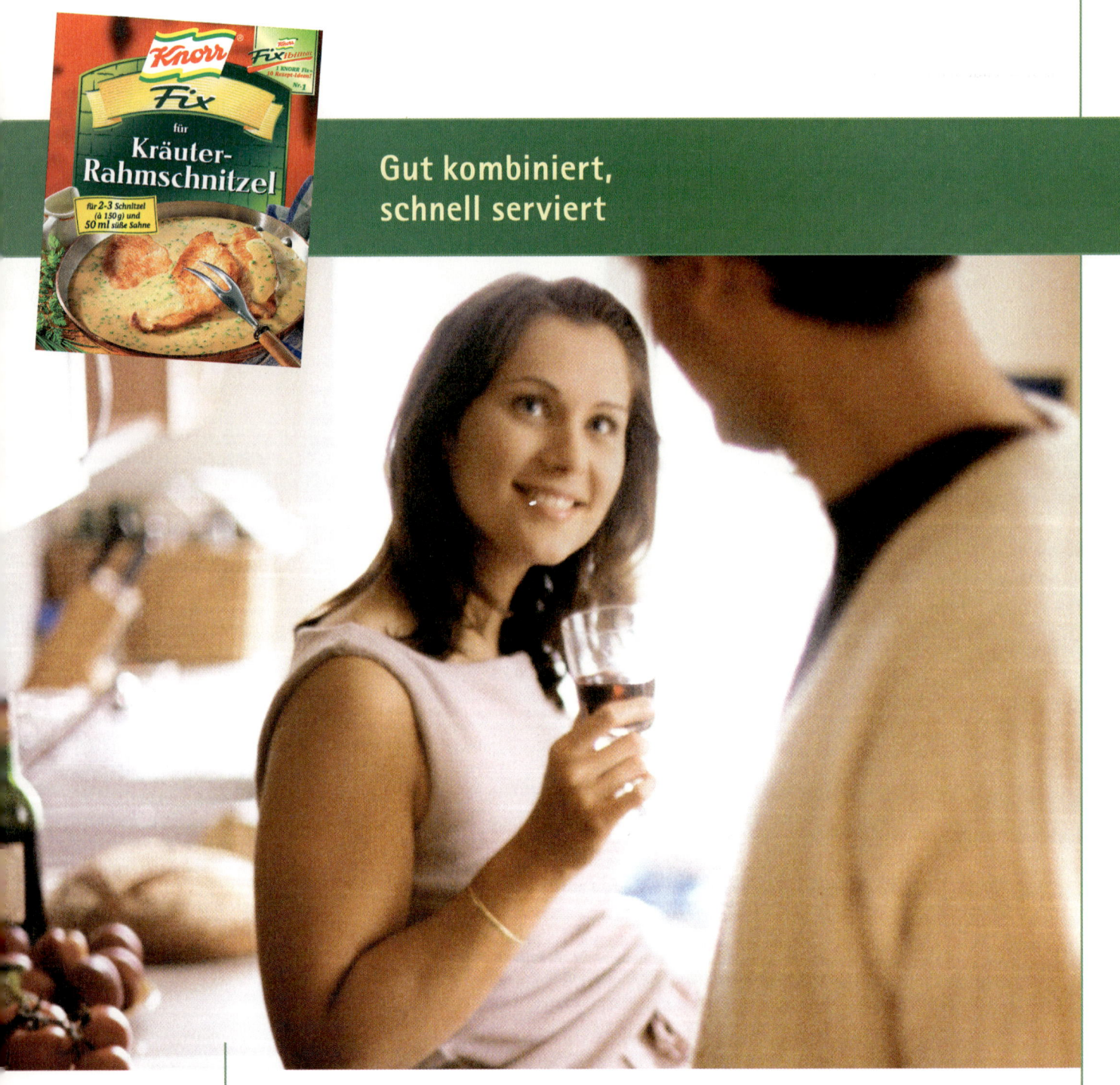

10 Rezept-Ideen

Fix für Kräuter-Rahmschnitzel

Gut kombiniert,
schnell serviert

Rahmsauce mit Gemüse

Pro Portion (bei 2 Port.): 945 kJ/227 kcal, 3 g E, 18 g F, 13 g KH

1. Tomate waschen, vierteln, entkernen und würfeln. Frühlingszwiebeln putzen, waschen und in Ringe schneiden.

2. Fix für Kräuter-Rahmschnitzel in 1/4 Liter (250 Milliliter) kaltes Wasser und Sahne einrühren. Unter Rühren aufkochen, Zwiebelringe dazugeben und 1 bis 2 Minuten kochen.

3. Tomatenwürfel zufügen und kurz erhitzen. Mit Petersilie anrichten.

Zutaten für 2–3 Portionen:

1 große Tomate

1/2 Bund Frühlingszwiebeln

1 Beutel KNORR Fix für Kräuter-Rahmschnitzel

50 ml Schlagsahne

Petersilie

tipp

Die Sauce mit Pellkartoffeln als vegetarisches Gericht servieren.

Pasta mit Shrimps-Sauce

Pro Portion (bei 2 Port.): 3565 kJ/853 kcal, 33 g E, 28 g F, 114 g KH

1. Die Bandnudeln in reichlich Salzwasser bissfest garen und in einem Sieb abgießen.

2. Champignons putzen, in Scheiben schneiden und in einer Pfanne in heißem Öl anbraten.

3. 1/4 Liter (250 Milliliter) kaltes Wasser zugießen, Fix für Kräuter-Rahmschnitzel einrühren, aufkochen und 1 Minute kochen. Shrimps darin erhitzen.

4. Zitronensaft und Crème fraîche unter die Sauce mischen und zu den Nudeln servieren.

Zutaten für 2–3 Portionen:

300 g Bandnudeln

Salz

150 g Champignons

2 EL Öl

1 Beutel KNORR Fix für Kräuter-Rahmschnitzel

125 g Shrimps

2 EL Zitronensaft

2 EL Crème fraîche

tipp

Champignons lassen sich mit dem Eierschneider schön in Scheiben teilen.

Zubereitungszeit ca. 25 min

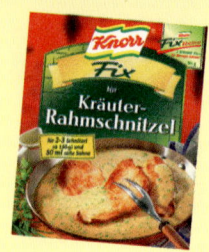

Schweineschnitzel in fruchtigem Curryrahm

Pro Portion: 2595 kJ/624 kcal, 35 g E, 37 g F, 37 g KH

Zutaten für 2 Portionen:

1 reife Mango

140 g Pfirsichspalten aus der Dose

2 Schweineschnitzel à 150 g

2 EL Öl

Salz, Pfeffer

50 ml Schlagsahne

1 Beutel KNORR Fix für Kräuter-Rahmschnitzel

1/2–1 TL Currypulver

1. Mango schälen, das Fruchtfleisch vom Stein lösen und in kleine Stücke schneiden. Pfirsichspalten abtropfen lassen, dabei 50 Milliliter Saft auffangen.
2. Die Schnitzel in 1 Esslöffel heißem Öl von beiden Seiten 2 bis 3 Minuten braun braten. Mit Salz und Pfeffer würzen.
3. Mangostücke in einem Topf im restlichen Öl weich dünsten. 1/4 Liter (250 Milliliter) kaltes Wasser, den aufgefangenen Saft und Sahne dazugießen. Fix für Kräuter-Rahmschnitzel einrühren, aufkochen und 1 Minute kochen.
4. Einen Teil der Pfirsiche dazugeben und heiß werden lassen. Curry unterrühren und mit Salz und Pfeffer abschmecken. Mit restlichen Pfirsichspalten garnieren.

tipp

Dazu ein Glas kühlen weißen Blanc de Blancs aus Frankreich oder trockenen Cidre servieren.

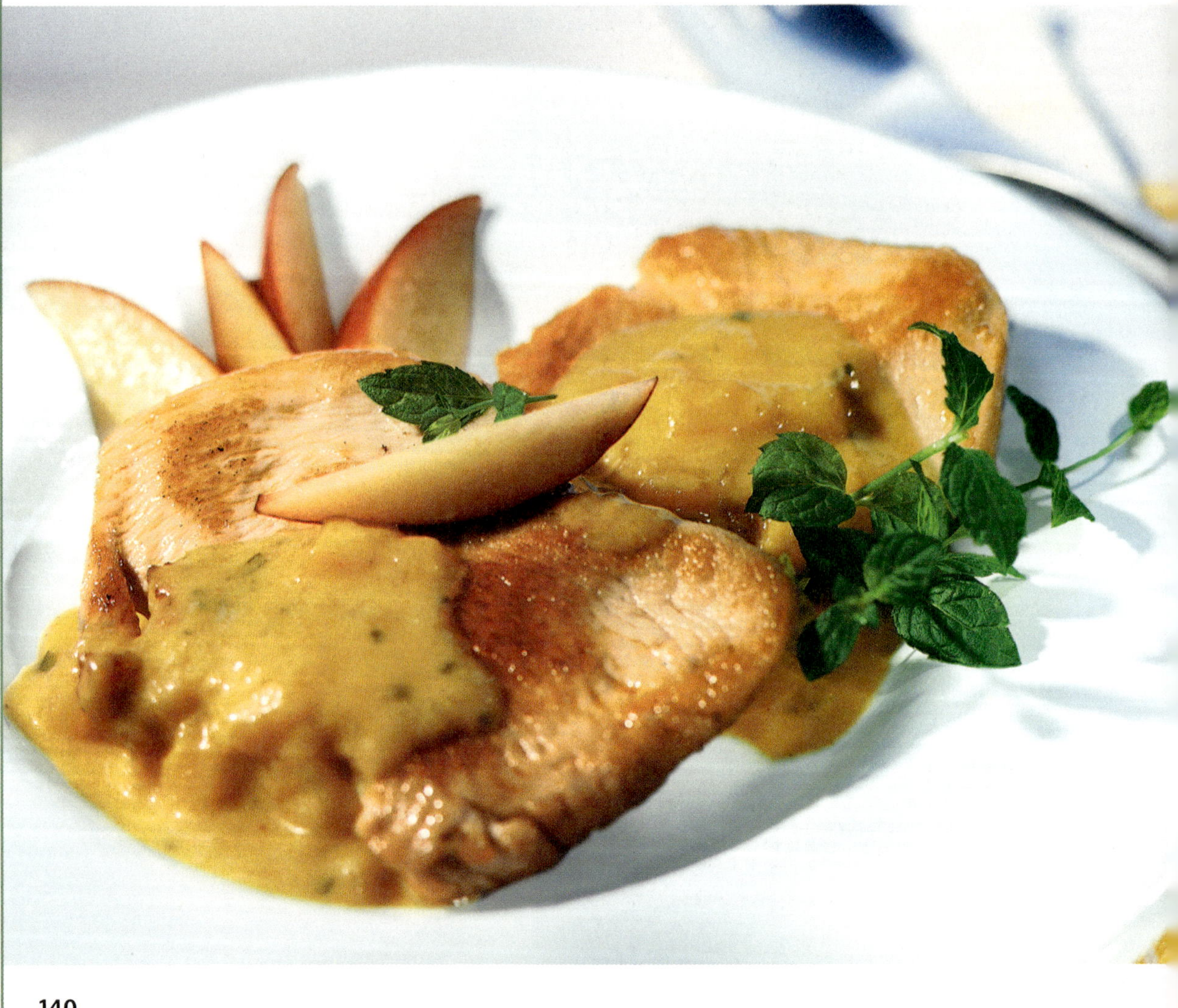

Zubereitungszeit ca. 35 min

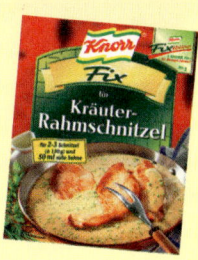

Hähnchenpfanne mit Ingwer und Cashew

Pro Portion (bei 2 Port.): 2025 kJ/487 kcal, 33 g E, 32 g F, 16 g KH

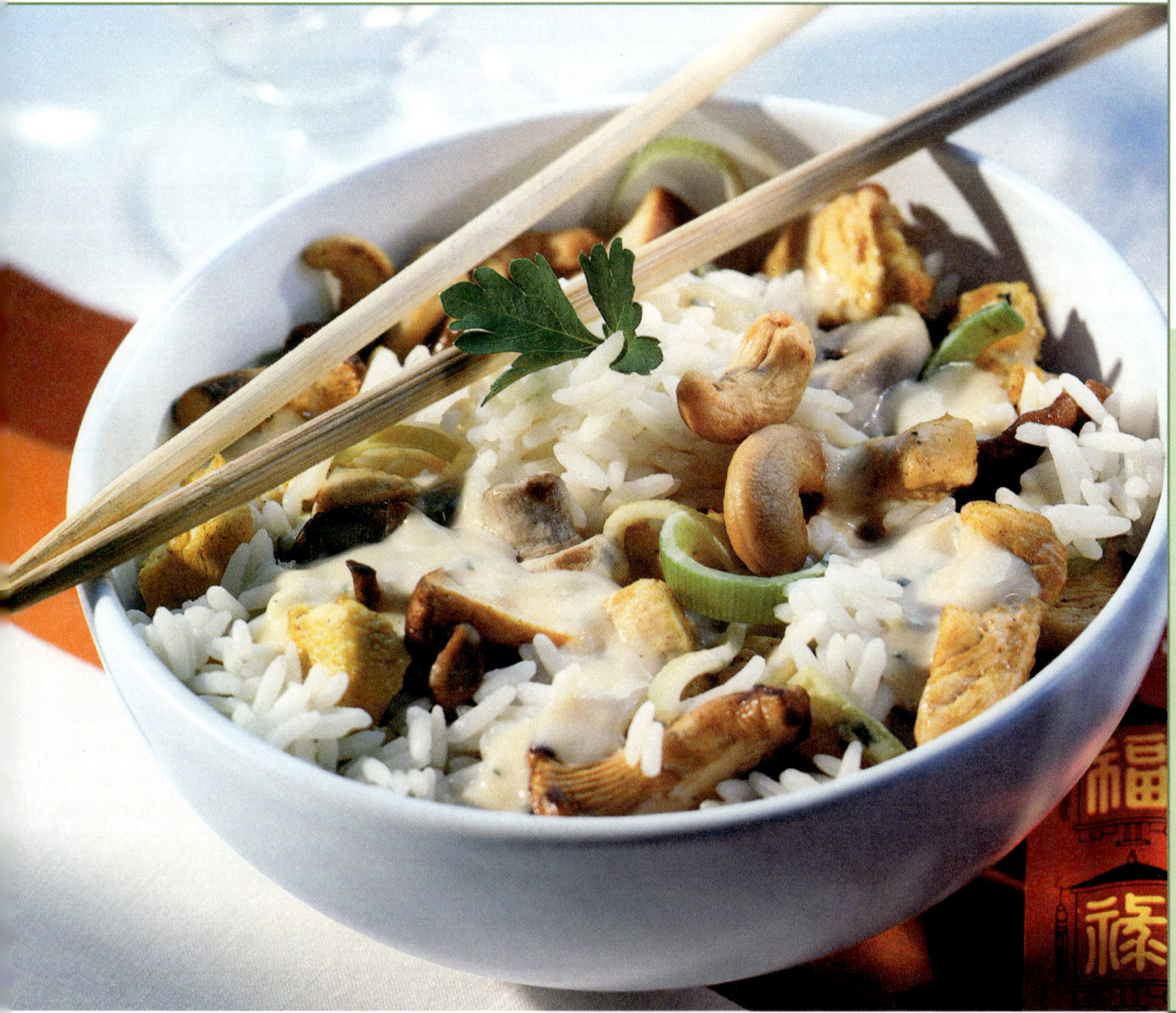

Zutaten für 2–3 Portionen:

- 2 EL Cashewkerne (ersatzweise Mandeln)
- 200 g Hähnchenbrustfilet
- 2 EL Öl
- 200 g gemischte Pilze (z.B. Pfifferlinge und Champignons)
- 1 kleine Stange Lauch
- 1 walnussgroßes Stück Ingwerwurzel
- 50 ml Schlagsahne
- 1 Beutel KNORR Fix für Kräuter-Rahmschnitzel
- Salz, Pfeffer, Zucker

1. Cashewkerne grob hacken. In einer Pfanne oder in der Mikrowelle ohne Fett goldbraun rösten. Hähnchenbrustfilet in Würfel schneiden, in heißem Öl braun anbraten und herausnehmen.
2. Pilze putzen und in Stücke schneiden. Lauch putzen, waschen und in Ringe schneiden. Ingwer schälen und fein würfeln. Pilze, Lauch und Ingwer im restlichen Bratfett anbraten.
3. 1/4 Liter (250 Milliliter) Wasser und Sahne dazugießen, Fix für Kräuter-Rahmschnitzel einrühren, unter Rühren aufkochen und 1 Minute kochen. Fleisch zufügen. Mit Salz, Pfeffer und 1 Prise Zucker abschmecken. Mit Cashewkernen bestreut servieren.

tipp

Anstelle der Pilze klein geschnittene Bambussprossen aus der Dose zufügen.

Zubereitungszeit ca. 30 min

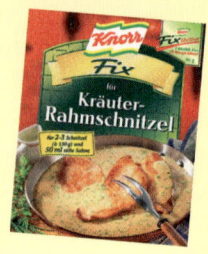

Frikassee in Blätterteig

Pro Portion: 2220 kJ/530 kcal, 25 g E, 35 g F, 29 g KH

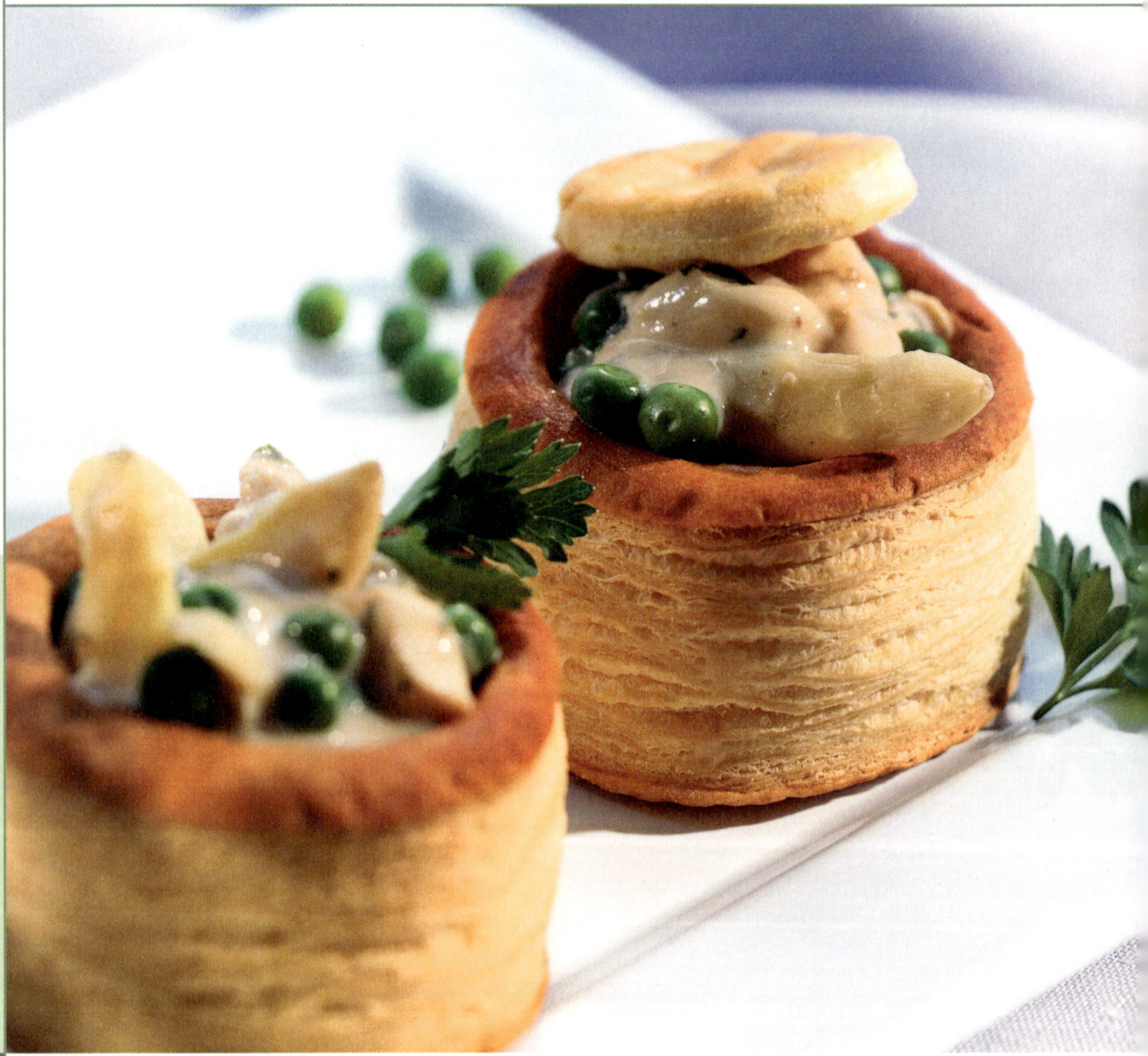

Zutaten für 4 Portionen:

170 g Spargel aus dem Glas

8 Blätterteigpasteten

250 g Hähnchenbrustfilet

Salz, Pfeffer

2 EL Öl

50 ml Schlagsahne

1 Beutel KNORR Fix für Kräuter-Rahmschnitzel

100 g TK-Erbsen

tipp

Sind keine Pasteten zur Hand, das Frikassee in kleinen Auflaufformen anrichten und Blätterteigstangen dazu reichen.

1. Spargel abgießen, dabei die Flüssigkeit auffangen. Spargel in Stücke schneiden. Die Blätterteigpasteten im vorgeheizten Backofen erwärmen.
2. Hähnchenbrustfilet salzen, pfeffern und in heißem Öl etwa 15 Minuten von allen Seiten braun braten. Fleisch aus der Pfanne nehmen und in kleine Würfel schneiden.
3. Spargelflüssigkeit mit Wasser auf 1/4 Liter (250 Milliliter) auffüllen. Mit der Sahne in eine Pfanne geben. Fix für Kräuter-Rahmschnitzel einrühren, aufkochen und 1 Minute kochen.
4. Fleischwürfel, Spargel und gefrorene Erbsen zugeben und heiß werden lassen. Frikassee in die Pasteten füllen.

Zubereitungszeit ca. 35 min

Überbackene Schnitzel

Pro Portion (bei 3 Port.): 2110 kJ/505 kcal, 44 g E, 33 g F, 7 g KH

1. Die Schnitzel ohne anzubraten in eine gefettete Auflaufform legen.

2. Sahne und 50 Milliliter kaltes Wasser in eine Schüssel geben und Fix für Kräuter-Rahmschnitzel einrühren. Die Mischung über die Schnitzel gießen und mit Käse bestreuen.

3. Die Form in den vorgeheizten Backofen schieben und die Schnitzel bei 200 °C (Gas Stufe 3, Umluft 175 °C) in ca. 30 Minuten goldbraun backen.

   Mit Möhrengemüse und Erbsen servieren.

Zutaten für 2–3 Portionen:

3 Kalbsschnitzel à 150 g
200 ml Schlagsahne
1 Beutel KNORR Fix für Kräuter-Rahmschnitzel
50 g geriebener Emmentaler

tipp

Die Möhren mit dem Sparschäler in dünne Scheiben schneiden und etwa 1 Minute in Salzwasser garen.

Zubereitungszeit ca. 30 min

Seelachs in Dillrahm

Pro Portion (bei 2 Port.): 1700 kJ/408 kcal, 40 g E, 22 g F, 12 g KH

1. Seelachsfilet in Portionsstücke schneiden, salzen und pfeffern. In einer Pfanne in heißem Öl von jeder Seite etwa 6 Minuten braten, herausnehmen und warm stellen.

2. Zucchini waschen, putzen, in Stücke schneiden und im restlichen Bratfett kurz andünsten. 300 Milliliter Wasser und Crème fraîche dazugeben, Fix für Kräuter-Rahmschnitzel einrühren und aufkochen.

3. Zitronensaft und Dill zum Gemüse geben. Alles 3 bis 5 Minuten garen und zum Fisch servieren.

   Dazu: Reis und Zucchinigemüse.

Zutaten für 2–3 Portionen:

400 g Seelachsfilet
Salz, Pfeffer
2–3 EL Öl
200 g Zucchini
2 EL Crème fraîche
1 Beutel KNORR Fix für Kräuter-Rahmschnitzel
1 EL Zitronensaft
2 EL fein geschnittener Dill

tipp

Statt Seelachs frische Forellen braten.

Knoblauch-Rahmsauce

Pro Portion (bei 2 Port.): 880 kJ/211 kcal, 3 g E, 18 g F, 10 g KH

**Zutaten für
2–3 Portionen:**

1 große Tomate
1 Beutel KNORR
Fix für Kräuter-
Rahmschnitzel
50 ml Schlagsahne
1 Knoblauchzehe
Basilikumblätter

tipp

Jungen Knoblauch
ruhig reichlich
verwenden: Selbst
3 bis 4 Zehen
schmecken nicht
zu scharf.

1. Tomate mit kochendem Wasser überbrühen und abziehen. Das Fruchtfleisch in Würfel schneiden.

2. Fix für Kräuter-Rahmschnitzel in 1/4 Liter (250 Milliliter) kaltes Wasser und Sahne einrühren. Unter Rühren aufkochen. Knoblauchzehe abziehen und dazupressen. Die Sauce 1 Minute kochen. Tomatenwürfel und Basilikumblätter dazu geben.

Die Sauce passt ideal zu Riesengarnelen. Pro Portion 3 Riesengarnelen in Öl 2 bis 3 Minuten braten.

Lamm in Kapernrahm

Pro Portion (bei 2 Port.): 2555 kJ/613 kcal, 42 g E, 43 g F, 14 g KH

**Zutaten für
2–3 Portionen:**

400 g ausgelöster
Lammrücken
(Lammlachse)
2 EL Öl
1 Beutel KNORR
Fix für Kräuter-
Rahmschnitzel
50 ml Schlagsahne
2 EL Kapern
1 EL Kapernflüssigkeit

1. Fleisch in Portionsstücke schneiden und in heißem Öl rundherum anbraten. Im vorgeheizten Backofen bei 175 °C (Gas Stufe 2, Umluft 150 °C) in etwa 8 Minuten fertig garen.

2. Fix für Kräuter-Rahmschnitzel in 1/4 Liter (250 Milliliter) kaltes Wasser und Sahne einrühren. Unter Rühren aufkochen und 1 Minute kochen. Kapern mit der Kapernflüssigkeit unterrühren. Das Fleisch mit der Kapern-Rahmsauce anrichten.

Zubereitungszeit ca. 30 min

Pilz-Kräuter-Ragout

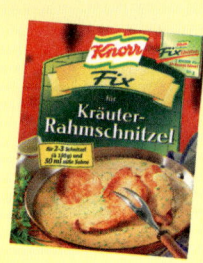

Pro Portion (bei 2 Port.): 2945 kJ/704 kcal, 20 g E, 36 g F, 75 g KH

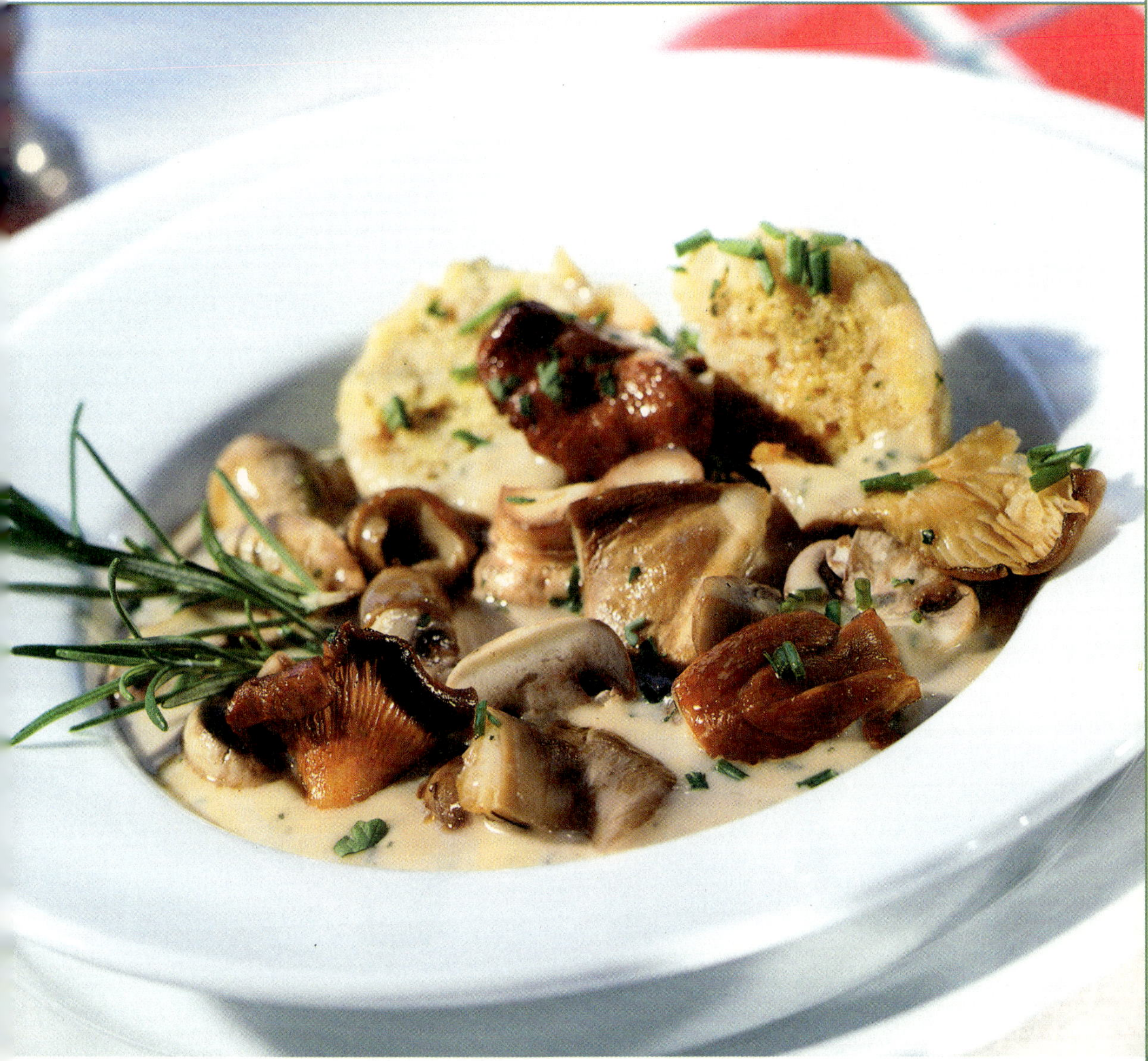

Zutaten für 2–3 Portionen:

1 Packung PFANNI »Meine Semmelknödel«

1/4 l (250 ml) Milch

Salz

500 g gemischte Pilze (z.B. Champignons, Austernpilze, Shiitake)

1 Zwiebel

2 EL Öl

Pfeffer

50 ml Schlagsahne

1 Beutel KNORR Fix für Kräuter-Rahmschnitzel

1. Knödelmischung mit heißer Milch vermischen und 5 Minuten quellen lassen. Noch einmal gut durchmischen und aus der Masse 6 Knödel formen. In kochendes Salzwasser legen und bei schwacher Hitze 10 Minuten ziehen lassen.
2. Pilze putzen und halbieren. Die Zwiebel abziehen und würfeln. Pilze und Zwiebelwürfel in einer Pfanne in heißem Öl anbraten. Mit Salz und Pfeffer würzen.
3. 1/4 Liter (250 Milliliter) kaltes Wasser und Sahne dazugießen. Fix für Kräuter-Rahmschnitzel einrühren, unter Rühren aufkochen und 1 Minute kochen lassen. Das Pilz-Kräuter-Ragout zu den Semmelknödeln servieren.

tipp

Mit frischem Schnittlauch oder einem Zweig Rosmarin garnieren.

10 Rezept-Ideen

Fix für Lachs-Sahne-Gratin

Das Geheimnis
sahnig-leichter Gerichte

Zubereitungszeit ca. 40 min

Lachs-Wirsing-Sauce

Pro Portion: 1640 kJ/392 kcal, 19 g E, 30 g F, 9 g KH

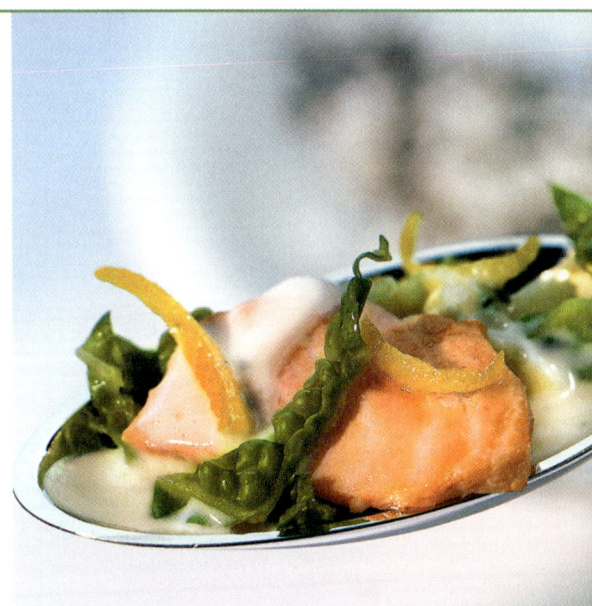

1. Gefrorenen Lachs antauen lassen. Wirsingblätter waschen und 5 bis 8 Minuten in kochendem Wasser garen. Herausnehmen, mit kaltem Wasser abschrecken und gut abtropfen lassen. Wirsing in Streifen schneiden.

2. Zitronenschale abreiben, Saft auspressen. Lachsfilet in dünne Streifen schneiden, mit Zitronensaft beträufeln und mit Salz und Pfeffer würzen. Fix für Lachs-Sahne-Gratin in Sahne und Weißwein einrühren. Etwas abgeriebene Zitronenschale zugeben und aufkochen.

3. Lachs und Wirsingstreifen dazugeben. Bei schwacher Hitze 3 bis 5 Minuten garen. Nach Belieben mit Salz und Pfeffer abschmecken.

Passt zu Bandnudeln, Gnocchi oder Reis.

Zutaten für 3 Portionen:

250 g Lachsfilet (frisch oder TK)

150 g Wirsingblätter

1/2 unbehandelte Zitrone

Salz, Pfeffer

1 Beutel KNORR Fix für Lachs-Sahne-Gratin

200 ml Schlagsahne

50 ml Weißwein

tipp

Die Sauce mit Schalenstreifen einer unbehandelten Orange garnieren.

Zubereitungszeit ca. 45 min

Gratinierter Kabeljau

Pro Portion: 2440 kJ/584 kcal, 30 g E, 27 g F, 43 g KH

1. Gefrorenen Fisch antauen lassen. Lauch putzen, waschen und in feine Ringe schneiden. Sahne mit Weißwein aufkochen. Lauch, Reis und Safran einrühren und zugedeckt bei schwacher Hitze 10 Minuten garen. Fix für Lachs-Sahne-Gratin einrühren und kurz aufkochen.

2. Fischfilets in eine gefettete Auflaufform legen. Lauch-Reis-Mischung über den Fisch geben. Im vorgeheizten Backofen bei 200 °C (Gas Stufe 3, Umluft 175 °C) 15 bis 20 Minuten backen. Nach Belieben mit Dill garnieren.

Zutaten für 3 Portionen:

400 g Kabeljaufilet (frisch oder TK)

200 g Lauch

200 ml Schlagsahne

200 ml Weißwein

125 g Schnellkochreis

1 Msp. Safran (oder Kurkuma)

1 Beutel KNORR Fix für Lachs-Sahne-Gratin

evtl. Dill

Zubereitungszeit ca. 45 min

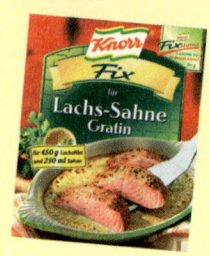

Seelachsfilet in Zitronen-Senf-Sauce

Pro Portion (bei 3 Port.): 2170 kJ/519 kcal, 31 g E, 40 g F, 9 g KH

Zutaten für 3–4 Portionen:

450–500 g Seelachsfilet (frisch oder TK)

1 1/2 unbehandelte Zitronen

Pfeffer

1 Beutel KNORR Fix für Lachs-Sahne-Gratin

1/4 l (250 ml) Schlagsahne

1–2 TL Senf

1/2 Bund glatte Petersilie

1. Gefrorene Seelachsfilets antauen lassen. Filets nebeneinander in eine gefettete Auflaufform legen. Zitronen heiß waschen und abtrocknen. Ganze Zitrone in dünne Scheiben schneiden. Von der 1/2 Zitrone die Schale abreiben und den Saft auspressen. Fisch mit Zitronensaft beträufeln und mit Pfeffer würzen.
2. Fix für Lachs-Sahne-Gratin in Sahne einrühren. Senf und abgeriebene Zitronenschale dazugeben. Sauce über den Fisch gießen. Das Gratin im vorgeheizten Backofen bei 200 °C (Gas Stufe 3, Umluft 175 °C) etwa 25 Minuten garen.
3. Petersilie waschen, trockentupfen und grob hacken. Den Seelachs mit Zitronenscheiben und Petersilie anrichten.

   Dazu passen Brat- oder Salzkartoffeln.

tipp

Zum Seelachsfilet einen kräftigen spanischen Weißwein aus der Region Rueda servieren oder herben französischen Cidre.

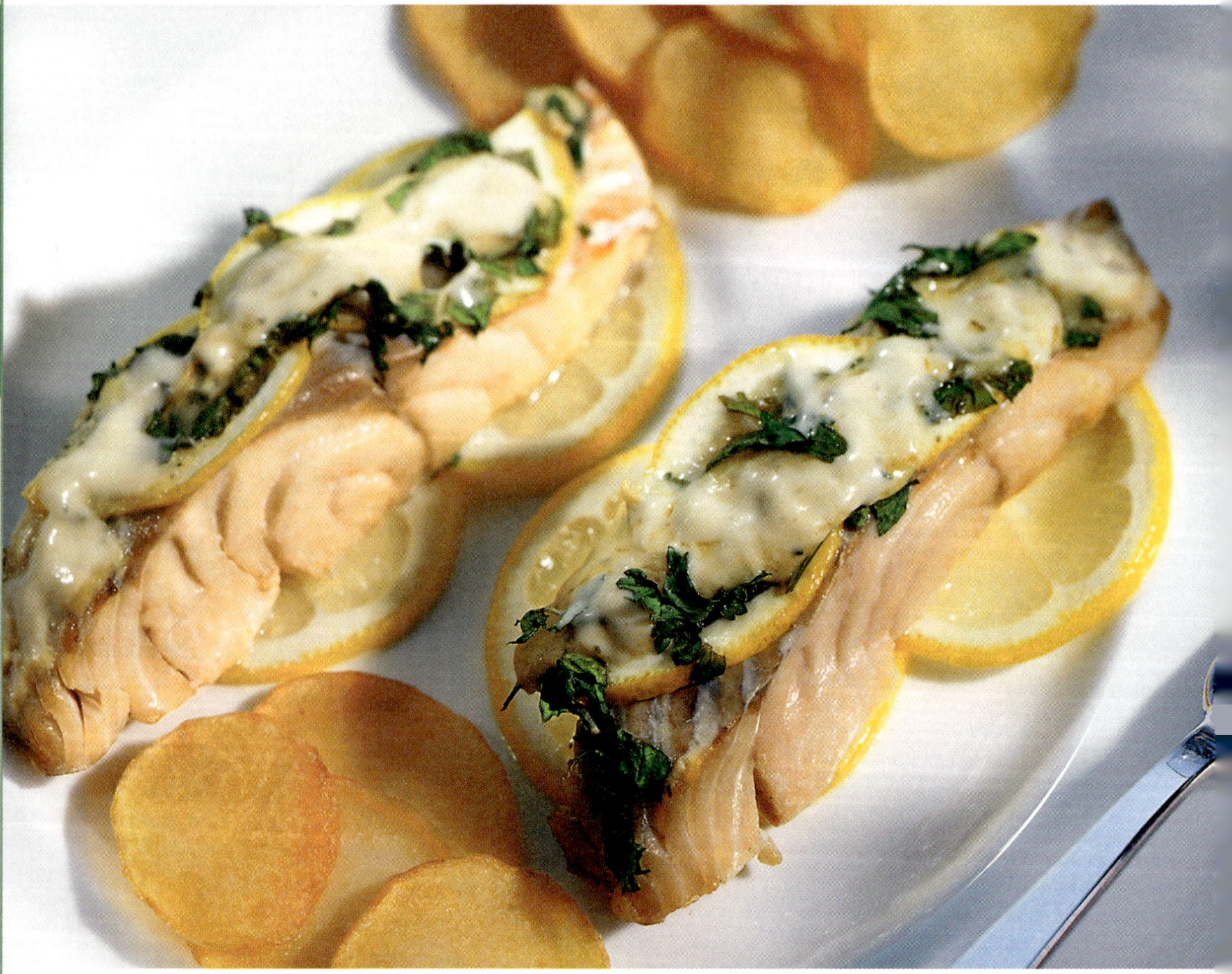

Asiatische Fischpfanne mit Kokosmilch

Pro Portion: 1610 kJ/386 kcal, 29 g E, 17 g F, 22 g KH

Zutaten für 3 Portionen:

400 g Seelachsfilet (frisch oder TK)

1–2 TL Zitronensaft

1 walnussgroßes Stück Ingwerwurzel

250 g Lauch

1 rote Paprikaschote

1 Knoblauchzehe

180 g Bambus-schösslinge aus dem Glas

1–2 EL Öl

1 Beutel KNORR Fix für Lachs-Sahne-Gratin

1/8 l (125 ml) Kokosmilch aus der Dose

1/8 l (125 ml) Schlagsahne

Salz, Pfeffer

tipp

Die Fischpfanne zur Abwechslung mit Lengfisch oder Lachsforellenfilet zubereiten.

1. Gefrorene Seelachsfilets auftauen. Fisch in Würfel schneiden und mit Zitronensaft beträufeln. Ingwer schälen und fein würfeln. Lauch putzen, waschen und in Ringe schneiden. Paprikaschote waschen, halbieren, entkernen und in dünne Streifen schneiden.

2. Knoblauchzehe abziehen, zerdrücken und mit Lauch, Paprikastreifen, Ingwer und Bambusschösslingen in einer Pfanne in heißem Öl 3 Minuten dünsten; dabei mehr-fach umrühren.

3. Fix für Lachs-Sahne-Gratin in Kokosmilch, Sahne und 100 Milliliter Wasser ein-rühren. Zum Gemüse gießen, aufkochen und mit Salz und Pfeffer abschmecken. Fischwürfel dazugeben und zugedeckt bei schwacher Hitze etwa 5 Minuten garen.

Zubereitungszeit ca. 25 min

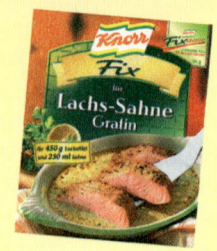

Pasta mit Lachs-Sauce

Pro Portion (bei 2 Port.): 3660 kJ/875 kcal, 26 g E, 47 g F, 82 g KH

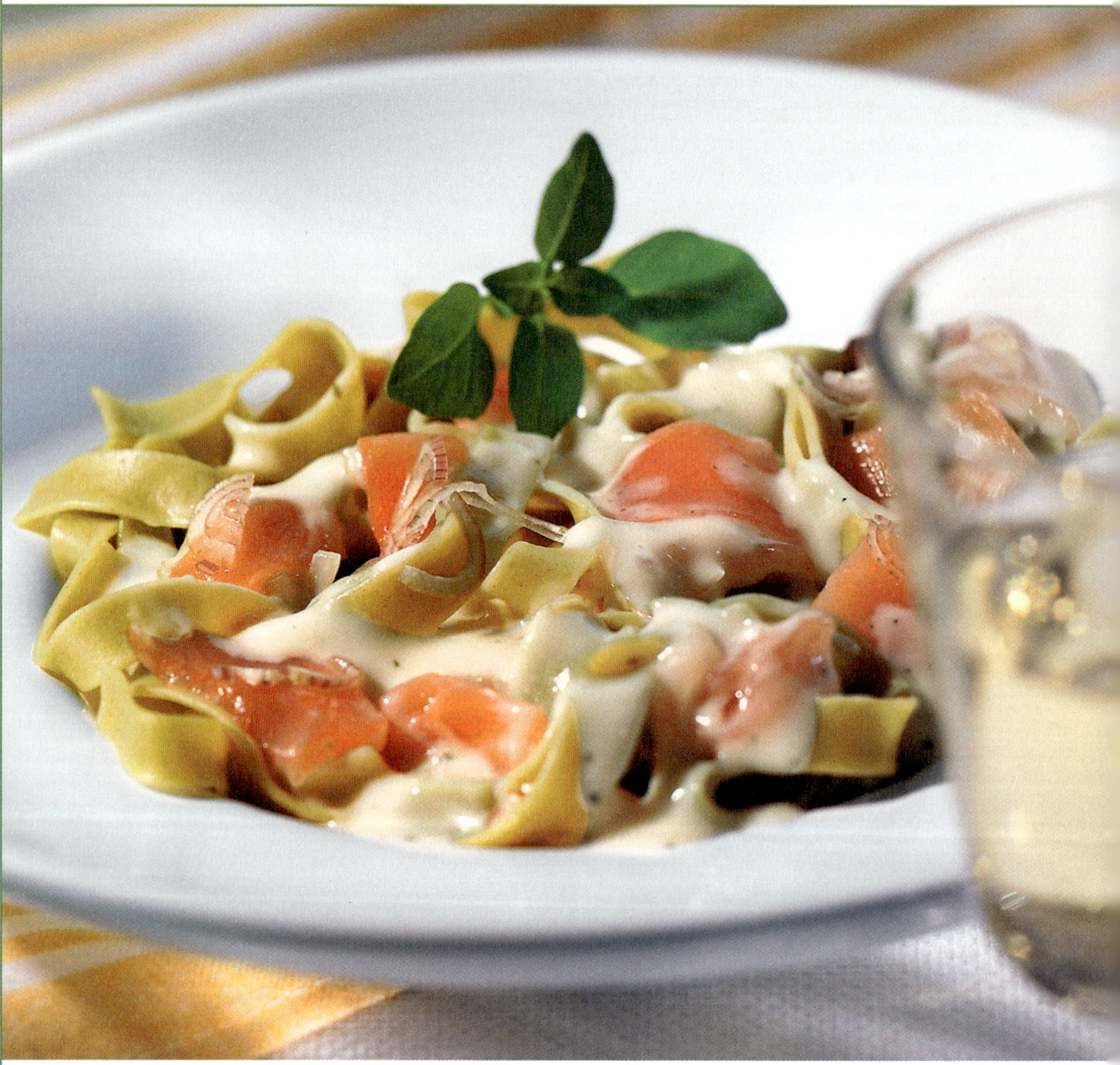

Zutaten für 2–3 Portionen:

200 g grüne Bandnudeln

Salz

150 g Schalotten

1 EL Öl

50 ml Weißwein

200 ml Schlagsahne

1 Beutel KNORR Fix für Lachs-Sahne-Gratin

100 g Räucherlachs

tipp

Den Weißwein durch trockenen weißen Wermut (Noilly Prat) ersetzen.

1. Bandnudeln in reichlich Salzwasser bissfest garen und in einem Sieb abgießen.
2. Schalotten abziehen, halbieren und längs in dünne Spalten schneiden. In einem Topf in heißem Öl andünsten, Weißwein dazugeben. Das Gemüse weich dünsten. Sahne und 50 Milliliter Wasser dazugießen, Fix für Lachs-Sahne-Gratin einrühren, unter Rühren aufkochen und bei schwacher Hitze 1 Minute kochen.
3. Lachs in Streifen schneiden und in der Sauce erwärmen, aber nicht mehr kochen. Sauce mit Bandnudeln anrichten.

Rotbarsch mit Speck

Pro Portion: 2700 kJ/645 kcal, 39 g E, 50 g F, 10 g KH

1. Gefrorene Rotbarschfilets antauen lassen. Fischfilets in eine gefettete Auflaufform legen. Fix für Lachs-Sahne-Gratin in Sahne einrühren und über den Fisch gießen.

2. Zwiebel abziehen und in Würfel schneiden. Speck ebenfalls würfeln. Zwiebel- und Speckwürfel ohne Fettzugabe bei mittlerer Hitze in einer Pfanne braten und auf dem Fisch verteilen. Im vorgeheizten Backofen bei 200 °C (Gas Stufe 3, Umluft 175 °C) etwa 30 Minuten garen.

3. Blattspinat in 100 Milliliter Wasser bei mittlerer Hitze in etwa 18 Minuten auftauen und garen. Knoblauchzehe abziehen, zerdrücken und zufügen. Mit Salz, Pfeffer und Muskat abschmecken. Spinat zu dem Rotbarsch servieren.

Zutaten für 3 Portionen:

500 g Rotbarschfilet (frisch oder TK)

1 Beutel KNORR Fix für Lachs-Sahne-Gratin

1/4 l (250 ml) Schlagsahne

1 Zwiebel

50 g durchwachsener Speck

450 g TK-Blattspinat

1 Knoblauchzehe

Salz, Pfeffer, Muskat

tipp

Dazu passt ein Chardonnay aus dem italienischen Friaul.

Tortellini mit Garnelen

Pro Portion: 3350 kJ/798 kcal, 31 g E, 48 g F, 61 g KH

1. Riesengarnelen bzw. Shrimps auftauen lassen.

2. 300 Milliliter Wasser und Sahne in einem Topf aufkochen. Tortellini dazugeben und zugedeckt bei schwacher Hitze 5 Minuten kochen.

3. Fix für Lachs-Sahne-Gratin zu den Tortellini geben, einrühren und 1 Minute kochen. Garnelen dazugeben und 2 bis 3 Minuten in der Sauce ziehen lassen. Nach Belieben mit Dill garnieren.

Zutaten für 2 Portionen:

200 g TK-Riesengarnelen (oder Shrimps)

200 ml Schlagsahne

250 g gefüllte Tortellini aus dem Kühlregal (z.B. mit Ricotta und Spinat gefüllt)

1 Beutel KNORR Fix für Lachs-Sahne-Gratin

evtl. Dill

Lachs in Tomatensahne

Pro Portion: 1140 kJ/274 kcal, 25 g E, 15 g F, 9 g KH

Zutaten für 4 Portionen:

500 g Lachsfilet (frisch oder TK)

2 Bund Frühlingszwiebeln

1 Beutel KNORR Fix für Lachs-Sahne-Gratin

100 ml Tomatensaft

50 ml Schlagsahne

evtl. Dill

tipp

Dazu können Sie einen Salat aus Rucola, Eichblatt und Chicorée reichen.

1. Gefrorene Lachsfilets antauen lassen. Fisch in eine gefettete Auflaufform legen. Frühlingszwiebeln putzen, waschen, in Ringe schneiden und auf dem Lachs verteilen.

2. Fix für Lachs-Sahne-Gratin in Tomatensaft, Sahne und 100 Milliliter Wasser einrühren, unter Rühren aufkochen und bei schwacher Hitze 1 Minute kochen.

3. Sauce über die Lachsfilets geben. Im vorgeheizten Backofen bei 200 °C (Gas Stufe 3, Umluft 175 °C) in 25 bis 30 Minuten garen.

Dazu schmeckt Reis (z.B. eine Mischung aus Langkorn- und Wildreis) oder Kartoffelpüree.

Fisch-Gratin mit Gemüse

Pro Portion: 1685 kJ/402 kcal, 29 g E, 27 g F, 11 g KH

Zutaten für 3 Portionen:

400 g Seelachsfilet (frisch oder TK)

1 TL Zitronensaft

Pfeffer

250 g Zucchini

6 Cocktailtomaten

1 Beutel KNORR Fix für Lachs-Sahne-Gratin

200 ml Schlagsahne

evtl. Dill

tipp

Das Gratin in Portionsförmchen zubereiten.

1. Gefrorenen Fisch antauen lassen. Fisch mit Zitronensaft beträufeln und mit Pfeffer würzen, in eine gefettete Auflaufform geben.

2. Zucchini waschen, putzen und schräg in dünne Scheiben schneiden. Tomaten ebenfalls waschen und in Scheiben schneiden. Gemüse auf dem Fisch verteilen.

3. Fix für Lachs-Sahne-Gratin in Sahne einrühren und über den Fisch und das Gemüse gießen. Im vorgeheizten Backofen bei 200 °C (Gas Stufe 3, Umluft 175 °C) etwa 30 Minuten garen. Nach Belieben mit Dill garnieren.

Gut dazu: Reis oder Kartoffeln.

Schollenröllchen

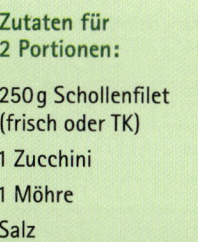

Pro Portion: 2130 kJ/508 kcal, 27 g E, 42 g F, 6 g KH

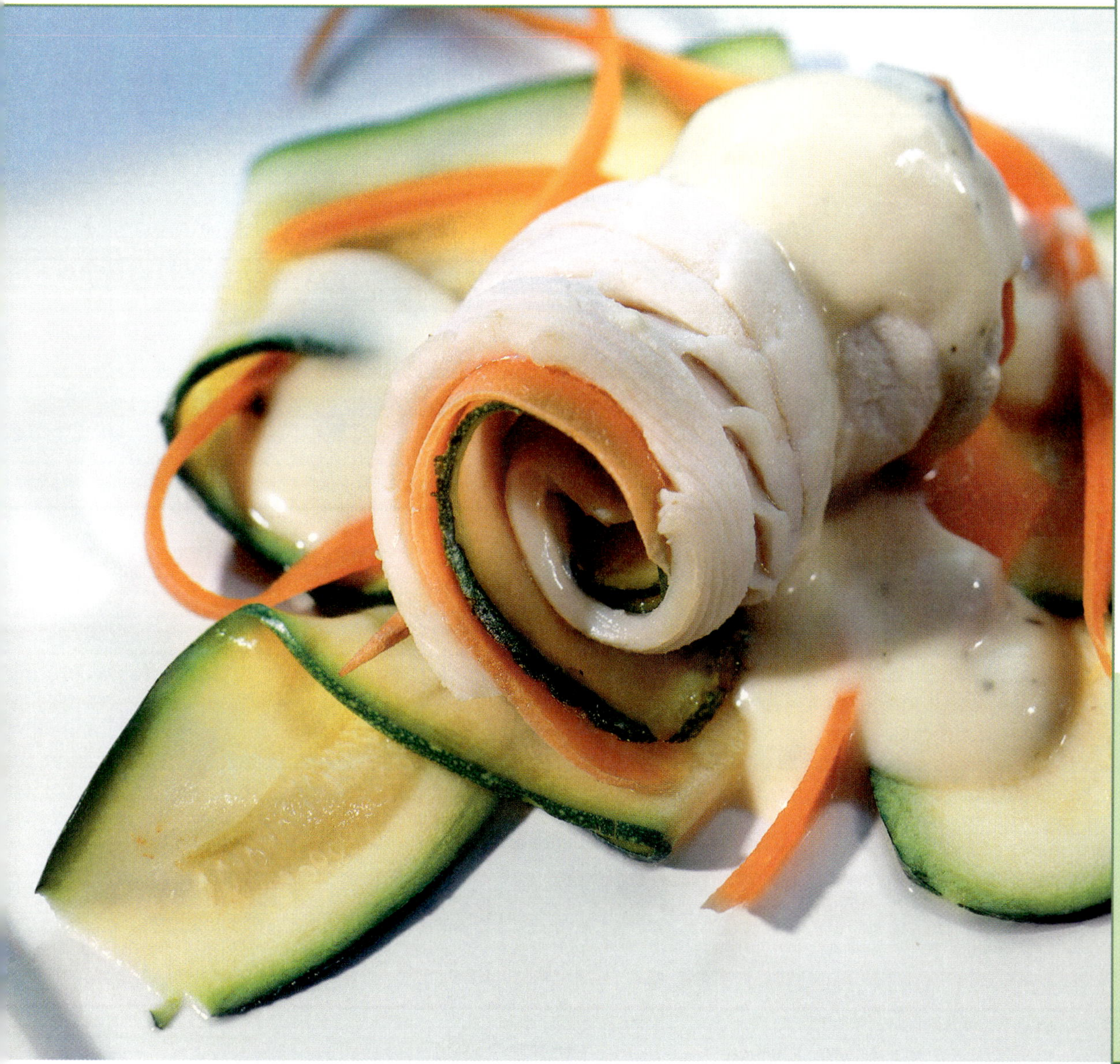

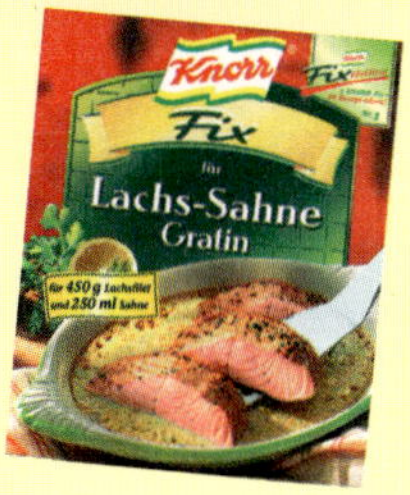

1. Gefrorene Schollenfilets auftauen. Zucchini waschen und putzen, die Möhre schälen. Beide Gemüse mit einem Sparschäler der Länge nach in dünne Streifen schneiden. Die Streifen in kochendem Salzwasser 1 Minute garen. Herausnehmen und abtropfen lassen.

2. Auf jedes Schollenfilet 1 bis 2 Zucchini- und Möhrenstreifen legen und aufrollen. Die Fischröllchen mit Holzspießchen feststecken und in eine gefettete Auflaufform geben.

3. Fix für Lachs-Sahne-Gratin in Sahne einrühren und über den Fisch gießen. Im vorgeheizten Backofen bei 200 °C (Gas Stufe 3, Umluft 175 °C) 25 bis 30 Minuten garen. Die restlichen Gemüsestreifen auf vorgewärmte Teller verteilen. Die Schollenröllchen mit der Sauce darauf anrichten.

tipp

Etwas kostspieliger, aber sehr edel: Feine Fischröllchen aus zartem Seezungenfilet.

10 Rezept-Ideen

Fix für Lasagne al forno

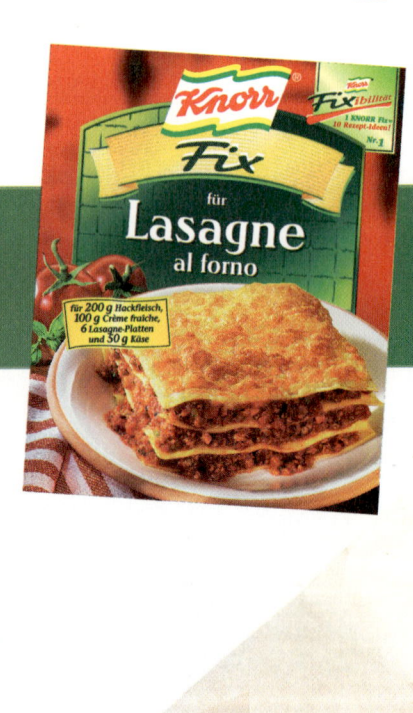

Ganz easy und herzhaft italienisch

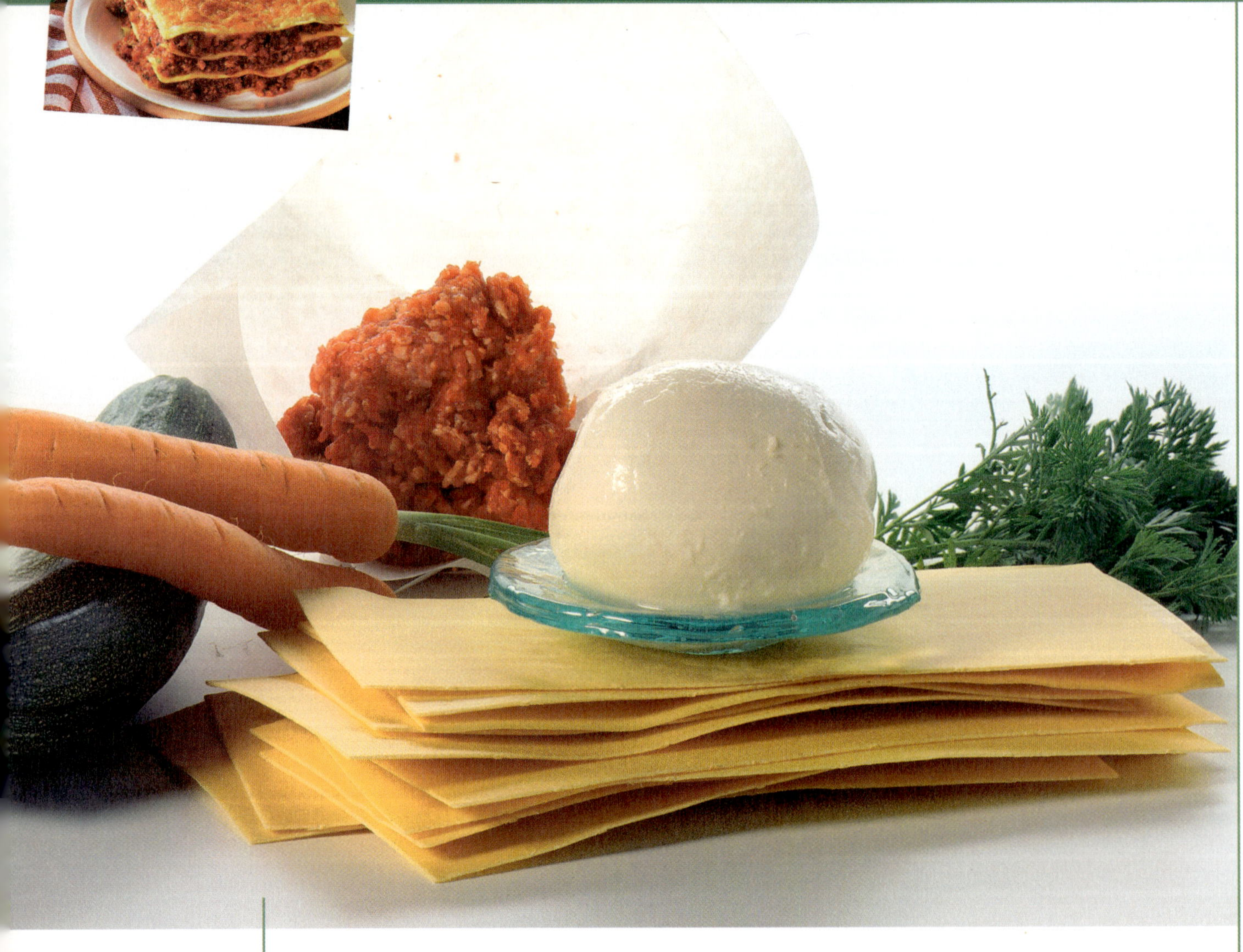

Zubereitungszeit ca. 55 min

Pikante Pilz-Lasagne

Pro Portion (bei 3 Port.): 2170 kJ/519 kcal, 25 g E, 27 g F, 42 g KH

1. Die Pilze putzen, halbieren und eventuell vierteln. Frühlingszwiebeln putzen, waschen und in Ringe schneiden. Beides in einer Pfanne in heißem Öl etwa 5 Minuten braten. Mit Salz und Pfeffer würzen. 300 Milliliter kaltes Wasser in die Pfanne gießen, Fix für Lasagne al forno einrühren und 1 Minute kochen.

2. In eine gefettete Auflaufform abwechselnd Pilzsauce, Lasagneplatten und Ricotta schichten. Mit Sauce beginnen und abschließen. Crème fraîche und Käse darüber geben.

3. Im vorgeheizten Backofen bei 200 °C (Gas Stufe 3, Umluft 175 °C) in 25 bis 30 Minuten goldbraun backen.

Gut dazu: Blattsalat mit Nussöl-Dressing.

Zutaten für 2–3 Portionen:

400 g gemischte Pilze

1 Bund Frühlingszwiebeln

2 EL Öl

Salz, Pfeffer

1 Beutel KNORR Fix für Lasagne al forno

6 Lasagneplatten ohne Vorkochen

250 g Ricotta-Käse

50 g Crème fraîche

50 g geriebener Käse

Zubereitungszeit ca. 60 min

Lauch-Cannelloni

Pro Portion (bei 3 Port.): 2995 kJ/715 kcal, 32 g E, 36 g F, 64 g KH

1. Lauch putzen, waschen und in etwa 10 Zentimeter lange Stücke schneiden. Lauchstücke 2 bis 3 Minuten in Salzwasser kochen.

2. Cannelloni mit dem Lauch füllen und nebeneinander in eine gefettete Auflaufform legen.

3. Hackfleisch in einem Topf in heißem Öl unter Rühren anbraten. 600 Milliliter kaltes Wasser dazugießen, Fix für Lasagne al forno einrühren, aufkochen und 1 Minute kochen lassen.

4. Sauce über die Cannelloni gießen, Crème fraîche darauf verteilen und mit Käse bestreuen. Im vorgeheizten Backofen bei 175 °C (Gas Stufe 2, Umluft 150 °C) 35 bis 40 Minuten backen.

Zutaten für 3–4 Portionen:

2 Stangen Lauch

Salz

10 Cannelloni (ital. Nudelrollen)

200 g Hackfleisch

1 EL Öl

2 Beutel KNORR Fix für Lasagne al forno

100 g Crème fraîche

50 g geriebener Käse

tipp

Etwas Thymian zum Hackfleisch geben.

155

Zubereitungszeit ca. 50 min

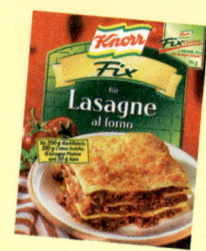

Paprika-Schinken-Lasagne al forno

Pro Portion (bei 3 Port.): 2030 kJ/486 kcal, 24 g E, 26 g F, 39 g KH

Zutaten für 2–3 Portionen:

300 g Paprikaschoten (rot, grün, gelb)

150 g gekochter Schinken

2 EL Öl

1 Beutel KNORR Fix für Lasagne al forno

6 Lasagneplatten ohne Vorkochen

100 g Crème fraîche

50 g geriebener Gouda

1. Paprikaschoten waschen, halbieren, entkernen und in Stücke schneiden. Schinken würfeln. Paprikastücke und Schinkenwürfel in einem Topf in heißem Öl anbraten. 300 Milliliter kaltes Wasser dazugießen, Fix für Lasagne al forno einrühren und 1 Minute kochen.
2. In eine gefettete Auflaufform abwechselnd Schinken-Paprika-Sauce und Lasagneplatten schichten. Mit Sauce beginnen und abschließen. Crème fraîche und Gouda darüber geben.
3. Im vorgeheizten Backofen bei 200 °C (Gas Stufe 3, Umluft 175 °C) in 25 bis 30 Minuten goldbraun backen.

tipp

Zur Lasagne passt weißer Pinot Grigio aus dem Trentino oder frischer Orvieto classico.

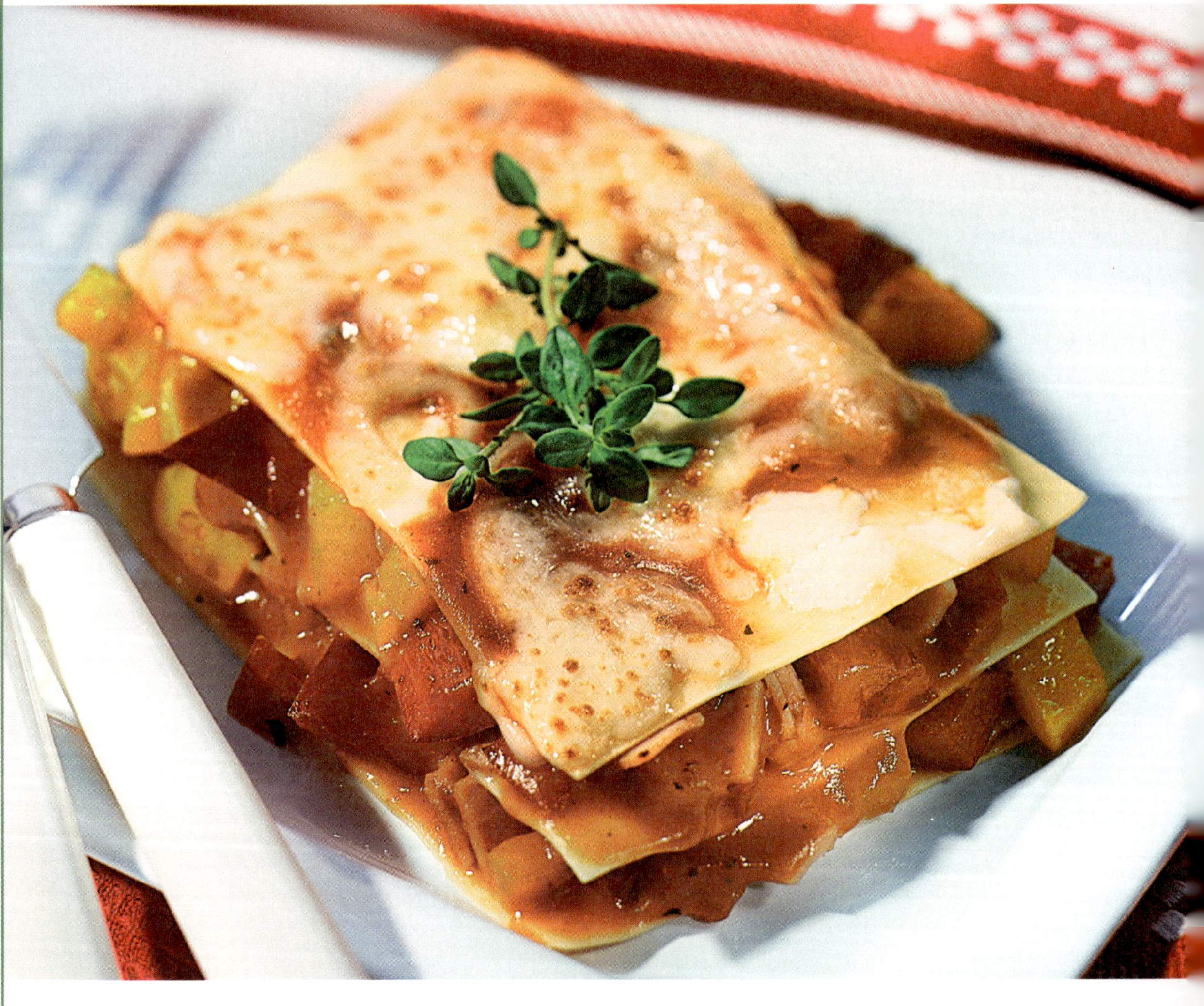

Zubereitungszeit ca. 40 min

Gefüllte Tortellini mit Thunfischsauce

Pro Portion (bei 2 Port.): 4055 kJ/965 kcal, 45 g E, 46 g F, 92 g KH

Zutaten für 2–3 Portionen:

250 g getrocknete gefüllte Tortellini (z.B. mit Spinat und Ricotta)

140 g Thunfisch aus der Dose

1 Beutel KNORR Fix für Lasagne al forno

100 g Crème fraîche

50 g geriebener Käse

tipp

Statt Thunfisch können Sie auch in Würfel geschnittenen Kochschinken verwenden.

1. Tortellini in einer gefetteten Auflaufform verteilen. Thunfisch abtropfen lassen und darauf verteilen.

2. Fix für Lasagne al forno in 400 Milliliter kaltes Wasser einrühren, aufkochen und 1 Minute kochen lassen. Sauce über die Tortellini und den Thunfisch geben. Crème fraîche darauf verteilen und den Käse darüber streuen.

3. Im vorgeheizten Backofen bei 175 °C (Gas Stufe 2, Umluft 150 °C) 30 bis 35 Minuten backen.

157

Zubereitungszeit ca. 55 min

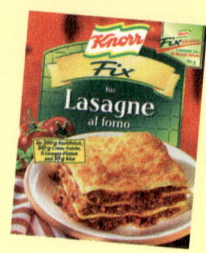

Gemüse-Lasagne

Pro Portion (bei 3 Port.): 1965 kJ/469 kcal, 15 g E, 27 g F, 42 g KH

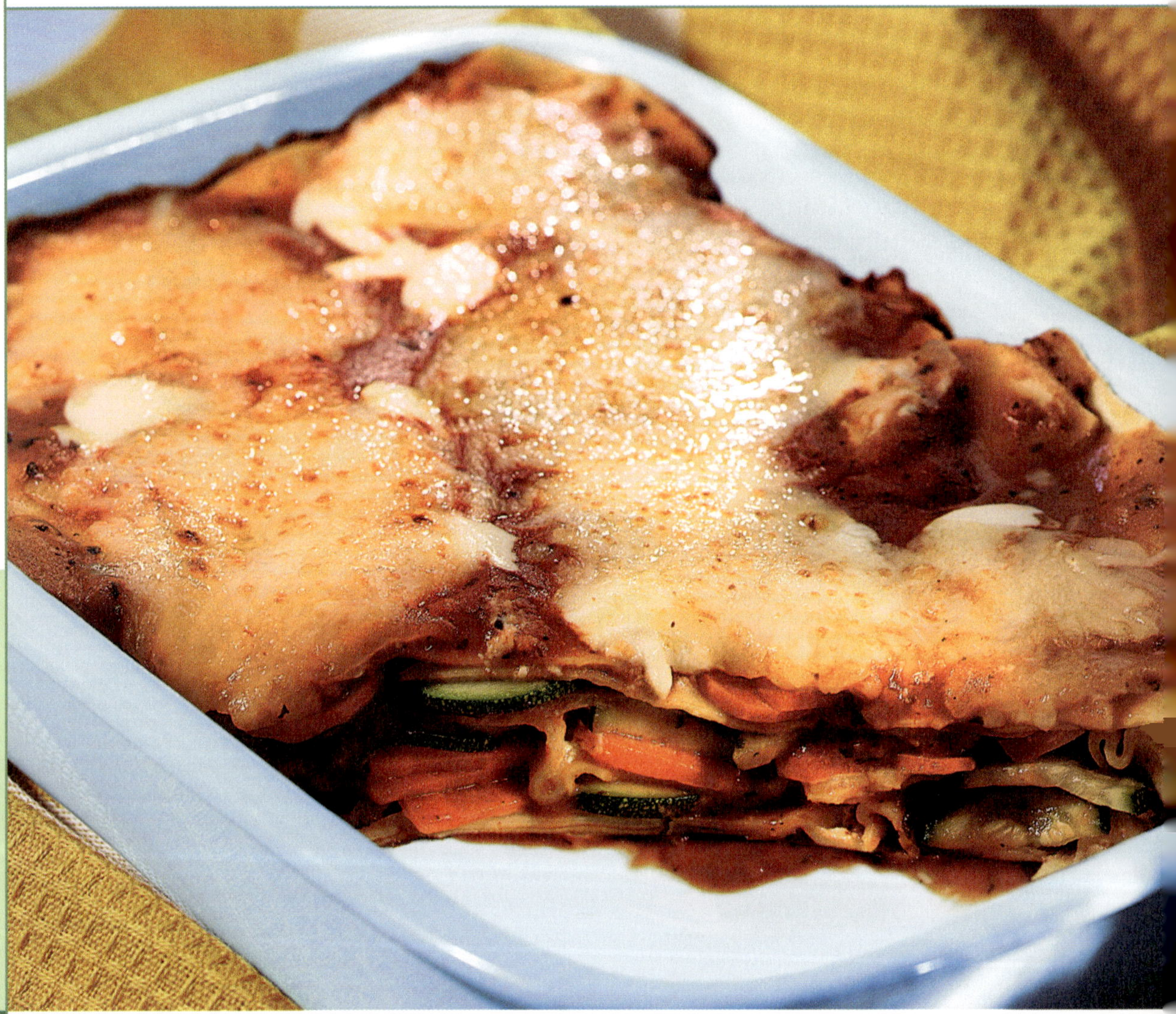

Zutaten für 2–3 Portionen:

250 g Zucchini
250 g Möhren
2 EL Öl
150 g Crème fraîche
Salz, Pfeffer
1 Beutel KNORR Fix für Lasagne al forno
6 Lasagneplatten ohne Vorkochen
125 g Mozzarella

tipp

Italienisch: Die Lasagne anstelle von Möhren und Zucchini mit Mangold zubereiten.

1. Zucchini und Möhren putzen, waschen und separat in feine Scheiben hobeln. Möhren in heißem Öl etwa 5 Minuten dünsten, Zucchini zufügen und kurz mitdünsten.
2. 50 Gramm Crème fraîche unterrühren, mit Salz und Pfeffer würzen. Aus der Pfanne nehmen und warm stellen. 300 Milliliter kaltes Wasser in die Pfanne gießen, Fix für Lasagne al forno einrühren und 1 Minute kochen.
3. In eine gefettete Auflaufform abwechselnd Sauce, 3 Lasagneplatten und Gemüse einschichten. Den Vorgang wiederholen und mit Sauce abschließen. Restliche Crème fraîche und Mozzarellascheiben darüber geben.
4. Im vorgeheizten Backofen bei 200 °C (Gas Stufe 3, Umluft 175 °C) in 25 bis 30 Minuten goldbraun backen.

Zubereitungszeit ca. 40 min

Tortellini-Gratin

Pro Portion (bei 3 Port.): 2230 kJ/529 kcal, 22 g E, 20 g F, 64 g KH

1. Broccoli auftauen lassen. In einer gefetteten Auflaufform die Tortellini verteilen. Broccoli darauf geben.

2. Fix für Lasagne al forno in 1/4 Liter (250 Milliliter) kaltes Wasser einrühren, aufkochen und 1 Minute kochen lassen. Sauce über die Tortellini und den Broccoli geben. Crème fraîche darauf verteilen und Käse darüber streuen.

3. Im vorgeheizten Backofen bei 200 °C (Gas Stufe 3, Umluft 175 °C) etwa 25 Minuten backen.

Zutaten für 2–3 Portionen:

300 g TK-Broccoli

250 g Tortellini mit Fleischfüllung aus dem Kühlregal

1 Beutel KNORR Fix für Lasagne al forno

100 g Crème fraîche

30 g geriebener Käse

tipp

Noch würziger wird das Gratin, wenn Sie 50 Gramm angebratene Schinkenspeckwürfel mit in die Auflaufform geben.

Zubereitungszeit ca. 55 min

Lasagne mit Sauerkraut

Pro Portion (bei 3 Port.): 2965 kJ/709 kcal, 30 g E, 46 g F, 43 g KH

1. Hackfleisch in einer Pfanne in heißem Öl anbraten. 300 Milliliter kaltes Wasser dazugießen, Fix für Lasagne al forno einrühren und 1 Minute kochen.

2. Apfel schälen, entkernen und in kleine Würfel schneiden. Sauerkraut zusammen mit den Apfelwürfeln, 300 Milliliter Wasser und 100 Gramm Crème fraîche 10 Minuten kochen.

3. In eine gefettete Auflaufform abwechselnd Hackfleischsauce, Sauerkraut und Lasagneplatten schichten. Mit Sauce beginnen und abschließen. Restliche Crème fraîche und Käse darüber geben. Im vorgeheizten Ofen bei 200 °C (Gas Stufe 3, Umluft 175 °C) in 25 bis 30 Minuten goldbraun backen.

Zutaten für 2–3 Portionen:

250 g Hackfleisch

2 EL Öl

1 Beutel KNORR Fix für Lasagne al forno

1 Apfel

240 g Sauerkraut aus der Dose

200 g Crème fraîche

6 Lasagneplatten ohne Vorkochen

50 g geriebener Käse

159

Zubereitungszeit ca. 45 min

Lamm-Lasagne

Pro Portion: 2370 kJ/567 kcal, 28 g E, 33 g F, 39 g KH

Zutaten für 3 Portionen:

200 g Aubergine

200 g Lamm-hackfleisch

2 EL Olivenöl

1 Beutel KNORR Fix für Lasagne al forno

10 schwarze Oliven ohne Stein

6 Lasagneplatten ohne Vorkochen

100 g Schafskäse

100 g Crème fraîche

1. Aubergine waschen, putzen, klein würfeln und mit dem Lammhackfleisch in heißem Öl braten. 300 Milliliter kaltes Wasser dazugießen, Fix für Lasagne al forno einrühren und 1 Minute kochen. Oliven in Scheiben schneiden und zugeben.

2. In eine gefettete Auflaufform abwechselnd Hackfleischsauce und Lasagneplatten schichten. Mit Sauce beginnen und abschließen. Schafskäse fein zerbröckeln und darüber streuen. Crème fraîche darauf verteilen.

3. Im vorgeheizten Backofen bei 200 °C (Gas Stufe 3, Umluft 175 °C) in etwa 25 Minuten goldbraun backen.

Zubereitungszeit ca. 45 min

Hackfleisch-Lasagne

Pro Portion (bei 2 Port.): 3355 kJ/805 kcal, 38 g E, 48 g F, 53 g KH

Zutaten für 2–3 Portionen:

200 g Hackfleisch

2 EL Öl

100 g Champignons

1 kleine Paprikaschote (ca. 200 g)

1 Beutel KNORR Fix für Lasagne al forno

6 Lasagneplatten ohne Vorkochen

100 g Crème fraîche

50 g geriebener Käse

1. Hackfleisch in einem Topf in heißem Öl unter Rühren anbraten. Champignons putzen und in Scheiben schneiden. Paprikaschote waschen, halbieren, entkernen und in Stücke schneiden. Beides zum Hackfleisch geben und mitdünsten.

2. 300 Milliliter kaltes Wasser dazugießen und Fix für Lasagne al forno einrühren. Unter Rühren aufkochen und 1 Minute kochen lassen.

3. In eine gefettete Auflaufform abwechselnd Sauce und Lasagneplatten schichten. Mit Sauce beginnen und abschließen. Crème fraîche und Käse darüber geben. Im vorgeheizten Backofen bei 200 °C (Gas Stufe 3, Umluft 175 °C) 25 bis 30 Minuten goldbraun backen.

Zubereitungszeit ca. 50 min

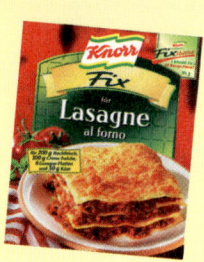

Spinat-Lachs-Lasagne

Pro Portion (bei 3 Port.): 2575 kJ/616 kcal, 43 g E, 32 g F, 37 g KH

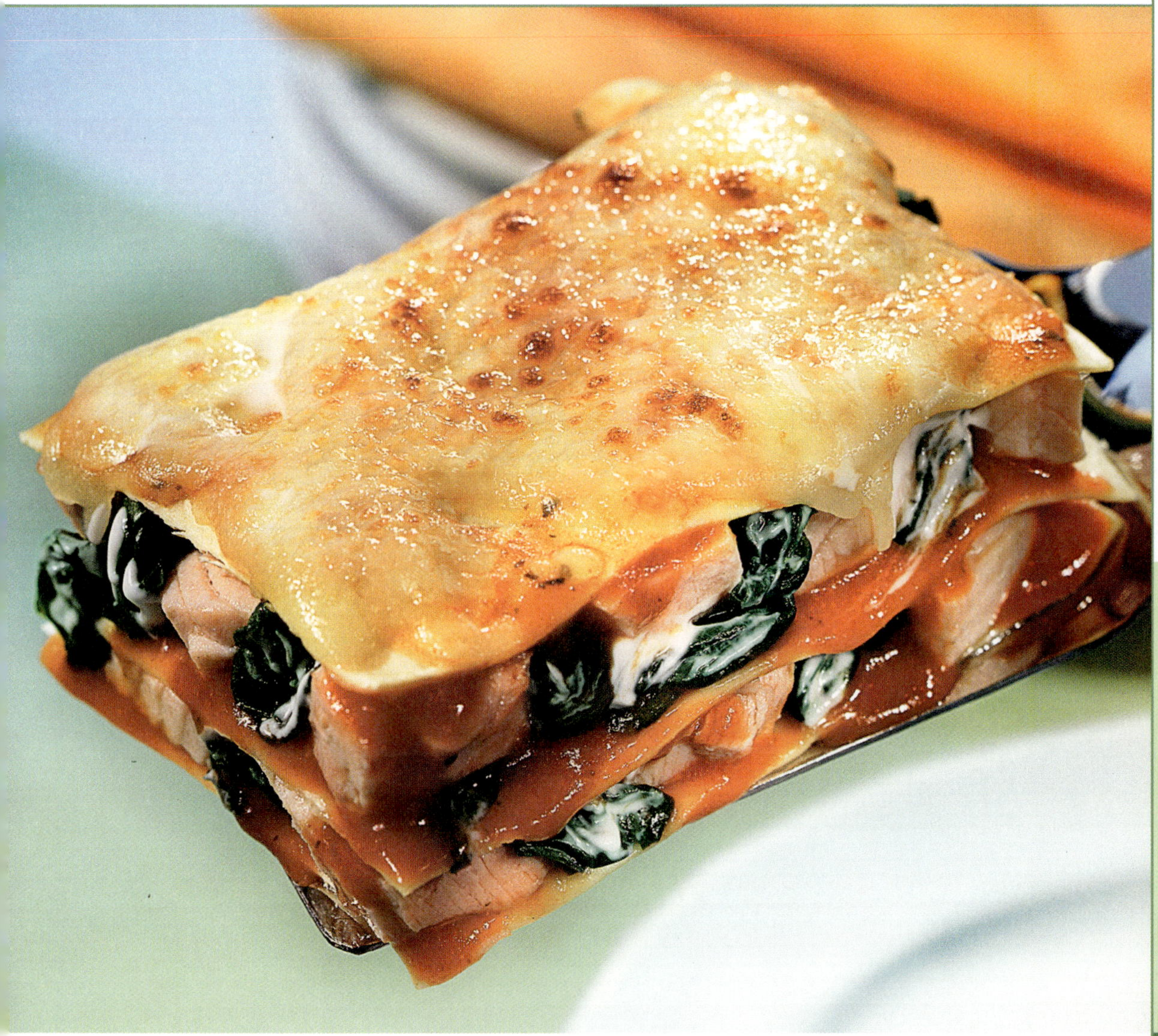

Zutaten für 2–3 Portionen:

225 g TK-Blattspinat
1 EL Öl
150 g Crème fraîche
Salz, Pfeffer
250 g Lachsfilet
200 g Seelachsfilet
1 TL Zitronensaft
1 Beutel KNORR Fix für Lasagne al forno
6 Lasagneplatten
50 g geriebener Käse

1. Blattspinat im Topf oder in der Mikrowelle auftauen und in heißem Öl andünsten. 50 Gramm Crème fraîche unterrühren, salzen und pfeffern. Fisch in Streifen schneiden, mit Zitronensaft beträufeln, salzen und pfeffern. Fix für Lasagne al forno in 300 Milliliter kaltes Wasser einrühren, aufkochen und 1 Minute kochen.
2. In eine gefettete Auflaufform abwechselnd Sauce, Lasagneplatten, Fischstreifen und Spinat schichten. Mit Sauce beginnen und abschließen. Restliche Crème fraîche und Käse darüber geben.
3. Im vorgeheizten Backofen bei 200 °C (Gas Stufe 3, Umluft 175 °C) in 25 bis 30 Minuten goldbraun backen.

tipp

Probieren Sie auch zu Fisch mal einen Roséwein oder sogar einen leichten Rotwein, z.B. Dornfelder.

10 Rezept-Ideen

Fix für Nudel-
Broccoli-Auflauf

**Für herzhafte
Nudelaufläufe und mehr**

Zubereitungszeit ca. 50 min

Nudel-Broccoli-Gratin

Pro Portion (bei 2 Port.): 2685 kJ/640 kcal, 25 g E, 58 g F, 34 g KH

1. Frischen Broccoli putzen, waschen, in Röschen teilen und in kochendem Salzwasser 2 bis 3 Minuten garen. Gefrorenen Broccoli auftauen. Ungekochte Nudeln und Broccoliröschen in eine gefettete Auflaufform geben.

2. Fix für Nudel-Broccoli-Auflauf in 400 Milliliter kaltes Wasser und Sahne einrühren, unter Rühren aufkochen und über den Auflauf gießen.

3. Käse darüber streuen und im vorgeheizten Backofen bei 200 °C (Gas Stufe 3, Umluft 175 °C) in etwa 30 Minuten goldbraun backen.

Zutaten für 2–3 Portiionen:

450 g frischer oder 300 g TK-Broccoli
Salz
100 g Nudeln (z.B. Hörnchen)
1 Beutel KNORR Fix für Nudel-Broccoli-Auflauf
100 ml Schlagsahne
50 g geriebener Käse

tipp

Kochen Sie das Gericht doch auch mal mit Chinakohl.

Zubereitungszeit ca. 55 min

Wirsing-Lasagne

Pro Portion (bei 2 Port.): 3105 kJ/741 kcal, 34 g E, 40 g F, 61 g KH

1. Wirsingblätter putzen, waschen und in kochendem Salzwasser 5 Minuten garen. Abtropfen lassen und in 3 bis 4 Zentimeter große Stücke schneiden. Fix für Nudel-Broccoli-Auflauf in 400 Milliliter kaltes Wasser und Sahne einrühren und unter Rühren kurz aufkochen. Mit Muskat würzen.

2. In eine gefettete Auflaufform zuerst etwas Sauce geben. Dann abwechselnd Lasagneplatten, Wirsing, Sauce und Käse schichten. Mit Sauce und Käse abschließen.

3. Lasagne im vorgeheizten Backofen bei 200 °C (Gas Stufe 3, Umluft 175 °C) in ca. 30 Minuten goldbraun backen.

Zutaten für 2–3 Portionen:

500 g Wirsingblätter
Salz
1 Beutel KNORR Fix für Nudel-Broccoli-Auflauf
100 ml Schlagsahne
1 Prise Muskat
9 Lasagneplatten ohne Vorkochen
100 g geriebener Käse

tipp

Noch herzhafter: 50 g knusprig ausgebratene Speckwürfel mit einschichten.

Zubereitungszeit ca. 55 min

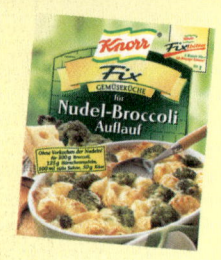

Gefüllte Pfannkuchen mit Shrimps

Pro Portion: 2140 kJ/512 kcal, 29 g E, 25 g F, 42 g KH

Zutaten für 4 Portionen:

- 4 Eier
- 400 ml Milch
- 140 g Mehl
- 1 EL Speisestärke
- 3 EL Öl
- 1 Bund Frühlingszwiebeln
- 200 g Shrimps
- 1 Beutel KNORR Fix für Nudel-Broccoli-Auflauf
- 1 EL fein geschnittener Dill
- 100 ml Schlagsahne
- 50 g geriebener Emmentaler

1. Eier, Milch, Mehl und Speisestärke verquirlen. Aus dem Teig in einer beschichteten Pfanne mit 2 Esslöffel Öl 4 große Pfannkuchen backen.
2. Frühlingszwiebeln putzen, waschen und in Ringe schneiden. Frühlingszwiebeln im restlichen Öl andünsten. Shrimps kurz mit erhitzen.
3. Fix für Nudel-Broccoli-Auflauf in 400 Milliliter kaltes Wasser und Sahne einrühren und unter Rühren kurz aufkochen, Dill unterrühren. Die Hälfte der Sauce zu den Shrimps geben, die Pfannkuchen damit füllen und nebeneinander in eine gefettete Auflaufform legen.
4. Restliche Sauce darüber gießen und mit Käse bestreuen. Im vorgeheizten Backofen bei 200 °C (Gas Stufe 3, Umluft 175 °C) in 20 Minuten goldbraun backen.

tipp

Schneller: Vorgegarte Pfannkuchen aus der Kühltheke verwenden.

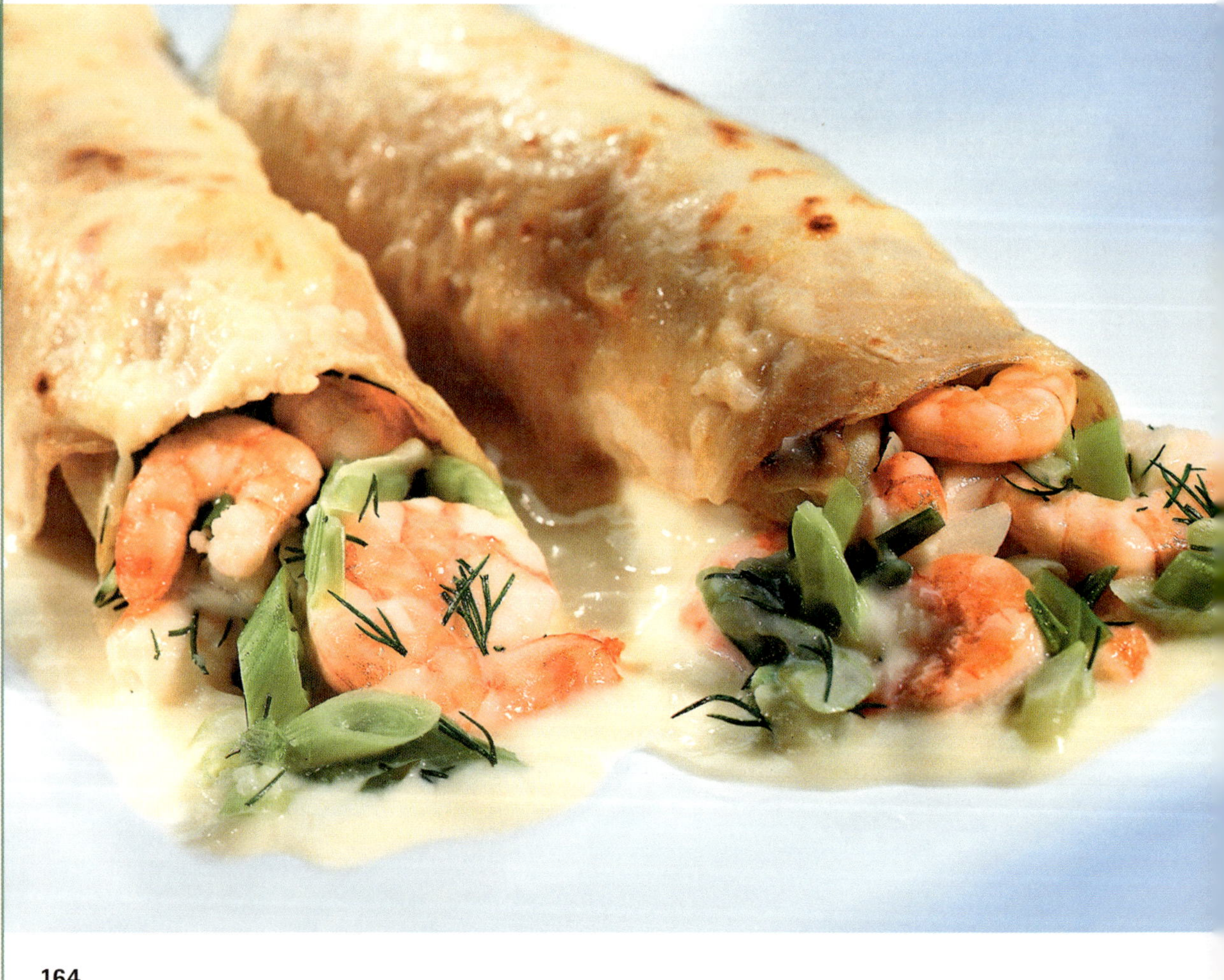

Zubereitungszeit ca. 55 min

Hackfleisch-Broccoli-Auflauf mit Curry

Pro Portion: 2405 kJ/575 kcal, 28 g E, 34 g F, 40 g KH

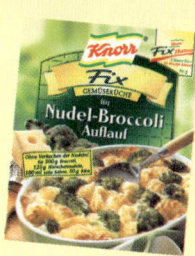

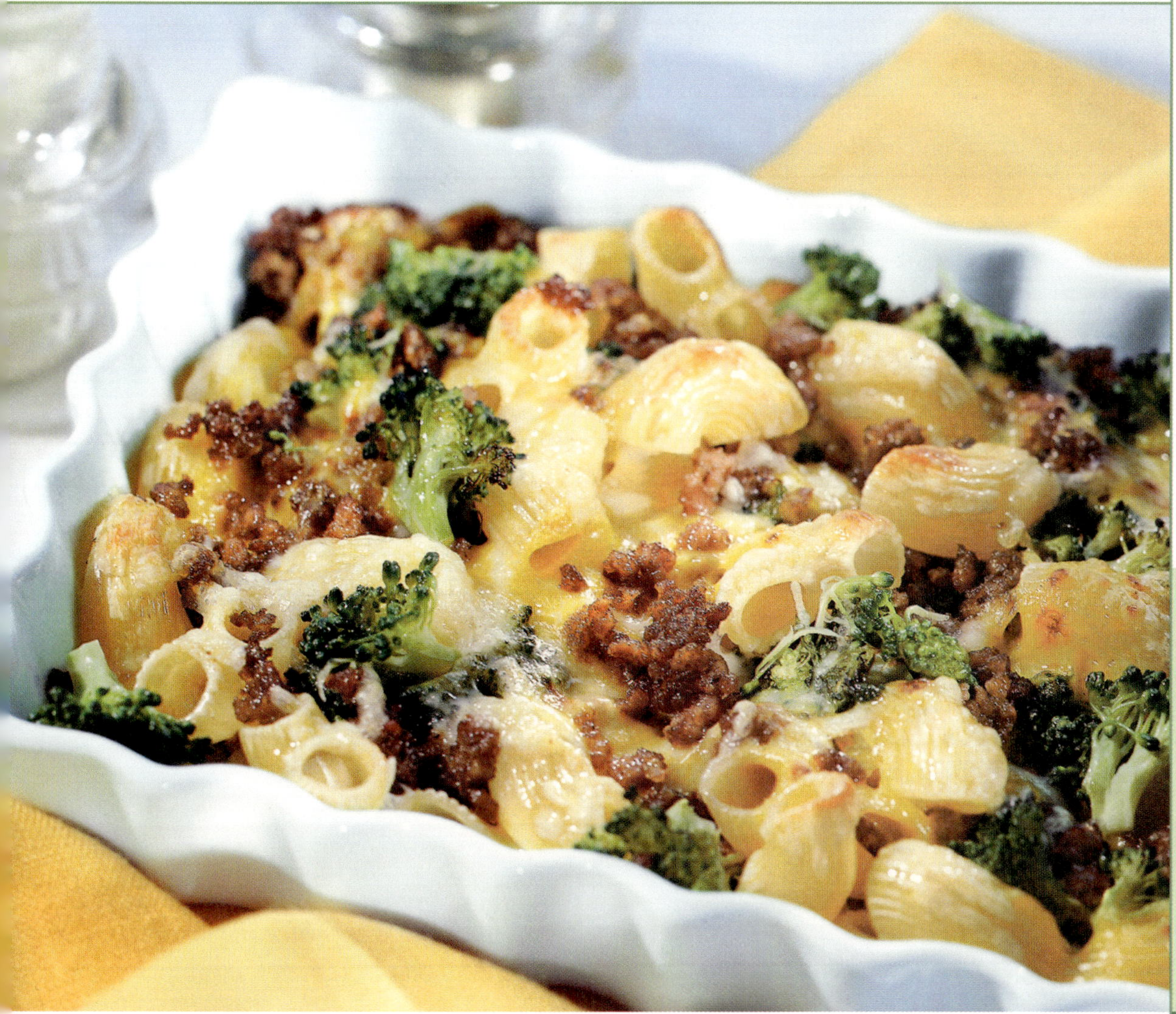

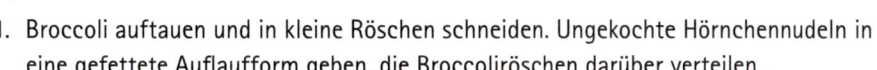

Zutaten für 3 Portionen:

300 g TK-Broccoli
125 g Hörnchennudeln
250 g Hackfleisch
1–2 EL Öl
Salz, Pfeffer
100 ml Schlagsahne
1 Beutel KNORR Fix für Nudel-Broccoli-Auflauf
1–2 TL Currypulver

1. Broccoli auftauen und in kleine Röschen schneiden. Ungekochte Hörnchennudeln in eine gefettete Auflaufform geben, die Broccoliröschen darüber verteilen.
2. Hackfleisch in einem Topf in etwas heißem Öl krümelig braten. Mit Salz und Pfeffer würzen. 400 Milliliter Wasser und Sahne dazugießen. Fix für Nudel-Broccoli-Auflauf einrühren und aufkochen. Curry unterrühren.
3. Die Currysauce über Nudeln und Broccoli gießen. Den Auflauf im vorgeheizten Backofen bei 200 °C (Gas Stufe 3, Umluft 175 °C) etwa 30 Minuten backen.

tipp

Für Käsefans: 5 Minuten vor Ende der Garzeit 2 Esslöffel geriebenen Käse auf dem Auflauf schmelzen lassen.

Zubereitungszeit ca. 45 min

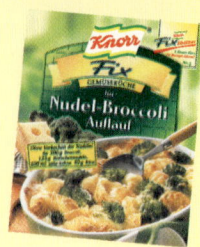

Endivien-Nudel-Auflauf

Pro Portion (bei 2 Port.): 2825 kJ/675 kcal, 24 g E, 40 g F, 55 g KH

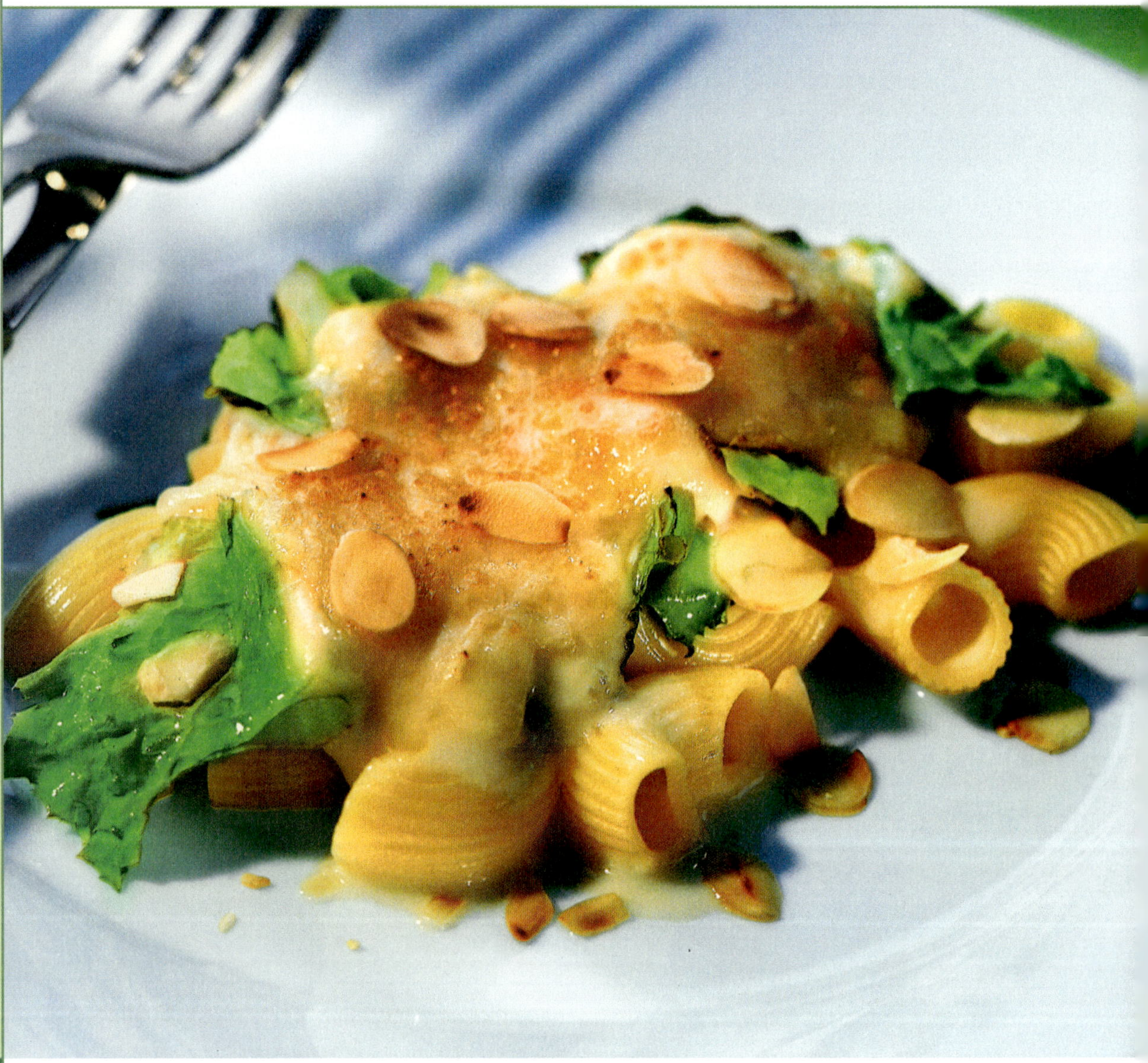

Zutaten für 2–3 Portionen:

125 g Hörnchennudeln
1/2 Kopf Endiviensalat (ca. 200 g)
1 Beutel KNORR Fix für Nudel-Broccoli-Auflauf
100 ml Schlagsahne
50 g geriebener Käse
30 g Mandelblättchen

tipp

Offiziell heißt der glatte Endiviensalat »Eskariol«, die krause Sorte wird als »Frisée« verkauft.

1. Die ungekochten Nudeln in eine gefettete Auflaufform geben. Endiviensalat waschen, putzen, klein schneiden und auf die Nudeln geben.
2. Fix für Nudel-Broccoli-Auflauf in 400 Milliliter kaltes Wasser und Sahne einrühren und unter Rühren kurz aufkochen. Die Sauce über Salat und Nudeln gießen, mit Käse und Mandelblättchen bestreuen.
3. Im vorgeheizten Backofen bei 200 °C (Gas Stufe 3, Umluft 175 °C) in etwa 30 Minuten goldbraun backen.

Zubereitungszeit ca. 50 min

Broccoli-Reis-Gratin

Pro Portion (bei 2 Port.): 2640 kJ/630 kcal, 28 g E, 33 g F, 55 g KH

1. Frischen Broccoli putzen, waschen, in Röschen teilen und in kochendem Salzwasser 2 bis 3 Minuten garen bzw. gefrorenen Broccoli auftauen.

2. Zuerst die ungegarten Reiskörner, dann Broccoliröschen in eine gefettete Auflaufform geben. Lachs in Stücke schneiden und darüber verteilen.

3. Fix für Nudel-Broccoli-Auflauf in 400 Milliliter kaltes Wasser und Sahne einrühren, unter Rühren aufkochen und über den Auflauf gießen.

4. Käse darüber streuen und im vorgeheizten Backofen bei 200 °C (Gas Stufe 3, Umluft 175 °C) in etwa 30 Minuten goldbraun backen.

Zutaten für 2–3 Portionen:

450 g frischer oder 300 g TK-Broccoli
Salz
100 g Langkornreis
75 g Räucherlachs oder geräuchertes Forellenfilet
1 Beutel KNORR Fix für Nudel-Broccoli-Auflauf
100 ml Schlagsahne
50 g geriebener Käse

tipp

Statt Räucherlachs können Sie auch Kochschinkenwürfel verwenden.

Zubereitungszeit ca. 45 min

Gnocchi mit Pilzen

Pro Portion (bei 3 Port.): 1645 kJ/392 kcal, 13 g E, 24 g F, 31 g KH

1. Austernpilze putzen und in feine Streifen schneiden. Zwiebel abziehen und würfeln. Knoblauchzehe abziehen und hacken. Alles zusammen in heißem Öl kurz und kräftig anbraten. Mit Pfeffer und Salz würzen.

2. Fix für Nudel-Broccoli-Auflauf in 400 Milliliter kaltes Wasser und Sahne einrühren und unter Rühren kurz aufkochen. Gnocchi und Pilze in eine gefettete Auflaufform geben, Sauce darüber gießen und mit Käse bestreuen.

3. Im vorgeheizten Backofen bei 225 °C (Gas Stufe 4, Umluft 200 °C) in etwa 20 Minuten goldbraun backen. Mit Schnittlauch bestreuen.

Zutaten für 3–4 Portionen:

300 g Austernpilze
1 Zwiebel
1 Knoblauchzehe
2 EL Öl
Pfeffer, Salz
1 Beutel KNORR Fix für Nudel-Broccoli-Auflauf
100 ml Schlagsahne
400 g Gnocchi aus dem Kühlregal
2–3 EL geriebener Käse
2–3 EL Schnittlauchröllchen

Nudel-Lachs-Auflauf

Pro Portion: 2729 kJ/650 kcal, 35 g E, 32 g F, 55 g KH

**Zutaten für
2 Portionen:**

250 g Lachs
1 EL Zitronensaft
Salz, Pfeffer
125 g Nudeln
(z.B. Hörnchen
oder Spiralen)
1/2 Bund Dill
1 Beutel KNORR
Fix für Nudel-
Broccoli-Auflauf
100 ml Schlagsahne

tipp

Dazu passt ein leichter Rotwein oder ein gut gekühlter Rosé.

1. Lachs in Würfel schneiden, mit Zitronensaft beträufeln, salzen und pfeffern. Lachs mit den ungekochten Nudeln in eine gefettete Auflaufform geben und mischen. Dill waschen, fein schneiden, 1 Esslöffel beiseite legen, den Rest darüber streuen.

2. Fix für Nudel-Broccoli-Auflauf in 400 Milliliter kaltes Wasser und Sahne einrühren und unter Rühren kurz aufkochen.

3. Die Sauce so über Lachs und Nudeln gießen, dass alles gut bedeckt ist. Im vorgeheizten Backofen bei 200 °C (Gas Stufe 3, Umluft 175 °C) 25 bis 30 Minuten backen. Mit restlichem Dill bestreuen.

Kartoffel-Auflauf

Pro Portion (bei 2 Port.): 2625 kJ/627 kcal, 20 g E, 37 g F, 51 g KH

**Zutaten für
2–3 Portionen:**

1 Beutel KNORR
Fix für Nudel-
Broccoli-Auflauf
100 ml Schlagsahne
2 Bund Schnittlauch
600 g Kartoffeln
30 g Sonnen-
blumenkerne
50 g geriebener
Emmentaler

1. Fix für Nudel-Broccoli-Auflauf in 400 Milliliter kaltes Wasser und Sahne einrühren und unter Rühren kurz aufkochen. Schnittlauch waschen, in Röllchen schneiden und dazugeben.

2. Kartoffeln schälen, in dünne Scheiben schneiden oder auf einem Gurkenhobel in Scheiben hobeln. Kartoffelscheiben in eine gefettete Auflaufform geben. Die Schnittlauchsauce darüber gießen. Sonnenblumenkerne und Käse darüber streuen.

3. Den Auflauf im vorgeheizten Backofen bei 200 °C (Gas Stufe 3, Umluft 175 °C) 30 bis 40 Minuten goldbraun backen.

Zubereitungszeit ca. 50 min

Spinat-Tomaten-Lasagne

Pro Portion (bei 2 Port.): 2855 kJ/681 kcal, 28 g E, 37 g F, 58 g KH

Zutaten für 2–3 Portionen:

225 g TK-Blattspinat

200 g Tomaten

1 Beutel KNORR Fix für Nudel-Broccoli-Auflauf

100 ml Schlagsahne

9 Lasagneplatten ohne Vorkochen

125 g Mozzarella

tipp

Pikant: 50 Gramm gewürfelten Gorgonzola unter den Spinat mischen.

1. Blattspinat in einem Topf oder in der Mikrowelle auftauen. Tomaten waschen, die Stielansätze herausschneiden. Tomaten in Scheiben schneiden. Fix für Nudel-Broccoli-Auflauf in 400 Milliliter kaltes Wasser und Sahne einrühren und unter Rühren kurz aufkochen.

2. In eine gefettete Auflaufform etwas Sauce geben. Dann abwechselnd Lasagne-platten, Tomatenscheiben und Spinat schichten. Mit Sauce beginnen und abschließen. Mozzarella in Scheiben schneiden und darauf verteilen.

3. Lasagne im vorgeheizten Backofen bei 200 °C (Gas Stufe 3, Umluft 175 °C) in etwa 30 Minuten goldbraun backen.

169

10 Rezept-Ideen

Fix für Nudel-Hackfleisch-Gratin

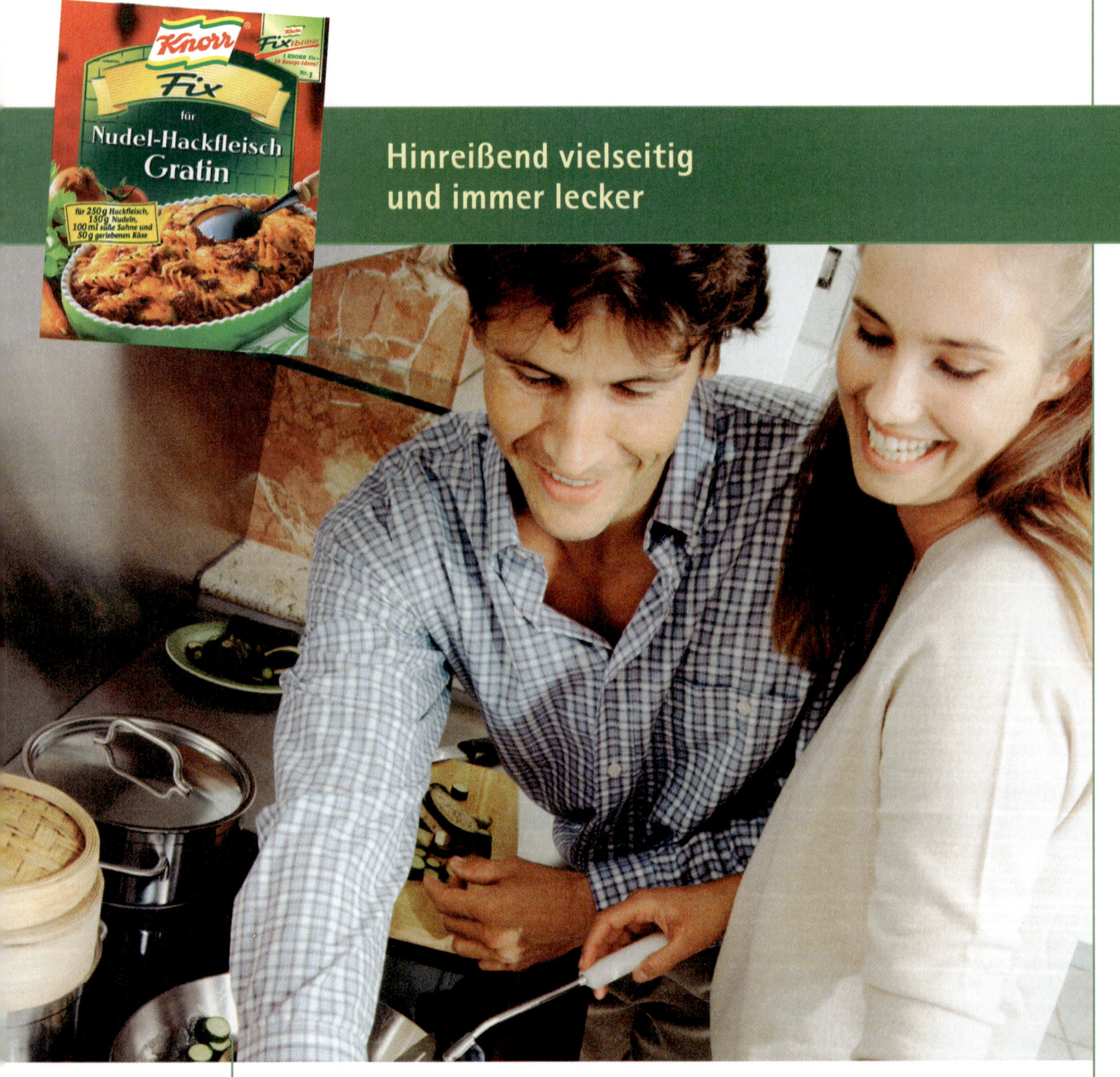

Hinreißend vielseitig
und immer lecker

Nudel-Hackfleisch-Gratin

Pro Portion (bei 3 Port.): 2500 kJ/598 kcal, 30 g E, 35 g F, 40 g KH

1. Hackfleisch in einem Topf in heißem Öl anbraten. 400 Milliliter Wasser und Sahne dazugießen. Fix für Nudel-Hackfleisch-Gratin einrühren, unter Rühren aufkochen und 1 Minute kochen lassen.

2. Nudeln ungekocht dazugeben und erneut kurz aufkochen. Alles in eine gefettete flache Auflaufform geben.

3. Käse darüber streuen und im vorgeheizten Backofen bei 200 °C (Gas Stufe 3, Umluft 175 °C) in etwa 25 Minuten goldbraun backen. Nach Belieben mit Thymianblättchen garnieren.

Zutaten für 2–3 Portionen:

250 g Hackfleisch
1–2 EL Öl
100 ml Schlagsahne
1 Beutel KNORR Fix für Nudel-Hackfleisch-Gratin
150 g Nudeln (z.B. Rigatoni)
50 g geriebener Käse
evtl. Thymian

tipp

1 geraspelte Möhre und 1 gewürfelte Zwiebel mit anbraten.

Hähnchen auf Fenchel

Pro Portion: 1850 kJ/443 kcal, 41 g E, 27 g F, 9 g KH

1. Hähnchenschenkel salzen, pfeffern und in eine gefettete Auflaufform legen. Fenchel waschen, putzen und in Streifen schneiden.

2. Fenchelstreifen in einer Pfanne in heißem Öl etwa 5 Minuten dünsten. Um die Hähnchenschenkel herum verteilen.

3. Fix für Nudel-Hackfleisch-Gratin in 1/4 Liter (250 Milliliter) kaltes Wasser einrühren, unter Rühren aufkochen und über Fleisch und Gemüse geben.

4. Hähnchenschenkel im vorgeheizten Backofen bei 200 °C (Gas Stufe 3, Umluft 175 °C) etwa 45 Minuten garen.

Dazu passen Basmatireis oder Salzkartoffeln.

Zutaten für 3 Portionen:

3 Hähnchenschenkel à ca. 200 g
Salz, Pfeffer
1 große Fenchelknolle (ca. 400 g)
1–2 EL Öl
1 Beutel KNORR Fix für Nudel-Hackfleisch-Gratin

tipp

1 Teelöffel Provence-Kräuter in das Wasser mit einrühren.

Zubereitungszeit ca. 55 min

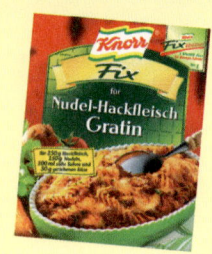

Gefüllte Zucchini mit Hackfleisch

Pro Portion: 1395 kJ/332 kcal, 24 g E, 18 g F, 17 g KH

Zutaten für 3 Portionen:

3 Zucchini à ca. 250 g

200 g Hackfleisch

1 Beutel KNORR Fix für Nudel-Hackfleisch-Gratin

50 g geriebener Käse

1. Zucchini waschen, putzen, längs halbieren und das Fruchtfleisch mit einem Löffel herauslösen. Fruchtfleisch hacken, mit Hackfleisch und Fix für Nudel-Hackfleisch-Gratin vermischen. Fleischmasse in die Zucchinihälften füllen.
2. Gefüllte Zucchini in eine gefettete Auflaufform legen, mit Käse bestreuen und im vorgeheizten Backofen bei 200 °C (Gas Stufe 3, Umluft 175 °C) etwa 40 Minuten überbacken.

Dazu Reis servieren. Nach Belieben den Reis beim Kochen mit Kurkuma oder Safran gelb färben.

tipp

Zucchini mit Tomatensauce: 1 Packung KNORR Tomato al Gusto Kräuter mit 1 Teelöffel Zucker verrühren. Gefüllte Zucchini auf die Sauce geben und überbacken.

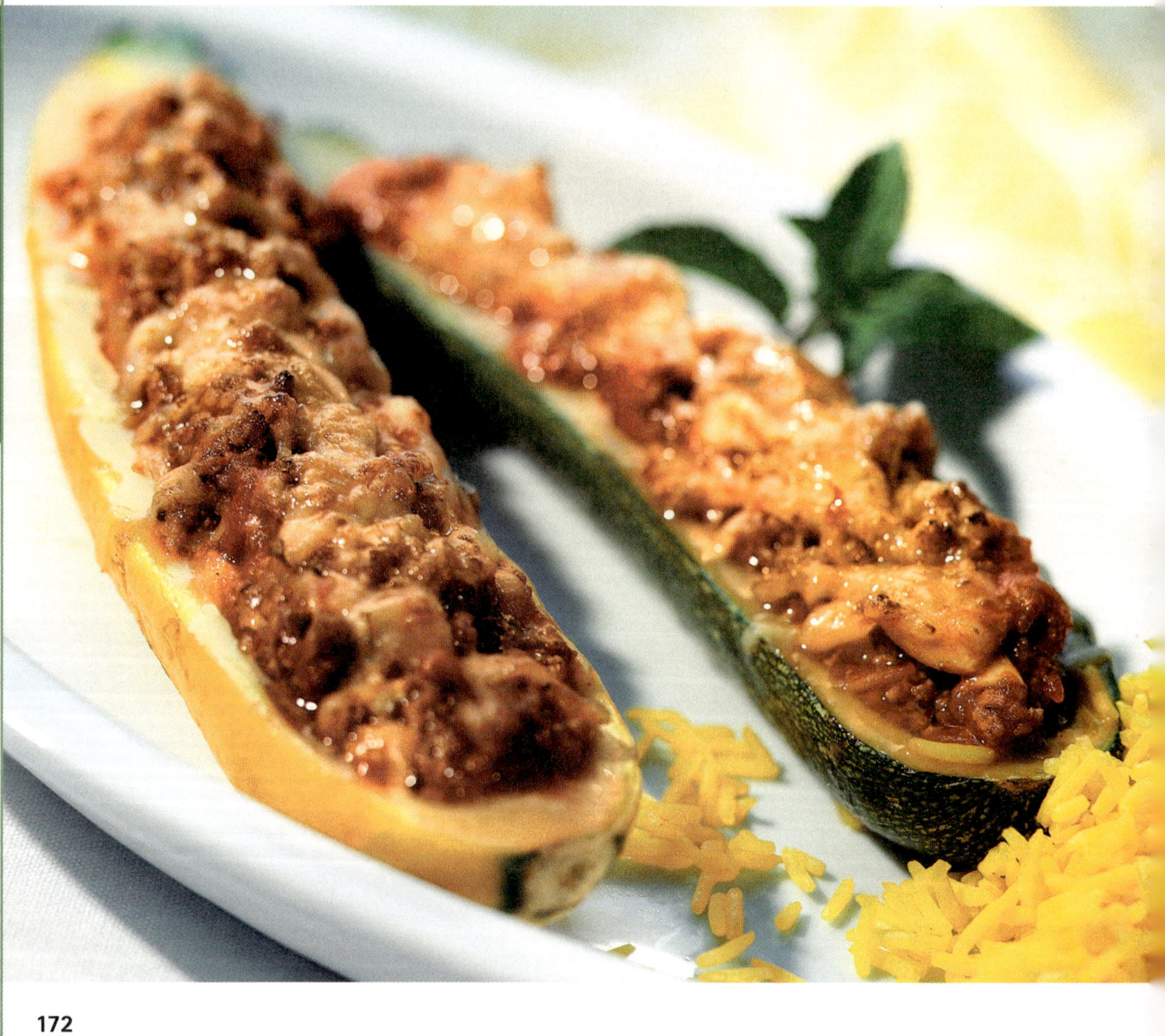

Zubereitungszeit ca. 25 min

Schupfnudel-Zucchini-Pfanne

Pro Portion: 1400 kJ/335 kcal, 12 g E, 18 g F, 31 g KH

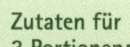

Zutaten für 3 Portionen:

500 g Zucchini
1 rote Zwiebel
1–2 EL Öl
500 g Schupfnudeln aus dem Kühlregal
1 Beutel KNORR Fix für Nudel-Hackfleisch-Gratin
100 ml Schlagsahne

tipp

50 Gramm gewürfelten Speck zusammen mit den Zwiebeln andünsten.

1. Zucchini waschen, putzen und in Stücke schneiden. Zwiebel abziehen, fein würfeln und in einer Pfanne in heißem Öl dünsten. Schupfnudeln dazugeben und von allen Seiten anbraten. Zucchinistücke dazugeben und etwa 3 Minuten dünsten.

2. Fix für Nudel-Hackfleisch-Gratin in 150 Milliliter Wasser und Sahne einrühren, unter Rühren aufkochen und bei schwacher Hitze 1 Minute kochen lassen. Schupfnudel-Zucchini-Pfanne mit der Sauce vermischen oder auf der Sauce anrichten.

Zubereitungszeit ca. 45 min

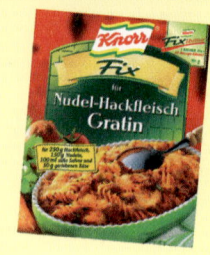

Zucchini-Hack-Auflauf

Pro Portion: 2485 kJ/594 kcal, 30 g E, 34 g F, 42 g KH

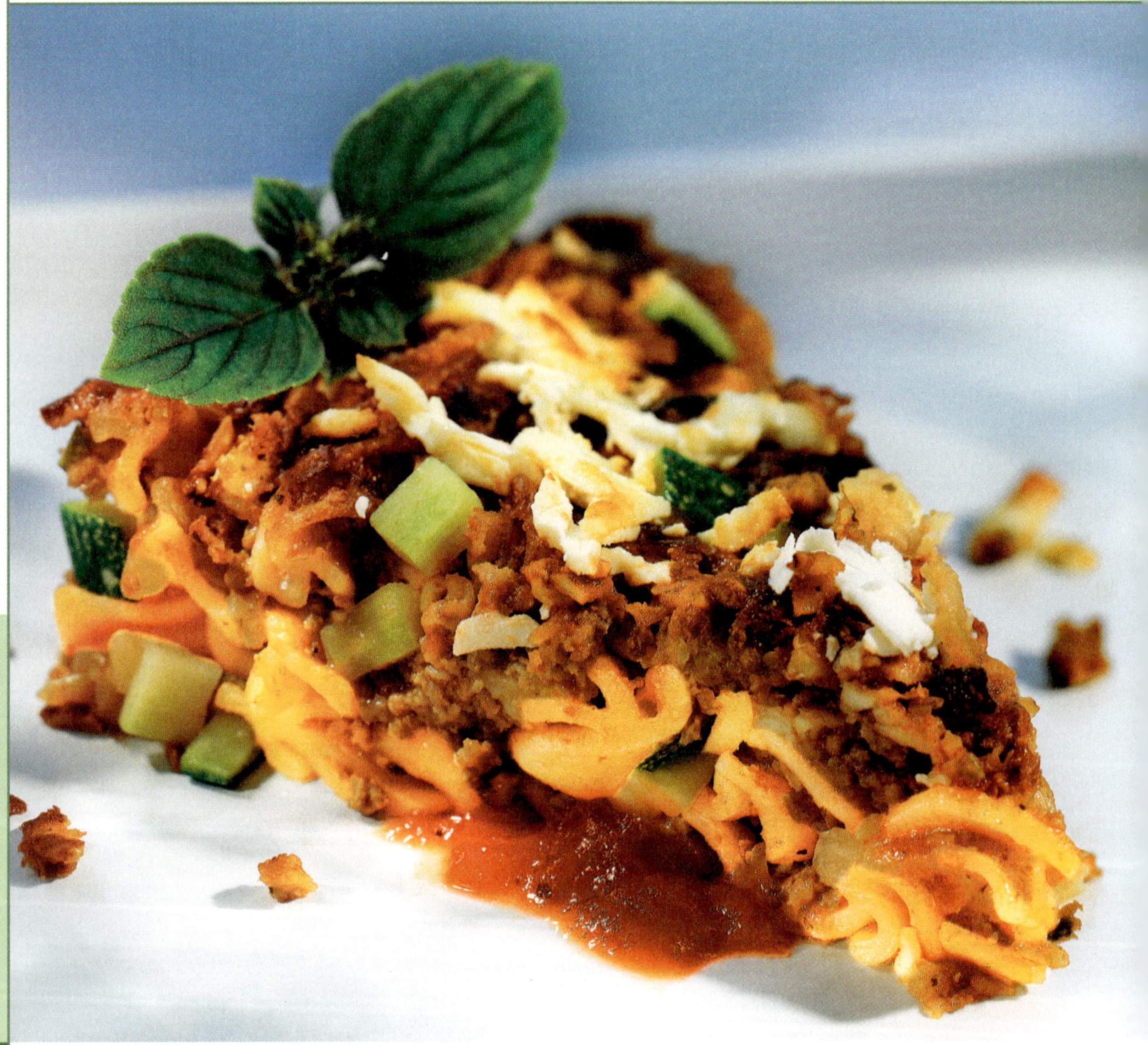

Zutaten für 3 Portionen:

200 g Zucchini
250 g Hackfleisch
1–2 EL Öl
100 ml Schlagsahne
1 Beutel KNORR Fix für Nudel-Hackfleisch-Gratin
150 g Nudeln (z.B. Penne oder Hörnchen)
75 g Schafskäse

tipp

Im Sommer den Auflauf mit frischen Schmorgurken zubereiten und mit Borretsch garnieren.

1. Zucchini waschen, putzen und in Würfel schneiden. Hackfleisch in heißem Öl anbraten. 400 Milliliter Wasser und Sahne dazugießen. Fix für Nudel-Hackfleisch-Gratin einrühren, unter Rühren aufkochen und 1 Minute kochen.
2. Die Nudeln ungekocht dazugeben und erneut kurz aufkochen. Zucchiniwürfel untermischen.
3. Alles in eine gefettete flache Auflaufform geben. Mit zerbröckeltem Schafskäse bestreuen und im vorgeheizten Backofen bei 200 °C (Gas Stufe 3, Umluft 175 °C) in etwa 25 Minuten goldbraun backen.

Lasagne mit Tomaten

Pro Portion (bei 3 Port.): 2625 kJ/627 kcal, 31 g E, 35 g F, 46 g KH

1. Tomaten waschen und in Würfel schneiden. Hackfleisch in heißem Öl anbraten. 1/4 Liter (250 Milliliter) kaltes Wasser dazugießen, Fix für Nudel-Hackfleisch-Gratin einrühren, unter Rühren aufkochen und 1 Minute kochen lassen. Tomatenwürfel unterrühren.

2. In eine gefettete flache Auflaufform abwechselnd Hackfleischsauce und Lasagneplatten schichten. Crème fraîche darauf verteilen. Mit Käse bestreuen.

3. Lasagne im vorgeheizten Backofen bei 200 °C (Gas Stufe 3, Umluft 175 °C) in etwa 30 Minuten goldbraun überbacken.

Zutaten für 2–3 Portionen:

3 Tomaten
250 g Hackfleisch
1–2 EL Öl
1 Beutel KNORR Fix für Nudel-Hackfleisch-Gratin
6 Lasagneplatten ohne Vorkochen
100 g Crème fraîche
50 g geriebener Käse

tipp

Anstelle von frischen Tomaten 1 Packung KNORR Tomato al Gusto unterrühren.

Pasta mit Chili-Sauce

Pro Portion (bei 2 Port.): 3240 kJ/774 kcal, 42 g E, 26 g F, 93 g KH

1. Nudeln in kochendem Salzwasser bissfest garen und in einem Sieb abgießen.

2. Chilischote waschen, halbieren, entkernen und fein hacken. Hackfleisch in einem Topf in heißem Öl braten. Chili dazugeben.

3. 1/4 Liter (250 Milliliter) kaltes Wasser dazugießen, Fix für Nudel-Hackfleisch-Gratin einrühren, unter Rühren aufkochen und 1 Minute kochen lassen. Nudeln mit der Sauce servieren und nach Belieben mit Käse und Thymianblättchen bestreuen.

Zutaten für 2–3 Portionen:

250 g Nudeln (z.B. Bandnudeln)
Salz
1 rote Chilischote
250 g Hackfleisch
1–2 EL Öl
1 Beutel KNORR Fix für Nudel-Hackfleisch-Gratin
evtl. geriebener Käse
evtl. Thymian

Überbackene Maultaschen

Pro Portion: 1700 kJ/406 kcal, 21 g E, 27 g F, 18 g KH

Zutaten für 3 Portionen:

300 g Broccoli

6 Maultaschen aus dem Kühlregal (ca. 300 g)

1 Beutel KNORR Fix für Nudel-Hackfleisch-Gratin

100 ml Schlagsahne

1–2 EL Tomatenmark

50 g geriebener Käse

Kräuter zum Garnieren

1. Broccoli putzen, waschen und in kleine Röschen teilen. Maultaschen in eine gefettete Auflaufform legen. Broccoliröschen darauf verteilen.

2. Fix für Nudel-Hackfleisch-Gratin in 150 Milliliter kaltes Wasser und Sahne einrühren, unter Rühren aufkochen, 1 Minute kochen lassen und Tomatenmark unterrühren. Sauce über den Broccoli gießen. Mit Käse bestreuen.

3. Im vorgeheizten Backofen bei 200 °C (Gas Stufe 3, Umluft 175 °C) 25 bis 30 Minuten backen. Mit Kräutern garnieren.

Pikantes Party-Pizzabrot

Pro Scheibe: 775 kJ/186 kcal, 8 g E, 5 g F, 26 g KH

Zutaten für 15 Scheiben:

1/4 l (250 ml) Milch

1 Ei

500 g Mehl

1 TL Zucker

1 TL Salz

1 Beutel KNORR Fix für Nudel-Hackfleisch-Gratin

30 g frische Hefe

100 g Salami

100 g Käse

1 Zwiebel

100 g Tomatenpaprika aus dem Glas

1. Milch, Ei, Mehl, Zucker, Salz und Fix für Nudel-Hackfleisch-Gratin in eine Schüssel geben und die Hefe darüber bröseln. Alles mit einem Handrührgerät so lange verkneten, bis sich der Teig vom Schüsselrand löst.

2. Salami und Käse in Würfel schneiden. Zwiebel abziehen und fein würfeln. Tomatenpaprika abtropfen lassen und ebenfalls würfeln. Alles zum Teig geben und unterkneten. Den Teig mindestens 30 Minuten gehen lassen.

3. Teig mit den Händen durchkneten, in eine gefettete Kastenform von 30 Zentimeter Länge füllen, nochmals etwa 20 Minuten gehen lassen und im vorgeheizten Backofen bei 200 °C (Gas Stufe 3, Umluft 175 °C) 45 Minuten backen.

Zubereitungszeit ca. 55 min

Auflauf à la Moussaka

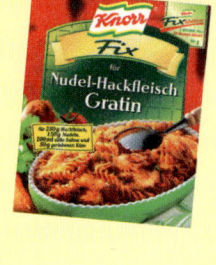

Pro Portion: 2130 kJ/509 kcal, 27 g E, 35 g F, 23 g KH

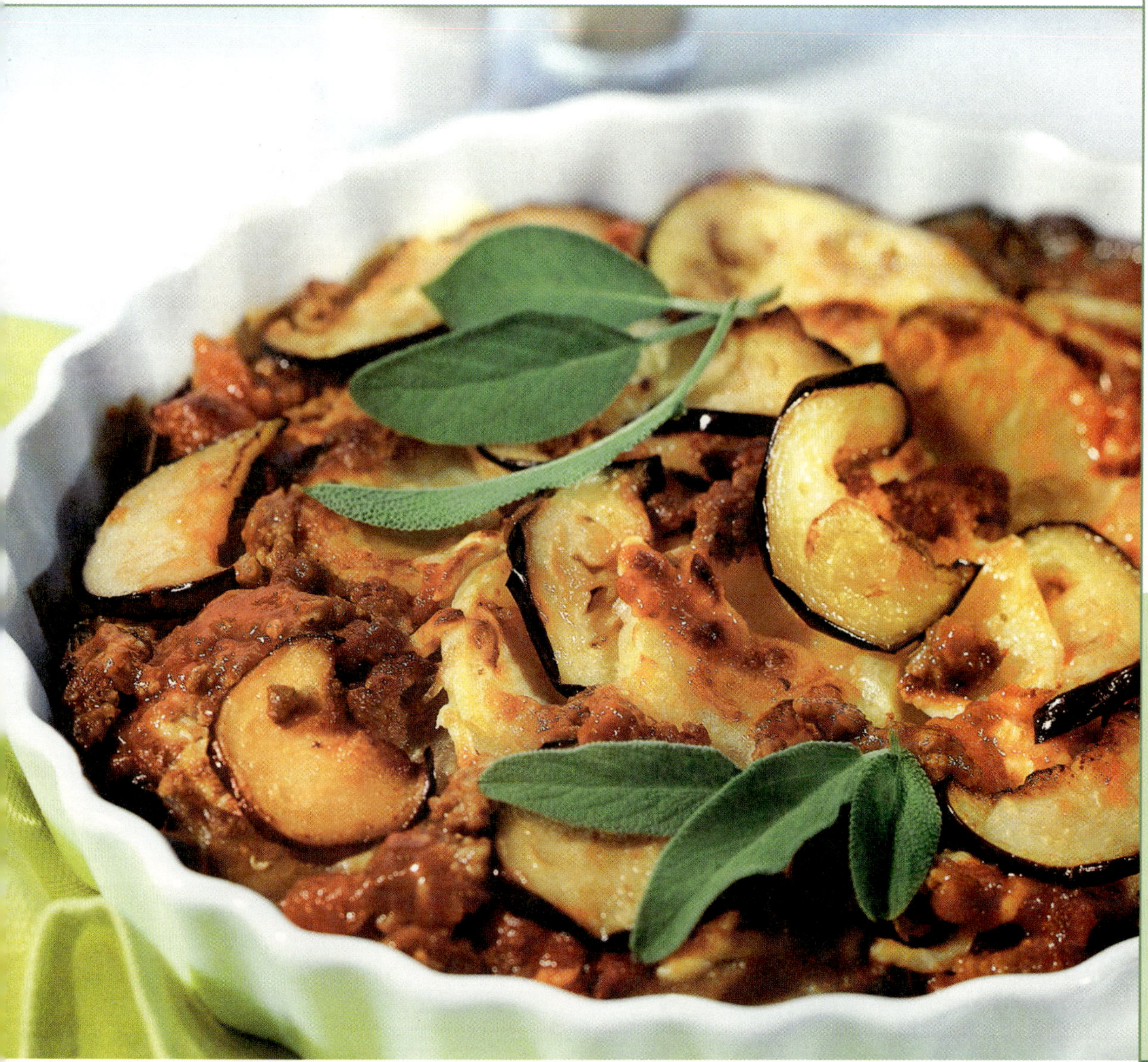

Zutaten für 3 Portionen:

200 g Aubergine
400 g Kartoffeln
250 g Hackfleisch
1–2 EL Öl
100 ml Schlagsahne
1 Beutel KNORR Fix für Nudel-Hackfleisch-Gratin
100 g Schafskäse
evtl. Salbeiblätter

1. Aubergine waschen, putzen und in Scheiben schneiden. Kartoffeln schälen und klein würfeln. Hackfleisch in heißem Öl braten. Aubergine und Kartoffeln hinzufügen und dünsten.
2. Sahne und 200 Milliliter kaltes Wasser dazugießen. Fix für Nudel-Hackfleisch-Gratin einrühren, unter Rühren aufkochen und 1 Minute kochen lassen.
3. Alles in eine gefettete Auflaufform geben, mit zerbröckeltem Schafskäse bestreuen. Im vorgeheizten Backofen bei 200 °C (Gas Stufe 3, Umluft 175 °C) etwa 35 Minuten überbacken. Nach Belieben mit Salbeiblättern garnieren.

tipp

Den Auflauf in Stücke schneiden und als Vorspeise oder als Beilage kalt oder warm servieren.

Fix für Nudel-Schinken-Gratin

**Mit und ohne
Pasta ein Vergnügen**

Nudel-Schinken-Gratin

Pro Portion (bei 2 Port.): 2620 kJ/625 kcal, 31 g E, 32 g F, 52 g KH

1. Ungekochte Nudeln in eine gefettete Auflaufform geben. Schinken in kleine Würfel schneiden und darüber verteilen.

2. Fix für Nudel-Schinken-Gratin in 400 Milliliter
kaltes Wasser und Sahne einrühren. Unter
Rühren aufkochen und 1 Minute kochen lassen.

3. Die Sauce über die Nudeln und den Schinken
gießen. Käse darüber streuen und im vorgeheizten Backofen bei 200°C (Gas Stufe 3, Umluft
175°C) in ca. 30 Minuten goldbraun backen.

**Zutaten für
2–3 Portionen:**

125 g Nudeln (z.B.
Rigatoni oder Penne)

125 g gekochter
Schinken

1 Beutel KNORR
Fix für Nudel-
Schinken-Gratin

100 ml Schlagsahne

50 g geriebener Käse

tipp

Eine Hand voll Ru-
cola fein schneiden
und untermischen.

Gnocchi-Auflauf

Pro Portion (bei 3 Port.): 2010 kJ/481 kcal, 15 g E, 33 g F, 31 g KH

1. Gnocchi in eine gefettete Auflaufform geben.
Zucchini waschen, putzen, in dünne Scheiben
schneiden und zu den Gnocchi geben.

2. Zwiebel abziehen und fein würfeln. Speck
würfeln und in einem kleinen Topf ausbraten.
Zwiebelwürfel dazugeben und mitdünsten.
300 Milliliter kaltes Wasser und Sahne dazugießen. Fix für Nudel-Schinken-Gratin einrühren, unter Rühren aufkochen und 1 Minute
kochen lassen.

3. Sauce über die Gnocchi geben. Mit Käse
bestreuen und im vorgeheizten Backofen bei
200°C (Gas Stufe 3, Umluft 175°C) etwa
30 Minuten überbacken.

**Zutaten für
2–3 Portionen:**

400–500 g Gnocchi
aus dem Kühlregal

200 g Zucchini

1 kleine Zwiebel

50 g durchwachsener
Speck

100 ml Schlagsahne

1 Beutel KNORR
Fix für Nudel-
Schinken-Gratin

50 g geriebener Käse

tipp

Statt der Zucchini
200 Gramm in Schei-
ben geschnittene
Möhren dazugeben.

Zubereitungszeit ca. 40 min

Nudel-Gratin mit Kraut und Würstchen

Pro Portion (bei 2 Port.): 2915 kJ/697 kcal, 27 g E, 42 g F, 53 g KH

Zutaten für 2–3 Portionen:

125 g Nudeln (z.B. Spiralen oder Fusilli)

1 Paar Wiener Würstchen

1 Beutel KNORR Fix für Nudel-Schinken-Gratin

100 ml Schlagsahne

285 g Sauerkraut aus der Dose

50 g geriebener Käse

tipp

Das Gratin schmeckt auch prima, wenn Sie die Würstchen durch Kasseler-fleisch ersetzen.

1. Ungekochte Nudeln in eine gefettete Auflaufform geben. Würstchen in Scheiben schneiden und darauf verteilen.

2. Fix für Nudel-Schinken-Gratin in 400 Milliliter kaltes Wasser und Sahne einrühren, unter Rühren aufkochen und 1 Minute kochen lassen. Die Hälfte der Sauce über die Nudeln gießen. Sauerkraut abtropfen lassen, zerpflücken und über die Nudeln geben. Restliche Sauce darüber gießen.

3. Das Gratin mit Käse bestreuen und im vorgeheizten Backofen bei 200 °C (Gas Stufe 3, Umluft 175 °C) etwa 30 Minuten backen.

Zubereitungszeit ca. 50 min

Nudel-Hähnchen-Gratin mit weißen Bohnen

Pro Portion (bei 2 Port.): 3000 kJ/717 kcal, 38 g E, 39 g F, 53 g KH

Zutaten für 2–3 Portionen:

200 g Hähnchen-brustfilet

2 EL Öl

100 ml Schlagsahne

1 Beutel KNORR Fix für Nudel-Schinken-Gratin

200 g weiße Riesenbohnen aus der Dose

100 g Nudeln (z.B. Farfalle oder Fusilli)

1 Bund Petersilie

30 g geriebener Käse

Kräuter zum Garnieren

tipp

Dazu passt ein leicht gekühlter roter Landwein oder ein Rosé aus der Provence.

1. Hähnchenbrustfilet würfeln, in heißem Öl rundherum braun anbraten und herausnehmen. 400 Milliliter kaltes Wasser und Sahne in die Pfanne gießen. Fix für Nudel-Schinken-Gratin einrühren, unter Rühren aufkochen und 1 Minute bei schwacher Hitze kochen lassen.

2. Riesenbohnen abtropfen lassen, mit dem Fleisch und den Nudeln in einer gefetteten Auflaufform verteilen. Petersilie waschen, hacken und darüber streuen.

3. Sauce darüber gießen, mit Käse bestreuen und im vorgeheizten Backofen bei 200 °C (Gas Stufe 3, Umluft 175 °C) etwa 30 Minuten backen. Mit Kräutern garnieren.

Zubereitungszeit ca. 55 min

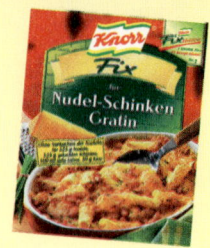

Rosenkohl-Speck-Gratin

Pro Portion (bei 2 Port.): 3385 kJ/807 kcal, 21 g E, 65 g F, 37 g KH

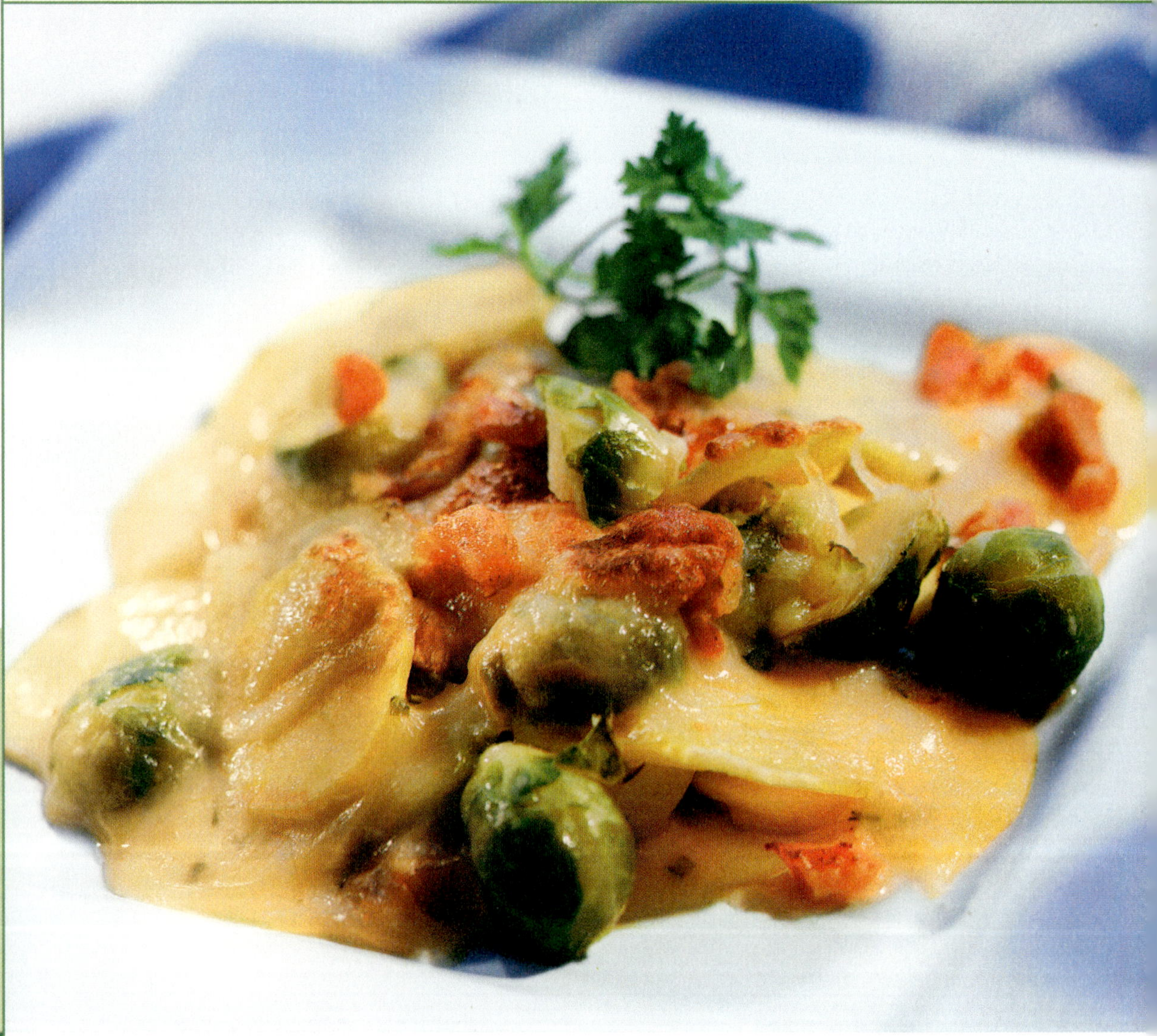

Zutaten für 2–3 Portionen:

300 g TK-Rosenkohl
400 g Kartoffeln
100 g durchwachsener Speck
1 Beutel KNORR Fix für Nudel-Schinken-Gratin
100 ml Schlagsahne
50 g geriebener Käse

tipp

Von frischem Rosenkohl 350 Gramm kaufen. Die Kohlköpfchen garen schneller, wenn man sie halbiert.

1. Rosenkohl auftauen lassen. Kartoffeln waschen, schälen und mit einem Gemüsehobel in dünne Scheiben hobeln oder in dünne Scheiben schneiden. Speck würfeln und in einer Pfanne ausbraten.
2. Kartoffeln in eine gefettete Auflaufform geben, Rosenkohl und Speck darüber verteilen.
3. Fix für Nudel-Schinken-Gratin in 300 Milliliter kaltes Wasser und die Sahne einrühren, aufkochen und 1 Minute kochen lassen. Über das Gemüse gießen.
4. Käse darüber streuen und das Gratin im vorgeheizten Backofen bei 200 °C (Gas Stufe 3, Umluft 175 °C) etwa 30 Minuten backen.

Pasta in Broccolisauce

Pro Portion (bei 2 Port.): 2265 kJ/541 kcal, 20 g E, 15 g F, 81 g KH

1. Nudeln in reichlich kochendem Salzwasser bissfest garen und in einem Sieb abgießen.

2. Broccoli waschen, putzen und in kleine Röschen teilen. 100 Milliliter Wasser aufkochen, Broccoliröschen dazugeben und etwa 5 Minuten garen. 100 Milliliter kaltes Wasser und Sahne dazugeben.

3. Fix für Nudel-Schinken-Gratin einrühren, unter Rühren aufkochen und 1 Minute kochen lassen. Tomatenmark unterrühren. Sauce und Parmesan zu den Nudeln servieren.

Zutaten für 2–3 Portionen:

200 g Nudeln
(z.B. Makkaroni
oder Bandnudeln)
Salz
300 g Broccoli
100 ml Schlagsahne
1 Beutel KNORR
Fix für Nudel-
Schinken-Gratin
1–2 EL Tomatenmark
geriebener Parmesan

tipp

Farbe bekommt das Gericht, wenn Sie ein paar Tomatenwürfel zugeben.

Spinat-Lachs-Auflauf

Pro Portion (bei 2 Port.): 3255 kJ/778 kcal, 45 g E, 39 g F, 61 g KH

1. Blattspinat in einem Topf oder in der Mikrowelle auftauen lassen. Fix für Nudel-Schinken-Gratin in Sahne und 400 Milliliter kaltes Wasser einrühren, unter Rühren aufkochen. Schnellkochreis hinzufügen, 1 Minute kochen lassen und in eine gefettete Auflaufform geben.

2. Den Fisch in Scheiben schneiden. Jedes Stück mit Spinat belegen und die Stücke schuppenförmig in der Form anordnen. Cocktailtomaten waschen, halbieren und auf dem Auflauf verteilen. Mozzarella in Würfel schneiden und darüber streuen. Im vorgeheizten Backofen bei 200 °C (Gas Stufe 3, Umluft 175 °C) etwa 30 Minuten backen.

Zutaten für 2–3 Portionen:

225 g TK-Blattspinat
1 Beutel KNORR
Fix für Nudel-
Schinken-Gratin
100 ml Schlagsahne
125 g Schnellkochreis
(oder gekochter Reis
vom Vortag)
250 g Lachs- oder
Lachsforellenfilet
6 Cocktailtomaten
125 g Mozzarella

Zubereitungszeit ca. 40 min

Tortellini al forno

Pro Portion (bei 2 Port.): 2445 kJ/582 kcal, 23 g E, 29 g F, 56 g KH

**Zutaten für
2–3 Portionen:**

250 g Tortellini
aus dem Kühlregal

125 g TK-Erbsen

1 Beutel KNORR
Fix für Nudel-
Schinken-Gratin

100 ml Schlagsahne

50 g geriebener Käse

1. Tortellini in eine gefettete Auflaufform geben. Gefrorene Erbsen hinzufügen. Fix für Nudel-Schinken-Gratin in Sahne und 400 Milliliter kaltes Wasser einrühren, unter Rühren aufkochen und 1 Minute kochen lassen.

2. Sauce über die Tortellini gießen. Käse darüber streuen. Im vorgeheizten Backofen bei 200 °C (Gas Stufe 3, Umluft 175 °C) etwa 30 Minuten überbacken.

   Servieren Sie dazu einen knackigen Blattsalat nach italienischer Art: Einfach mit Olivenöl, Aceto balsamico, Salz und Pfeffer anmachen.

Zubereitungszeit ca. 35 min

Nudelomelett

Pro Portion (bei 2 Port.): 3180 kJ/761 kcal, 42 g E, 37 g F, 65 g KH

**Zutaten für
2–3 Portionen:**

125 g Nudeln
(z. B. Farfalle)

Salz

1 Beutel KNORR
Fix für Nudel-
Schinken-Gratin

200 ml Milch

3 Eier

150 g TK-Erbsen

130 g Thunfisch
aus der Dose

2 EL Öl

1. Nudeln in reichlich kochendem Salzwasser bissfest garen und in einem Sieb abgießen.

2. Fix für Nudel-Schinken-Gratin in die Milch einrühren. Eier unterrühren. Erbsen auftauen lassen. Abgetropften Thunfisch zerpflücken und zusammen mit den Erbsen und abgekühlten Nudeln zur Eiermilch geben.

3. Die Hälfte der Omelettmasse in einer Pfanne in 1 Esslöffel heißem Öl stocken lassen. Das Omelett mit Hilfe eines großen Deckels oder Tellers wenden und von der anderen Seite garen. Die zweite Hälfte der Omelettmasse genauso zubereiten.

Zubereitungszeit ca. 55 min

Nudel-Fenchel-Gratin

Pro Portion (bei 2 Port.): 2710 kJ/648 kcal, 35 g E, 31 g F, 58 g KH

**Zutaten für
2–3 Portionen:**

400 g Fenchel

Salz

125 g Nudeln
(z.B. Bandnudeln
oder Penne)

125 g gekochter
Schinken

1 Beutel KNORR
Fix für Nudel-
Schinken-Gratin

100 ml Schlagsahne

50 g geriebener Käse

tipp

Anstelle von Schin-
ken gewürfeltes Kas-
selerfleisch auf den
Nudeln verteilen.

1. Fenchel waschen, putzen, in Scheiben schneiden und vierteln. Fenchel in kochendem Salzwasser etwa 6 Minuten garen. Fenchelgrün fein hacken.

2. Ungekochte Nudeln in eine gefettete Auflaufform geben. Schinken würfeln und darüber geben. Fenchel darauf verteilen.

3. Fix für Nudel-Schinken-Gratin in 300 Milliliter kaltes Wasser und Sahne einrühren, aufkochen und 1 Minute kochen lassen. Fenchelgrün dazugeben und die Sauce über das Gratin gießen.

4. Käse über das Gratin streuen und im vorgeheizten Backofen bei 200 °C (Gas Stufe 3, Umluft 175 °C) etwa 30 Minuten backen.

10 Rezept-Ideen

Fix für Paprika-Gulasch »Zigeuner Art«

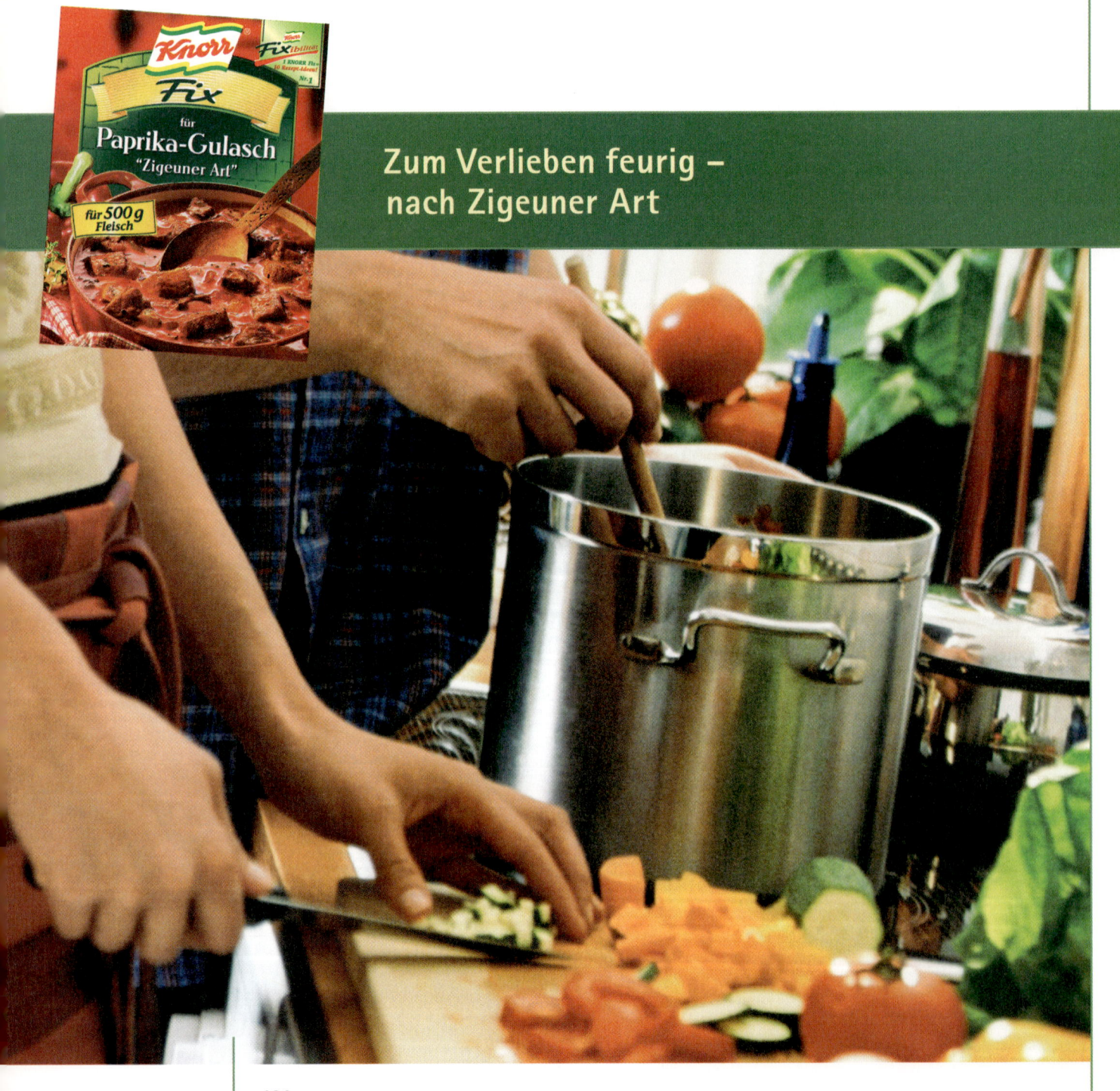

Zum Verlieben feurig –
nach Zigeuner Art

Zubereitungszeit ca. 1h 15 min

Mitternachtssuppe

Pro Portion (bei 8 Port.): 905 kJ/216 kcal, 16 g E, 12 g F, 10 g KH

1. Das Fleisch in sehr kleine Würfel schneiden und in einem großen Topf in heißem Öl anbraten, 1 Liter (1000 Milliliter) Wasser dazugießen und aufkochen.

2. Fix für Paprika-Gulasch »Zigeuner Art« einrühren. Zugedeckt bei schwacher Hitze etwa 1 Stunde schmoren.

3. Bohnen und Mais abtropfen lassen und 10 Minuten vor Ende der Garzeit hinzufügen. Mit Cayennepfeffer oder Tabasco feurig abschmecken. Mit Kräutern garniert servieren.

Zutaten für
8–10 Portionen:

500 g Rindergulasch
2 EL Öl
2 Beutel KNORR Fix
für Paprika-Gulasch
»Zigeuner Art«
250 g weiße Bohnen
aus der Dose
140 g Mais
aus der Dose
Cayennepfeffer
oder Tabasco
Kräuter zum
Garnieren

tipp

Die Suppe lässt sich gut längere Zeit warm halten.

Zubereitungszeit ca. 1h 10 min

Lammgulasch

Pro Portion: 1170 kJ/280 kcal, 26 g E, 16 g F, 6 g KH

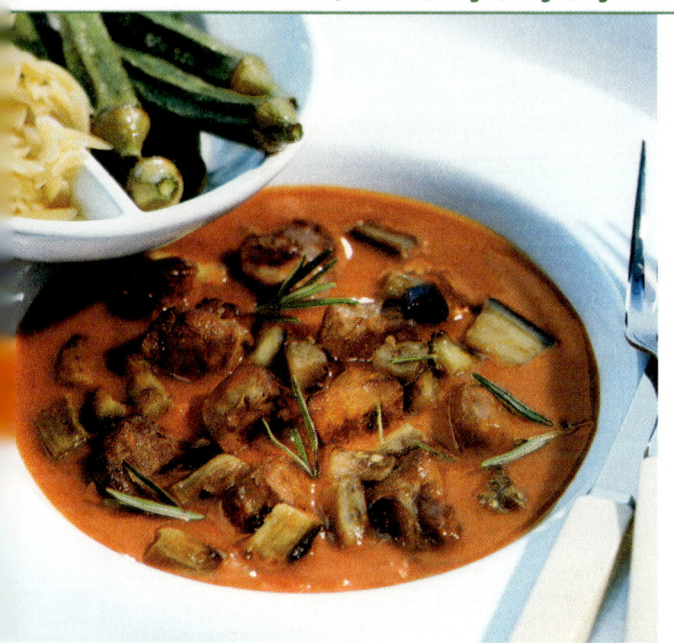

1. Lammfleisch in Würfel schneiden und in einem Topf in heißem Olivenöl anbraten. Knoblauchzehe abziehen, fein hacken und mitdünsten.

2. 3/8 Liter (375 Milliliter) Wasser dazugießen und Fix für Paprika-Gulasch »Zigeuner Art« einrühren. Rotwein zufügen. Zugedeckt bei schwacher Hitze etwa 30 Minuten schmoren.

3. Aubergine waschen, in Würfel schneiden und ins Gulasch geben. Zimt und Oregano zufügen. Weitere 30 Minuten schmoren. Mit Rosmarin bestreut servieren.

Dazu passen gedünstete Okraschoten und Salat, Nudeln oder Reis.

Zutaten für
4 Portionen:

500 g mageres
Lammfleisch
2 EL Olivenöl
1 Knoblauchzehe
1 Beutel KNORR Fix
für Paprika-Gulasch
»Zigeuner Art«
2–3 EL Rotwein
200 g Aubergine
1 Prise Zimt
1/2 TL getrockneter
Oregano
1 kleiner Zweig
Rosmarin

Zubereitungszeit ca. 1 h 50 min

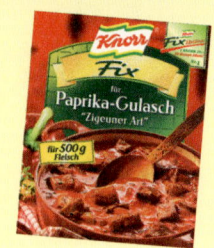

Basilikum-Rouladen mit Paprikagemüse

Pro Portion: 1510 kJ/361 kcal, 32 g E, 24 g F, 5 g KH

Zutaten für 4 Portionen:

4 Rinderrouladen à 150 g

4 EL Crème fraîche

2 Knoblauchzehen

eine Hand voll Basilikumblätter

Salz, Pfeffer

2 EL Öl

1 Beutel KNORR Fix für Paprika-Gulasch »Zigeuner Art«

je 1 kleine grüne und gelbe Paprikaschote

1. Rinderrouladen mit Crème fraîche bestreichen. Knoblauchzehen abziehen und in feine Scheiben schneiden. Mit reichlich Basilikumblättern auf den Fleischscheiben verteilen. Mit Salz und Pfeffer würzen. Rouladen aufrollen und mit Holzspießchen zustecken.
2. Rouladen in einem Topf in heißem Öl anbraten, 3/8 Liter (375 Milliliter) Wasser dazugießen und aufkochen. Fix für Paprika-Gulasch »Zigeuner Art« einrühren und zugedeckt bei schwacher Hitze etwa 1 1/2 Stunden schmoren.
3. Paprikaschoten waschen, halbieren, entkernen und in Würfel schneiden. 10 Minuten vor Ende der Garzeit dazugeben.

tipp

Verfeinern Sie die Sauce noch mit etwas Crème fraîche.

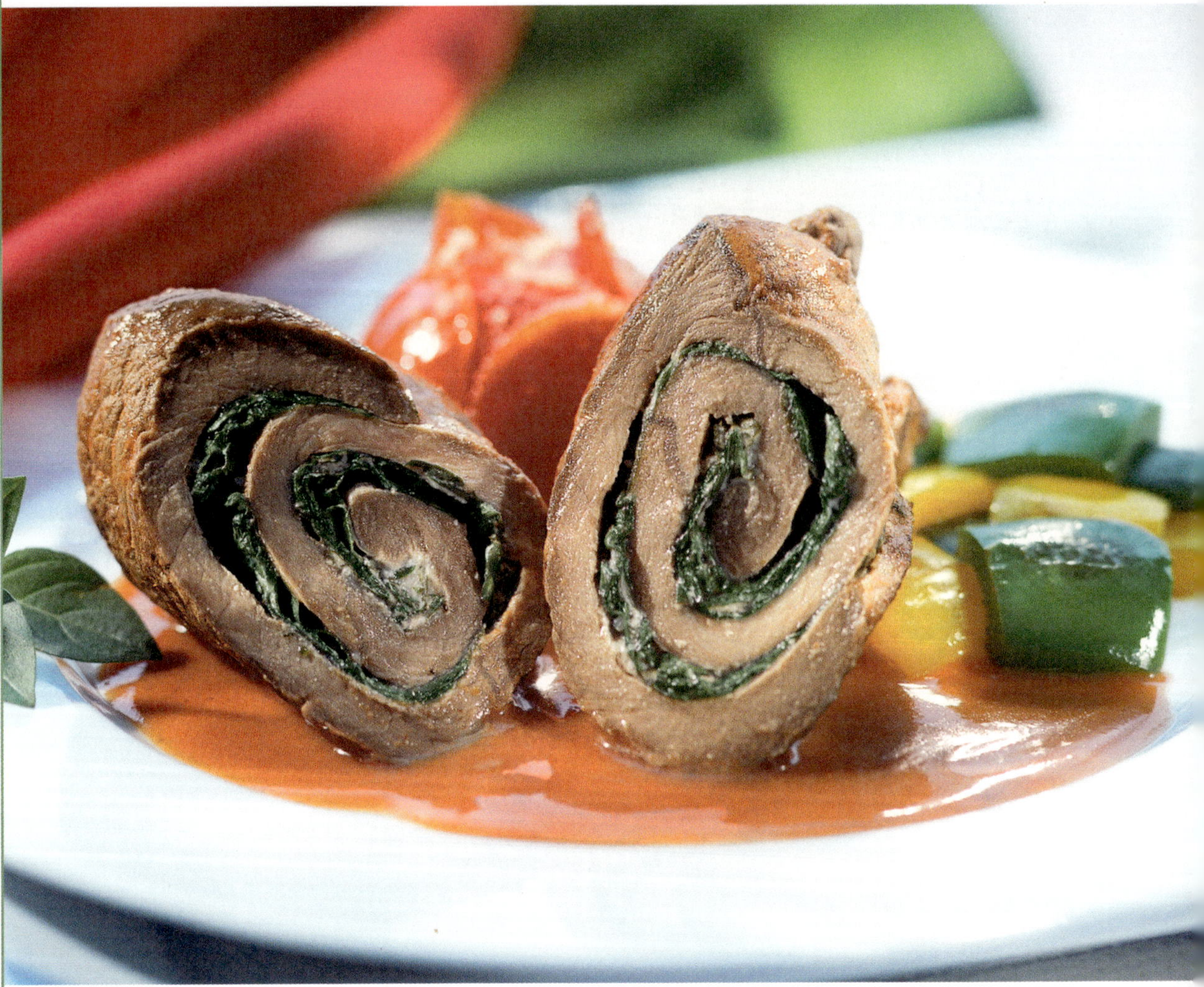

Zubereitungszeit ca. 35 min

Serbisches Hähnchen mit Gemüse und Reis

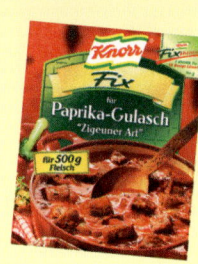

Pro Portion (bei 2 Port.): 2475 kJ/594 kcal, 43 g E, 17 g F, 64 g KH

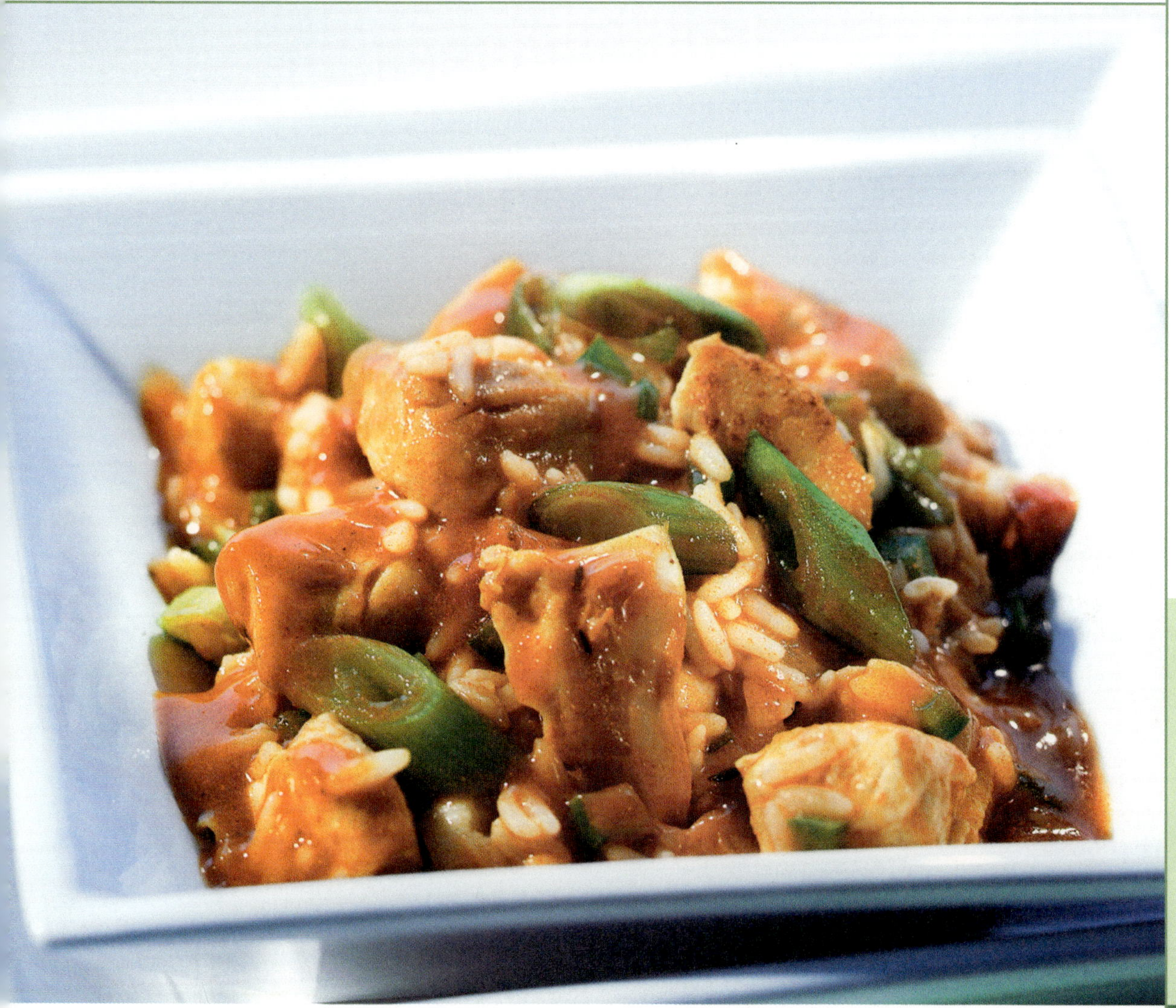

Zutaten für 2–3 Portionen:

2 Hähnchenbrustfilets à 150 g

2 EL Öl

1 Zucchini

3 Frühlingszwiebeln

125 g Schnellkochreis

1 Beutel KNORR Fix für Paprika-Gulasch »Zigeuner Art«

1. Hähnchenbrustfilets würfeln und in heißem Öl anbraten. Zucchini waschen, putzen und würfeln, Frühlingszwiebeln putzen, waschen und klein schneiden. Zucchini und Frühlingszwiebeln zum Fleisch geben und mitdünsten.
2. Schnellkochreis unterrühren, 3/8 Liter (375 Milliliter) Wasser dazugießen und aufkochen. Fix für Paprika-Gulasch »Zigeuner Art« einrühren. Zugedeckt bei schwacher Hitze 10 bis 15 Minuten garen. Bei Bedarf etwas Wasser nachgießen.

tipp

Mit geriebenem Parmesan bestreut servieren.

Zubereitungszeit ca. 25 min

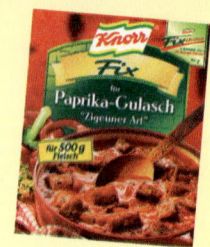

Ingwer-Orangen-Schnitzel

Pro Portion: 1355 kJ/324 kcal, 34 g E, 16 g F, 10 g KH

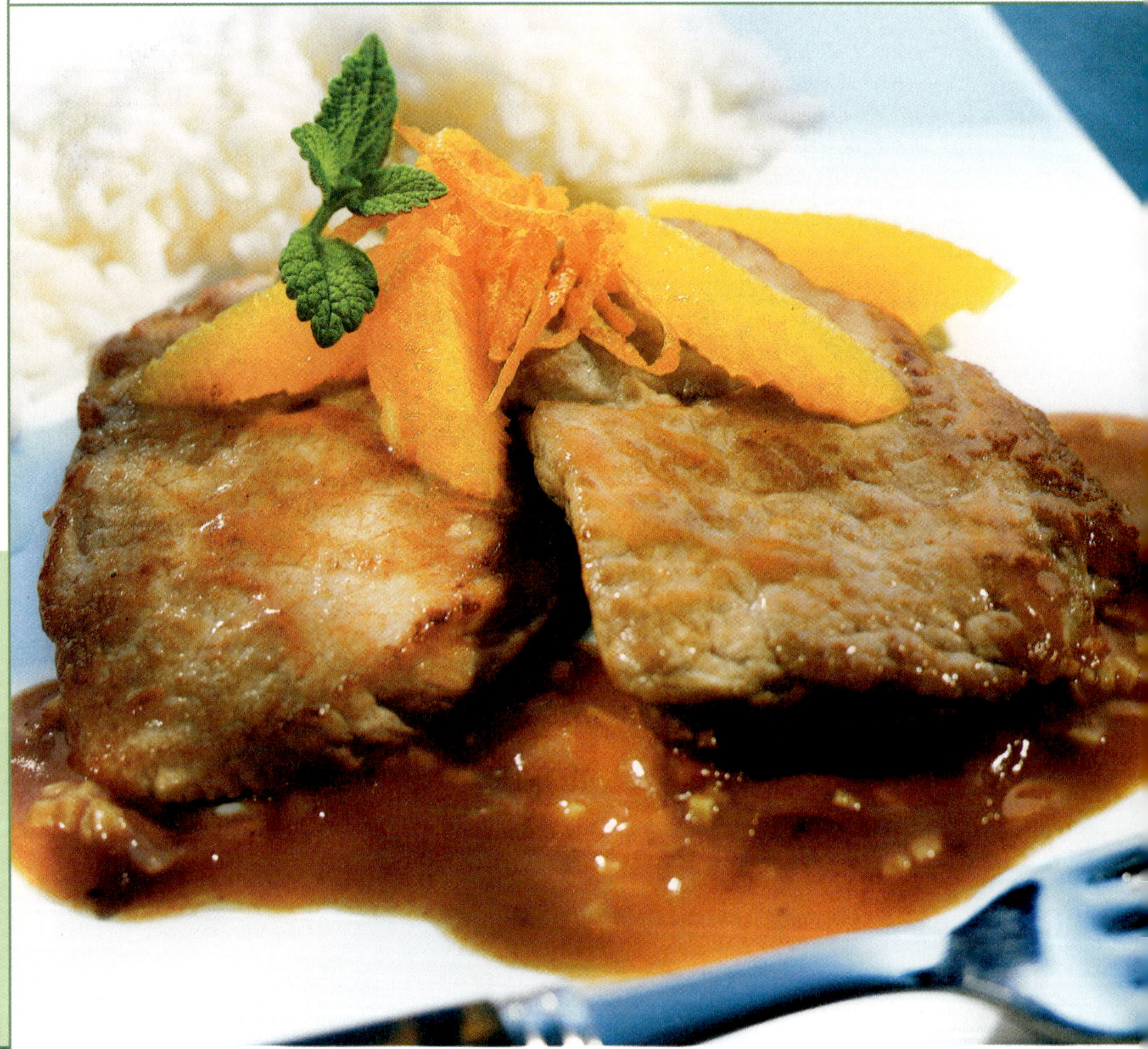

Zutaten für 4 Portionen:

4 Schweineschnitzel à 150 g

2 EL Öl

1 walnussgroßes Stück Ingwerwurzel

1 Beutel KNORR Fix für Paprika-Gulasch »Zigeuner Art«

1–2 Orangen

1 TL Honig

Minze oder Zitronenmelisse zum Garnieren

tipp

Nach diesem Rezept können Sie auch kleine Straußenfleischsteaks zubereiten.

1. Schweineschnitzel in heißem Öl anbraten. Ingwerwurzel schälen, fein würfeln und mitdünsten.
2. 3/8 Liter (375 Milliliter) Wasser dazugießen und aufkochen. Fix für Paprika-Gulasch »Zigeuner Art« einrühren und zugedeckt bei schwacher Hitze etwa 10 Minuten schmoren.
3. Orangen so dick schälen, dass die weiße Haut entfernt wird. Fruchtfilets herausschneiden. Kurz vor Ende der Garzeit die Fruchtfilets zur Sauce geben und heiß werden lassen. Mit Honig abschmecken. Mit Kräutern garniert anrichten.

Dazu schmeckt Basmatireis.

Bohneneintopf mit Wurst

Pro Portion: 1970 kJ/417 kcal, 19 g E, 37 g F, 16 g KH

1. Zucchini waschen, putzen, längs halbieren und in Scheiben schneiden. Cabanossi ebenfalls in Scheiben schneiden und in einer Pfanne in heißem Öl anbraten.

2. 3/8 Liter (375 Milliliter) kaltes Wasser dazugießen und Fix für Paprika-Gulasch »Zigeuner Art« einrühren.

3. Bohnen abtropfen lassen und zusammen mit den Zucchinischeiben dazugeben. Unter Rühren aufkochen und zugedeckt bei schwacher Hitze etwa 10 Minuten kochen.

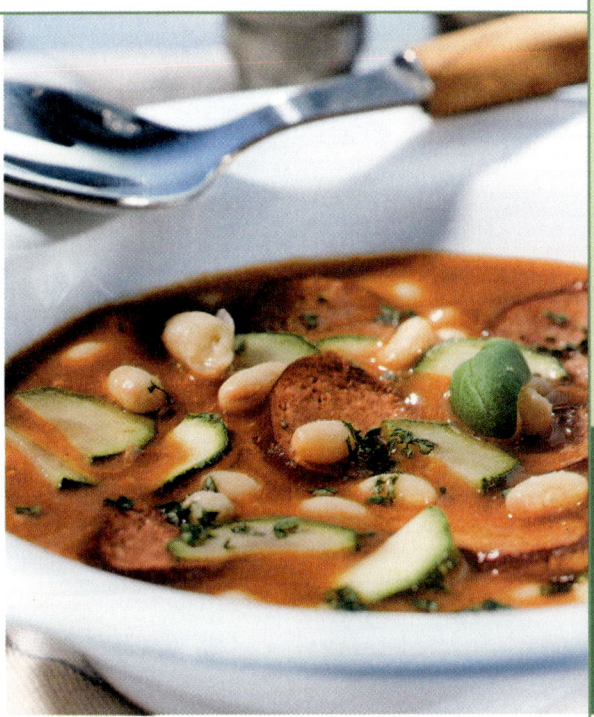

Zutaten für 3 Portionen:

150 g Zucchini

250 g Cabanossi oder andere kräftig gewürzte Brühwurst

1–2 EL Öl

1 Beutel KNORR Fix für Paprika-Gulasch »Zigeuner Art«

250 g weiße Bohnen aus der Dose

tipp

Den Eintopf mit Kichererbsen und 1 Prise Kreuzkümmel zubereiten.

Indisches Gulasch

Pro Portion: 1615 kJ/387 kcal, 27 g E, 24 g F, 16 g KH

1. Schweinegulasch in einem Topf in heißem Öl rundherum anbraten, mit Curry bestäuben und umrühren. 3/8 Liter (375 Milliliter) Wasser dazugießen und aufkochen.

2. Fix für Paprika-Gulasch »Zigeuner Art« einrühren und zugedeckt bei schwacher Hitze etwa 1 Stunde schmoren. Ingwer schälen und fein hacken.

3. Bananen schälen und in Scheiben schneiden. Ingwer, Bananen und Kokosraspel 5 Minuten vor Ende der Garzeit zum Gulasch geben. Mit Zitronensaft und etwas Zucker abschmecken. Mit Kräutern garnieren.

Dazu Reis servieren.

Zutaten für 4 Portionen:

500 g Schweinegulasch

2 EL Öl

1–3 TL Currypulver (je nach Schärfe)

1 Beutel KNORR Fix für Paprika-Gulasch »Zigeuner Art«

1 Stück Ingwerwurzel

1–2 Bananen

1–2 EL Kokosraspel

Zitronensaft, Zucker

Kräuter zum Garnieren

Schweinebraten mit Kohl

Pro Portion: 1620 kJ/388 kcal, 28 g E, 25 g F, 13 g KH

Zutaten für 4 Portionen:

250 g Weißkohl

Salz

250 g Rote Bete (küchenfertig, vakuumverpackt)

500 g Schweine-nacken

2 EL Öl

1 Beutel KNORR Fix für Paprika-Gulasch »Zigeuner Art«

evtl. 1/2 TL Kümmel

3–4 EL Schlagsahne

1. Weißkohl waschen, putzen und in Streifen schneiden. In Salzwasser 10 Minuten garen. Rote Bete in mundgerechte Stücke schneiden. Schweinenacken in heißem Öl rundherum braun anbraten.

2. 3/8 Liter (375 Milliliter) kaltes Wasser zum Fleisch gießen und Fix für Paprika-Gulasch »Zigeuner Art« einrühren. Nach Belieben Kümmel zufügen.

3. Den Braten zugedeckt bei schwacher Hitze etwa 1 Stunde schmoren. Kurz vor dem Ende der Garzeit Kohl und Rote Bete zugeben und heiß werden lassen. Die Sahne unterrühren. Das Fleisch in Scheiben schneiden und mit der Sauce anrichten.

Gut dazu: Kartoffelknödel, z.B. von Pfanni.

Szegediner Gulasch

Pro Portion: 925 kJ/225 kcal, 27 g E, 10 g F, 5 g KH

Zutaten für 4 Portionen:

1 Beutel KNORR Fix für Paprika-Gulasch »Zigeuner Art«

500 g Gulasch (Schwein oder Rind)

250 g Sauerkraut aus der Dose

1/2–1 EL Tomaten-ketchup

Tabasco

1 EL Crème fraîche

Kräuter zum Garnieren

1. Fix für Paprika-Gulasch »Zigeuner Art« in 3/8 Liter (375 Milliliter) kochendes Wasser einrühren. Fleisch dazugeben, aufkochen und zugedeckt bei schwacher Hitze etwa 1 1/2 Stunden garen.

2. Bei Bedarf etwas Wasser nachgießen. Sauerkraut abtropfen lassen und 20 Minuten vor Ende der Garzeit zufügen und mitgaren. Mit Tomatenketchup und Tabasco abschmecken. Mit einem Klecks Crème fraîche und Kräutern anrichten.

Zubereitungszeit ca. 1 h 15 min

Polnisches Gulasch

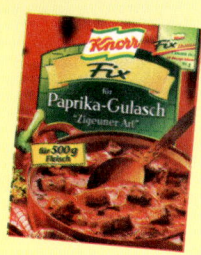

Pro Portion: 2165 kJ/517 kcal, 30 g E, 33 g F, 26 g KH

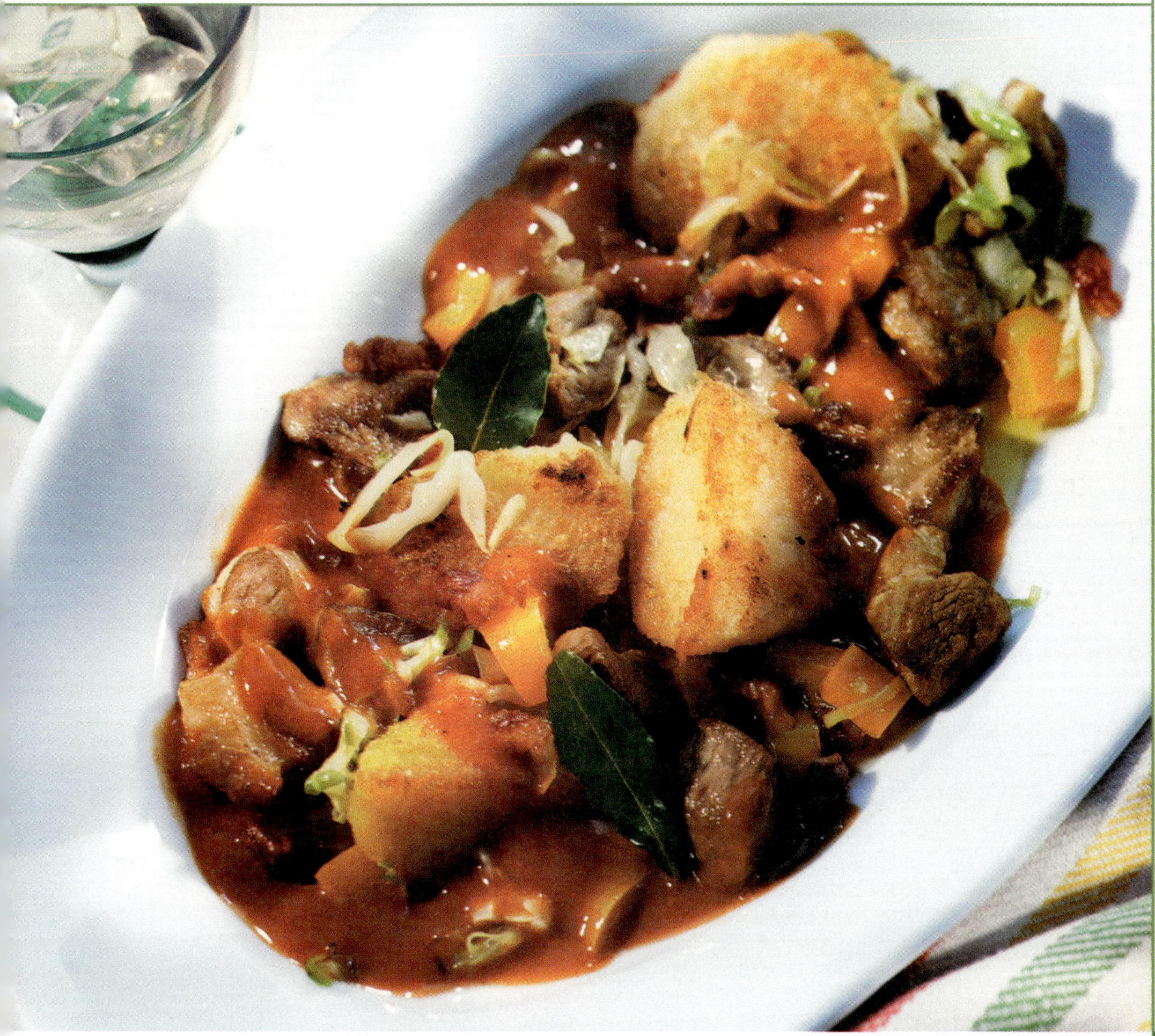

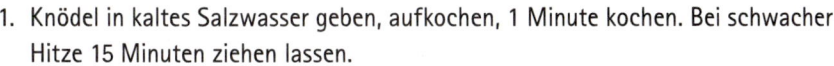

Zutaten für 4 Portionen:

3 PFANNI Knödel halb und halb in Kochbeuteln
Salz
50 g Schinkenspeck
500 g Schweinegulasch
2 EL Öl
1 Beutel KNORR Fix für Paprika-Gulasch »Zigeuner Art«
300 g Weißkohl
1/2 gelbe Paprikaschote (100 g)
1 EL Butter oder Margarine
3–4 EL Schlagsahne
Pfeffer, evtl. gemahlener Kümmel

1. Knödel in kaltes Salzwasser geben, aufkochen, 1 Minute kochen. Bei schwacher Hitze 15 Minuten ziehen lassen.
2. Speck würfeln. Schweinegulasch und Speck in einem Topf in heißem Öl anbraten. 3/8 Liter (375 Milliliter) Wasser dazugießen. Fix für Paprika-Gulasch »Zigeuner Art« einrühren und aufkochen. Zugedeckt bei schwacher Hitze etwa 30 Minuten schmoren.
3. Weißkohl waschen, putzen und in Streifen schneiden. Paprikahälfte waschen, halbieren, entkernen und in kleine Würfel schneiden. Zum Gulasch geben und noch 15 bis 20 Minuten schmoren.
4. Abgetropfte Knödel in Stücke schneiden. In heißem Fett goldbraun rösten. Sahne unter das Gulasch rühren. Mit Salz, Pfeffer und nach Belieben mit Kümmel würzen. Die Knödel auf dem Gulasch anrichten.

tipp

2 bis 3 frische Lorbeerblätter geben dem herzhaften Schmorgericht zusätzlichen Reiz.

Fix für Paprika-Rahmschnitzel

Wunderbar wandelbar und fein gewürzt

Zubereitungszeit ca. 35 min

Paprika-Rahmsauce

Pro Portion (bei 3 Port.): 895 kJ/214 kcal, 4 g E, 16 g F, 13 g KH

1. Paprikaschoten waschen, halbieren, entkernen und in kleine Stücke schneiden. Paprikastücke in heißem Öl andünsten.

2. 1/4 Liter (250 Milliliter) kaltes Wasser und Sahne dazugießen. Fix für Paprika-Rahmschnitzel einrühren und unter Rühren aufkochen.

3. Zugedeckt bei schwacher Hitze 10 bis 15 Minuten garen. Mit wenig Salz und Pfeffer würzen und mit Zitronensaft abschmecken.

   Diese vegetarische Sauce passt gut zu Pasta oder zu Pellkartoffeln.

Zutaten für 3–4 Portionen:

3 Paprikaschoten (rot, gelb, grün)
2 EL Öl
100 ml Schlagsahne
1 Beutel KNORR Fix für Paprika-Rahmschnitzel
Salz, Pfeffer
1–2 TL Zitronensaft

tipp

Falls keine Kinder mitessen, die Sauce mit Madeira würzen.

Zubereitungszeit ca. 50 min

Schnitzel »Amerika«

Pro Portion: 2805 kJ/671 kcal, 53 g E, 45 g F, 13 g KH

1. Putenschnitzel von beiden Seiten mit Erdnusscreme bestreichen und in eine gefettete Auflaufform legen. Zucchini waschen, putzen, in feine Stifte schneiden und auf dem Fleisch verteilen. Mit den Erdnüssen bestreuen.

2. Fix für Paprika-Rahmschnitzel in die Sahne einrühren. Sauce über Fleisch und Gemüse gießen. Mozzarella in Scheiben schneiden und darauf verteilen.

3. Im vorgeheizten Backofen bei 200 °C (Gas Stufe 3, Umluft 175 °C) etwa 30 Minuten backen.

Zutaten für 3 Portionen:

3 Putenschnitzel à 150 g
2–3 EL Erdnusscreme
200 g Zucchini
2 EL geröstete, gesalzene Erdnüsse
1 Beutel KNORR Fix für Paprika-Rahmschnitzel
1/4 l (250 ml) Schlagsahne
125 g Mozzarella

tipp

Statt der Erdnüsse zerkleinerte Walnüsse nehmen.

Zubereitungszeit ca. 45 min

Szegediner Gulasch-Auflauf

Pro Portion (bei 3 Port.): 2350 kJ/562 kcal, 41 g E, 40 g F, 9 g KH

Zutaten für 2–3 Portionen:

500 g Schweine-nacken

2 EL Öl

100 ml Schlagsahne

1 Beutel KNORR Fix für Paprika-Rahmschnitzel

285 g Sauerkraut aus der Dose

50 g geriebener Käse

1. Schweinenacken in etwa 2 Zentimeter große Würfel schneiden und in heißem Öl rundherum braun anbraten. 200 Milliliter kaltes Wasser und Sahne dazugießen.

2. Fix für Paprika-Rahmschnitzel einrühren und unter Rühren aufkochen. Sauerkraut abtropfen lassen, zum Fleisch geben und untermischen.

3. Alles in eine gefettete Auflaufform geben und mit geriebenem Käse bestreuen. Im vorgeheizten Backofen bei 200 °C (Gas Stufe 3, Umluft 175 °C) etwa 30 Minuten backen.

Dazu: Schupfnudeln oder Spätzle aus dem Kühlregal.

tipp

Vor dem Essen einen trockenen ungarischen Tokayer als Aperitif servieren.

Zubereitungszeit ca. 50 min

Griechischer Hackfleisch-Auflauf

Pro Portion (bei 3 Port.): 2930 kJ/701 kcal, 41 g E, 55 g F, 11 g KH

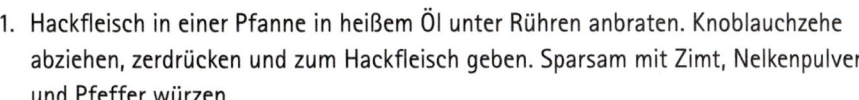

Zutaten für 2–3 Portionen:

500 g Hackfleisch
2 EL Öl
1 Knoblauchzehe
Zimt, Nelkenpulver
Pfeffer
1 rote oder gelbe Paprikaschote
1 Beutel KNORR Fix für Paprika-Rahmschnitzel
150 ml Schlagsahne
100 g Schafskäse

tipp

Weinauswahl für den griechischen Abend: leichten roten Demestika, kräftigen weißen Lindos oder geharzten Retsina.

1. Hackfleisch in einer Pfanne in heißem Öl unter Rühren anbraten. Knoblauchzehe abziehen, zerdrücken und zum Hackfleisch geben. Sparsam mit Zimt, Nelkenpulver und Pfeffer würzen.

2. Paprikaschote waschen, halbieren, entkernen und in Streifen schneiden. Paprika-streifen zusammen mit dem Fleisch in eine gefettete Auflaufform geben.

3. Fix für Paprika-Rahmschnitzel in die Sahne und 100 Milliliter Wasser einrühren. Sauce über Fleisch und Gemüse verteilen. Schafskäse zerbröckeln und über den Auflauf streuen.

4. Den Hackfleisch-Auflauf im vorgeheizten Backofen bei 200 °C (Gas Stufe 3, Umluft 175 °C) etwa 30 Minuten backen.

197

Zubereitungszeit ca. 20 min

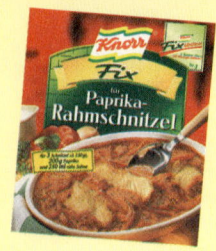

Schnitzel mit Paprika

Pro Portion (bei 2 Port.): 1395 kJ/334 kcal, 36 g E, 15 g F, 13 g KH

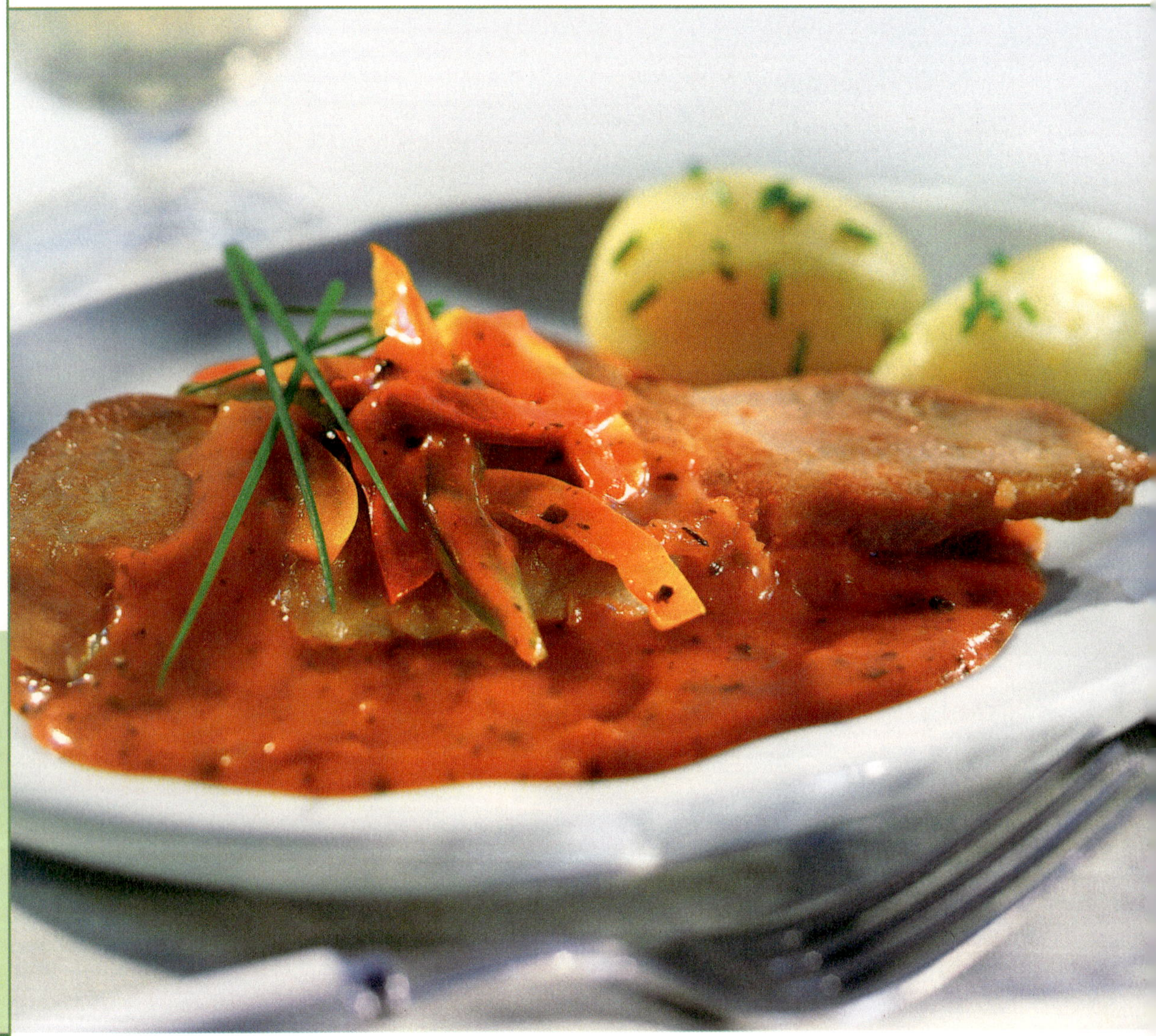

Zutaten für 2–3 Portionen:

1 Paprikaschote (200 g)

2–3 Schnitzel (Kalb, Schwein oder Pute) à 150 g

2 EL Öl

1 Beutel KNORR Fix für Paprika-Rahmschnitzel

tipp

Wer eine Schwäche für scharfes Essen hat, würzt zusätzlich mit 1 Prise Rosenpaprika.

1. Paprikaschote waschen, halbieren, entkernen und in dünne Streifen schneiden. Schnitzel in einer Pfanne in heißem Öl von jeder Seite 3 bis 5 Minuten braten, aus der Pfanne nehmen und warm stellen.
2. 1/4 Liter (250 Milliliter) kaltes Wasser in die Pfanne gießen. Fix für Paprika-Rahmschnitzel einrühren und die Paprikastreifen dazugeben. Unter Rühren aufkochen und bei schwacher Hitze 3 Minuten kochen.
3. Schnitzel wieder in die Pfanne geben und in der Sauce heiß werden lassen.

Gut dazu: Salzkartoffeln mit Petersilie bestreut.

Zubereitungszeit ca. 15 min

Garnelensuppe mit Dill

Pro Portion: 1210 kJ/290 kcal, 14 g E, 19 g F, 15 g KH

1. 400 Milliliter Wasser und Sahne in einen Topf gießen. Fix für Paprika-Rahmschnitzel einrühren und unter Rühren aufkochen.

2. Frühlingszwiebeln putzen, waschen, in Ringe schneiden und dazugeben. 2 bis 3 Minuten kochen. Kurz vor dem Servieren die Garnelen und Dill zufügen. Die Suppe mit Zitronensaft abschmecken. Je 2 Shrimps und 1 Zitronenspalte auf 1 Spieß stecken und die Suppe damit anrichten.

   Wenn Sie zusätzlich 100 Gramm gekochten Reis zur Suppe geben, wird ein sättigender Eintopf daraus.

Zutaten für 2 Portionen:

100 ml Schlagsahne

1 Beutel KNORR Fix für Paprika-Rahmschnitzel

2 Frühlingszwiebeln

100 g Garnelen (Shrimps)

1–2 TL fein geschnittener Dill

1 EL Zitronensaft

4 Shrimps und 2 Zitronenspalten zum Garnieren

tipp

Etwa 100 Gramm gewürfeltes Fischfilet mitgaren.

Zubereitungszeit ca. 55 min

Paprika-Kartoffel-Gratin

Pro Portion (bei 2 Port.): 3000 kJ/715 kcal, 18 g E, 49 g F, 51 g KH

1. Kartoffeln schälen und in dünne Scheiben schneiden oder hobeln. Kartoffelscheiben in eine gefettete Auflaufform schichten.

2. Fix für Paprika-Rahmschnitzel in die Sahne einrühren. Knoblauchzehe abziehen, zerdrücken und zur Sauce geben. Sauce über die Kartoffeln gießen und alles mit geriebenem Käse bestreuen.

3. Im vorgeheizten Backofen bei 200 °C (Gas Stufe 3, Umluft 175 °C) 35 bis 40 Minuten backen. Mit Kräutern bestreut anrichten.

Zutaten für 2–3 Portionen:

600 g Kartoffeln

1 Beutel KNORR Fix für Paprika-Rahmschnitzel

1/4 l (250 ml) Schlagsahne

1 Knoblauchzehe

50 g geriebener Käse

Kräuter zum Garnieren

tipp

Das Gratin schmeckt zu kurz gebratenem Fleisch sehr gut.

199

Lachsfilet auf Fenchel

**Zutaten für
3–4 Portionen:**

1 Fenchelknolle
(ca. 300 g)

2 EL Öl

500 g Lachsfilet

1 Beutel KNORR
Fix für Paprika-
Rahmschnitzel

150 ml Schlagsahne

1–2 EL fein
geschnittener Dill

evtl. 1–2 TL
Zitronensaft

Pro Portion (bei 3 Port.): 1965 kJ/470 kcal, 36 g E, 31 g F, 11 g KH

1. Fenchelknolle putzen, waschen und in Streifen schneiden; das Fenchelgrün beiseite legen. Das Gemüse in heißem Öl 3 bis 5 Minuten dünsten, dann in eine gefettete Auflaufform geben. Den Fisch in Portionsstücke schneiden und auf das Gemüse legen.

2. Fix für Paprika-Rahmschnitzel in 100 Milliliter Wasser und Sahne einrühren. Dill untermischen. Nach Belieben mit Zitronensaft abschmecken. Sauce auf dem Fisch verteilen.

3. Im vorgeheizten Backofen bei 200 °C (Gas Stufe 3, Umluft 175 °C) etwa 25 Minuten backen. Mit Fenchelgrün garnieren.

Überbackene Auberginen

**Zutaten für
3–4 Portionen:**

400 g Auberginen

6–8 grüne Oliven

1 Beutel KNORR
Fix für Paprika-
Rahmschnitzel

1/4 l (250 ml) Schlag-
sahne

100 g Schafskäse

Kräuter zum
Garnieren

Pro Portion (bei 3 Port.): 1735 kJ/414 kcal, 11 g E, 36 g F, 13 g KH

1. Auberginen waschen, putzen und in Scheiben schneiden. Oliven ebenfalls in dünne Scheiben schneiden.

2. Fix für Paprika-Rahmschnitzel in die Sahne ein-rühren. Sauce und Gemüse in eine gefettete Auflaufform geben und mischen.

3. Schafskäse zerbröckeln und über das Gemüse geben. Im vorgeheizten Backofen bei 200 °C (Gas Stufe 3, Umluft 175 °C) etwa 30 Minuten backen. Mit Kräutern anrichten.

Zubereitungszeit ca. 60 min

Knödel-Gemüse-Gratin

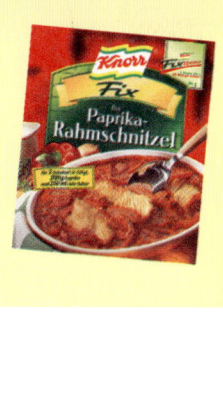

Pro Portion: 2255 kJ/537 kcal, 17 g E, 33 g F, 43 g KH

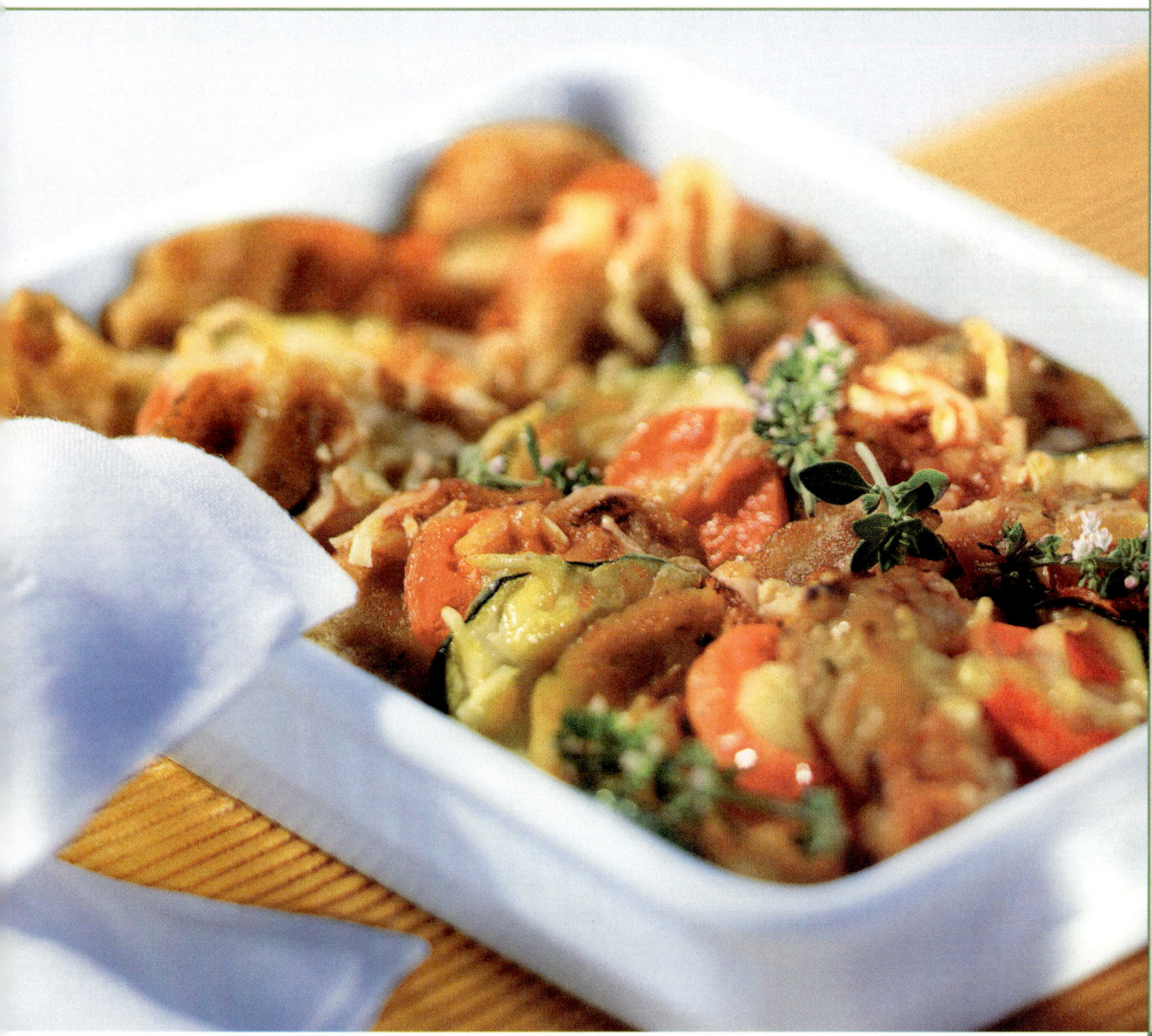

Zutaten für 4 Portionen:

1 Packung PFANNI Semmelknödel in Kochbeuteln (6 Stück)

Salz

250 g Zucchini

250 g Möhren

1 Beutel KNORR Fix für Paprika-Rahmschnitzel

1/4 l (250 ml) Schlagsahne

100 g geriebener Käse

1. Knödel in Salzwasser 10 Minuten quellen lassen. Das Wasser aufkochen. 1 Minute kochen, dann bei schwacher Hitze 10 Minuten ziehen lassen und aus dem Wasser heben. Jeden Knödel in 4 bis 5 Scheiben schneiden.
2. Zucchini und Möhren putzen, waschen, in Scheiben schneiden und im Knödelkochwasser 3 bis 5 Minuten garen. Gemüse abtropfen lassen und mit den Knödelscheiben in eine gefette Auflaufform schichten.
3. Fix für Paprika-Rahmschnitzel in die Sahne einrühren, über das Gemüse geben und mit geriebenem Käse bestreuen. Im vorgeheizten Backofen bei 200 °C (Gas Stufe 3, Umluft 175 °C) etwa 30 Minuten backen.

tipp

Statt der Möhren 250 Gramm gewürfelte Tomaten in die Auflaufform geben.

Fix für Pfeffer-Rahm-Medaillons

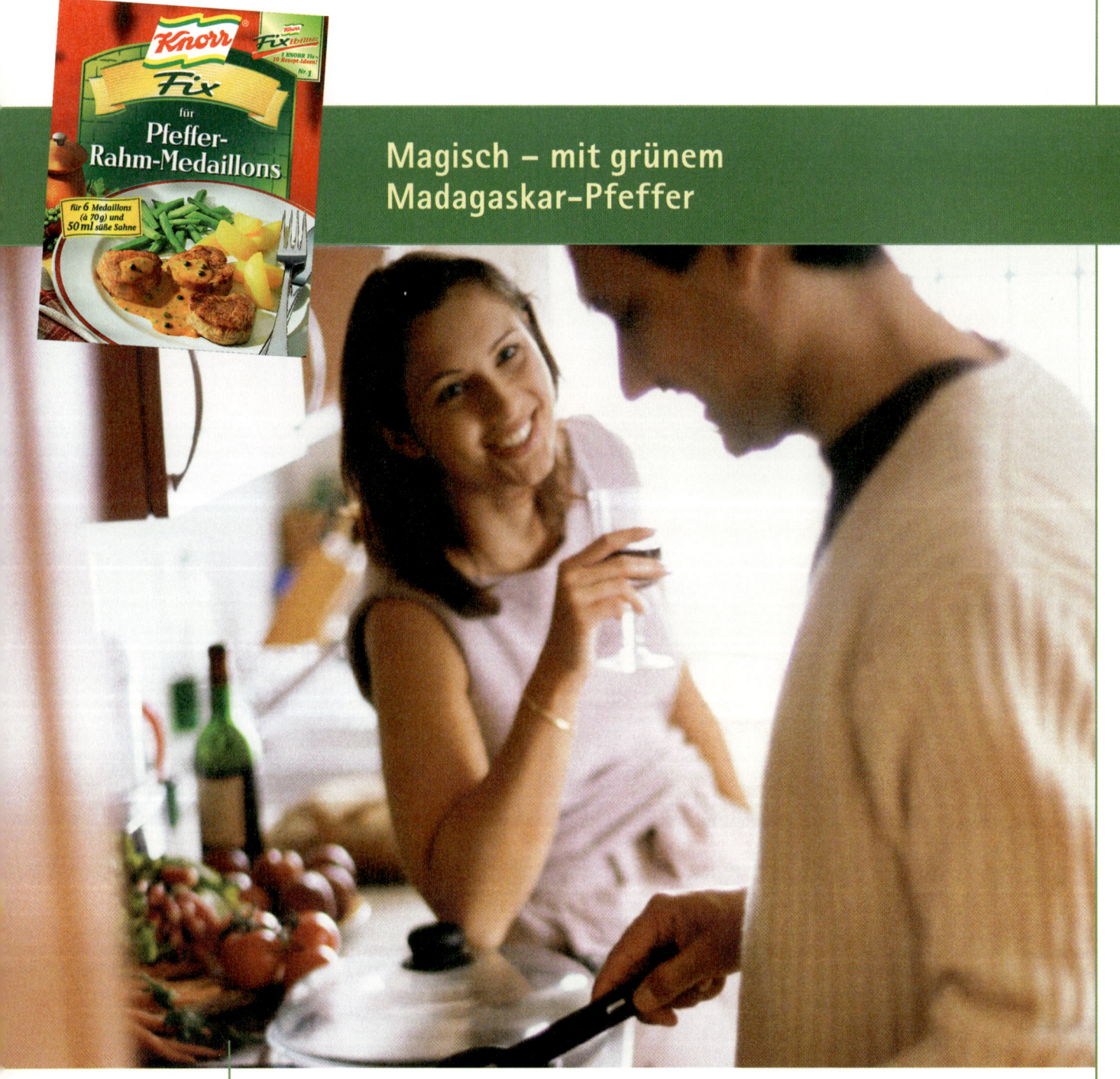

Magisch – mit grünem Madagaskar-Pfeffer

für 6 Medaillons (à 70 g) und 50 ml süße Sahne

Zubereitungszeit ca. 20 min

Puten-Lauch-Pfanne

Pro Portion (bei 2 Port.): 1490 kJ/269 kcal, 39 g E, 17 g F, 12 g KH

1. Lauch putzen, waschen und in feine Ringe schneiden. Das Fleisch in feine Streifen schneiden und in heißem Öl kurz braten. Lauch – bis auf einige schöne Ringe zum Garnieren – dazugeben und mitdünsten.

2. 200 Milliliter kaltes Wasser dazugießen, Fix für Pfeffer-Rahm-Medaillons und Wein einrühren, unter Rühren aufkochen und 1 Minute kochen lassen.

3. Crème fraîche unterrühren und mit Lauchringen bestreut servieren.

Zutaten für 2–3 Portionen:

150 g Lauch
300 g Putenschnitzel
2 EL Öl
1 Beutel KNORR Fix für Pfeffer-Rahm-Medaillons
1 EL Weißwein
1–2 EL Crème fraîche

tipp

Verfeinern Sie die Sauce mit ein paar rosa Pfefferkörnern (gibt's im Feinkostladen).

Zubereitungszeit ca. 30 min

Paprika-Hackbällchen

Pro Portion (bei 2 Port.): 2735 kJ/566 kcal, 28 g E, 48 g F, 28 g KH

1. Paprikaschoten waschen, halbieren, entkernen und in feine Streifen schneiden. Das Hackfleisch mit Ei, Semmelbröseln, Salz und Pfeffer mischen und etwa 15 kleine Bällchen formen.

2. Bällchen in einer Pfanne in 2 Esslöffel heißem Öl rundherum braten, aus der Pfanne nehmen und warm stellen.

3. Paprikastreifen in der Pfanne in restlichem Öl dünsten. 200 Milliliter kaltes Wasser und Sahne dazugießen. Fix für Pfeffer-Rahm-Medaillons einrühren, unter Rühren aufkochen und 1 Minute kochen lassen. Hackbällchen in der Sauce heiß werden lassen.

Zutaten für 2–3 Portionen:

je 1 gelbe und rote Paprikaschote
200 g Hackfleisch
1 Ei
4 EL Semmelbrösel
Salz, Pfeffer
3 EL Öl
50 ml Schlagsahne
1 Beutel KNORR Fix für Pfeffer-Rahm-Medaillons

tipp

2 Teelöffel Senf in den Hackteig geben.

203

Zubereitungszeit ca. 35 min

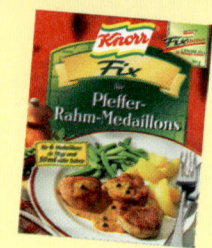

Schnitzeltaschen mit Paprika-Pesto

Pro Portion: 2570 kJ/558 kcal, 33 g E, 50 g F, 8 g KH

Zutaten für 3 Portionen:

1 rote Paprikaschote
30 g Parmesan
30 g Pinienkerne
8 EL Olivenöl
Salz, Pfeffer
3 Schweineschnitzel à 125 g
50 ml Schlagsahne
1 Beutel KNORR Fix für Pfeffer-Rahm-Medaillons

1. Paprikaschote waschen, vierteln und entkernen. Ein Viertel der Paprika, Parmesan, Pinienkerne, 6 Esslöffel Olivenöl, Salz und Pfeffer in einem Blitzhacker pürieren. Restliche Paprikaviertel in Streifen schneiden.
2. Schweineschnitzel flach klopfen und halbieren. Die Hälfte des Paprika-Pestos auf die Schnitzel verteilen, zusammenklappen und mit Holzspießen feststecken. Schnitzel in restlichem Olivenöl von beiden Seiten 6 bis 8 Minuten braten. Paprikastreifen zufügen und mitdünsten.
3. 200 Milliliter kaltes Wasser und Sahne in die Pfanne gießen. Fix für Pfeffer-Rahm-Medaillons einrühren, unter Rühren aufkochen und 1 Minute kochen. Restliches Pesto zu den Schnitzeltaschen servieren.

tipp

Für ein grünes Pesto anstelle der Paprika 50 Gramm Rucola verwenden.

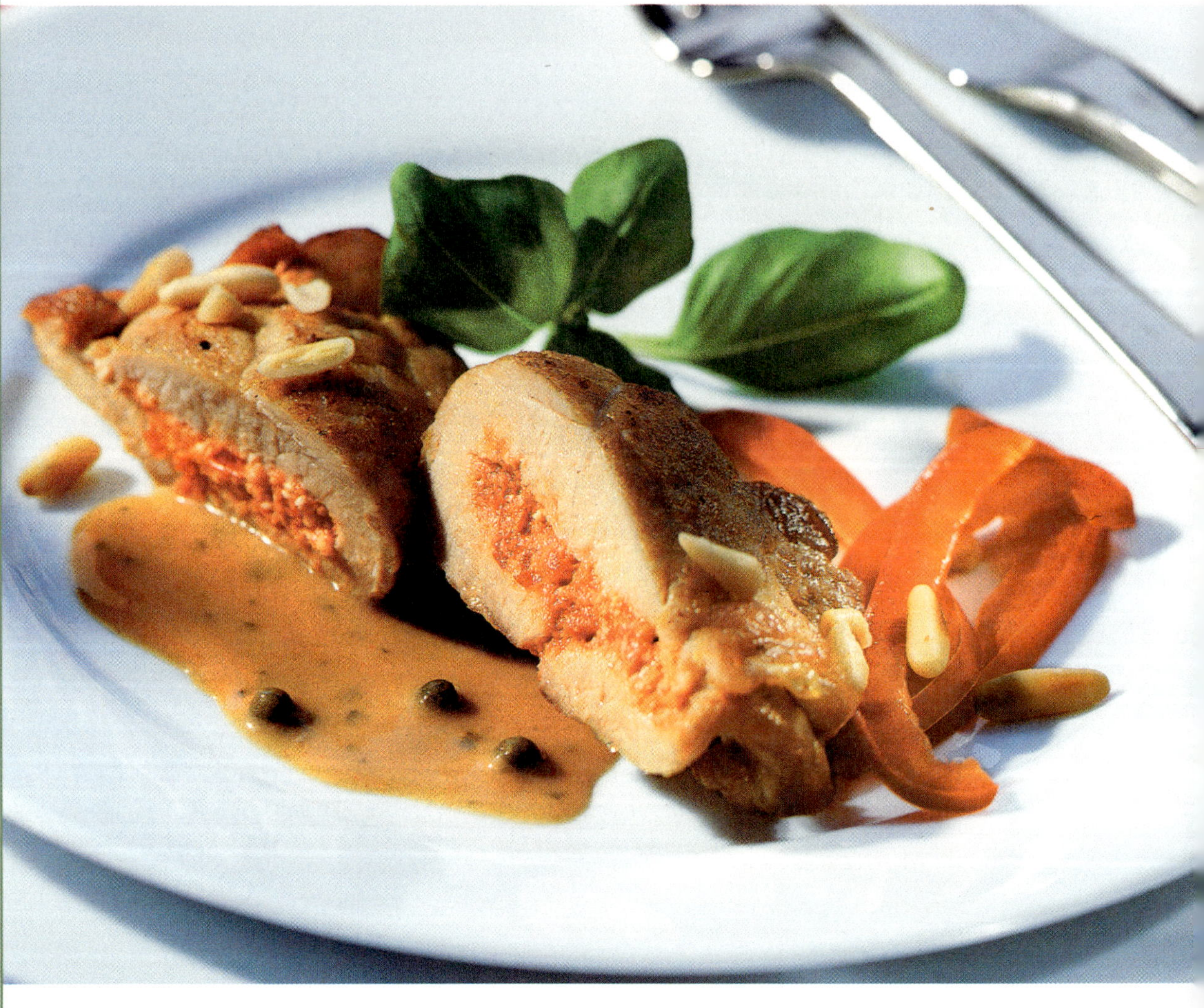

Zubereitungszeit ca. 15 min

Fleischkäse mit Ei auf Pfeffersauce

Pro Portion: 2860 kJ/594 kcal, 35 g E, 57 g F, 8 g KH

**Zutaten für
2 Portionen:**

2 dicke Scheiben
Fleischkäse

2 EL Öl

2 Eier

1 Beutel KNORR
Fix für Pfeffer-
Rahm-Medaillons

evtl. 2–3 EL
Schlagsahne

tipp

Damit das Spiegelei
so schön rund wird
wie auf dem Foto:
Spezielle Form aus
dem Haushalts-
warenladen ver-
wenden.

1. Fleischkäse in einer Pfanne in heißem Öl braten. Aus der Pfanne nehmen und warm stellen.

2. Eier im Bratfett zu Spiegeleiern braten, herausnehmen, auf die Fleischkäsescheiben geben und warm stellen.

3. 1/4 Liter (250 Milliliter) kaltes Wasser in die Pfanne gießen. Fix für Pfeffer-Rahm-Medaillons einrühren, unter Rühren aufkochen und 1 Minute kochen. Nach Belieben mit Sahne verfeinern. Sauce mit dem Fleischkäse und den Spiegeleiern servieren.

Dazu passt geröstetes Bauernbrot.

205

Zubereitungszeit ca. 20 min

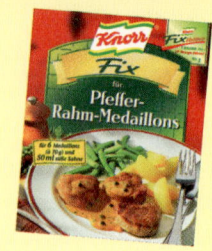

Lammkoteletts provençal

Pro Portion: 1985 kJ/415 kcal, 29 g E, 36 g F, 6 g KH

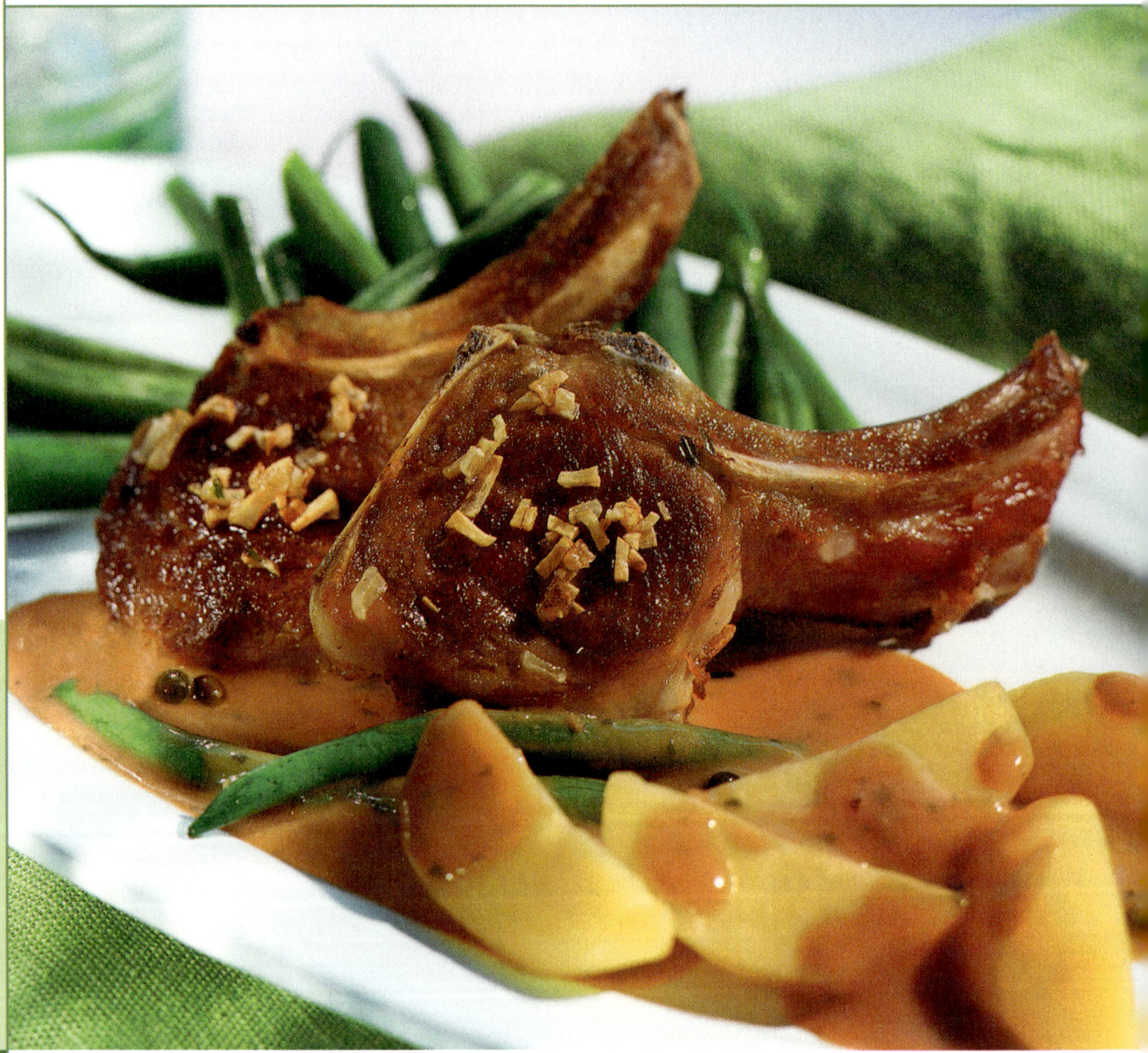

Zutaten für 3 Portionen:

- 6 Lammkoteletts
- 2–3 EL Öl
- 1 Knoblauchzehe
- 1 TL Kräuter der Provence
- 50 ml Rotwein
- 50 ml Schlagsahne
- 1 Beutel KNORR Fix für Pfeffer-Rahm-Medaillons

tipp

Einen jungen, leicht gekühlten Rotwein oder einen Rosé aus der Provence dazu servieren.

1. Lammkoteletts in einer Pfanne in heißem Öl von jeder Seite 3 bis 5 Minuten braten. Knoblauchzehe abziehen, zerdrücken und auf die Koteletts streichen. Mit Kräutern der Provence bestreuen.
2. Koteletts aus der Pfanne nehmen und warm stellen.
3. 150 Milliliter Wasser, Rotwein und Sahne in die Pfanne gießen. Fix für Pfeffer-Rahm-Medaillons einrühren, unter Rühren aufkochen und 1 Minute kochen. Koteletts wieder in die Pfanne geben und in der Sauce heiß werden lassen.

   Gut dazu: grüne Bohnen und Salzkartoffeln.

Zubereitungszeit ca. 45 min

Hack-Bohnen-Auflauf

Pro Portion: 2105 kJ/441 kcal, 27 g E, 26 g F, 39 g KH

1. Zwiebel abziehen, würfeln und mit dem Hackfleisch in einer Pfanne in heißem Öl unter Rühren anbraten; eventuell mit Salz würzen.

2. 200 Milliliter Wasser dazugießen, Fix für Pfeffer-Rahm-Medaillons einrühren, unter Rühren aufkochen und 1 Minute kochen lassen. Bohnen abtropfen lassen, untermischen und alles in eine gefettete Auflaufform geben.

3. 3/8 Liter (375 Milliliter) Wasser mit Salz aufkochen, Topf vom Herd nehmen, Milch dazugießen und Püreeflocken einrühren. Das fertige Püree über das Fleisch geben, mit Käse bestreuen und im vorgeheizten Backofen bei 200 °C (Gas Stufe 3, Umluft 175 °C) etwa 30 Minuten überbacken.

Dazu schmeckt ein Gurkensalat mit Dill.

Zutaten für 3 Portionen:

1 Zwiebel
200 g Hackfleisch
1–2 EL Öl
Salz
1 Beutel KNORR Fix für Pfeffer-Rahm-Medaillons
200 g weiße Bohnen aus der Dose
1/8 l (125 ml) Milch
1 Packung PFANNI Kartoffel-Püree »kräftig & herzhaft«
50 g geriebener Käse

Zubereitungszeit ca. 30 min

Paprika-Reisfleisch

Pro Portion: 2645 kJ/544 kcal, 32 g E, 29 g F, 59 g KH

1. Reis mit Curry in 350 Milliliter Salzwasser 15 bis 20 Minuten kochen.

2. Paprikaschote waschen, halbieren, entkernen und in feine Streifen schneiden. Die Zwiebel abziehen und fein würfeln. Schweinenacken würfeln.

3. Zwiebel- und Fleischwürfel in einer Pfanne in heißem Öl braten und salzen. Paprikastreifen dazugeben und kurz mitdünsten. 1/4 Liter (250 Milliliter) kaltes Wasser dazugeben, Fix für Pfeffer-Rahm-Medaillons einrühren, unter Rühren aufkochen und 1 Minute kochen lassen. Reis abtropfen lassen, untermischen und servieren.

Zutaten für 2 Portionen:

125 g Langkornreis
1/2–1 TL Currypulver
Salz
1 rote Paprikaschote
1 Zwiebel
250 g Schweinenacken
2 EL Öl
1 Beutel KNORR Fix für Pfeffer-Rahm-Medaillons

Zubereitungszeit ca. 25 min

Schinken-Putenröllchen

Pro Portion: 1480 kJ/309 kcal, 45 g E, 16 g F, 7 g KH

Zutaten für 4 Portionen:

4 Putenschnitzel
à 150 g
4 Scheiben gekochter
Schinken
2–3 EL Öl
50 ml Schlagsahne
1 Beutel KNORR
Fix für Pfeffer-
Rahm-Medaillons

tipp

Toll als Fingerfood
für ein Partybüfett!
Dann die Pfeffer-
sauce als Dip dazu
servieren.

1. Putenschnitzel flach klopfen und mit je
   1 Scheibe Schinken belegen. Schnitzel von der
   Schmalseite her aufrollen und in etwa 2 Zentimeter dicke Scheiben schneiden. Je 3 bis
   4 Röllchen auf Spieße stecken.

2. Spieße in einer Pfanne in heißem Öl von beiden
   Seiten braten, aus der Pfanne nehmen und
   warm stellen.

3. 200 Milliliter kaltes Wasser und Sahne in
   die Pfanne gießen, Fix für Pfeffer-Rahm-
   Medaillons einrühren, unter Rühren aufkochen
   und 1 Minute kochen lassen. Spieße in der
   Sauce servieren.

Zubereitungszeit ca. 30 min

Pilz-Zwiebel-Pfanne

Pro Portion: 1140 kJ/183 kcal, 8 g E, 20 g F, 11 g KH

Zutaten für 2 Portionen:

500 g Champignons
2 Zwiebeln
1 Stange Lauch
2 EL Öl
50 ml Weißwein
50 ml Schlagsahne
1 Beutel KNORR
Fix für Pfeffer-
Rahm-Medaillons

tipp

Schmeckt als vege-
tarisches Haupt-
gericht und zu Wild
oder Geflügel.

1. Champignons putzen, halbieren und eventuell
   vierteln. Zwiebeln abziehen, halbieren und
   in dünne Scheiben schneiden. Lauch putzen,
   waschen und in feine Ringe schneiden.

2. Champignons, Lauch und Zwiebelscheiben in
   einer Pfanne in heißem Öl dünsten, bis die Flüssigkeit verdampft ist.

3. 150 Milliliter kaltes Wasser, Weißwein und
   Sahne zu den Pilzen gießen. Fix für Pfeffer-
   Rahm-Medaillons einrühren, unter Rühren aufkochen und bei schwacher Hitze 1 Minute
   kochen.

Zubereitungszeit ca. 30 min

Pfeffer-Hacksteaks

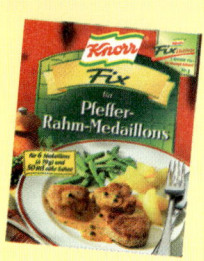

Pro Portion (bei 2 Port.): 3115 kJ/655 kcal, 38 g E, 48 g F, 32 g KH

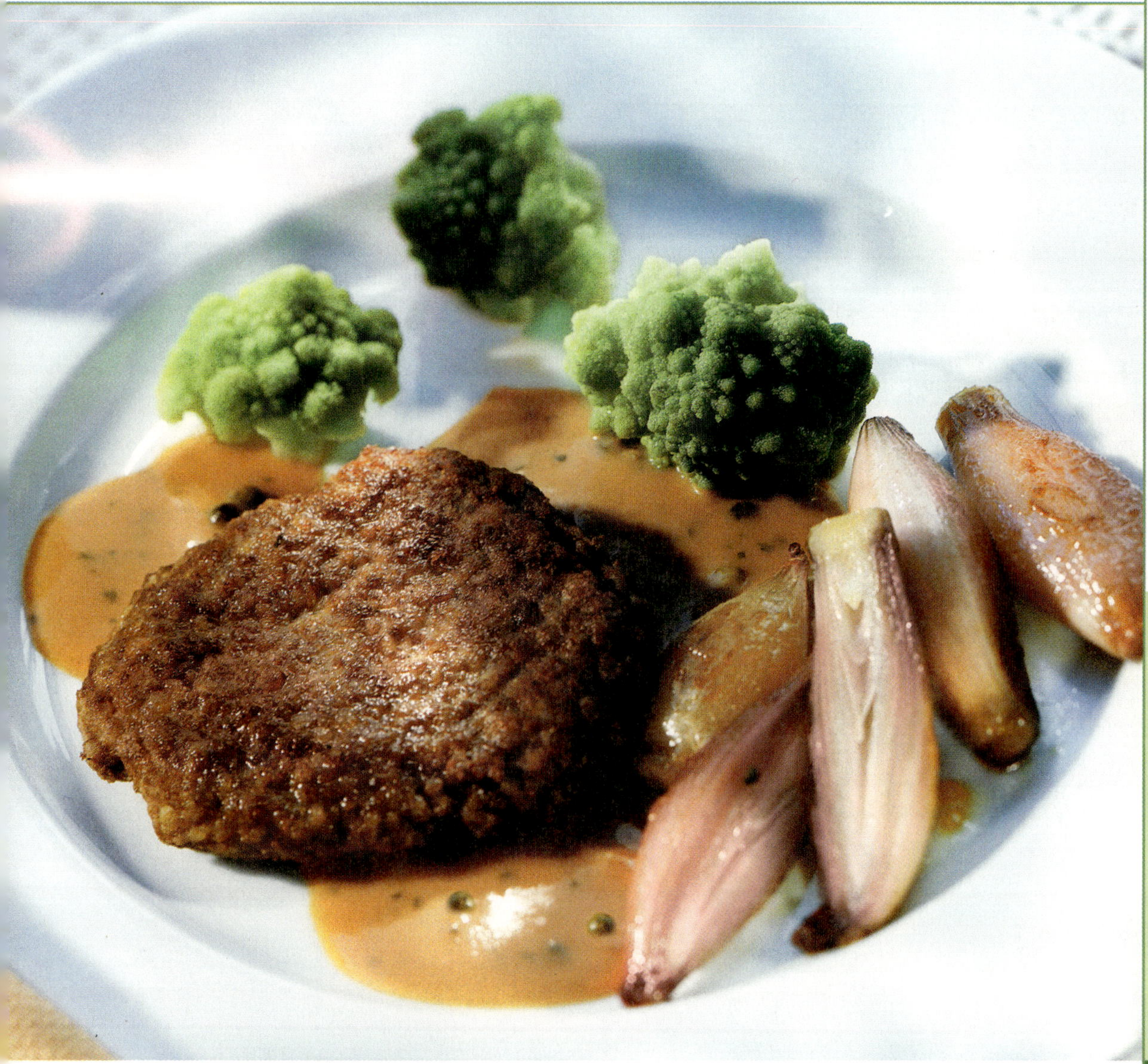

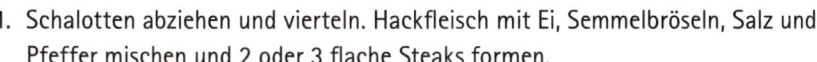

Zutaten für 2–3 Portionen:

250 g Schalotten
300 g Hackfleisch
1 Ei
5 EL Semmelbrösel
Salz, Pfeffer
2 EL Öl
100 ml Rotwein
50 ml Schlagsahne
1 Beutel KNORR Fix für Pfeffer-Rahm-Medaillons

1. Schalotten abziehen und vierteln. Hackfleisch mit Ei, Semmelbröseln, Salz und Pfeffer mischen und 2 oder 3 flache Steaks formen.
2. Hacksteaks in einer Pfanne in heißem Öl von beiden Seiten braten, aus der Pfanne nehmen und warm stellen. Schalotten im restlichen Bratfett zugedeckt bei schwacher Hitze weich dünsten.
3. Rotwein, 100 Milliliter kaltes Wasser und Sahne dazugießen. Fix für Pfeffer-Rahm-Medaillons einrühren, unter Rühren aufkochen und 1 Minute kochen lassen. Hacksteaks mit dem Schalottengemüse servieren.

tipp

Romanesco heißt der hübsche Verwandte des weißen Blumenkohls. Er schmeckt ähnlich, gart aber etwas schneller.

10 Rezept-Ideen

Fix für Puten-Geschnetzeltes

Immer gut für Lob in höchsten Tönen

Putenbrust mit Mango

Pro Portion (bei 2 Port.): 1680 kJ/404 kcal, 33 g E, 17 g F, 28 g KH

1. Mango schälen, das Fruchtfleisch vom Stein schneiden und würfeln. Putenbrustfilet würfeln und in 2 Esslöffel heißem Öl goldbraun braten. Fleisch herausnehmen und warm stellen.

2. Zwiebel abziehen und würfeln, Knoblauchzehe abziehen und zerdrücken. Zwiebelwürfel und Knoblauch in der Pfanne in restlichem Öl anbraten. Zucker darüber streuen und hellbraun werden lassen.

3. Die Mangowürfel zugeben und kurz bräunen. 1/4 Liter (250 Milliliter) Wasser dazugießen und Fix für Puten-Geschnetzeltes einrühren. Unter Rühren aufkochen und bei schwacher Hitze 2 Minuten kochen lassen. Fleisch wieder zugeben und in der Sauce erwärmen.

Dazu passt Reis.

Zutaten für 2–3 Portionen:

1 kleine reife Mango
250 g Putenbrustfilet
3 EL Öl, 1 Zwiebel
1 Knoblauchzehe
1 EL Zucker
1 Beutel KNORR Fix für Puten-Geschnetzeltes

tipp

Je nach Saison die Mango durch frische Pfirsiche, Aprikosen oder Cranberries ersetzen.

Pilzpfanne mit Tomaten

Pro Portion: 1060 kJ/255 kcal, 5 g E, 21 g F, 11 g KH

1. Tomaten abtropfen lassen und in kleine Würfel schneiden. Pilze putzen, in Stücke schneiden. Zwiebel abziehen, würfeln und zusammen mit den Pilzen in heißem Öl braun anbraten.

2. 1/4 Liter (250 Milliliter) Wasser dazugießen und Fix für Puten-Geschnetzeltes einrühren. Tomatenwürfel und Weißwein zufügen, unter Rühren aufkochen und bei schwacher Hitze 2 Minuten kochen lassen. Eventuell mit Kräutern garnieren.

Dazu passen Bandnudeln.

Zutaten für 2 Portionen:

50 g getrocknete Tomaten in Öl
200 g gemischte Pilze (z.B. Champignons, Austernpilze, Shiitake)
1 Zwiebel
1–2 EL Öl
1 Beutel KNORR Fix für Puten-Geschnetzeltes
1–2 EL Weißwein
evtl. Kräuter zum Garnieren

Zubereitungszeit ca. 35 min

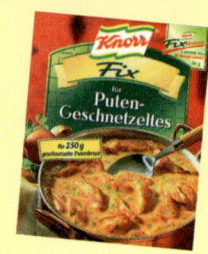

Schweinefilet im Schinkenmantel

Pro Portion (bei 2 Port.): 2210 kJ/528 kcal, 50 g E, 32 g F, 11 g KH

Zutaten für 2–3 Portionen:

300 g Schweinefilet

100 g roher Schinken in Scheiben

1 Beutel KNORR Fix für Puten-Geschnetzeltes

150 ml Schlagsahne

1. Fleisch in 2 bis 3 Portionsstücke schneiden. Jedes Stück mit Schinkenscheiben umwickeln und ohne Anbraten in eine gefettete Auflaufform legen.
2. Fix für Puten-Geschnetzeltes in die Sahne und 100 Milliliter kaltes Wasser einrühren und über das Fleisch gießen.
3. Das Fleisch im vorgeheizten Backofen bei 200 °C (Gas Stufe 3, Umluft 175 °C) 25 bis 30 Minuten garen.

tipp

Sie können das Filet auch in der Pfanne braten und mit frischem Salbei garnieren. Reichen Sie KNORR Fix als Sauce dazu.

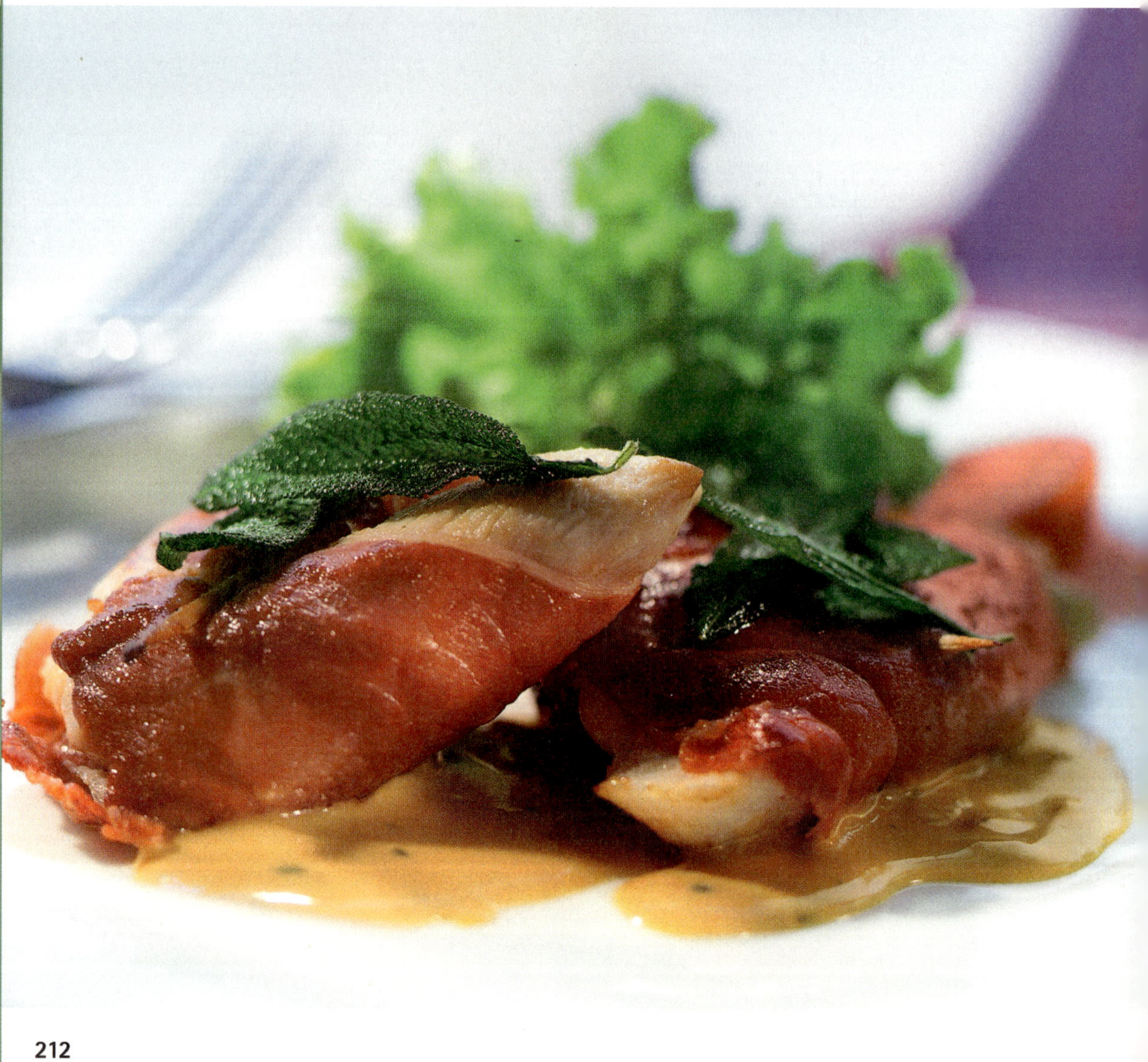

Zubereitungszeit ca. 25 min

Schweinegeschnetzeltes mit Kürbis

Pro Portion (bei 2 Port.): 2790 kJ/668 kcal, 33 g E, 30 g F, 65 g KH

Zutaten für 2–3 Portionen:

125 g Langkornreis

Salz

ca. 40 g frische Ingwerwurzel

300 g süßsauer eingelegter Kürbis aus dem Glas

250 g Schweine- schnitzel

2 EL Öl

1 Beutel KNORR Fix für Puten-Geschnetzeltes

1–2 EL Weißwein

Pfeffer

tipp

In der Kürbissaison frischen Kürbis ver- wenden. Einfach das Fruchtfleisch wür- feln und in Salzwas- ser bissfest garen.

---

1. Den Reis in reichlich kochendes Salzwasser geben und 15 bis 20 Minuten kochen. Ingwerwurzel schälen und raspeln oder im Blitzhacker zerkleinern. Eingelegten Kürbis abtropfen lassen.

2. Schweineschnitzel in dünne Streifen schneiden und in heißem Öl anbraten. 1/4 Liter (250 Milliliter) Wasser dazugießen, Fix für Puten-Geschnetzeltes einrühren und unter Rühren aufkochen.

3. Kürbis, Ingwer und Weißwein zugeben. Bei schwacher Hitze 2 Minuten kochen lassen. Mit Pfeffer abschmecken. Reis zum Geschnetzelten servieren.

213

Zubereitungszeit ca. 40 min

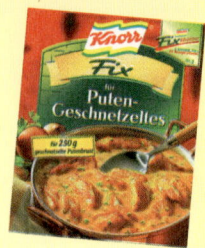

Geflügelragout

Pro Portion (bei 2 Port.): 1725 kJ/415 kcal, 40 g E, 20 g F, 17 g KH

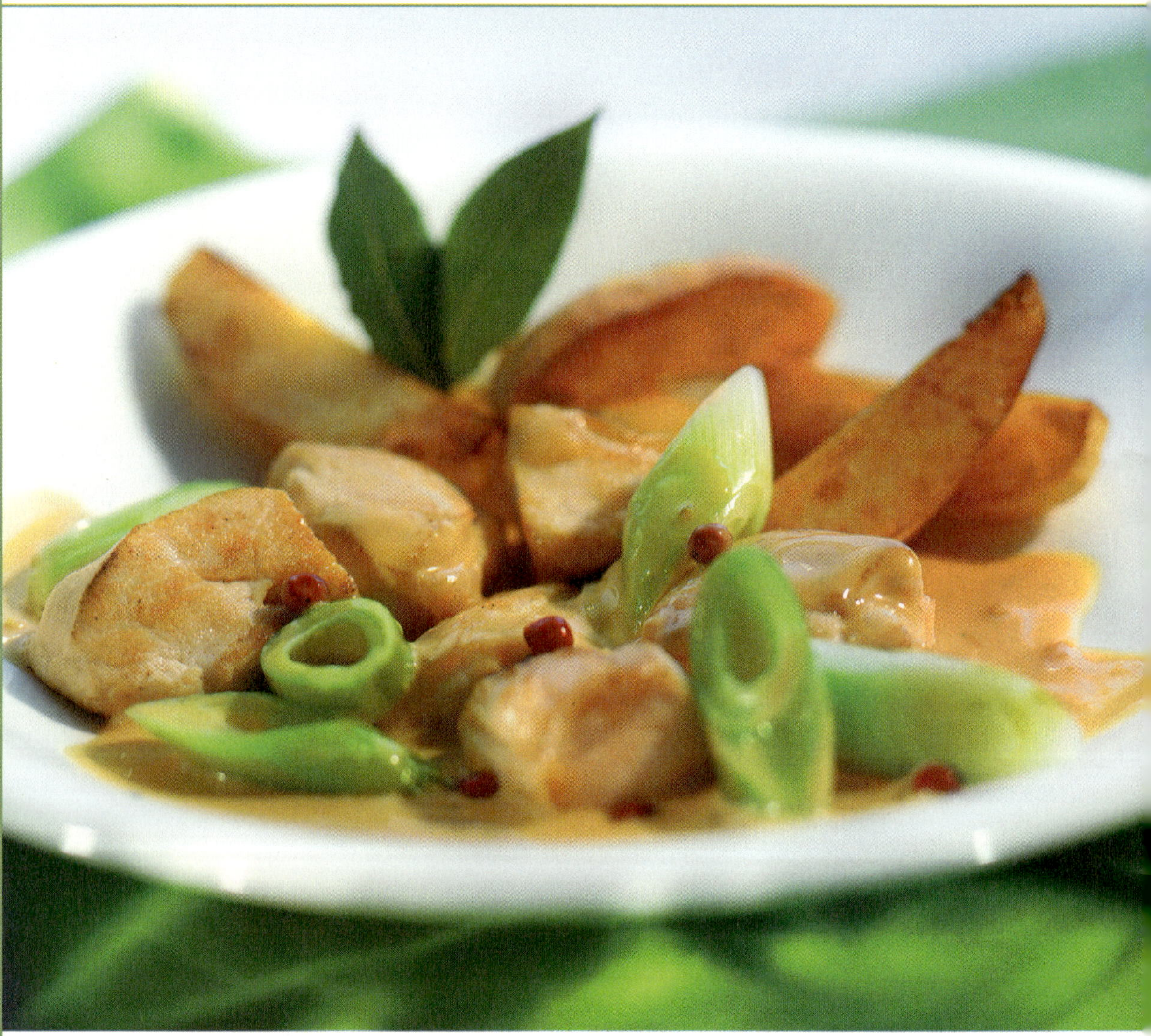

Zutaten für 2–3 Portionen:

300 g Hähnchenbrustfilet
2 1/2 TL Honig
Salz, Pfeffer
400 g Lauch
1 Zwiebel
2 EL Öl
1 Beutel KNORR Fix für Puten-Geschnetzeltes
2–3 EL Schlagsahne
evtl. 1 TL rote oder grüne Pfefferkörner

tipp

Für eine süß-säuerliche Note die Sauce mit einigen Tropfen Limetten- oder Zitronensaft abrunden.

1. Hähnchenbrustfilet in große Würfel schneiden. 1/2 Teelöffel Honig darüber verteilen. Das Fleisch leicht salzen und pfeffern.
2. Lauch waschen, putzen und in kleine Stücke schneiden. Zwiebel abziehen und würfeln.
3. Hähnchenwürfel in heißem Öl in einer großen Pfanne von allen Seiten anbraten. Lauchstücke und Zwiebelwürfel dazugeben und 2 Minuten mitgaren.
4. 300 Milliliter Wasser zugießen, Fix für Puten-Geschnetzeltes einrühren, unter Rühren aufkochen und bei schwacher Hitze 5 Minuten kochen lassen. Mit Sahne und restlichem Honig abschmecken. Nach Belieben Pfefferkörner dazugeben.

Hähnchenleber

Pro Portion (bei 3 Port.): 2015 kJ/480 kcal, 47 g E, 20 g F, 27 g KH

1. Hähnchenleber in Stücke schneiden. Frühlingszwiebeln putzen, waschen und in 3 Zentimeter lange Stücke schneiden. Champignons putzen und in Scheiben schneiden.

2. Leber mit etwas Mehl bestäuben, in einer Pfanne in heißem Öl 2 Minuten braten, herausnehmen und warm stellen. Gemüse im restlichen Bratfett andünsten.

3. 1/4 Liter (250 Milliliter) kaltes Wasser dazugießen, Fix für Puten-Geschnetzeltes einrühren, unter Rühren aufkochen und bei schwacher Hitze 2 Minuten kochen lassen. Leber mit der Pilz-Zwiebel-Sauce anrichten. Eventuell mit frischen Kräutern garnieren.

Eine ideale Beilage ist cremig-lockeres Kartoffelpüree mit gehackten Kräutern verfeinert.

Zutaten für 3–4 Portionen:

400 g Hähnchenleber

1 Bund Frühlingszwiebeln

200 g Champignons

2 EL Öl

1 Beutel KNORR Fix für Puten-Geschnetzeltes

evtl. Kräuter zum Garnieren

tipp

In der kalten Jahreszeit das Gericht zur Abwechslung einmal mit Gänseleber zubereiten.

Nudeln mit Seelachsfilet

Pro Portion (bei 2 Port.): 3115 kJ/744 kcal, 41 g E, 23 g F, 92 g KH

1. Seelachsfilet auftauen und würfeln. Nudeln in reichlich kochendem Salzwasser bissfest garen.

2. Knoblauchzehe abziehen, zerdrücken und in heißem Öl kurz dünsten. 1/4 Liter (250 Milliliter) kaltes Wasser dazugießen, Fix für Puten-Geschnetzeltes einrühren, unter Rühren aufkochen und bei schwacher Hitze 2 Minuten kochen. Fisch dazugeben und bei schwacher Hitze etwa 5 Minuten gar ziehen lassen.

3. Weintrauben waschen, halbieren und entkernen. Mit Mandelblättchen und Dill zum Fisch geben. Mit Zitronensaft, Salz und Pfeffer abschmecken. Die Nudeln dazu servieren.

Zutaten für 2–3 Portionen:

250 g TK-Seelachsfilet

200 g Nudeln (z.B. Farfalle oder Muscheln)

Salz

1 Knoblauchzehe

1 TL Öl

1 Beutel KNORR Fix für Puten-Geschnetzeltes

150 g grüne oder blaue Weintrauben

30 g Mandelblättchen

1–2 EL fein geschnittener Dill

2–3 EL Zitronensaft

Pfeffer

Zubereitungszeit ca. 25 min

Kokos-Geflügel-Pfanne

Pro Portion: 2640 kJ/632 kcal, 39 g E, 17 g F, 78 g KH

Zutaten für 2 Portionen:

125 g Langkornreis

Salz

200 g Wirsingkohl

250 g Hähnchen-brustfilet

2 EL Öl

100 ml Kokosmilch aus der Dose

1 Beutel KNORR Fix für Puten-Geschnetzeltes

150 g Ananasstücke aus der Dose

1/2 TL gemahlener Koriander

1. Den Reis in reichlich kochendes Salzwasser geben und 15 bis 20 Minuten kochen. Wirsing-kohl waschen, putzen und in feine Streifen schneiden. Hähnchenbrustfilet würfeln und in heißem Öl anbraten. Wirsingstreifen zufügen und kurz mit anbraten.

2. Kokosmilch mit Wasser auf 1/4 Liter (250 Milli-liter) Flüssigkeit auffüllen und in die Pfanne gießen. Fix für Puten-Geschnetzeltes einrühren, unter Rühren aufkochen und bei schwacher Hitze 2 Minuten kochen lassen.

3. Ananasstücke abtropfen lassen und in der Sauce erwärmen. Mit Koriander abschmecken. Reis abtropfen lassen, mit Fleisch und Sauce anrichten.

Zubereitungszeit ca. 50 min

Zwiebel-Hähnchen

Pro Portion (bei 3 Port.): 2365 kJ/566 kcal, 34 g E, 41 g F, 15 g KH

Zutaten für 3–4 Portionen:

6 mittelgroße Zwiebeln

6 Knoblauchzehen

2 Möhren

2 EL Öl

500 g Hähnchen-unterkeulen

1 Beutel KNORR Fix für Puten-Geschnetzeltes

150 ml Schlagsahne

evtl. 1–2 EL Weißwein

evtl. Salbei zum Garnieren

1. Zwiebeln abziehen und in Spalten schneiden. Knoblauchzehen abziehen und in Scheiben schneiden. Möhren waschen, schälen und in Scheiben schneiden. Alles zusammen in heißem Öl etwa 5 Minuten dünsten. Zusammen mit den Hähnchenunterkeulen in eine gefettete Auf-laufform geben.

2. Fix für Puten-Geschnetzeltes in Sahne, 100 Milliliter kaltes Wasser und evtl. Wein einrühren. Die Mischung über Fleisch und Gemüse gießen. Im vorgeheizten Backofen bei 200 °C (Gas Stufe 3, Umluft 175 °C) 30 bis 40 Minuten braten. Das Gericht nach Belieben mit frischem Salbei garnieren.

Zubereitungszeit ca. 30 min

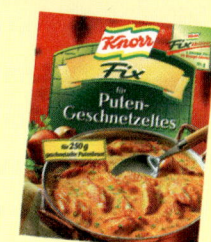

Putengeschnetzeltes

Pro Portion: 1660 kJ/399 kcal, 33 g E, 18 g F, 26 g KH

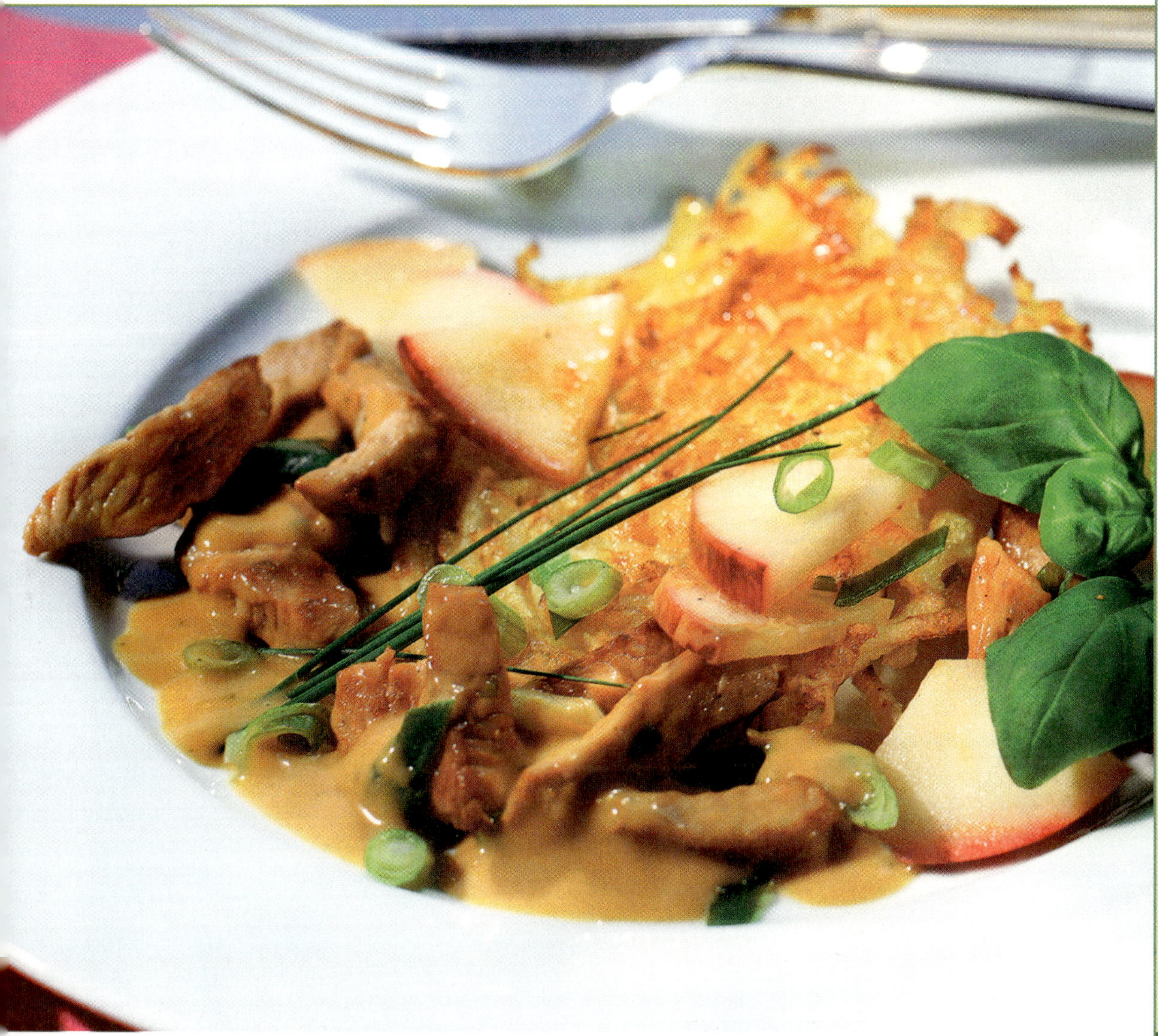

Zutaten für 2 Portionen:

250 g Putenschnitzel
1 Apfel
1/2 Bund Frühlingszwiebeln
2 EL Öl
1 Beutel KNORR Fix für Puten-Geschnetzeltes
1 EL körniger Senf
evtl. Kräuter zum Garnieren

tipp

Sie können das Putengeschnetzelte nach Belieben mit 8 bis 10 Rosinen verfeinern.

1. Putenschnitzel in schmale Streifen schneiden. Apfel waschen, das Kerngehäuse entfernen, Fruchtfleisch in Spalten schneiden. Frühlingszwiebeln putzen, waschen und in Ringe schneiden.
2. Fleischstreifen in heißem Öl kurz braten und herausnehmen. Apfelspalten und Frühlingszwiebeln im restlichen Bratfett kurz anbraten, ebenfalls herausnehmen und warm stellen.
3. 1/4 Liter (250 Milliliter) kaltes Wasser in die Pfanne gießen, Fix für Puten-Geschnetzeltes einrühren, unter Rühren aufkochen und bei schwacher Hitze 2 Minuten kochen lassen. Fleisch, Apfelspalten und Zwiebelringe wieder dazugeben und heiß werden lassen. Mit Senf abschmecken und eventuell mit Kräutern garnieren.

10 Rezept-Ideen

Fix für Rahm-Champignons

**Unwiderstehlich rahmig –
mit Sahne und Petersilie**

Nudeln in Pilzrahm

Pro Portion (bei 2 Port.): 2560 kJ/613 kcal, 20 g E, 15 g F, 98 g KH

1. Bandnudeln in reichlich kochendem Salzwasser bissfest garen und in einem Sieb abgießen.

2. Knoblauchzehe abziehen, zerdrücken und in heißem Öl dünsten. Pilze putzen, in Scheiben schneiden, dazugeben und dünsten, bis die Flüssigkeit verdampft ist.

3. 1/4 Liter (250 Milliliter) kaltes Wasser dazu- gießen, Fix für Rahm-Champignons einrühren, unter Rühren aufkochen und 1 Minute kochen lassen. Frühlingszwiebeln putzen, waschen, in feine Ringe schneiden und untermischen.

4. Sauce zu den Bandnudeln servieren. Mit Basi- likum garnieren und eventuell mit Parmesan bestreuen.

Zutaten für 2–3 Portionen:

250 g Bandnudeln
Salz
1 Knoblauchzehe
2 EL Öl
100 g gemischte Pilze (z.B. Pfifferlinge und Champignons)
1 Beutel KNORR Fix für Rahm-Champignons
2 Frühlingszwiebeln
Basilikumblätter
evtl. 1–2 EL geriebener Parmesan

Zubereitungszeit ca. 60 min

Hackbraten mit Pilzen

Pro Portion: 2675 kJ/640 kcal, 44 g E, 41 g F, 25 g KH

1. Champignons putzen und fein würfeln. Das Hackfleisch mit Champignonwürfeln, Peter- silie, Käse, Semmelbröseln, Ei und Fix für Rahm- Champignons gut vermischen.

2. Den Teig in eine gefettete Kastenform (20 Zentimeter lang) geben und im vorge- heizten Backofen bei 200 °C (Gas Stufe 3, Umluft 175 °C) etwa 40 Minuten backen. Hackbraten in Scheiben schneiden und mit einem Kräuterdip anrichten.

Dazu passt ein gemischter Salat.

Zutaten für 2 Portionen:

250 g Champignons
250 g Hackfleisch
1 EL gehackte Petersilie
75 g geriebener Emmentaler
40 g Semmelbrösel
1 Ei
1 Beutel KNORR Fix für Rahm-Champignons

tipp

Besonders würzig: Geben Sie einige gehackte Kapern unter den Teig.

Zubereitungszeit ca. 35 min

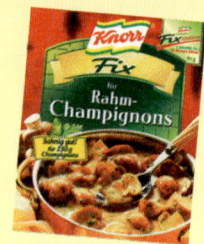

Rahmgeschnetzeltes mit Austernpilzen

Pro Portion: 1030 kJ/248 kcal, 35 g E, 8 g F, 9 g KH

Zutaten für 3 Portionen:

400 g Hähnchenbrustfilet

2 EL Öl

Salz, Pfeffer

250 g Austernpilze

3 Frühlingszwiebeln

1 Beutel KNORR Fix für Rahm-Champignons

evtl. 1–2 TL Sojasauce

1. Hähnchenbrustfilet in kleine Stücke schneiden und in heißem Öl anbraten, mit Salz und Pfeffer würzen. Fleischstücke aus der Pfanne nehmen und warm stellen.
2. Austernpilze putzen und im restlichen Bratfett dünsten. Frühlingszwiebeln putzen, waschen, in Ringe schneiden und kurz mitdünsten. 1/4 Liter (250 Milliliter) kaltes Wasser dazugeben, Fix für Rahm-Champignons einrühren, unter Rühren aufkochen und 1 Minute kochen lassen.
3. Eventuell mit Sojasauce abschmecken. Fleischstücke wieder in die Pfanne geben und in der Sauce heiß werden lassen.

Gut dazu: Reismischung aus Langkorn- und Wildreis.

tipp

Wer von der Sauce gern eine größere Menge möchte, gibt noch 2 bis 3 Esslöffel Sahne dazu.

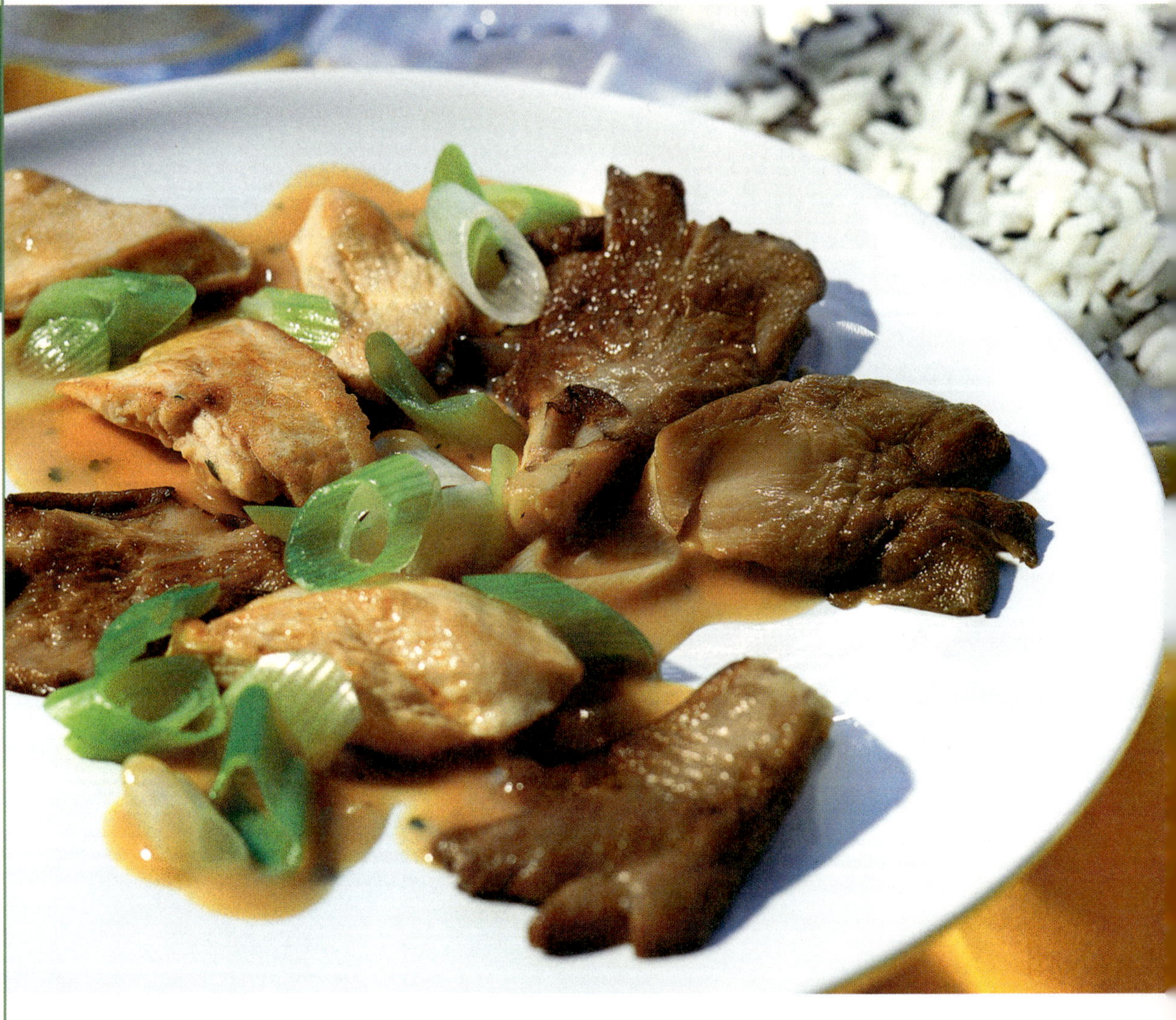

Zubereitungszeit ca. 50 min

Überbackenes Hähnchen mit Kartoffelhaube

Pro Portion (bei 2 Port.): 3190 kJ/763 kcal, 50 g E, 44 g F, 39 g KH

Zutaten für 2–3 Portionen:

2 Hähnchenbrustfilets à 150 g

1 Beutel KNORR Fix für Rahm-Champignons

150 g Schmand

50 g geriebener Käse

1 Packung PFANNI Kartoffelrösti

tipp

Servieren Sie dazu gedünstete Frühlingszwiebeln und Möhren.

1. Hähnchenbrustfilets in eine gefettete Auflaufform geben. Fix für Rahm-Champignons in 1/4 Liter (250 Milliliter) kaltes Wasser einrühren, unter Rühren aufkochen, 1 Minute kochen lassen und über die Hähnchenbrustfilets gießen.

2. Schmand, Käse und Kartoffelrösti verrühren und auf dem Fleisch verteilen.

3. Im vorgeheizten Backofen bei 225 °C (Gas Stufe 4, Umluft 200 °C) in 30 bis 40 Minuten goldgelb überbacken.

221

Zubereitungszeit ca. 45 min

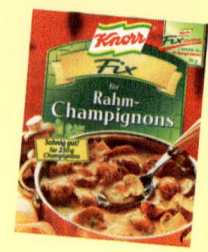

Pilzknödel in Rahmsauce

Pro Portion: 1125 kJ/267 kcal, 5 g E, 8 g F, 44 g KH

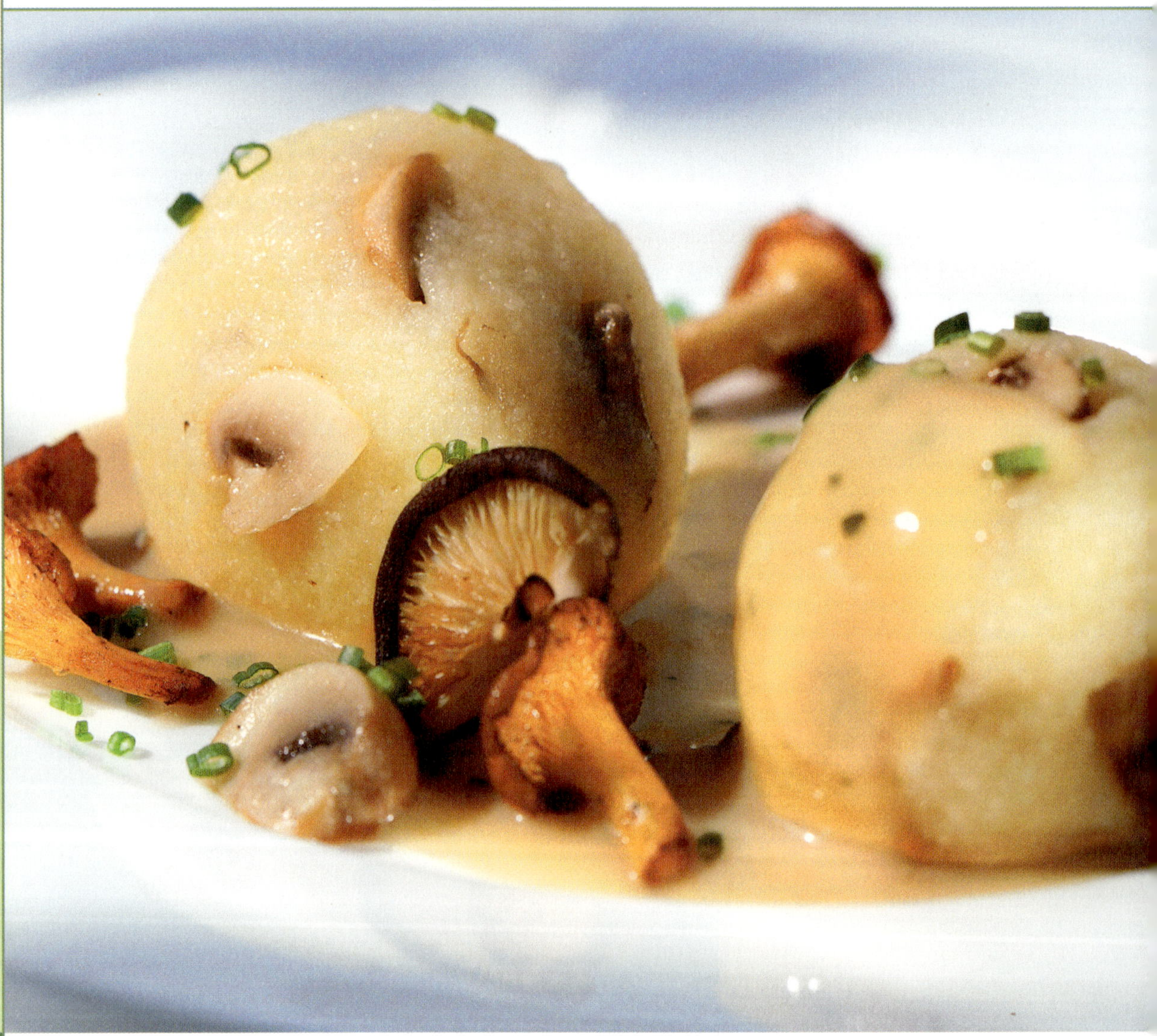

Zutaten für 4 Portionen:

250 g Pilze (Sorte nach Wahl)

2 EL Öl

1 Packung PFANNI Knödel halb und halb (8 Stück)

Salz

1 Beutel KNORR Fix für Rahm-Champignons

tipp

Pilze besser nicht waschen, sonst nehmen sie viel Wasser auf. Verunreinigungen mit einem Pinsel abbürsten.

1. Pilze putzen und klein schneiden, dabei einige schöne Exemplare für die Sauce beiseite legen. Alle Pilze in heißem Öl anbraten, bis die Flüssigkeit verdampft ist.
2. Knödelmischung mit 1/2 Liter (500 Milliliter) Wasser verrühren. Kleingeschnittene Pilze unter den Knödelteig mischen. Den Teig 10 Minuten quellen lassen. Aus dem Pilz-Knödelteig mit angefeuchteten Händen 8 Knödel formen, in reichlich kochendes, gesalzenes Wasser geben und kurz aufkochen. Bei schwacher Hitze 20 Minuten ziehen lassen.
3. Fix für Rahm-Champignons in 1/4 Liter (250 Milliliter) kaltes Wasser einrühren, unter Rühren aufkochen und 1 Minute kochen lassen. Ganze Pilze in der Sauce erhitzen und zu den Pilzknödeln servieren.

Pilz-Blätterteigtorte

Pro Stück: 1040 kJ/249 kcal, 9 g E, 17 g F, 15 g KH

1. Eine Springform (26 Zentimeter Durchmesser) mit den Blätterteigscheiben auskleiden, dabei einen 2 Zentimeter hohen Rand formen.

2. Champignons putzen, in Scheiben schneiden und in heißem Öl bei starker Hitze dünsten, bis die Flüssigkeit verdampft ist. Schinken würfeln. Pilze und Schinken auf dem Teig verteilen.

3. Fix für Rahm-Champignons mit Eiern, Crème fraîche und Petersilie vermischen und auf den Pilzen verteilen. Mit Käse bestreuen. Im vorgeheizten Backofen bei 200 °C (Gas Stufe 3, Umluft 175 °C) etwa 35 Minuten backen. Ofenwarm servieren.

Zutaten für 12 Stücke:

6 Scheiben TK-Blätterteig (450 g)

500 g Champignons

2 EL Öl

150 g gekochter Schinken

1 Beutel KNORR Fix für Rahm-Champignons

2 Eier

150 g Crème fraîche

3 EL gehackte Petersilie

50 g geriebener Käse

tipp

Die Blätterteigtorte schmeckt auch lauwarm oder kalt.

Bohnen-Speck-Pfanne

Pro Portion: 2780 kJ/670 kcal, 12 g E, 56 g F, 29 g KH

1. Bohnen auftauen lassen. Champignons putzen und vierteln. Speck würfeln und in 1 Esslöffel heißem Öl anbraten. Champignons und Bohnen zum Speck geben und kurz dünsten.

2. 1/4 Liter (250 Milliliter) kaltes Wasser dazugießen, Fix für Rahm-Champignons einrühren, unter Rühren aufkochen und 2 Minuten kochen lassen.

3. Schupfnudeln im restlichen Öl rundherum braten und mit der Bohnen-Speck-Pfanne anrichten. Mit Petersilie bestreuen.

Zutaten für 2 Portionen:

150 g grüne TK-Bohnen

200 g Champignons

50 g durchwachsener Speck

3 EL Öl

1 Beutel KNORR Fix für Rahm-Champignons

250 g Schupfnudeln aus dem Kühlregal

2 EL gehackte Petersilie

223

Gefüllte Pizzataschen

Pro Stück: 350 kJ/84 kcal, 2 g E, 5 g F, 8 g KH

Zutaten für 20 Stück:

1 Frühlingszwiebel

250 g gemischte Pilze (z.B. Champignons und Austernpilze)

2 EL Öl

1 Beutel KNORR Fix für Rahm-Champignons

50 g geriebener Käse

1 Packung MONDAMIN Pizza-Teig

1–2 EL flüssige Butter

tipp

2 Esslöffel Olivenöl in den Pizzateig kneten.

1. Frühlingszwiebel putzen, waschen und in feine Ringe schneiden. Pilze putzen und klein schneiden. Pilze in heißem Öl dünsten, bis die Flüssigkeit verdampft ist. 100 Milliliter kaltes Wasser dazugießen, Fix für Rahm-Champignons einrühren, unter Rühren aufkochen und 1 Minute kochen lassen. Frühlingszwiebel und Käse zufügen und untermischen.

2. 1 Beutel Pizza-Teig mit 1/8 Liter (125 Milliliter) lauwarmem Wasser verkneten. Teig ausrollen und mit einem Glas 20 Kreise ausstechen.

3. Pilze auf den Teigkreisen verteilen, zusammenklappen und mit flüssiger Butter bestreichen. Im vorgeheizten Backofen bei 200 °C (Gas Stufe 3, Umluft 175 °C) etwa 20 Minuten backen.

Omelett mit Pilzen

Pro Portion: 1730 kJ/416 kcal, 28 g E, 29 g F, 12 g KH

Zutaten für 2 Portionen:

1 Zwiebel

3–4 EL Öl

250 g Champignons

1 Beutel KNORR Fix für Rahm-Champignons

100 g Schinkenwürfel

2 EL Schnittlauchröllchen

4 Eier

Salz

tipp

Pilze mit gehacktem Knoblauch braten.

1. Zwiebel abziehen, würfeln und in 1 Esslöffel heißem Öl dünsten. Champignons putzen, in Scheiben schneiden, dazugeben und mitdünsten.

2. 1/4 Liter (250 Milliliter) kaltes Wasser zu den Pilzen gießen, Fix für Rahm-Champignons einrühren, unter Rühren aufkochen und 1 Minute kochen lassen. Schinkenwürfel und Schnittlauch untermischen.

3. Eier mit etwas Salz verrühren. Im restlichen, heißen Öl nacheinander 2 Omeletts braten. Jeweils die Hälfte der Rahm-Champignons auf eine Seite eines Omeletts füllen, zusammenklappen und servieren.

Rotbarsch auf Gemüsereis

Pro Portion: 2975 kJ/713 kcal, 41 g E, 32 g F, 65 g KH

**Zutaten für
2 Portionen:**

125 g Reismischung
(z.B. Langkorn- und
Wildreis)

Salz

200 g Zucchini

150 g Aubergine

350 g Fischfilet
(z.B. Rotbarsch
oder Rotbarbe)

4 EL Öl

1 Beutel KNORR Fix für
Rahm-Champignons

evtl. Basilikum zum
Garnieren

tipp

Sehr edel dazu: ein
Glas kühlen Macon
oder Meursault aus
dem Burgund.

1. Reis in 350 Milliliter Salzwasser 15 bis 20 Minuten kochen. Zucchini und Aubergine putzen und waschen.

2. Fisch salzen und in Mehl wenden. In 2 Esslöffel heißem Öl von jeder Seite 3 bis 4 Minuten braten. Aus der Pfanne nehmen und warm stellen.

3. Zucchini und Aubergine in Würfel schneiden und in restlichem, heißem Öl dünsten. 200 Milliliter kaltes Wasser dazugeben, Fix für Rahm-Champignons einrühren, unter Rühren aufkochen. Reis abtropfen lassen, dazugeben und untermischen. Eventuell mit Basilikumblättchen garnieren. Den Fisch auf dem Gemüsereis anrichten.

10 Rezept-Ideen

Fix für Rahm-Gemüse

Extraklasse nicht
nur für Gemüsefans

Zubereitungszeit ca. 35 min

Blumenkohl-Rahm-Gemüse

Pro Portion: 570 kJ/135 kcal, 4 g E, 8 g F, 11 g KH

1. Frischen Blumenkohl waschen, putzen und in Röschen teilen. Möhre putzen, waschen und in Stücke schneiden. Blumenkohlröschen mit den Möhren in einem Topf in 1/2 Liter (500 Milliliter) Wasser 8 bis 10 Minuten garen.

2. Gemüse in einem Sieb abgießen, dabei das Gemüsewasser auffangen. Fix für Rahm-Gemüse in 1/4 Liter (250 Milliliter) Gemüsewasser einrühren und unter Rühren aufkochen. Gemüse und gefrorene Erbsen zufügen und 2 Minuten bei schwacher Hitze kochen lassen.

3. In der Zwischenzeit Putenschnitzel in heißem Öl braten. Mit Salz und Pfeffer würzen und zusammen mit dem Rahm-Gemüse servieren.

Zutaten für 2 Portionen:

400 g frischer oder 300 g TK-Blumenkohl
1 Möhre (ca. 75 g)
1 Beutel KNORR Fix für Rahm-Gemüse
75 g TK-Erbsen
2 Putenschnitzel à 150 g
2 EL Öl
Salz, Pfeffer

tipp

Mit gehackter Petersilie und abgeriebener Zitronenschale ergänzen.

Zubereitungszeit ca. 35 min

Pfifferling-Ragout

Pro Portion (bei 3 Port.): 1115 kJ/267 kcal, 5 g E, 25 g F, 7 g KH

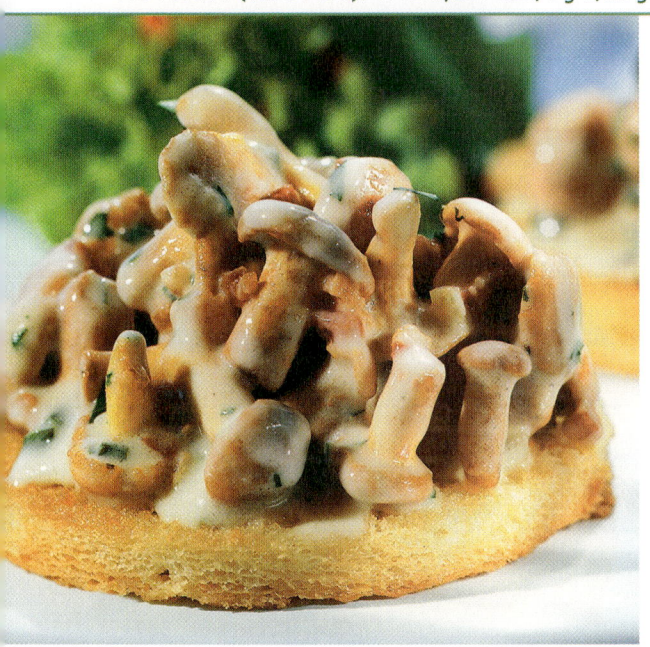

1. Pfifferlinge putzen. Zwiebel abziehen, würfeln und mit den Speckwürfeln in heißem Öl anbraten. Pilze dazugeben und 5 bis 10 Minuten dünsten.

2. 1/4 Liter (250 Milliliter) kaltes Wasser dazugießen, Fix für Rahm-Gemüse einrühren, unter Rühren aufkochen und 2 Minuten kochen lassen. Mit Crème fraîche, Petersilie, Salz und Pfeffer abschmecken.

Servieren Sie das Ragout auf gerösteten Toastscheiben oder auf in Scheiben geschnittenen, gebratenen Semmelknödeln.

Zutaten für 3–4 Portionen:

500 g Pfifferlinge
1 Zwiebel
50 g gewürfelter Speck
1 TL Öl
1 Beutel KNORR Fix für Rahm-Gemüse
2–3 EL Crème fraîche
2 EL fein gehackte Petersilie
Salz, Pfeffer

227

Zubereitungszeit ca. 35 min

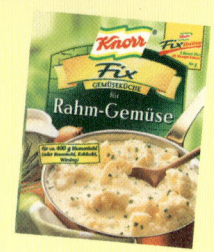

Schollenröllchen auf Gemüse in Rahm

Pro Portion: 1115 kJ/268 kcal, 32 g E, 9 g F, 14 g KH

Zutaten für 3 Portionen:

6 Schollenfilets à 80 g
Salz, Pfeffer
2–3 EL Zitronensaft
1 Bund Suppengrün
1 Beutel KNORR Fix für Rahm-Gemüse
1 EL gehackte Petersilie

1. Schollenfilets längs halbieren, mit Salz und Pfeffer würzen, mit Zitronensaft beträufeln. Filets mit der Hautseite nach innen aufrollen.
2. Suppengrün waschen, putzen und klein schneiden. Das Gemüse in 1/2 Liter (500 Milliliter) Wasser etwa 5 Minuten garen und abgießen; das Gemüsewasser dabei auffangen.
3. Fix für Rahm-Gemüse in 1/4 Liter (250 Milliliter) Gemüsewasser einrühren und unter Rühren aufkochen. Gemüse zufügen, die Fischröllchen darauf legen. Zugedeckt bei schwacher Hitze etwa 10 Minuten garen. Mit Petersilie bestreuen.

tipp

Statt Scholle können Sie auch Zander oder Seezunge verwenden.

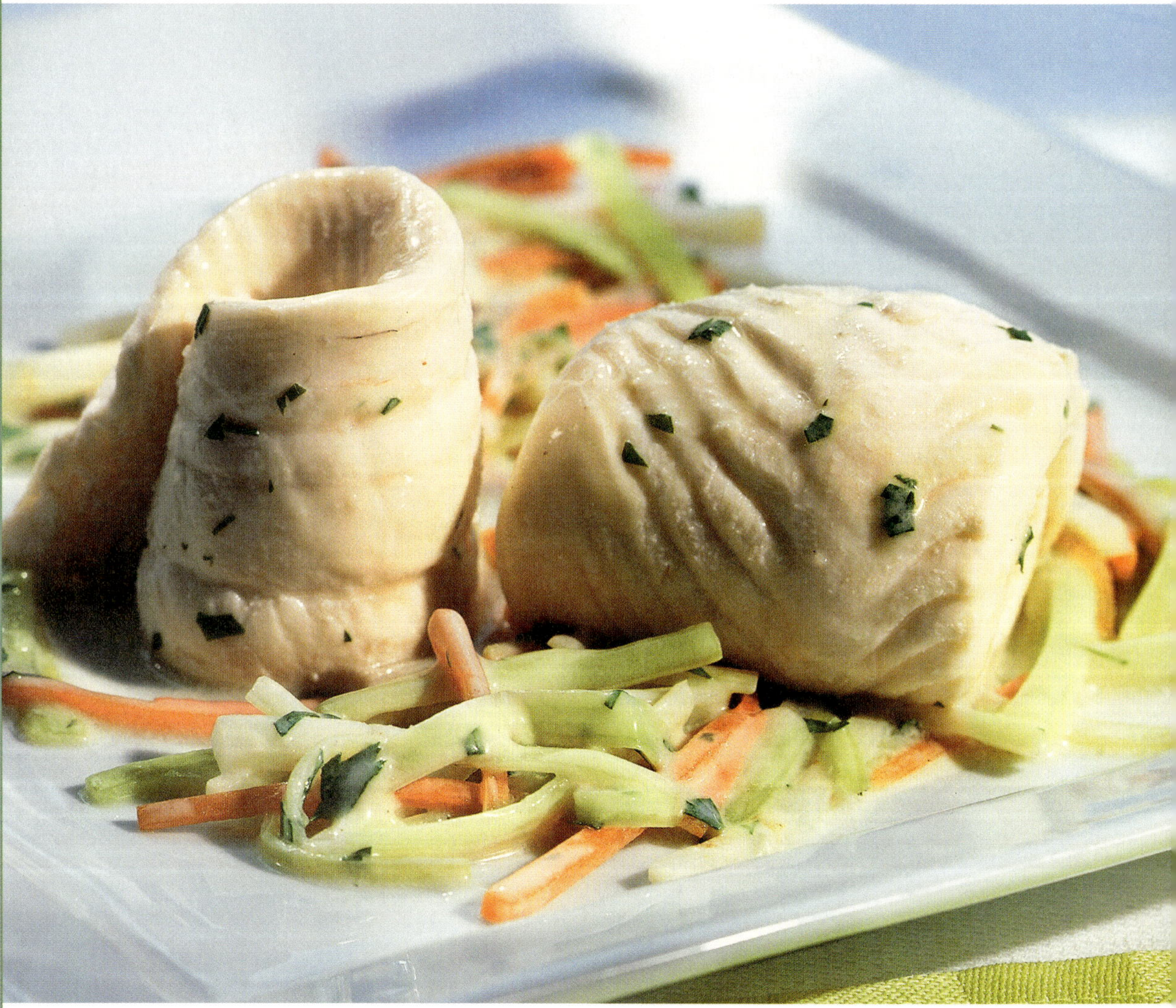

Zubereitungszeit ca. 30 min

Pfannkuchen mit Gemüse-Rahm-Füllung

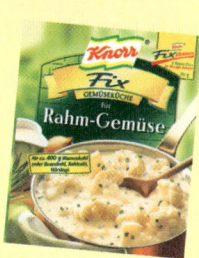

Pro Portion: 1885 kJ/452 kcal, 14 g E, 24 g F, 45 g KH

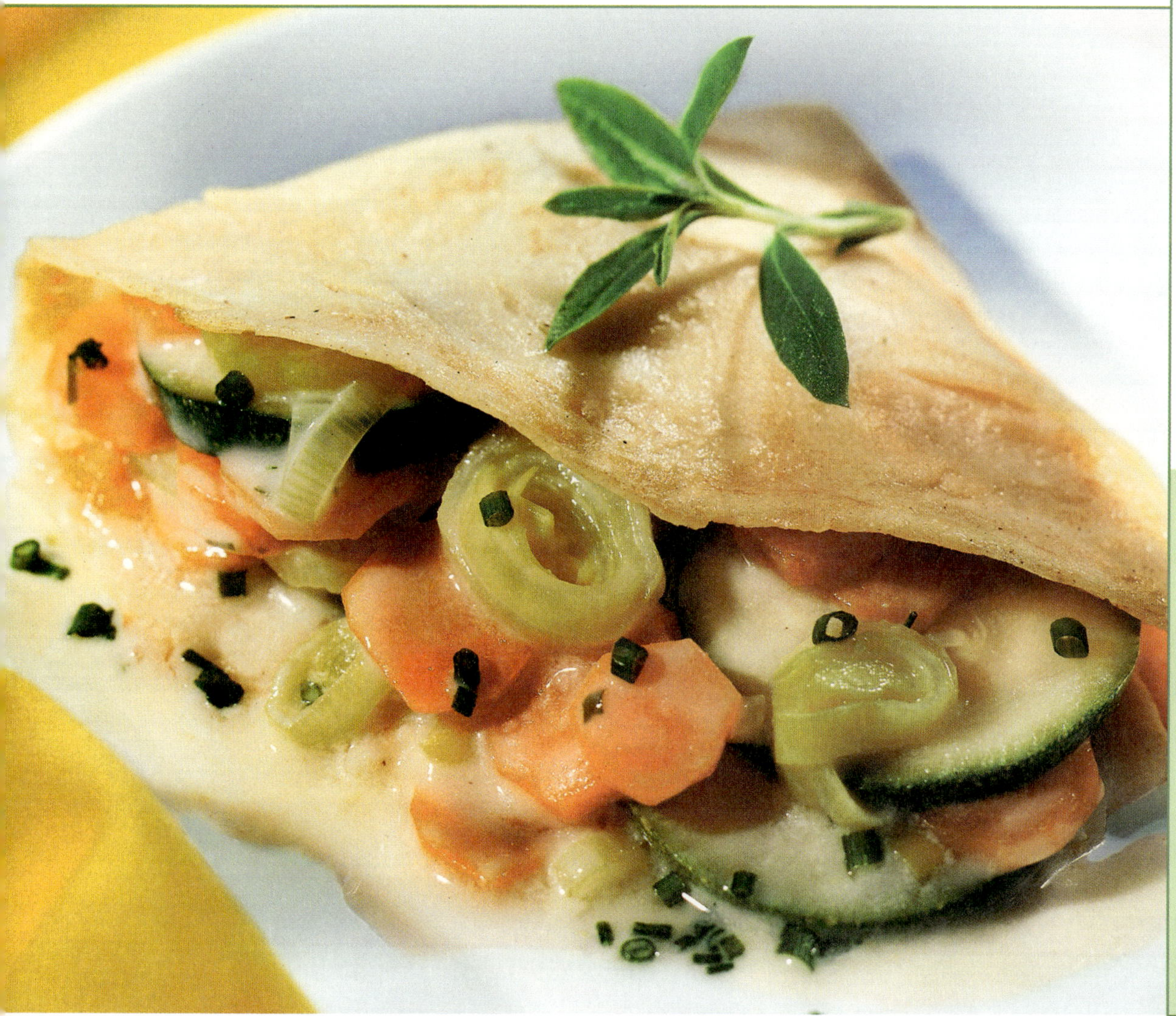

1. Gemüse putzen, waschen, in dünne Scheiben schneiden und in 2 Esslöffel heißem Öl dünsten. 1/4 Liter (250 Milliliter) kaltes Wasser dazugießen, Fix für Rahm-Gemüse einrühren und unter Rühren aufkochen. Bei schwacher Hitze 2 Minuten kochen lassen.
2. Mehl, Ei, Salz und Milch zu einem glatten Teig verrühren. Aus dem Teig in restlichem, heißem Öl 2 Pfannkuchen backen. Gemüsefüllung auf den Pfannkuchen verteilen. Pfannkuchen zusammenklappen und eventuell mit Kräutern garnieren.

Zutaten für 2 Portionen:

500 g Gemüse (Möhren, Lauch, Zucchini)

4 EL Öl

1 Beutel KNORR Fix für Rahm-Gemüse

75 g Mehl

1 Ei

1 Prise Salz

1/8 l (125 ml) Milch

evtl. Kräuter zum Garnieren

tipp

Das Rahm-Gemüse mit 1 Esslöffel saurer Sahne oder Joghurt abrunden.

Zubereitungszeit ca. 35 min

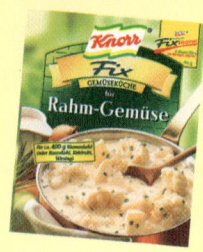

Paprikageschnetzeltes

Pro Portion (bei 2 Port.): 1715 kJ/411 kcal, 28 g E, 27 g F, 13 g KH

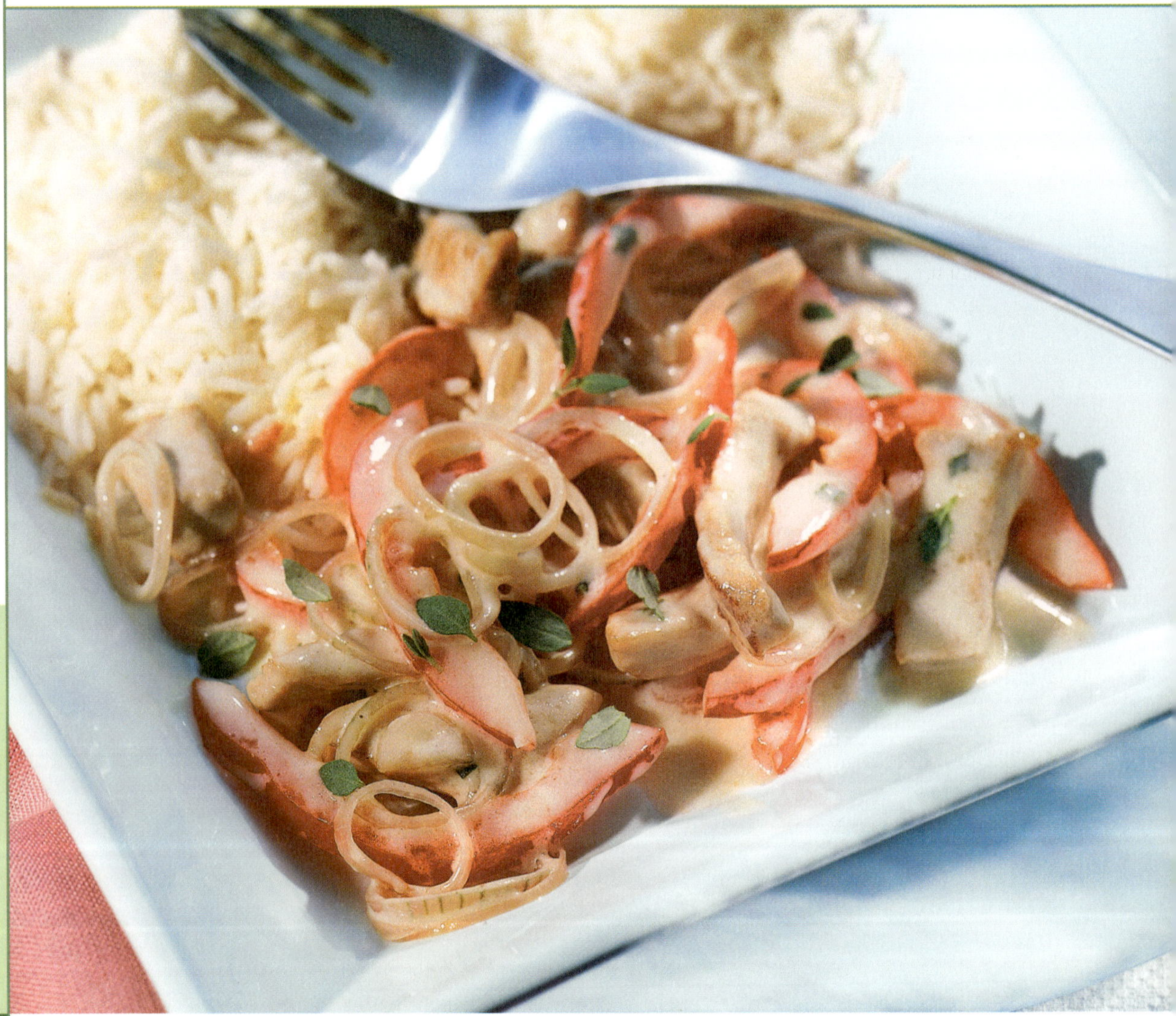

Zutaten für 2–3 Portionen:

250 g Schweineschnitzel
2 EL Öl
Salz, Pfeffer
1 Zwiebel
1 rote Paprikaschote
1 Beutel KNORR Fix für Rahm-Gemüse
2 EL Weißwein

tipp

Probieren Sie dazu ein Glas Grünen Veltliner aus Österreich – die frische Säure des Weins passt hervorragend.

1. Das Fleisch in Streifen schneiden und in 1 Esslöffel heißem Öl braten. Mit Salz und Pfeffer würzen und aus der Pfanne nehmen.
2. Zwiebel abziehen und in Ringe schneiden. Paprikaschote waschen, halbieren, entkernen und in Streifen schneiden. Beides in restlichem Öl 5 Minuten dünsten.
3. 300 Milliliter kaltes Wasser dazugießen, Fix für Rahm-Gemüse einrühren, unter Rühren aufkochen und 2 Minuten kochen. Fleisch dazugeben und in der Sauce heiß werden lassen. Mit Weißwein abschmecken.

Gut dazu: Reis.

Rote-Bete-Sauce

Pro Portion (bei 2 Port.): 1005 kJ/240 kcal, 8 g E, 8 g F, 31 g KH

1. Rote Bete in mundgerechte Würfel schneiden. Buttermilch und 1/8 Liter (125 Milliliter) kaltes Wasser in einen Topf geben, Fix für Rahm-Gemüse einrühren, unter Rühren aufkochen und bei schwacher Hitze 2 Minuten kochen.

2. Meerrettich unterrühren. Die Rote-Bete-Würfel zufügen und in der Sauce heiß werden lassen. Mit Schnittlauch bestreut servieren.

Die Sauce ergibt mit Pellkartoffeln ein vegetarisches Gericht – sie schmeckt auch gut mit Frikadellen und Salzkartoffeln.

Zutaten für 2–3 Portionen:

600 g Rote Bete (küchenfertig; vakuumverpackt)

1/8 l (125 ml) Buttermilch

1 Beutel KNORR Fix für Rahm-Gemüse

1–2 EL geriebener Meerrettich

1 EL Schnittlauchröllchen

tipp

Vakuumverpackte Rote Bete ist vorgegart, aber nicht gewürzt.

Zubereitungszeit ca. 25 min

Rotbarsch mit Gemüse

Pro Portion: 1245 kJ/298 kcal, 23 g E, 16 g F, 14 g KH

1. Spinat im Topf oder in der Mikrowelle auftauen lassen. Rotbarschfilet in Stücke schneiden, mit Zitronensaft beträufeln und salzen.

2. 1/4 Liter (250 Milliliter) Wasser zum Spinat geben, Fix für Rahm-Gemüse einrühren, unter Rühren aufkochen. Mais abtropfen lassen, zum Spinat geben.

3. Fischstücke in Mehl wälzen und in einer beschichteten Pfanne in heißem Öl anbraten. Zugedeckt bei schwacher Hitze etwa 5 Minuten gar ziehen lassen. Mit dem Gemüse servieren.

Den Spinat können Sie mit klein geschnittenen Mozzarellawürfeln und 1 Schuss Sahne verfeinern.

Zutaten für 3 Portionen:

150 g TK-Blattspinat

300 g Rotbarschfilet

1 EL Zitronensaft

Salz

1 Beutel KNORR Fix für Rahm-Gemüse

140 g Mais aus der Dose

1 EL Mehl

2 EL Öl

tipp

Anstelle von Spinat frischen Mangold verwenden.

Zubereitungszeit ca. 30 min

Schwarzwurzeln mit Reis

**Zutaten für
2–3 Portionen:**

125 g Reismischung
(Langkorn- und
Wildreis)

Salz

1 Beutel KNORR Fix
für Rahm-Gemüse

530 g
Schwarzwurzeln
aus der Dose

100 g gewürfelter
Schinken

tipp

Vor dem Servieren
gehackte Walnüsse
über die Schwarz-
wurzeln geben.

Pro Portion (bei 3 Port.): 2540 kJ/608 kcal, 22 g E, 16 g F, 91 g KH

1. Reis in 350 Milliliter kochendes Salzwasser geben und 15 bis 20 Minuten kochen.

2. Fix für Rahm-Gemüse in 1/4 Liter (250 Milliliter) kaltes Wasser einrühren, unter Rühren aufkochen. Schwarzwurzeln abtropfen lassen, dazugeben und etwa 2 Minuten bei schwacher Hitze kochen. Schinkenwürfel ebenfalls zugeben und in der Sauce erwärmen.

3. Schwarzwurzelgemüse mit Reis servieren.

Zubereitungszeit ca. 40 min

Sahne-Speck-Kartoffeln

**Zutaten für
2 Portionen:**

400 g Kartoffeln

Salz

1 Zwiebel

50 g gewürfelter
Schinkenspeck

1 EL Öl

1 Beutel KNORR Fix
für Rahm-Gemüse

1–2 EL Schnittlauch-
röllchen

tipp

1 Esslöffel Mascar-
pone unterrühren.

Pro Portion: 1880 kJ/451 kcal, 6 g E, 32 g F, 33 g KH

1. Kartoffeln mit der Schale in wenig kochendem Salzwasser etwa 20 Minuten garen, kalt abspülen, pellen und in Scheiben schneiden. Zwiebel abziehen, würfeln und mit den Speck-würfeln in heißem Öl dünsten.

2. 1/4 Liter (250 Milliliter) kaltes Wasser dazu-geben, Fix für Rahm-Gemüse einrühren, unter Rühren aufkochen und 2 Minuten kochen lassen. Kartoffelscheiben in die Sauce geben und heiß werden lassen. Schnittlauchröllchen unterrühren.

232

Zubereitungszeit ca. 30 min

Gemüse in Rahmsauce

Pro Portion (bei 2 Port.): 2540 kJ/607 kcal, 22 g E, 15 g F, 94 g KH

**Zutaten für
2–3 Portionen:**

200 g Spaghetti
Salz
600 g Möhren
500 g Zucchini
1 Knoblauchzehe
1/2 l (500 ml) Gemüse-
Kraftbouillon
1 Beutel KNORR Fix
für Rahm-Gemüse
1–2 EL Pinienkerne
1 EL gehackte
Petersilie

1. Spaghetti in Salzwasser bissfest kochen und in einem Sieb abgießen. Möhren und Zucchini waschen, putzen und mit dem Gemüsehobel längs in dünne Streifen hobeln, diese eventuell längs halbieren.

2. Knoblauchzehe abziehen, zerdrücken und mit der Gemüse-Kraftbouillon zum Gemüse geben. Zugedeckt bei mittlerer Hitze etwa 5 Minuten garen. Gemüse abgießen; dabei 1/4 Liter (250 Milliliter) Gemüsewasser auffangen.

3. Fix für Rahm-Gemüse einrühren und aufkochen. Gemüse mit der Sauce anrichten und mit Pinienkernen und Petersilie bestreuen. Pinienkerne eventuell vorher rösten. Zu den Spaghetti servieren.

tipp

Dazu schmeckt italienischer Weißwein, z.B. ein Corvo aus Sizilien oder ein Verdicchio aus den Marken.

233

10 Rezept-Ideen
Fix für Ratatouille

Mit dem Charme der
französischen Küche

Zubereitungszeit ca. 35 min

Fenchel-Kartoffel-Topf

Pro Portion (bei 2 Port.): 505 kJ/121 kcal, 5 g E, 1 g F, 22 g KH

1. Kartoffeln schälen und würfeln. Fenchel waschen, putzen und in Streifen schneiden; dabei etwas vom Fenchelgrün zum Garnieren beiseite legen.

2. Fix für Ratatouille in 400 Milliliter kaltes Wasser einrühren und unter Rühren aufkochen.

3. Kartoffelwürfel und Fenchelstreifen zum Ratatouille geben. Zugedeckt bei schwacher Hitze etwa 15 Minuten garen. Mit Fenchelgrün garnieren.

Zutaten für 2–3 Portionen:

200 g Kartoffeln

1/2 Fenchelknolle (ca. 150 g)

1 Beutel KNORR Fix für Ratatouille

tipp

Gewürfeltes Fischfilet auf das Gemüse legen und im geschlossenen Topf mitgaren.

Zubereitungszeit ca. 20 min

Hähnchen-Pilz-Pfanne

Pro Portion (bei 2 Port.): 2645 kJ/632 kcal, 41 g E, 22 g F, 65 g KH

1. Den Reis in reichlich kochendes Salzwasser geben; eventuell zum Gelbfärben 1 Prise Kurkuma zufügen. Reis 15 bis 20 Minuten garen.

2. Speck würfeln. Champignons putzen und in Scheiben schneiden. Paprikaschote waschen, halbieren, entkernen und würfeln.

3. Hähnchenfleisch in Streifen schneiden und zusammen mit den Speckwürfeln in heißem Öl anbraten. Champignons und Paprikawürfel dazugeben und andünsten. 1/4 Liter (250 Milliliter) kaltes Wasser zugießen und Fix für Ratatouille einrühren. Alles unter Rühren aufkochen. Nach Belieben mit Weißwein verfeinern und 1 bis 2 Minuten kochen. Reis unterrühren.

Zutaten für 2–3 Portionen:

125 g Basmatireis

Salz, evtl. Kurkuma

50 g durchwachsener Speck

200 g Champignons

1 rote Paprikaschote

250 g Hähnchenbrustfilet

1 EL Öl

1 Beutel KNORR Fix für Ratatouille

evtl. 1–2 EL Weißwein

tipp

Zum Servieren auf jede Portion einige Basilikumblätter geben.

Zubereitungszeit ca. 25 min

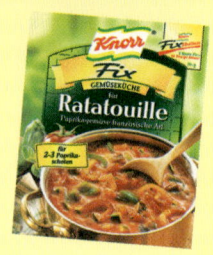

Gemüsepfanne mit Pinienkernen

Pro Portion (bei 2 Port.): 608 kJ/146 kcal, 5 g E, 6 g F, 17 g KH

Zutaten für 2–3 Portionen:

- 2 Möhren (ca. 200 g)
- 1 rote Paprikaschote
- 150 g Kohlrabi
- 2 EL Öl
- 1 Beutel KNORR Fix für Ratatouille
- 100 g Zuckerschoten
- 1 EL Pinienkerne oder Cashewkerne

1. Möhren putzen, waschen und längs vierteln. Paprikaschote waschen, halbieren, entkernen und in kleine Stücke schneiden. Kohlrabi waschen, schälen und in Scheiben schneiden. Das Gemüse in einem Topf in heißem Öl andünsten.
2. 1/4 Liter (250 Milliliter) kaltes Wasser dazugießen. Fix für Ratatouille einrühren und unter Rühren aufkochen. Zugedeckt bei schwacher Hitze etwa 12 Minuten garen. Zuckerschoten zugeben und noch 3 Minuten weitergaren. Das fertige Gericht mit Pinien- oder Cashewkernen bestreuen.

tipp

Das Gericht mit Walnuss- oder Haselnussöl beträufeln und in kleinen Portionen als Vorspeise servieren.

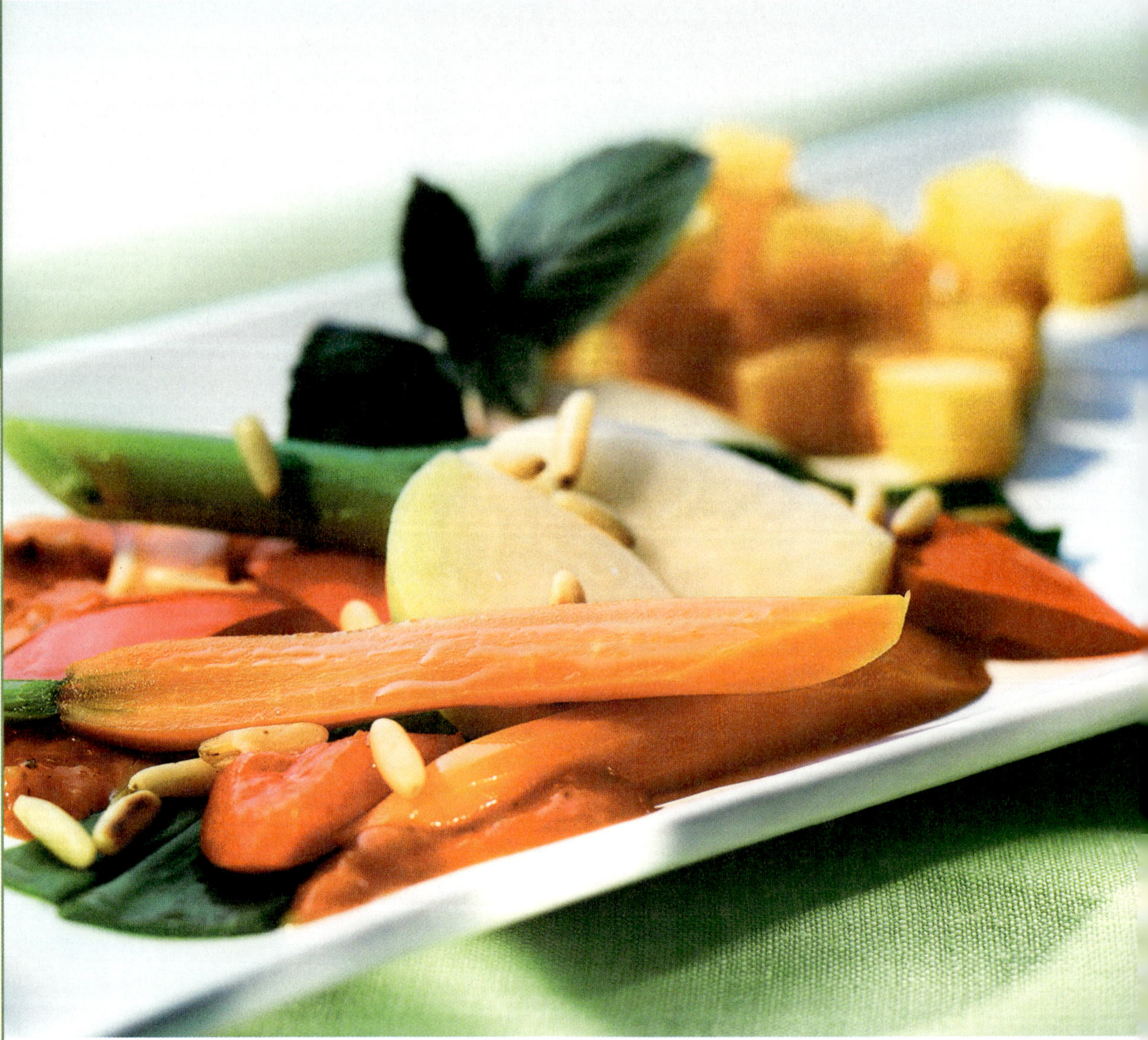

Zubereitungszeit ca. 45 min

Putenschnitzel mit Ratatouille al forno

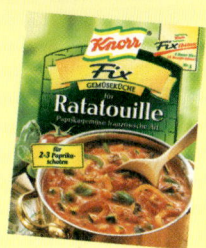

Pro Portion (bei 2 Port.): 1840 kJ/443 kcal, 49 g E, 21 g F, 14 g KH

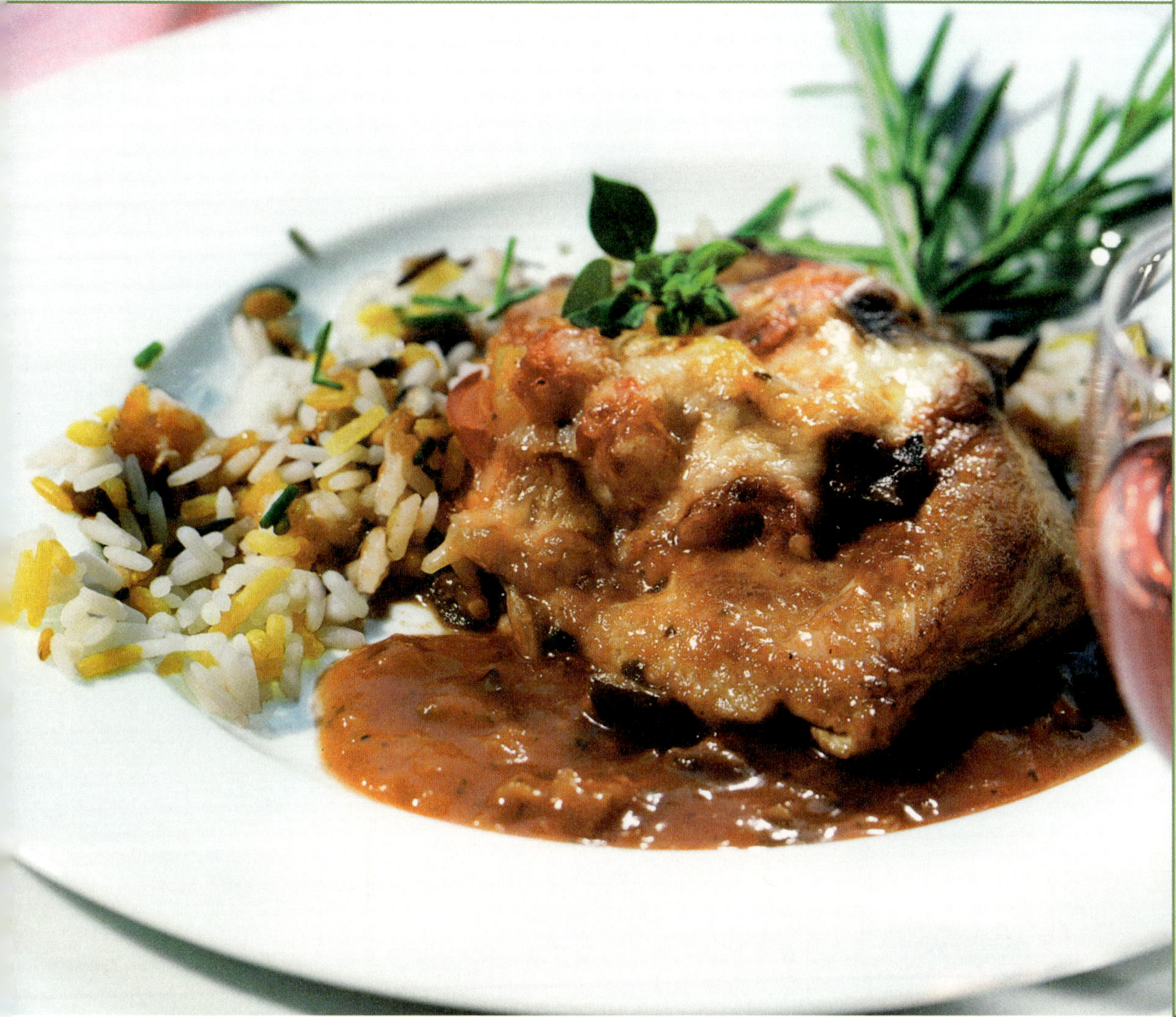

Zutaten für 2–3 Portionen:

je 1 rote und gelbe Paprikaschote

2 EL Öl

1 Beutel KNORR Fix für Ratatouille

2 Putenschnitzel à 150 g

50 g geriebener Emmentaler

evtl. 3 EL Mandelblättchen oder Sesam

1. Paprikaschoten waschen, halbieren, entkernen und in Streifen schneiden. In einem Topf in heißem Öl andünsten. 1/4 Liter (250 Milliliter) kaltes Wasser dazugießen, Fix für Ratatouille einrühren und unter Rühren aufkochen.
2. Die Putenschnitzel in eine gefettete Auflaufform legen, Ratatouille darüber geben und mit Emmentaler bestreuen. Nach Belieben zusätzlich Mandelblättchen oder Sesam darauf verteilen.
3. Im vorgeheizten Backofen bei 200 °C (Gas Stufe 3, Umluft 175 °C) 20 Minuten backen.

tipp

Zerdrückte Knoblauchzehe und fein gehackte Rosmarinnadeln mitgaren.

Zubereitungszeit ca. 30 min

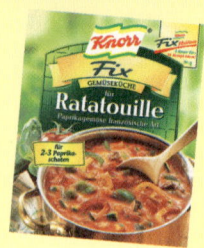

Auberginen-Röllchen

Pro Stück: 430 kJ/103 kcal, 7 g E, 7 g F, 4 g KH

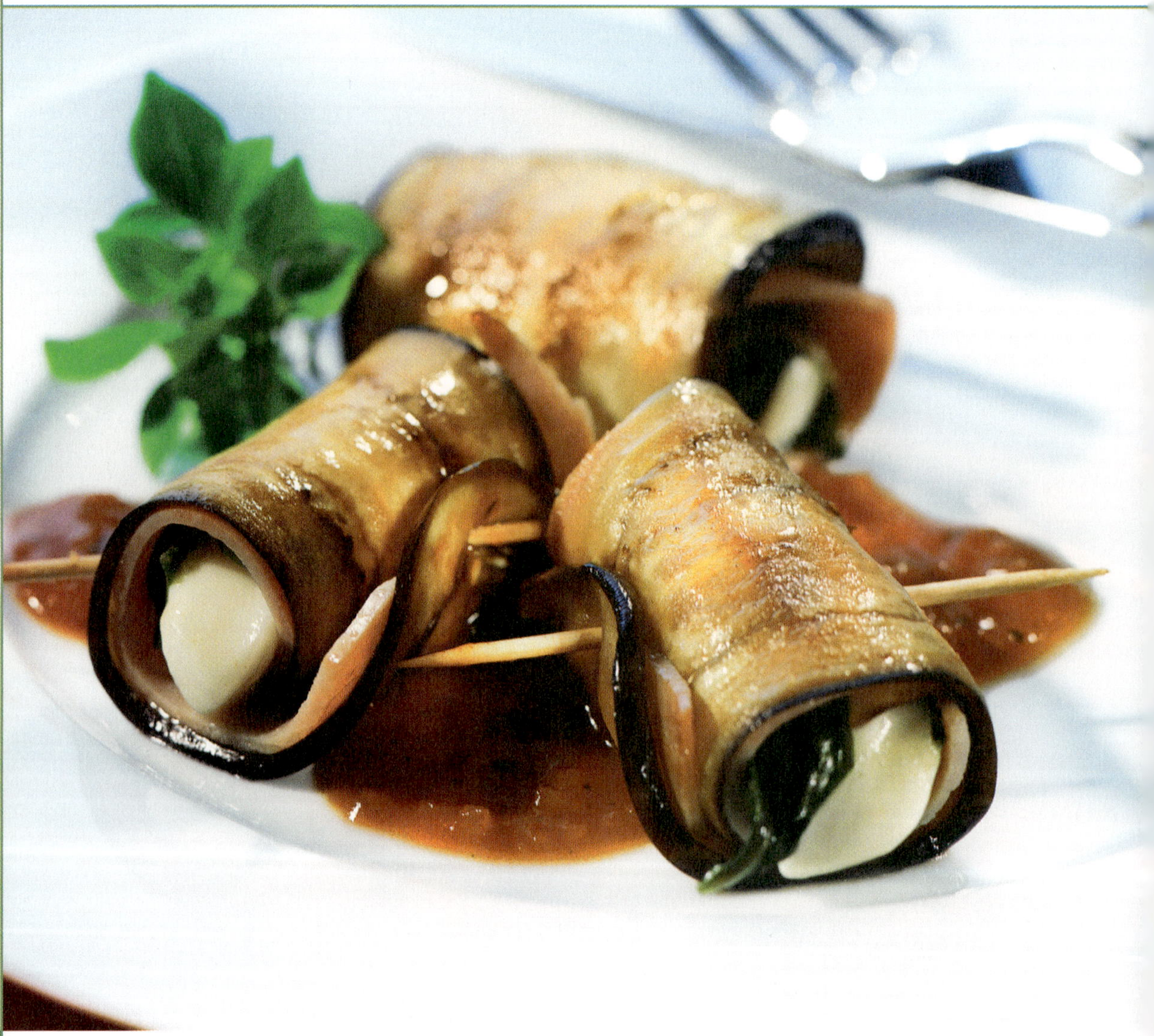

Zutaten für 8 Stück:

500 g Aubergine
2 EL Olivenöl
Salz, Pfeffer
125 g Mozzarella
4 Scheiben gekochter Schinken
8 Basilikumblätter
2 EL Öl
1 Beutel KNORR Fix für Ratatouille

tipp

Toll als Fingerfood fürs Partybüfett! Dann einfach die Sauce als Dip reichen.

1. Aubergine putzen und der Länge nach in 8 dünne Scheiben schneiden. Auberginenscheiben in heißem Olivenöl von beiden Seiten kurz anbraten, mit Salz und Pfeffer würzen.
2. Mozzarella in 8 dünne Scheiben schneiden. Schinkenscheiben halbieren. Jeweils 1 Auberginenscheibe mit 1/2 Schinkenscheibe, 1 Scheibe Mozzarella und 1 Basilikumblatt belegen, aufrollen und mit Holzspießchen feststecken. Röllchen in heißem Öl bei mittlerer Hitze braten.
3. Fix für Ratatouille in 1/4 Liter (250 Milliliter) kaltes Wasser einrühren und aufkochen. Zugedeckt bei schwacher Hitze 5 Minuten garen. Die Röllchen auf der Ratatouillesauce anrichten.

Crêpes mit Ratatouille

Pro Stück: 795 kJ/190 kcal, 8 g E, 9 g F, 19 g KH

1. Mehl, Eier, Salz und Milch zu einem glatten Teig verrühren. In einer beschichteten Pfanne in 2 Esslöffel heißem Öl nacheinander 8 Crêpes backen.

2. Paprikaschoten waschen, halbieren, entkernen und in kleine Stücke schneiden. Paprikastücke in einem Topf in restlichem Öl andünsten. 1/4 Liter (250 Milliliter) kaltes Wasser dazugießen und Fix für Ratatouille einrühren. Unter Rühren aufkochen und zugedeckt bei schwacher Hitze 10 bis 15 Minuten garen.

3. Die Crêpes mit Ratatouille füllen und zusammenfalten. Schafskäse würfeln und darüber streuen. Mit Kräutern garnieren.

Zutaten für 8 Stück:

150 g Mehl
2 Eier
1 Prise Salz
1/4 l (250 ml) Milch
3 EL Öl
3 Paprikaschoten (rot, gelb)
1 Beutel KNORR Fix für Ratatouille
100 g Schafskäse
Kräuter zum Garnieren

tipp

Junge Salbeiblätter in etwas Öl knusprig anbraten und auf die Crêpes geben.

Kürbis-Ratatouille

Pro Portion: 2030 kJ/485 kcal, 32 g E, 32 g F, 16 g KH

1. Lammfleisch mit Salz und Pfeffer würzen und in heißem Öl rundherum kräftig anbraten. In eine Form legen und im vorgeheizten Ofen bei 175°C (Gas Stufe 2, Umluft 150°C) etwa 8 Minuten garen. Herausnehmen und 3 Minuten ruhen lassen.

2. 1/4 Liter (250 Milliliter) kaltes Wasser in einen Topf gießen. Fix für Ratatouille einrühren und unter Rühren aufkochen. Kürbisstücke abtropfen lassen und in die Sauce geben. Zugedeckt bei schwacher Hitze 5 Minuten garen. Lamm mit dem Ratatouille servieren.

Zutaten für 2 Portionen:

300 g ausgelöster Lammrücken (2 Lammlachse)
Salz, Pfeffer
2 EL Öl
1 Beutel KNORR Fix für Ratatouille
400 g Kürbisstücke aus dem Glas

tipp

Das Kürbis-Ratatouille mit gemahlenen Nelken abschmecken.

Linsenbratlinge mit Dip

Pro Portion: 1885 kJ/451 kcal, 13 g E, 30 g F, 33 g KH

**Zutaten für
4 Portionen:**

400 g braune Linsen
aus der Dose

2 Möhren (ca. 200 g)

1/2 Bund
Frühlingszwiebeln

1 Beutel KNORR Fix
für Ratatouille

2 Eier

6 EL Semmelbrösel

Salz, Pfeffer

2–3 EL Öl

1 Knoblauchzehe

100 g Mayonnaise

2 EL Naturjoghurt

1. Linsen gut abtropfen lassen. Möhren schälen und fein raspeln, Frühlingszwiebeln putzen, waschen und in dünne Ringe schneiden.

2. Linsen, Möhren und Frühlingszwiebeln mit Fix für Ratatouille gut vermischen. Eier und Semmelbrösel darunter mischen, mit Salz und Pfeffer abschmecken. Aus der Mischung 8 bis 10 Bratlinge formen und in heißem Öl von beiden Seiten in etwa 5 Minuten goldbraun braten.

3. Knoblauchzehe abziehen, zerdrücken und mit Mayonnaise und Joghurt verrühren. Mit Salz und Pfeffer abschmecken und zu den Bratlingen servieren.

Zubereitungszeit ca. 30 min

Gemüserisotto mit Fisch

Pro Portion (bei 2 Port.): 1660 kJ/395 kcal, 13 g E, 3 g F, 78 g KH

**Zutaten für
2–3 Portionen:**

1 rote Paprikaschote
(ca. 200 g)

1 Beutel KNORR Fix
für Ratatouille

140 g Mais
aus der Dose

100 g TK-Erbsen

125 g Schnellkochreis

Salz, Pfeffer

300 g Fischfilet
(z.B. Rotbarbenfilets
oder Seelachs)

1 EL Mehl

2 EL Öl

Schnittlauch zum
Garnieren

1. Paprikaschote waschen, halbieren, entkernen und würfeln. 1/2 Liter (500 Milliliter) kaltes Wasser in einen Topf gießen. Fix für Ratatouille einrühren und unter Rühren aufkochen.

2. Mais abtropfen lassen und mit den Paprikawürfeln, gefrorenen Erbsen und dem Schnellkochreis in die Sauce geben. Zugedeckt bei mittlerer Hitze 10 Minuten kochen. Nach Belieben mit Salz und Pfeffer würzen.

3. Fischfilet in Portionsstücke schneiden, in Mehl wenden und in einer beschichteten Pfanne in heißem Öl von jeder Seite 3 bis 5 Minuten braten. Mit Schnittlauch garnieren.

Zubereitungszeit ca. 35 min

Pasta-Ratatouille

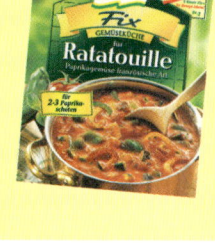

Pro Portion (bei 2 Port.): 1655 kJ/396 kcal, 14 g E, 15 g F, 49 g KH

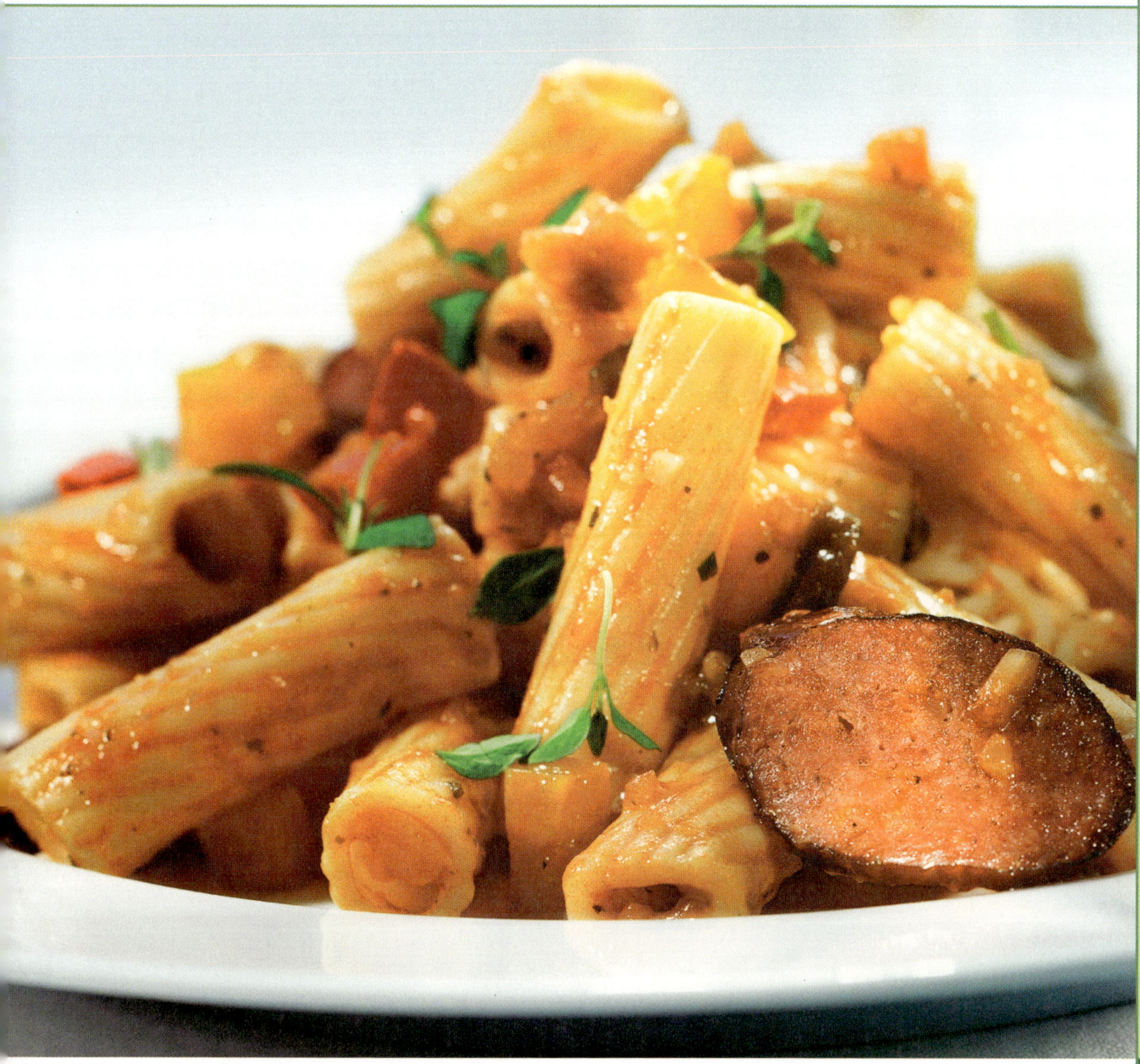

Zutaten für 2–3 Portionen:

3 rote Paprikaschoten

2 EL Öl

1 Beutel KNORR Fix für Ratatouille

100 g Nudeln (z.B. Rigatoni oder Penne)

50 g Cabanossi

1. Paprikaschoten waschen, halbieren, entkernen, in Stücke schneiden und in einem Topf in heißem Öl andünsten.
2. 450 Milliliter kaltes Wasser dazugeben und Fix für Ratatouille einrühren. Unter Rühren aufkochen und die ungekochten Nudeln zufügen.
3. Zugedeckt bei schwacher Hitze 10 bis 15 Minuten garen. Cabanossi in Scheiben schneiden, dazugeben und im Ratatouille heiß werden lassen.

tipp

Statt Cabanossi können Sie auch gewürfelte Chorizo, eine spanische Paprikasalami, nehmen.

Fix für Rouladen

**Eine runde Sache
mit herzhafter Sauce**

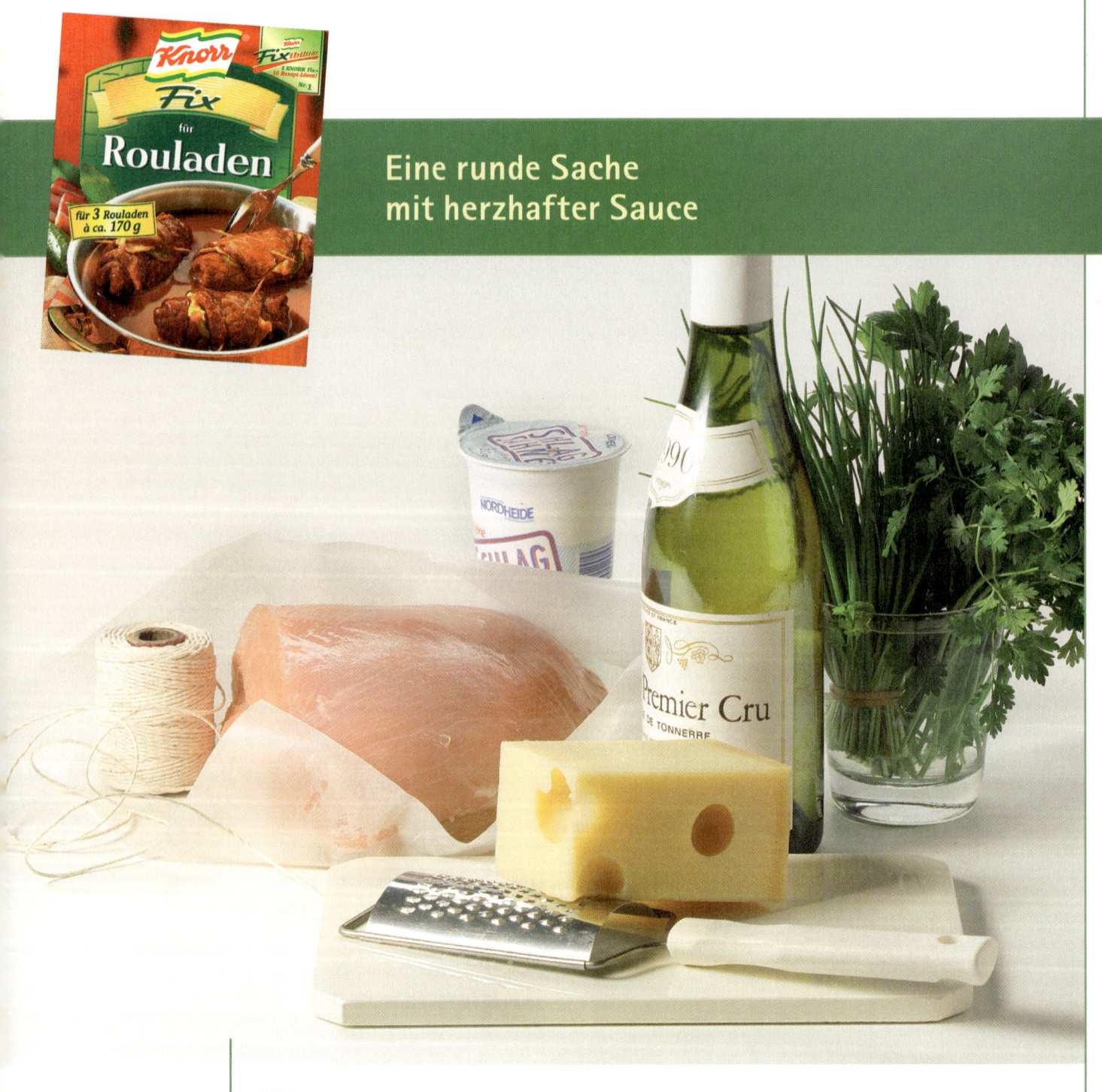

Rinderrouladen

Pro Portion: 1790 kJ/427 kcal, 36 g E, 28 g F, 8 g KH

1. Die Fleischscheiben ausbreiten und dünn mit Senf bestreichen. Gewürzgurken in Streifen schneiden. Speck würfeln. Zwiebel abziehen und ebenfalls in kleine Würfel schneiden. Alles so auf den Fleischscheiben verteilen, dass außen ein Rand frei bleibt. Ränder nach innen umschlagen, damit nichts herausfällt. Die Rouladen aufrollen, mit Nadeln zustecken oder mit Küchengarn binden.

2. Fix für Rouladen in 3/8 Liter (375 Milliliter) kochendes Wasser einrühren. Rouladen dazugeben und zugedeckt bei schwacher Hitze 1 bis 1 1/2 Stunden garen, ab und zu wenden, bei Bedarf etwas Wasser nachgießen.

Gut dazu: Rosenkohl und Semmelknödel.

Zutaten für 3 Portionen:

3 Rinderrouladen à 170 g

1–2 TL Senf

2 Gewürzgurken

50 g durchwachsener Speck

1 Zwiebel

1 Beutel KNORR Fix für Rouladen

tipp

Dazu passt ein kräftiger Rotwein, z.B. ein Rioja aus Spanien oder ein Chianti aus Italien.

Zubereitungszeit ca. 1h 10 min

Rollbraten mit Spinat

Pro Portion (bei 4 Port.): 1585 kJ/379 kcal, 37 g E, 21 g F, 6 g KH

1. Spinat waschen und verlesen. Die tropfnassen Blätter zugedeckt in einem Topf bei großer Hitze zusammenfallen lassen. Den Braten auseinander rollen. Die Innenseite mit Salz und Pfeffer würzen. Schafskäse würfeln.

2. Knoblauchzehe abziehen und zerdrücken. Spinat abtropfen lassen, ausdrücken, mit Knoblauch und Schafskäsewürfeln auf dem Fleisch verteilen, dabei einen Rand frei lassen. Mit Pfeffer und Muskat würzen. Fleisch aufrollen und mit Küchengarn zusammenbinden.

3. Braten in einem Topf in heißem Öl anbraten. 300 Milliliter Wasser und Weißwein dazugießen, Fix für Rouladen einrühren und zugedeckt bei schwacher Hitze etwa 1 Stunde schmoren.

Zutaten für 3–4 Portionen:

300 g frischer Spinat

500–600 g Schweinerollbraten

Salz, Pfeffer

80 g Schafskäse

1 Knoblauchzehe

1 Prise Muskat

2–3 EL Öl

100 ml Weißwein

1 Beutel KNORR Fix für Rouladen

Zutaten für 4 Portionen:

4–6 große Kartoffeln

Salz

4 dünne Puten-
schnitzel à 125 g

4 Scheiben gekochter
Schinken

30 g Roquefortkäse

3 EL gehackte Kräuter

1 Ei

1–2 EL Semmelbrösel

4 EL Öl

1 Beutel KNORR
Fix für Rouladen

50 ml Schlagsahne

tipp

Anstelle von Roque-
fort englischen
Stilton oder italie-
nischen Gorgonzola-
Käse verwenden.

Zubereitungszeit ca. 45 min

Geflügelrouladen mit Roquefort und Schinken

Pro Portion: 1985 kJ/477 kcal, 44 g E, 22 g F, 25 g KH

1. Kartoffeln in der Schale in Salzwasser etwa 20 Minuten kochen. Jedes Putenschnitzel mit 1 Scheibe Schinken belegen. Für die Füllung Roquefort zerbröckeln und mit
   Kräutern, Ei und Semmelbröseln mischen. Die Masse auf dem Schinken verteilen.

2. Schnitzel aufrollen, mit Küchengarn binden und in 2 Esslöffel heißem Öl rundherum
   anbraten. 300 Milliliter Wasser zugießen, aufkochen und Fix für Rouladen einrühren.
   Zugedeckt bei schwacher Hitze etwa 20 Minuten garen.

3. Die Kartoffeln pellen, der Länge nach vierteln und im restlichen Öl leicht bräunen.
   Die Sauce mit Sahne verrühren. Die Rouladen mit der Sauce und Kartoffelvierteln
   anrichten.

244

Zubereitungszeit ca. 1 h 10 min

Schweinerouladen mit Sauerkraut und Speck

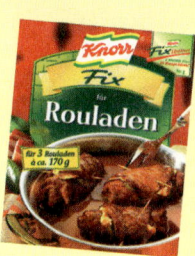

Pro Portion: 2505 kJ/600 kcal, 35 g E, 34 g F, 23 g KH

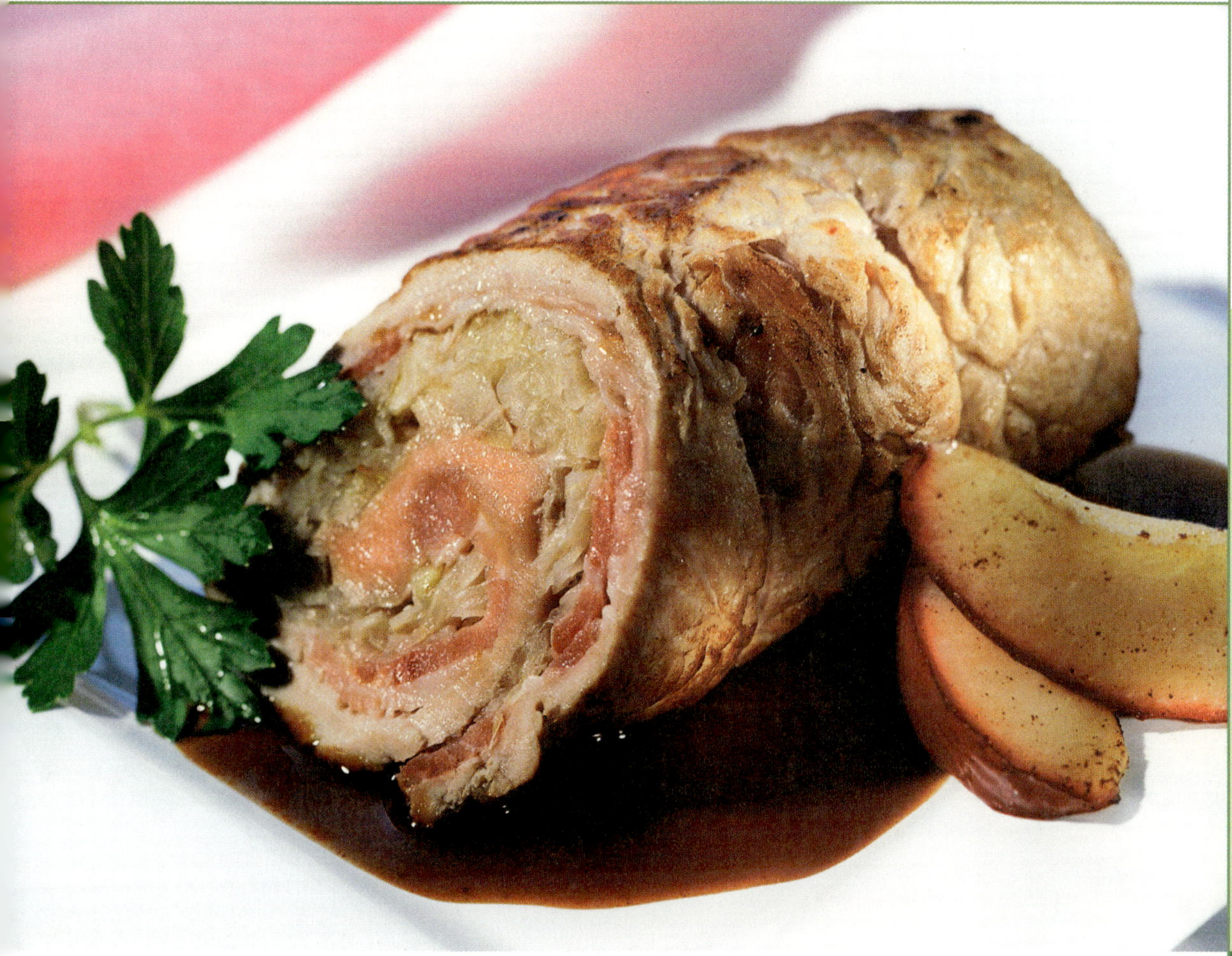

Zutaten für 3 Portionen:

3 dünne Schweineschnitzel à 150 g

3 dünne Scheiben durchwachsener Speck

2 Äpfel

150 g Sauerkraut aus der Dose

4 EL Crème fraîche

2–3 EL Öl

200 ml Malzbier

1 Beutel KNORR Fix für Rouladen

1 EL Butter oder Margarine

1. Die Fleischscheiben eventuell flach klopfen. Mit je 1 Scheibe Speck belegen. 1 Apfel schälen, vierteln, entkernen und in kleine Würfel schneiden.
2. Sauerkraut abtropfen lassen und mit Apfelwürfeln und Crème fraîche vermischen. Die Mischung auf den Fleischscheiben verteilen, aufrollen und mit Garn binden oder mit Holzspießchen zustecken.
3. Rouladen in heißem Öl anbraten, Malzbier und 100 Milliliter Wasser zugießen, aufkochen und Fix für Rouladen einrühren. Zugedeckt bei schwacher Hitze etwa 50 Minuten garen, Rouladen ab und zu wenden.
4. Den zweiten Apfel waschen, halbieren und entkernen. Das Fruchtfleisch in Spalten schneiden und in einer beschichteten Pfanne in heißem Fett weich dünsten. Rouladen mit Sauce und Apfelspalten anrichten.

tipp

Dazu ein gut gekühltes Bier trinken! Kinder mögen das alkoholfreie Malzbier.

Zubereitungszeit ca. 1 h 20

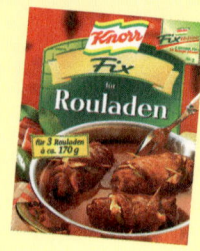

Kohlrouladen

Pro Portion: 1780 kJ/426 kcal, 28 g E, 30 g F, 12 g KH

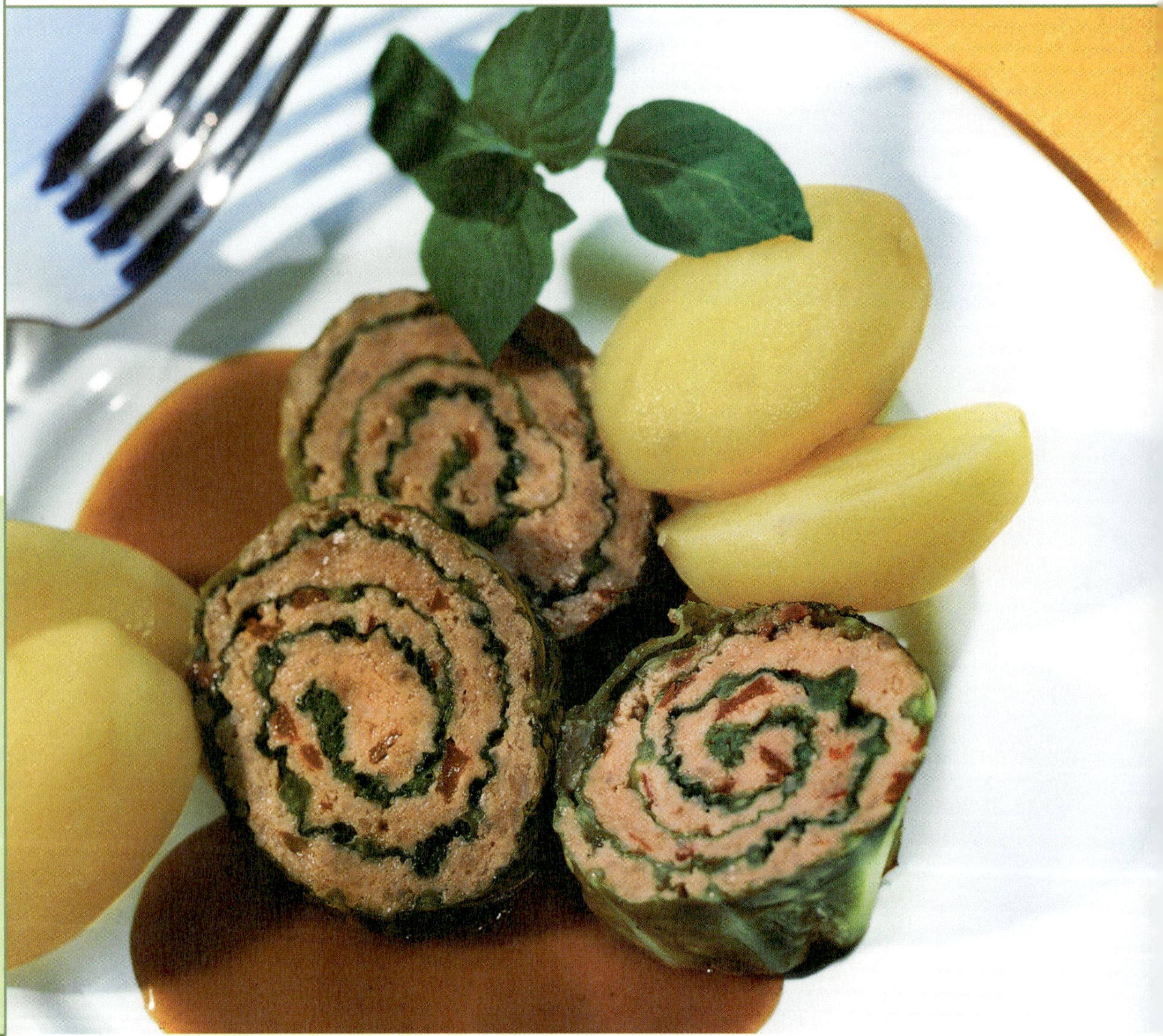

Zutaten für 4 Portionen:

1 Kopf Weißkohl oder Wirsing
Salz
1 kleine rote Paprikaschote
500 g Hackfleisch
2 EL Schlagsahne
2 EL Semmelbrösel
1 TL Edelsüß-Paprika
Pfeffer
2–3 EL Öl
1 Beutel KNORR Fix für Rouladen

tipp

Kurz angebratene gehackte Geflügelleber unter die Hackfüllung mischen.

1. Von Weißkohl oder Wirsing 8 bis 10 große Blätter ablösen und in Salzwasser 5 Minuten kochen. Herausnehmen und die Rippen flach schneiden.
2. Paprikaschote waschen, halbieren, entkernen und würfeln. Hackfleisch, Paprikawürfel, Sahne, Semmelbrösel und Paprikapulver zu einem Hackfleischteig vermischen, mit Salz und Pfeffer würzen. Fleischteig auf den Kohlblättern verteilen und aufrollen. Die Rollen mit Küchengarn binden.
3. Rouladen in einem weiten Topf in heißem Öl anbraten. 300 Milliliter Wasser dazugießen, Fix für Rouladen einrühren und zugedeckt bei schwacher Hitze etwa 40 Minuten schmoren.

Dazu passen Salzkartoffeln.

Zubereitungszeit ca. 45 min

Putenrouladen

Pro Portion: 1640 kJ/394 kcal, 41 g E, 23 g F, 6 g KH

1. Blattspinat in einem Topf oder in der Mikro-welle auftauen. Mozzarella in 8 dünne Scheiben schneiden.

2. Putenschnitzel mit Salz und Pfeffer würzen und mit je 1 Scheibe Mortadella, Blattspinat und je 2 Scheiben Mozzarella belegen. Fleischscheiben aufrollen und mit Holzspießchen zustecken.

3. Rouladen rundherum in heißem Öl anbraten. 300 Milliliter Wasser zugießen, aufkochen und Fix für Rouladen einrühren. Zugedeckt bei schwacher Hitze 20 bis 25 Minuten garen. Sauce mit Sahne und Zitronensaft verfeinern.

Dazu passt Reis, mit Gemüse und Kräutern vermischt, oder Risotto.

Zutaten für 4 Portionen:

125 g TK-Blattspinat
125 g Mozzarella
4 dünne Puten-schnitzel à 125 g
Salz, Pfeffer
4 Scheiben Mortadella
2–3 EL Öl
1 Beutel KNORR Fix für Rouladen
50 ml Schlagsahne
1 EL Zitronensaft

tipp

Dazu einen Gurken- oder Tomatensalat reichen.

Zubereitungszeit ca. 40 min

Kalbsrouladen

Pro Portion: 1165 kJ/278 kcal, 30 g E, 15 g F, 5 g KH

1. Die Schnitzel eventuell flach klopfen. Mit Salz und Pfeffer würzen und mit je 1 bis 2 Scheiben Parmaschinken und einigen Salbeiblättern be-legen. Fleischscheiben aufrollen und mit Holz-spießchen zustecken.

2. Rouladen in heißem Öl anbraten. 300 Milliliter Wasser zugießen, aufkochen und Fix für Roula-den einrühren. Zugedeckt bei schwacher Hitze 20 bis 25 Minuten schmoren. Die Sauce mit Sahne verfeinern.

Dazu passen TK-Rösti, Kroketten oder Polenta.

Zutaten für 4 Portionen:

4 dünne Kalbs-schnitzel à 125 g
Salz, Pfeffer
4–8 Scheiben Parmaschinken
Salbeiblätter
2–3 EL Öl
1 Beutel KNORR Fix für Rouladen
50 ml Schlagsahne

tipp

Dazu passt ein Rosé aus Korsika.

Paprika-Rouladen

Pro Portion: 1330 kJ/318 kcal, 35 g E, 17 g F, 6 g KH

Zutaten für 4 Portionen:

je 1 rote und gelbe Paprikaschote

1 Knoblauchzehe

2 TL Senf

4 Rinderrouladen à 170 g

2–3 EL Öl

Salz

1 Beutel KNORR Fix für Rouladen

1. Paprikaschoten waschen, halbieren, entkernen und in Streifen schneiden. Knoblauchzehe abziehen, zerdrücken und mit Senf verrühren. Rinderrouladen mit dem Knoblauchsenf bestreichen und mit einigen Paprikastreifen belegen. Fleischscheiben aufrollen und mit Garn binden oder mit Holzspießchen zustecken.

2. Rouladen in heißem Öl anbraten. Die restlichen Paprikastreifen kurz mitschmoren, salzen, herausnehmen und warm stellen.

3. 3/8 Liter (375 Milliliter) Wasser zum Fleisch gießen, aufkochen und Fix für Rouladen einrühren. Zugedeckt bei schwacher Hitze 1 1/2 Stunden garen, Fleisch ab und zu wenden; bei Bedarf etwas Wasser nachgießen. Rouladen mit Sauce und Paprikagemüse anrichten.

Rouladen in Weißwein

Pro Portion: 1115 kJ/266 kcal, 32 g E, 9 g F, 9 g KH

Zutaten für 3 Portionen:

200 g Zucchini

3 rote Zwiebeln

6 Cornichons (kleine Gewürzgurken)

4 Putenschnitzel à 125 g

Salz, Pfeffer

2–3 EL Öl

100 ml Weißwein

1 Beutel KNORR Fix für Rouladen

50 ml Schlagsahne

1. Zucchini waschen, putzen und der Länge nach in dünne Scheiben schneiden. Die Scheiben für 1 Minute in kochendes Wasser geben, herausnehmen und abtropfen lassen.

2. Zwiebeln abziehen und in Spalten, Cornichons in Scheiben schneiden. Putenschnitzel mit Salz und Pfeffer würzen. Zucchinischeiben auf das Fleisch legen, aufrollen und zubinden oder mit Holzspießchen zustecken. Die Rouladen in heißem Öl anbraten.

3. 200 Milliliter Wasser und Weißwein zugießen, aufkochen und Fix für Rouladen einrühren. Zwiebeln und Cornichons zufügen. Zugedeckt bei schwacher Hitze 20 bis 25 Minuten garen. Sahne unterrühren.

Zubereitungszeit ca. 60 min

Pilz-Kräuter-Rouladen

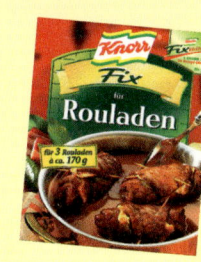

Pro Portion: 2215 kJ/529 kcal, 39 g E, 34 g F, 12 g KH

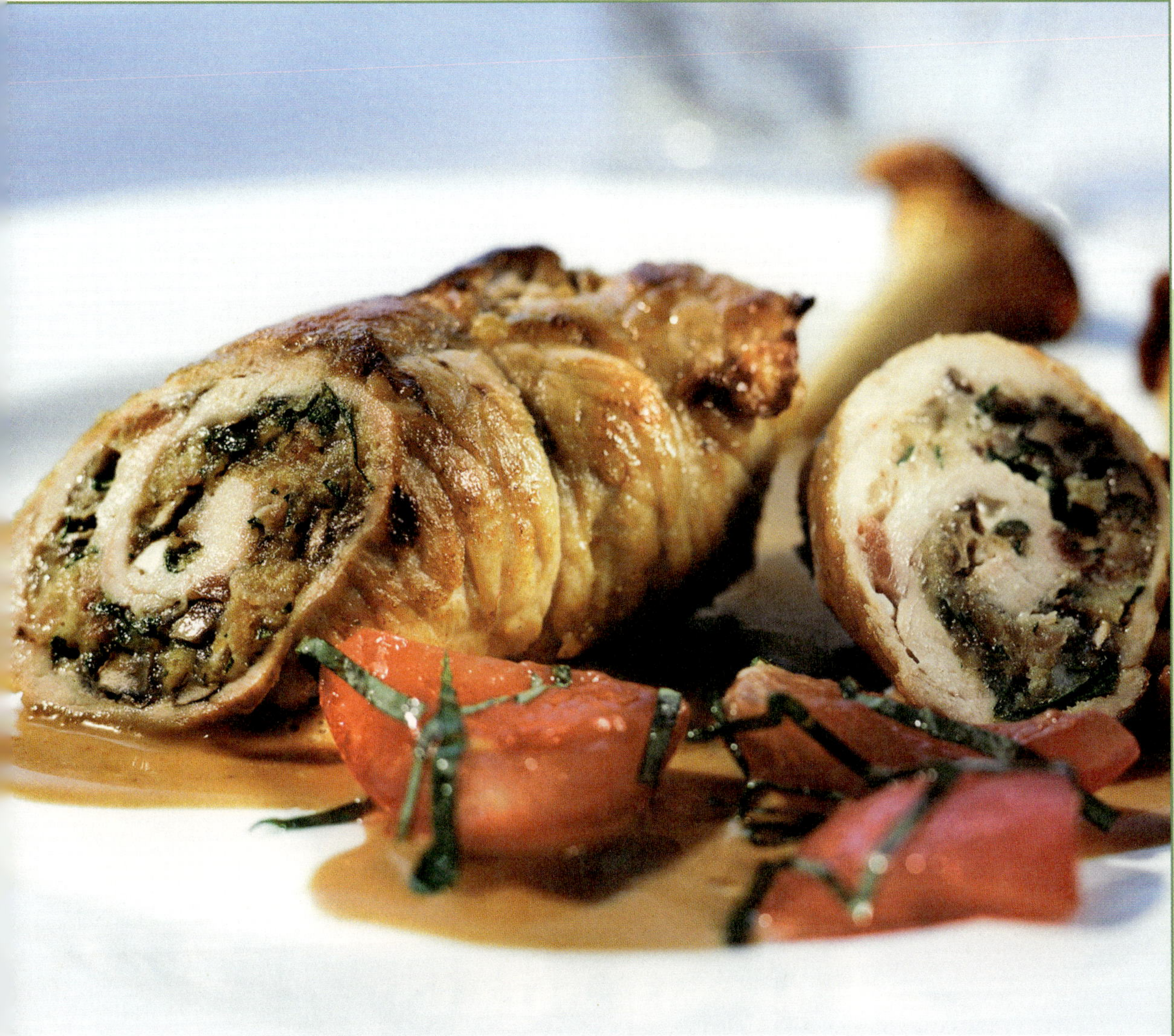

Zutaten für 4 Portionen:

- 100 g gemischte Pilze (z.B. Champignons und Pfifferlinge)
- 50 g durchwachsener Speck
- 1 Ei
- 2 EL Semmelbrösel
- 30 g geriebener Käse
- 3 EL gehackte Kräuter
- Pfeffer
- 4 dünne Schweineschnitzel à 150 g
- 2–3 EL Öl
- 100 ml Weißwein
- 1 Beutel KNORR Fix für Rouladen
- 50 ml Schlagsahne
- 4 Tomaten
- 1 EL Butter oder Margarine

1. Pilze putzen und fein würfeln, Speck ebenfalls würfeln. Mit Ei, Semmelbröseln, Käse und Kräutern vermischen, mit Pfeffer würzen.
2. Mischung auf die Schweineschnitzel verteilen. Fleischscheiben aufrollen, mit Küchengarn binden und in heißem Öl anbraten.
3. 200 Milliliter Wasser und Weißwein zugießen, aufkochen und Fix für Rouladen einrühren. Zugedeckt bei schwacher Hitze 20 bis 25 Minuten garen. Die Sauce mit Sahne verrühren.
4. Inzwischen Tomaten mit kochendem Wasser überbrühen und abziehen. Tomaten vierteln, entkernen und das Fruchtfleisch in Stücke schneiden. In heißer Butter oder Margarine andünsten und zu den Rouladen servieren.

tipp

Die Sauce mit frischem, fein geschnittenem Estragon abrunden.

10 Rezept-Ideen

Fix für
Sauerbraten

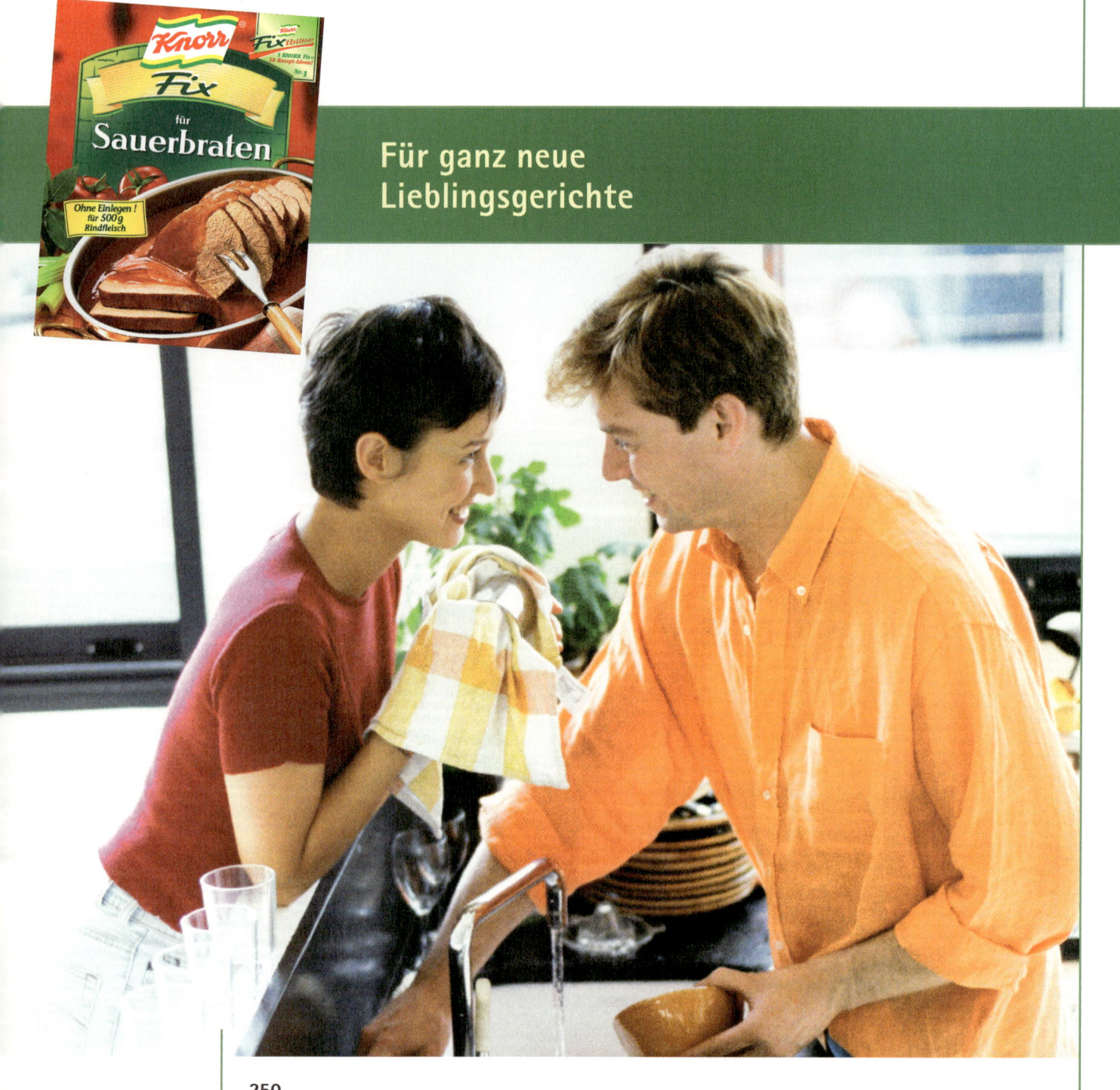

**Für ganz neue
Lieblingsgerichte**

Hähnchen in Currysauce

Pro Portion: 2160 kJ/516 kcal, 38 g E, 29 g F, 25 g KH

1. Hähnchenbrustfilets in heißem Öl von jeder Seite 2 bis 3 Minuten anbraten. Apfelsaft und 1/4 Liter (250 Milliliter) Wasser dazugießen, aufkochen und Fix für Sauerbraten einrühren. Zugedeckt bei schwacher Hitze etwa 30 Minuten garen.

2. Apfel waschen, vierteln, entkernen und in Würfel schneiden. Apfelwürfel und Curry zum Fleisch geben und noch 5 Minuten weitergaren.

3. Sauce mit Curry abschmecken und mit Sahne verfeinern. Nach Belieben mit Minze garnieren.

Zutaten für 4 Portionen:

4 Hähnchenbrustfilets à 150 g
2–3 EL Öl
1/2 l (500 ml) Apfelsaft
1 Beutel KNORR Fix für Sauerbraten
1 roter Apfel
1–2 TL Currypulver
2 EL Schlagsahne
evtl. Minze

Erdnussbällchen

Pro Portion: 2305 kJ/552 kcal, 31 g E, 31 g F, 37 g KH

1. Zwiebel abziehen, würfeln und zusammen mit Hackfleisch, Semmelbröseln, Ei, gehackten Erdnüssen und Curry mischen und zu kleinen Bällchen formen.

2. Paprikaschoten waschen, halbieren, entkernen und in feine Streifen schneiden. Ananasscheiben abtropfen lassen, Saft dabei auffangen. Ananas in Stücke schneiden.

3. 1/8 Liter (125 Milliliter) Ananassaft und 1/4 Liter (250 Milliliter) Wasser aufkochen, Fix für Sauerbraten einrühren, Hackbällchen und Paprikastreifen dazugeben. Zugedeckt bei schwacher Hitze etwa 15 Minuten garen.

4. Ananasstücke dazugeben und erwärmen. Sauce mit Tomatenketchup und Sojasauce abschmecken.

Zutaten für 4 Portionen:

1 Zwiebel
500 g Hackfleisch
3 EL Semmelbrösel
1 Ei
2 EL gehackte Erdnüsse
1 TL Currypulver
je 1 rote und grüne Paprikaschote
225 g Ananasscheiben aus der Dose
1 Beutel KNORR Fix für Sauerbraten
1–2 EL Tomatenketchup
1 EL Sojasauce

Zubereitungszeit ca. 1 h 10 min

Schweinebraten mit Sherry-Orangen-Sauce

Pro Portion: 1270 kJ/304 kcal, 27 g E, 16 g F, 9 g KH

Zutaten für 4 Portionen:

500 g Schweine-
nacken

2–3 EL Öl

2 unbehandelte
Orangen

50 ml trockener
Sherry

1 Beutel KNORR Fix
für Sauerbraten

1 Zweig Rosmarin

1/2 Bund Thymian

Pfeffer, Zucker

1. Schweinenacken von allen Seiten in heißem Öl anbraten. 1 Orange auspressen, den Saft in einen Messbecher gießen. Sherry dazugeben und alles mit Wasser auf 1/2 Liter (500 Milliliter) Flüssigkeit auffüllen. Zum Fleisch gießen, aufkochen und Fix für Sauerbraten einrühren.

2. Etwas Rosmarin und Thymian zum Garnieren zurücklegen, den Rest zum Fleisch geben. Das Fleisch zugedeckt bei schwacher Hitze etwa 1 Stunde garen.

3. Die zweite Orange waschen, in Scheiben schneiden und kurz mitgaren. Die Sauce mit Pfeffer und Zucker abschmecken. Das Fleisch in Scheiben schneiden, auf den Orangenscheiben anrichten und mit Kräutern garniert in der Sauce servieren.

Gut dazu: Thymiankartoffeln.

tipp

Eine Hand voll Schalotten abziehen, halbieren und mitgaren.

252

Zubereitungszeit ca. 1h 55min

Rosmarinbraten mit Zucchini und Tomaten

Pro Portion: 1260 kJ/302 kcal, 29g E, 16g F, 11g KH

Zutaten für 4 Portionen:

500g Schweinefleisch (z.B. Schweineschulter)

2–3 EL Öl

1 Beutel KNORR Fix für Sauerbraten

2 Knoblauchzehen

1 großer Zweig Rosmarin

500g Tomaten

300g Zucchini

Salz, Pfeffer

tipp

Es lohnt, dazu ein Glas tiefroten Rubesco aus der italienischen Provinz Umbrien zu probieren.

1. Das Fleisch in heißem Öl rundherum anbraten. 1/2 Liter (500 Milliliter) Wasser dazugießen, aufkochen und Fix für Sauerbraten einrühren. Knoblauchzehen abziehen, zerdrücken und mit einem Stück vom Rosmarinzweig zum Fleisch geben. Zugedeckt bei schwacher Hitze 1 Stunde garen.

2. Tomaten mit kochendem Wasser überbrühen und abziehen. Tomaten entkernen und in kleine Würfel schneiden. Zucchini waschen, putzen und in Scheiben schneiden. Zucchinischeiben zum Fleisch geben und weitere 10 Minuten garen.

3. Tomatenwürfel zufügen und heiß werden lassen. Mit Salz und Pfeffer abschmecken. Den Braten in Scheiben schneiden und mit der Sauce servieren. Mit restlichem Rosmarin garnieren.

253

Zubereitungszeit ca. 60 min

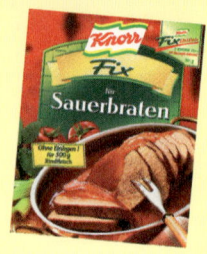

Rotweinhähnchen

Pro Portion: 3000 kJ/717 kcal, 39 g E, 55 g F, 8 g KH

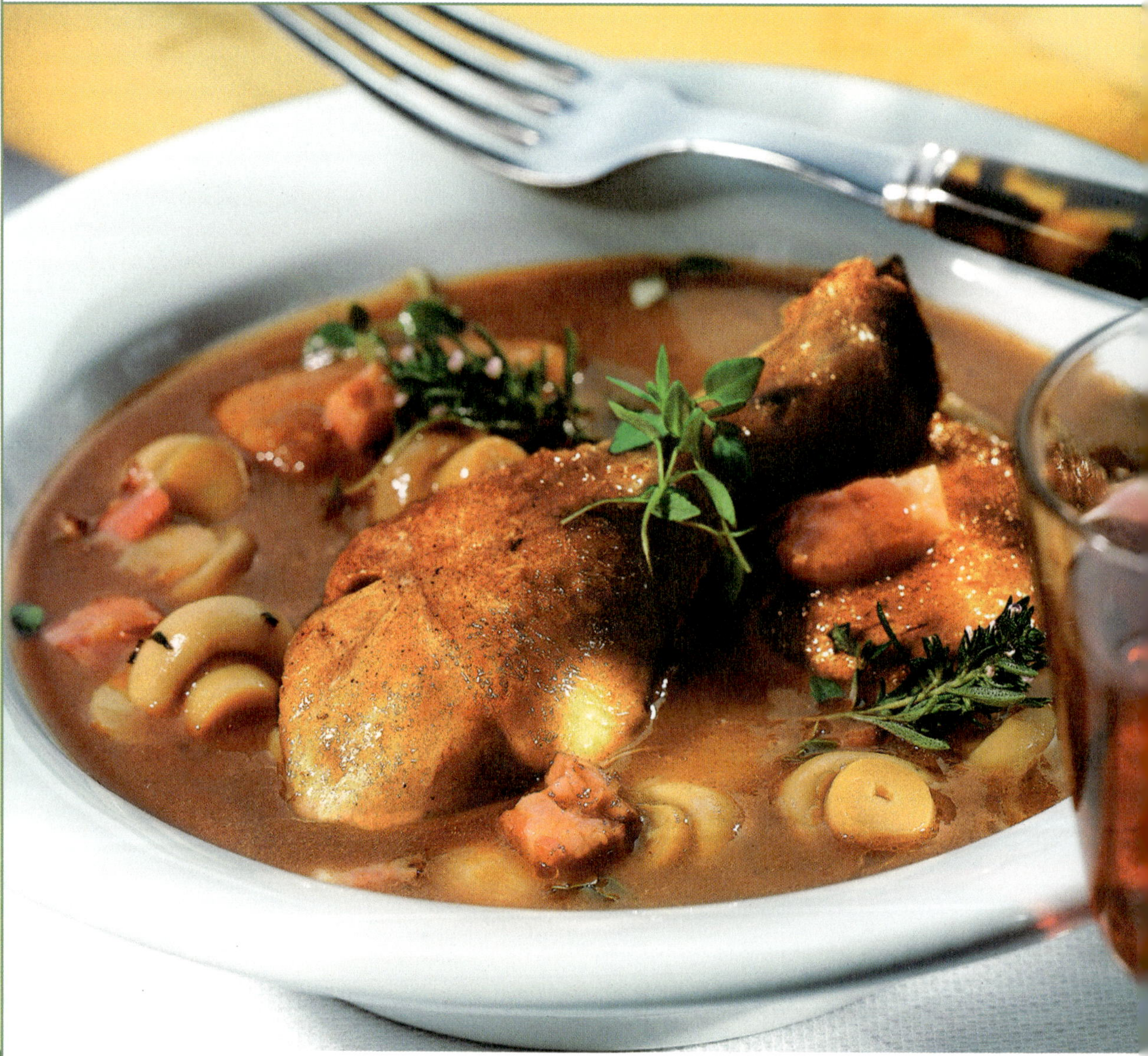

Zutaten für 4 Portionen:

1 Hähnchen (ca. 1 kg)

250 g Champignons

75 g durchwachsener Speck

2 Schalotten

1 EL Öl

1/4 l (250 ml) Rotwein

1 Beutel KNORR Fix für Sauerbraten

evtl. Thymian

tipp

Sehr edel: Ein kleines frisches Perlhuhn nach diesem Rezept zubereiten.

1. Das Hähnchen in 4 Teile zerlegen. Champignons putzen und klein schneiden.
2. Speck in Streifen schneiden. Schalotten abziehen, würfeln und zusammen mit dem Speck in heißem Öl braten. Hähnchenteile dazugeben und von allen Seiten anbraten. Champignons hinzufügen und mitdünsten.
3. Rotwein und 1/8 Liter (125 Milliliter) Wasser dazugießen, aufkochen und Fix für Sauerbraten einrühren. Zugedeckt bei schwacher Hitze 30 bis 40 Minuten garen. Eventuell mit Thymian würzen.

Bohnentopf mit Birnen

Pro Portion: 2105 kJ/503 kcal, 6 g E, 42 g F, 25 g KH

1. Grüne Bohnen putzen und halbieren. Kartoffeln schälen und in Würfel schneiden.

2. Speck in Streifen schneiden und in heißem Öl ausbraten. 1/2 Liter (500 Milliliter) Wasser dazugießen, Fix für Sauerbraten einrühren und aufkochen.

3. Knoblauchzehe abziehen, zerdrücken und zusammen mit den Bohnen und Kartoffelwürfeln zufügen. Mit Chilipulver und Bohnenkraut würzen. Zugedeckt bei schwacher Hitze 40 Minuten garen.

4. Birnen schälen, halbieren, entkernen und in große Würfel schneiden. 10 bis 15 Minuten vor Ende der Garzeit zugeben. Mit Pfeffer und Zucker abschmecken.

Zutaten für 4 Portionen:

300 g grüne Bohnen
300 g Kartoffeln
200 g durchwachsener Speck
1 EL Öl
1 Beutel KNORR Fix für Sauerbraten
1 Knoblauchzehe
1/2 TL Chilipulver
1 TL getrocknetes Bohnenkraut
2 kleine Birnen
Pfeffer
1 Prise Zucker

tipp

Verwenden Sie dazu säuerliche grüne Kochbirnen.

Fischtopf süß-sauer

Pro Portion: 1075 kJ/256 kcal, 37 g E, 4 g F, 11 g KH

1. Möhren schälen und in Scheiben schneiden. Lauch putzen, waschen und in Ringe schneiden. Seelachsfilets würfeln.

2. Weißwein mit 1/4 Liter (250 Milliliter) Wasser aufkochen. Fix für Sauerbraten einrühren. Gemüse dazugeben und zugedeckt bei schwacher Hitze etwa 10 Minuten garen.

3. Fischwürfel zufügen und weitere 10 bis 12 Minuten garen. Mit Tomatenmark abschmecken und mit Sahne verfeinern. Nach Belieben mit Dill garnieren.

Zutaten für 4 Portionen:

350 g Möhren
200 g Lauch
750 g Seelachsfilet
1/8 l (125 ml) Weißwein
1 Beutel KNORR Fix für Sauerbraten
1–2 TL Tomatenmark
1 EL Schlagsahne
evtl. Dill zum Garnieren

255

Rheinischer Sauerbraten

Pro Portion: 1230 kJ/293 kcal, 28 g E, 13 g F, 15 g KH

Zutaten für 4 Portionen:

50 g Rosinen

1 Beutel KNORR Fix für Sauerbraten

500 g Rindfleisch (z.B. aus Unterschale oder Hüfte)

25 g Mandelstifte

2 EL Weißwein

2 EL saure Sahne

tipp

Einige Zwiebelwürfel mitschmoren.

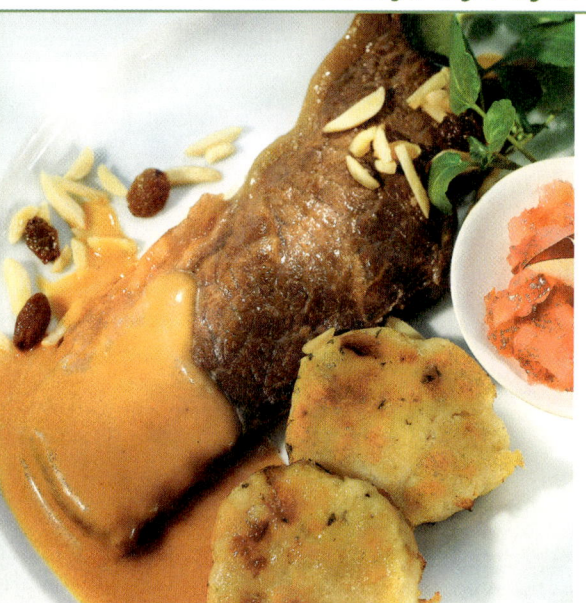

1. Rosinen in etwas Wasser einweichen. Fix für Sauerbraten in 1/2 Liter (500 Milliliter) kochendes Wasser einrühren. Rindfleisch dazugeben und zugedeckt bei schwacher Hitze etwa 1 1/2 Stunden garen.

2. Abgetropfte Rosinen, Mandelstifte und Weißwein zufügen und aufkochen. Saure Sahne unterrühren. Fleisch in Scheiben schneiden und mit der Sauce servieren.

   Dazu schmecken Semmelknödel und Apfelkompott.

Zubereitungszeit ca. 35 min

China-Pfanne mit Ananas

Pro Portion: 1425 kJ/341 kcal, 25 g E, 13 g F, 29 g KH

Zutaten für 4 Portionen:

4 dünne Rumpsteaks à 100 g

2 EL Öl

2 rote Paprikaschoten

225 g Ananasscheiben aus der Dose

1 Beutel KNORR Fix für Sauerbraten

1–2 EL Tomatenketchup

1–2 EL Sojasauce

tipp

Dekorativ: Reis mit einer kräftigen Prise Kurkuma kochen, damit er gelb wird.

1. Steaks in Streifen schneiden und in heißem Öl kräftig anbraten. Fleisch herausnehmen und warm stellen. Paprikaschoten waschen, halbieren, entkernen und in feine Streifen schneiden. Im Bratfett kurz andünsten.

2. Ananasscheiben abtropfen lassen, den Saft dabei auffangen. Ananas in Stücke schneiden. Ananassaft mit Wasser zu 3/8 Liter (375 Milliliter) Flüssigkeit auffüllen, aufkochen und Fix für Sauerbraten einrühren. Paprikastreifen dazugeben. Zugedeckt bei schwacher Hitze etwa 3 Minuten garen.

3. Ananasstücke und Fleisch dazugeben und erwärmen. Die Sauce mit Ketchup und Sojasauce abschmecken.

   Gut dazu: Basmatireis.

Zubereitungszeit ca. 1 h 25 min

Reh mit Rotweinsauce

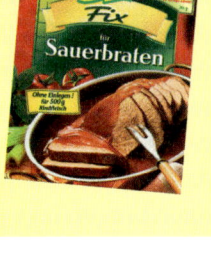

Pro Portion (bei 4 Port.): 1915 kJ/458 kcal, 41 g E, 22 g F, 18 g KH

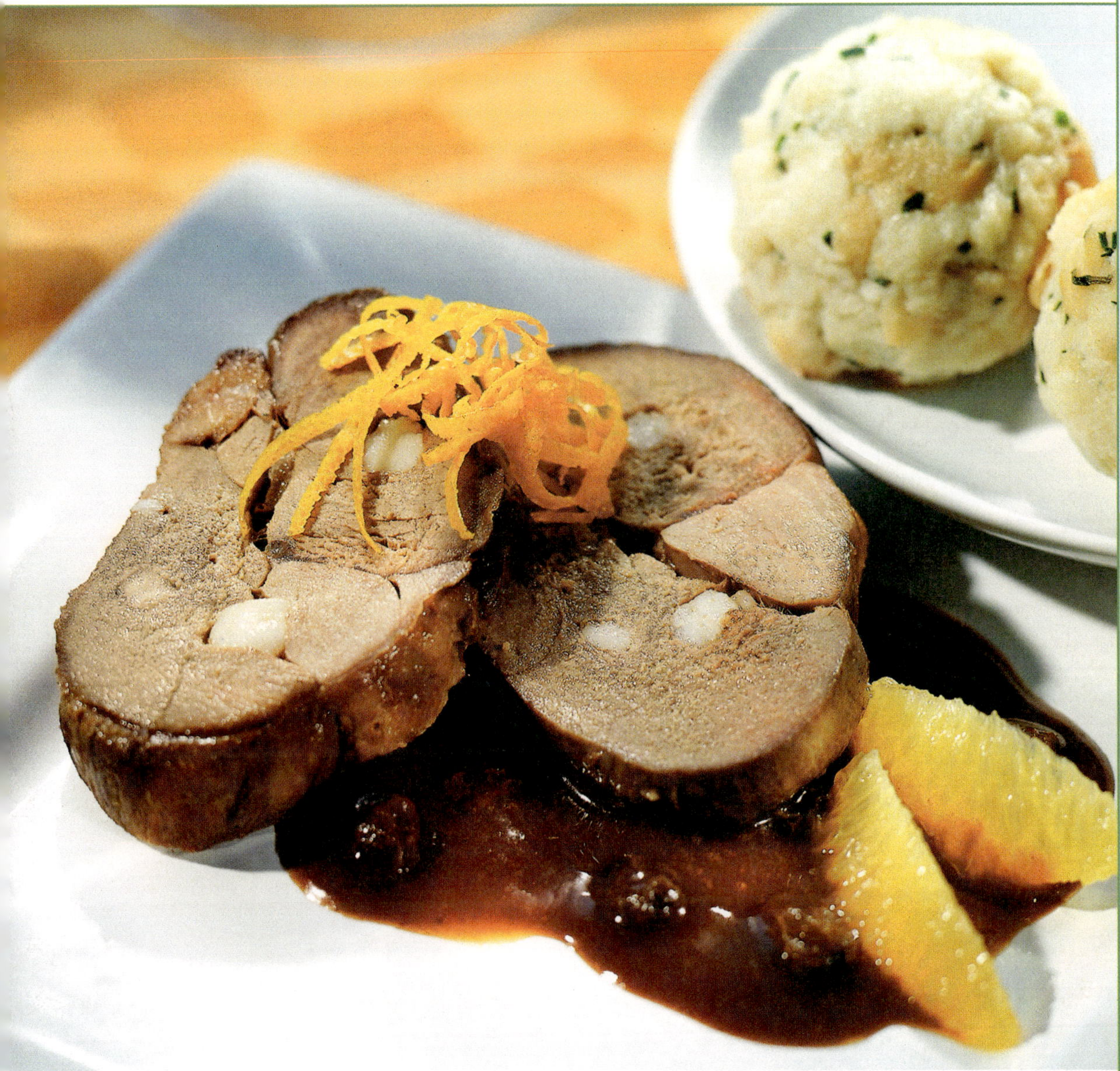

Zutaten für 4–6 Portionen:

750 g ausgelöste, gespickte Rehkeule

3 EL Öl

200 ml Rotwein

1 Beutel KNORR Fix für Sauerbraten

2 EL Rosinen

1–2 Orangen

evtl. 1–2 TL MONDAMIN Fix-Soßenbinder, dunkel

2 TL Hagebuttenkonfitüre oder Johannisbeergelee

1. Rehkeule in heißem Öl rundherum anbraten. Rotwein und 300 Milliliter Wasser zugießen, aufkochen und Fix für Sauerbraten einrühren. Rosinen zugeben. Zugedeckt bei schwacher Hitze etwa 1 Stunde garen.
2. Orangen so schälen, dass die weiße Haut vollständig entfernt wird. Fruchtfilets herausschneiden, einige davon beiseite legen, den Rest kurz vor Ende der Garzeit in der Sauce erwärmen.
3. Fleisch herausnehmen. Sauce nach Belieben mit Fix-Soßenbinder binden und mit Hagebuttenkonfitüre oder Johannisbeergelee abschmecken. Fleisch in Scheiben schneiden und mit der Sauce anrichten. Mit restlichen Orangenfilets garnieren.

Gut dazu: Semmelknödel.

tipp

Zur Rehkeule einfach ideal: ein tiefroter spanischer Rotwein aus der Region Navarra.

10 Rezept-Ideen

Fix für Schmorbraten

Verlockende
Vielfalt mit Pfiff

Zubereitungszeit ca. 60 min

Kräuterrollbraten

Pro Portion: 1400 kJ/336 kcal, 36 g E, 16 g F, 9 g KH

1. Zwiebel abziehen und würfeln. Zwiebelwürfel mit Kräutern, Käse und Ei vermischen. Semmelbrösel zufügen, mit Salz und Pfeffer würzen. Rollbraten öffnen, die Kräutermischung auf die Innenseite des Fleischstücks verteilen.

2. Fleisch wieder zu einer Rolle formen, mit Küchengarn binden und in heißem Öl anbraten. 300 Milliliter Wasser und Weißwein zugießen, aufkochen und Fix für Schmorbraten einrühren.

3. Zugedeckt bei schwacher Hitze 30 bis 40 Minuten schmoren, das Fleisch ab und zu wenden. Fleisch herausnehmen und das Garn entfernen. Sauce mit Sahne verfeinern.

Dazu schmecken gedünstete Möhren und Kartoffelknödel.

Zutaten für 4 Portionen:

1 Zwiebel
3 EL gehackte Kräuter (z.B. Petersilie und Schnittlauch)
30 g geriebener Käse
1 Ei
1 EL Semmelbrösel
Salz, Pfeffer
500 g Putenrollbraten
2 EL Öl
100 ml Weißwein
1 Beutel KNORR Fix für Schmorbraten
3 EL Schlagsahne

tipp

Genießen Sie zum Braten ein Glas trockenen Riesling.

Zubereitungszeit ca. 1 h 50 min

Lammbraten mit Bohnen

Pro Portion: 1085 kJ/260 kcal, 27 g E, 13 g F, 8 g KH

1. Lammfleisch in heißem Öl rundherum anbraten. 1/2 Liter (500 Milliliter) Wasser dazugießen und aufkochen. Fix für Schmorbraten einrühren. Zugedeckt bei schwacher Hitze etwa 1 Stunde schmoren.

2. Zwiebeln abziehen und in Spalten schneiden. Bohnen putzen und halbieren. Knoblauchzehen abziehen, zerdrücken und mit den Zwiebeln und Bohnen dazugeben. Weitere 30 Minuten garen. Mit Salz, Pfeffer und Thymian abschmecken.

Dazu Röstkartoffeln servieren.

Zutaten für 4 Portionen:

500 g Lammfleisch (z.B. Keule, Kamm oder Hals)
2 EL Öl
1 Beutel KNORR Fix für Schmorbraten
3 rote Zwiebeln
150 g grüne Bohnen
2 Knoblauchzehen
Salz, Pfeffer
getrockneter Thymian

259

Zubereitungszeit ca. 30 min

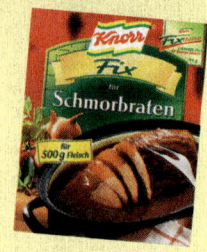

Schweinegeschnetzeltes »Shanghai«

Pro Portion: 1495 kJ/358 kcal, 28 g E, 19 g F, 20 g KH

Zutaten für 4 Portionen:

500 g Schweinefleisch (z.B. Schweinefilet)
2 EL Öl
1 Beutel KNORR Fix für Schmorbraten
1 kleine rote Paprikaschote
140 g Ananasstücke aus der Dose
100 g Soja- oder Mungobohnensprossen
evtl. Sojasauce

1. Das Fleisch in Streifen schneiden und in heißem Öl anbraten. Fleisch aus der Pfanne nehmen und warm stellen. 400 Milliliter Wasser in die Pfanne gießen, aufkochen und Fix für Schmorbraten einrühren.
2. Paprikaschote waschen, halbieren, entkernen und in Streifen schneiden. Ananas abtropfen lassen; dabei den Saft auffangen. Ananasstücke mit den Paprikastreifen, Sprossen und dem Ananassaft (etwa 100 Milliliter) zur Sauce geben.
3. Geschnetzeltes dazugeben, alles in der Sauce erwärmen und eventuell mit Sojasauce abschmecken.

Gut dazu: Reis.

tipp

Anstelle der Sprossen fein geschnittenen Chinakohl verwenden.

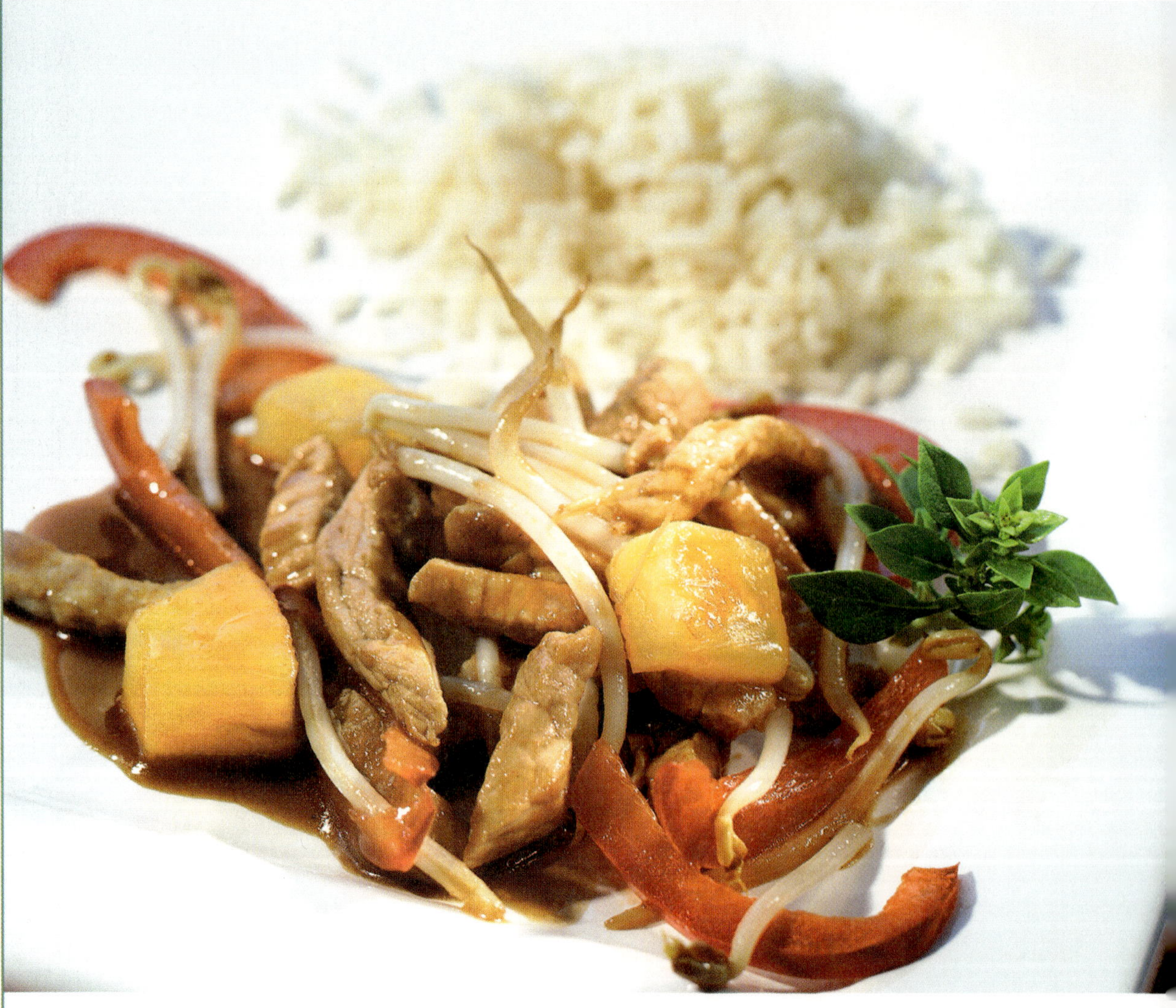

Zubereitungszeit ca. 1 h 50 min

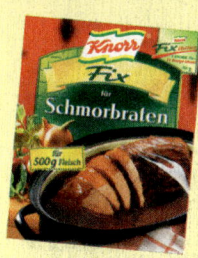

Schweinebraten mit Kürbis und Pfirsich

Pro Portion: 1550 kJ/370 kcal, 28 g E, 22 g F, 16 g KH

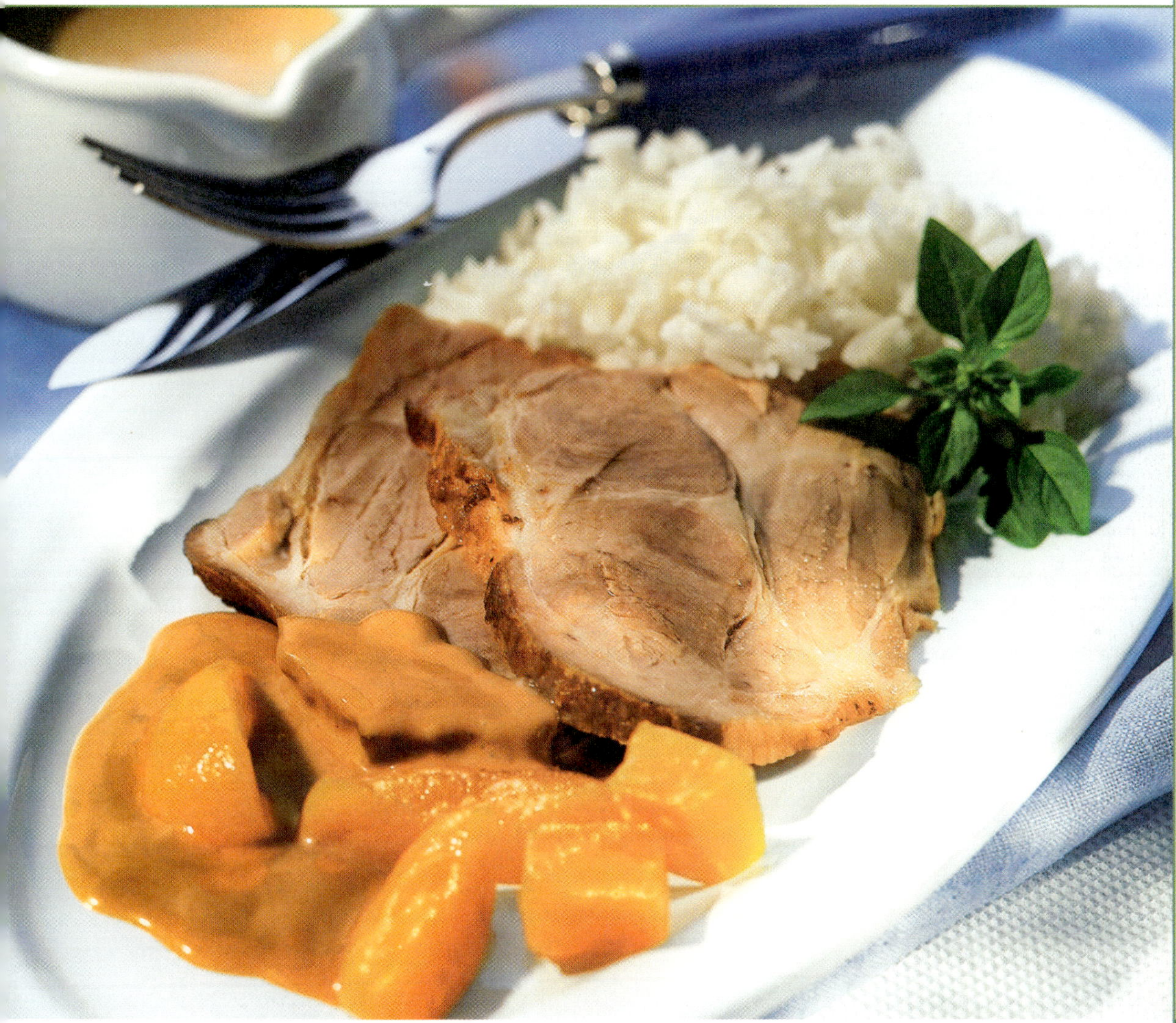

Zutaten für 4 Portionen:

500 g Schweinefleisch (z.B. Schweinenacken)
2 EL Öl
1 Beutel KNORR Fix für Schmorbraten
1 Zimtstange
1 Prise Nelkenpulver
400 g Kürbisstückchen aus dem Glas
140 g Pfirsichhälften aus der Dose
50 ml Schlagsahne
Zucker, Salz, Pfeffer

1. Schweinefleisch in heißem Öl anbraten. 1/2 Liter (500 Milliliter) Wasser dazugießen und aufkochen.
2. Fix für Schmorbraten einrühren. Das Fleisch zugedeckt bei schwacher Hitze etwa 1 1/2 Stunden schmoren; nach etwa 30 Minuten den Braten wenden, Zimtstange und Nelkenpulver zufügen.
3. Kürbisstücke und Pfirsichhälften abtropfen lassen. Pfirsiche in Stücke schneiden, beides zum Braten geben und in der Sauce heiß werden lassen. Sahne unterrühren und die Sauce mit Zucker, Salz und Pfeffer abschmecken.

Dazu passen TK-Rösti, Kroketten oder Reis.

tipp

Mit Kokosmilch anstelle von Sahne gerät der Braten noch raffinierter.

Zubereitungszeit ca. 1 h 10 min

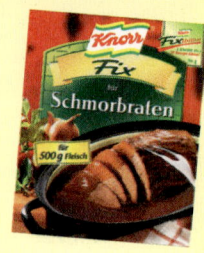

Gulasch mit Steckrüben

Pro Portion: 1175 kJ/282 kcal, 28 g E, 14 g F, 11 g KH

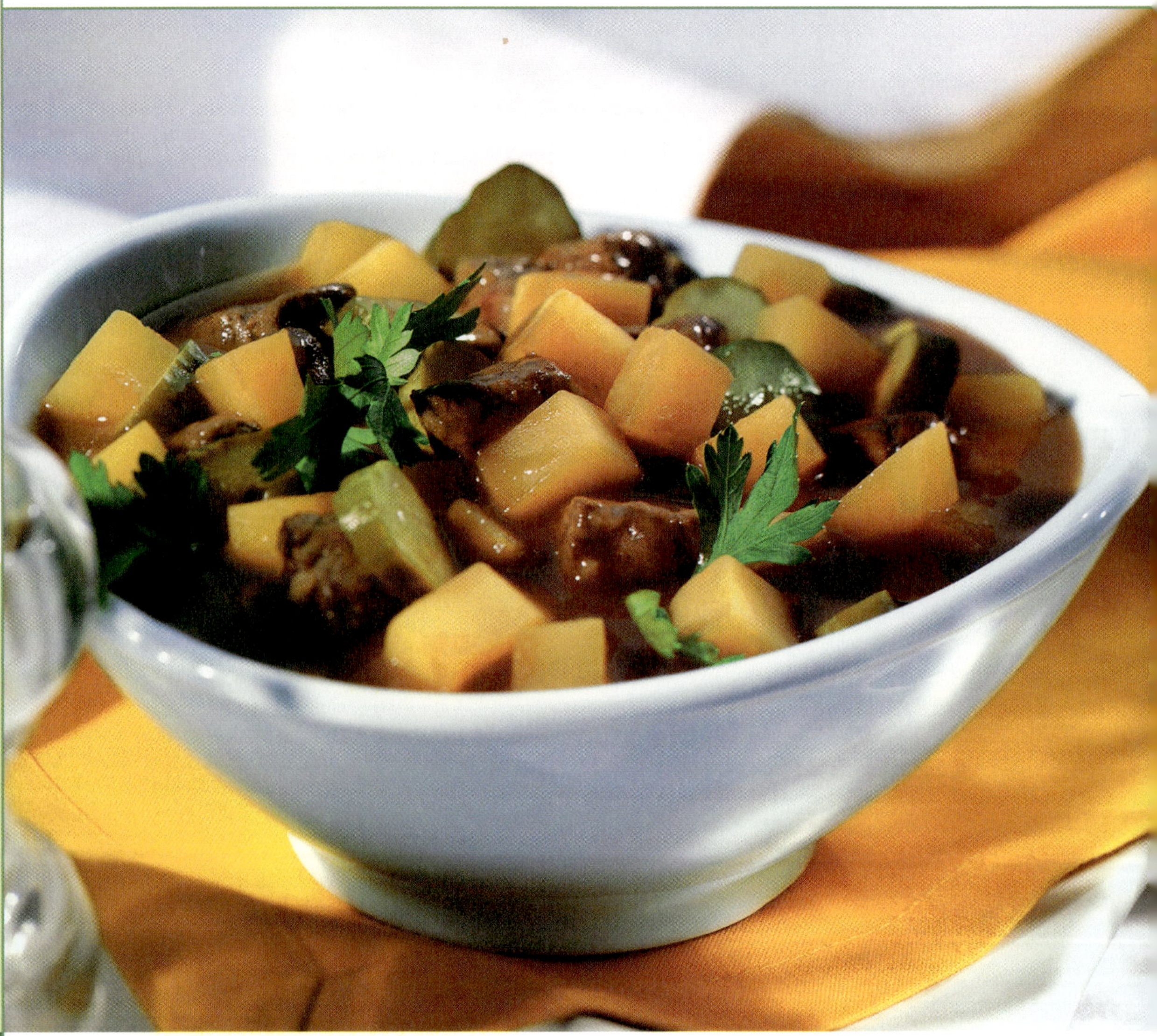

Zutaten für 4 Portionen:

500 g Rindergulasch
2 EL Öl
1 Beutel KNORR Fix für Schmorbraten
1 Steckrübe (ca. 700 g)
1 Gewürzgurke
Salz, Pfeffer, Zucker
1 TL Senf
Kräuter zum Garnieren

tipp

Probieren Sie das Gericht auch mal mit Schwarzwurzeln anstelle von Steckrüben.

1. Rindfleisch in heißem Öl anbraten. 1/2 Liter (500 Milliliter) Wasser dazugießen und aufkochen. Fix für Schmorbraten einrühren.
2. Steckrübe schälen. Erst in Scheiben, dann in etwa 2 Zentimeter große Würfel schneiden, zum Gulasch geben und zugedeckt bei schwacher Hitze etwa 1 Stunde schmoren; Fleisch nach der Hälfte der Garzeit wenden.
3. Die Gewürzgurke in Scheiben schneiden und dazugeben. Mit Salz, Pfeffer, Zucker und Senf abschmecken. Mit Kräutern garnieren.

Zubereitungszeit ca. 30 min

Lammkoteletts

Pro Portion: 1010 kJ/241 kcal, 27 g E, 11 g F, 7 g KH

1. Lauch putzen, waschen und in Ringe schneiden. Fix für Schmorbraten in 3/8 Liter (375 Milliliter) kochendes Wasser einrühren. Lauch zufügen und zugedeckt bei schwacher Hitze etwa 15 Minuten garen.

2. Lammkoteletts von jeder Seite 4 bis 6 Minuten in heißem Öl braten. Mit Salz und Pfeffer würzen. Die Sauce mit Senf und Crème fraîche abschmecken und zu den Lammkoteletts servieren.

   Dazu passen Semmelknödel oder italienisches Weißbrot.

Zutaten für 4 Portionen:

250 g Lauch
1 Beutel KNORR Fix für Schmorbraten
500 g Lammkoteletts
2–3 EL Öl
Salz, Pfeffer
1/2 TL Senf
1 EL Crème fraîche

tipp

Wenn die Lammkoteletts sehr fett sind, geben Sie sie ohne Öl in die vorgeheizte Pfanne.

Zubereitungszeit ca. 1 h 15 min

Kalbsbraten mit Backobst

Pro Portion: 1605 kJ/383 kcal, 28 g E, 15 g F, 33 g KH

1. Kalbfleisch in heißem Öl anbraten. 1/2 Liter (500 Milliliter) Wasser dazugießen und aufkochen. Fix für Schmorbraten einrühren. Zugedeckt bei schwacher Hitze 30 Minuten schmoren.

2. Mandelstifte in einer Pfanne ohne Fett hellbraun rösten.

3. Das Fleisch wenden, Trockenfrüchte und Mandelstifte dazugeben. Weitere 30 Minuten garen, bei Bedarf etwas Wasser nachgießen. Den fertigen Braten mit der Sauce und dem Backobst anrichten.

   Gut dazu: Kroketten, Kartoffelbällchen oder Kartoffelpüree.

Zutaten für 4 Portionen:

500 g Kalbfleisch (z.B. Kalbsnuss)
2 EL Öl
1 Beutel KNORR Fix für Schmorbraten
2 EL Mandelstifte
200 g gemischte Trockenfrüchte (z.B. Apfelringe, Trockenpflaumen, Aprikosen)

tipp

Mit trockenem weißem Wermut (Noilly Prat) abrunden.

263

Schmorbraten provençal

Pro Portion: 1463 kJ/351 kcal, 26 g E, 24 g F, 7 g KH

Zutaten für 4 Portionen:

500 g Schweine-
nacken

2 EL Öl

1 Beutel KNORR Fix
für Schmorbraten

1 Knoblauchzehe

1 TL Kräuter
der Provence

1/2 TL Senf

1 Zucchini

1 gelbe Paprikaschote

200 g Cocktail-
tomaten

1. Schweinenacken in heißem Öl anbraten. 1/2 Liter (500 Milliliter) Wasser dazugießen und aufkochen. Fix für Schmorbraten einrühren. Knoblauchzehe abziehen, fein hacken und zusammen mit Kräutern der Provence und Senf zugeben.

2. Zugedeckt bei schwacher Hitze insgesamt 1 1/2 Stunden schmoren – Fleisch ab und zu wenden; bei Bedarf etwas Wasser nachgießen.

3. Inzwischen die Zucchini waschen, putzen und würfeln. Die Paprikaschote waschen, halbieren, entkernen und klein schneiden. Das Gemüse 1/2 Stunde vor Ende der Garzeit zum Fleisch geben. Cocktailtomaten halbieren, zum Schluss in der Sauce heiß werden lassen.

Rinderragout mit Pilzen

Pro Portion: 1340 kJ/320 kcal, 27 g E, 18 g F, 7 g KH

Zutaten für 4 Portionen:

500 g Rinder- oder
Schweinegulasch

2 EL Öl

150 ml Rotwein

1 Beutel KNORR Fix
für Schmorbraten

300 g Champignons

Salz, Pfeffer

Kräuter zum
Garnieren

1. Das Gulasch in heißem Öl rundherum anbraten. 1/4 Liter (250 Milliliter) Wasser und Rotwein zugießen, aufkochen und Fix für Schmorbraten einrühren. Zugedeckt bei schwacher Hitze 30 bis 45 Minuten garen.

2. Champignons putzen, vierteln und zugeben. Weitere 30 Minuten garen. Mit Salz und Pfeffer abschmecken. Mit Kräutern garnieren.

tipp

Rotwein durch
Madeira ersetzen.

Zubereitungszeit ca. 1 h 55 min

Rinderbraten

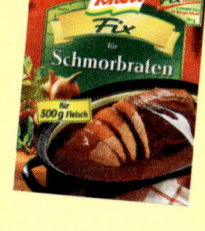

Pro Portion: 1365 kJ/327 kcal, 28 g E, 17 g F, 15 g KH

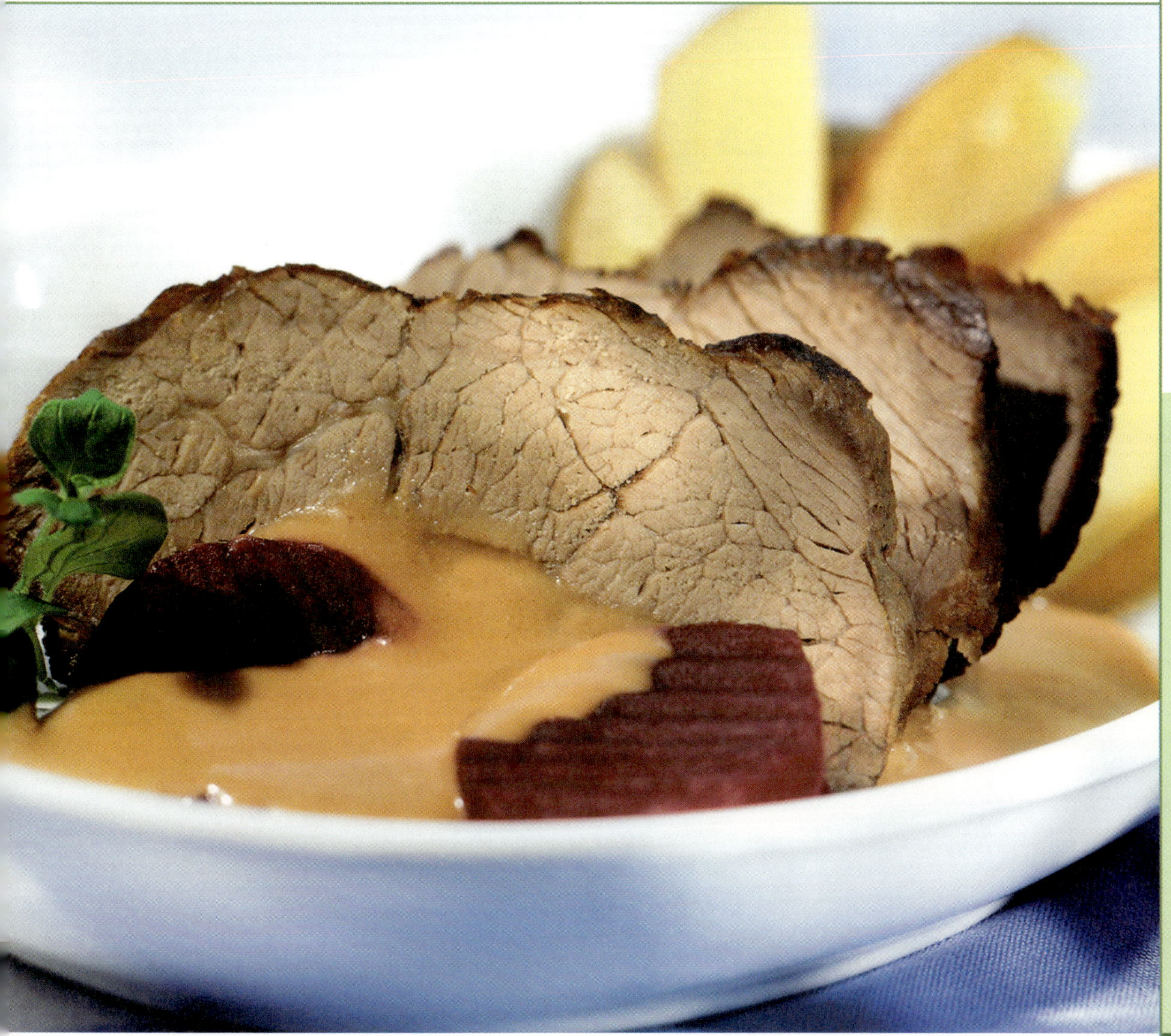

Zutaten für 4 Portionen:

- 500 g Rindfleisch (z.B. aus der Unterschale)
- 2 EL Öl
- 1 Beutel KNORR Fix für Schmorbraten
- 500 g Rote Bete (vakuumverpackt)
- 1 TL Klare Delikatessbrühe
- 1/8 l (125 ml) Orangensaft
- Pfeffer
- 2–3 TL geriebener Meerrettich
- Salz
- 50 ml Schlagsahne

1. Rindfleisch in heißem Öl rundherum anbraten. 1/2 Liter (500 Milliliter) Wasser dazugießen und aufkochen. Fix für Schmorbraten einrühren. Zugedeckt bei schwacher Hitze etwa 1 1/2 Stunden schmoren; nach der Hälfte der Garzeit wenden.
2. Rote Bete in Scheiben schneiden. 1/8 Liter (125 Milliliter) Wasser mit Brühe und Orangensaft aufkochen. Rote-Bete-Scheiben darin 5 Minuten dünsten. Mit Pfeffer würzen.
3. Bratensauce mit Meerrettich, Salz und Pfeffer abschmecken, mit Sahne verfeinern. Den Braten mit Sauce und Roter Bete anrichten.

tipp

Selleriewürfel kurz mit anbraten und mitschmoren. Vor dem Abschmecken die Sauce mit einem Stabmixer »glätten«.

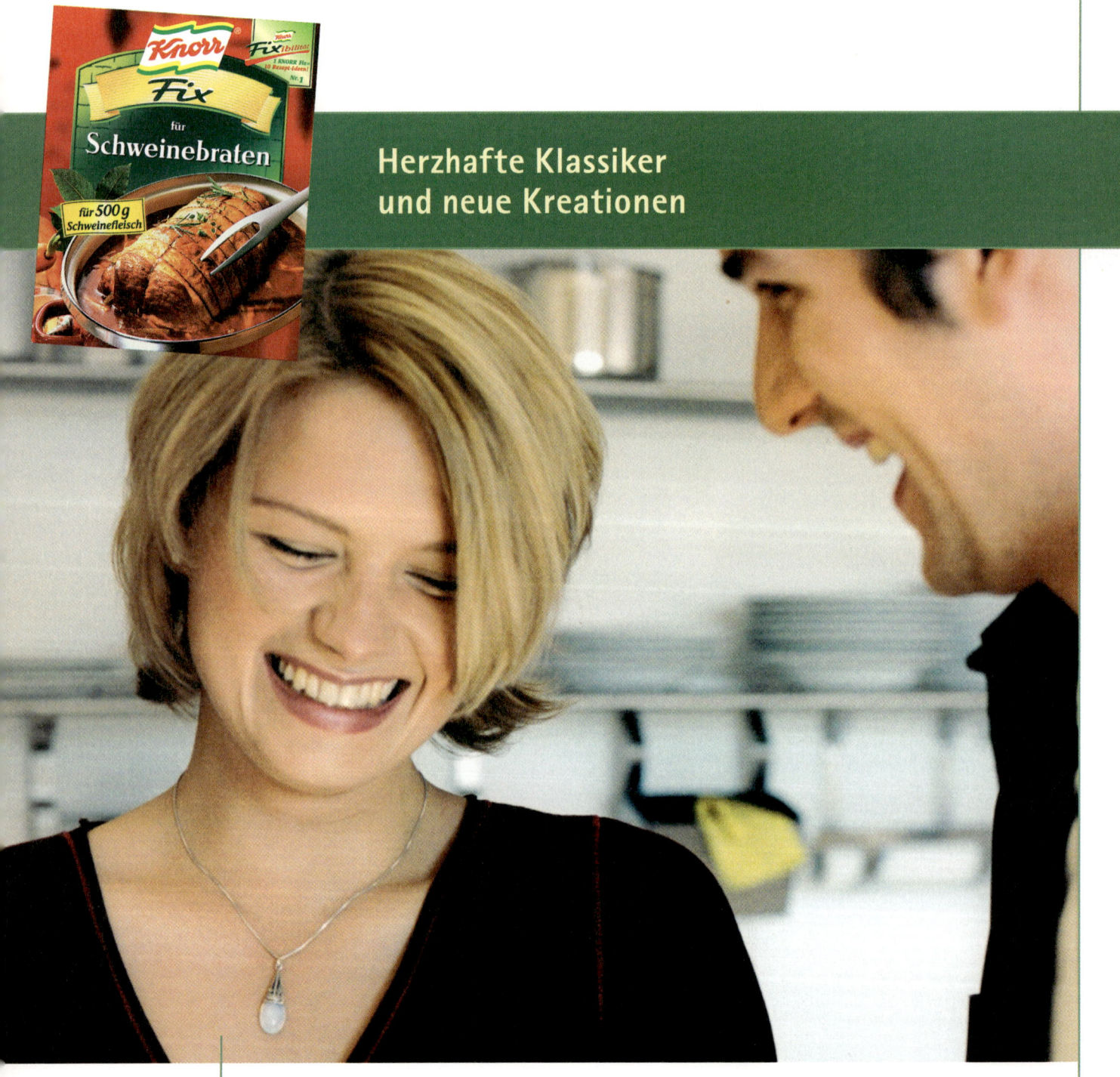

10 Rezept-Ideen

Fix für Schweinebraten

Herzhafte Klassiker und neue Kreationen

Zubereitungszeit ca. 1 h 20 min

Möhren-Zwiebel-Gulasch

Pro Portion: 1375 kJ/329 kcal, 27 g E, 18 g F, 14 g KH

1. Zwiebeln abziehen und würfeln. Möhren schälen und in Scheiben schneiden.

2. Schweinegulasch in heißem Öl anbraten. Gemüse dazugeben und mitdünsten. 3/8 Liter (375 Milliliter) Wasser dazugießen, aufkochen und Fix für Schweinebraten einrühren.

3. Zugedeckt bei schwacher Hitze etwa 1 Stunde schmoren, Fleisch ab und zu wenden. Mit Kräutern garniert servieren.

Dazu: Kartoffelpüree oder Gnocchi.

Zubereitungszeit ca. 1 h 20 min

Schweinebraten provençal

Pro Portion: 1275 kJ/305 kcal, 26 g E, 18 g F, 7 g KH

1. Fleisch in einem Topf in Öl rundherum anbraten. 300 Milliliter Wasser und Rotwein dazugießen, aufkochen und Fix für Schweinebraten einrühren. Provence-Kräuter zufügen.

2. Zugedeckt bei schwacher Hitze etwa 1 Stunde schmoren. Fleisch nach der Hälfte der Garzeit wenden. Bei Bedarf etwas Wasser oder Rotwein nachgießen. Zum Schluss mit Pfeffer und etwas Zucker abschmecken. Den Braten herausnehmen, in Scheiben schneiden und auf der Sauce anrichten.

Servieren Sie dazu Rosmarinkartoffeln: Dafür kleine gekochte Pellkartoffeln in Olivenöl rundherum anbraten. Mit Rosmarinnadeln bestreuen.

Zubereitungszeit ca. 30 min

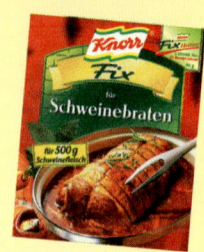

Kasseler-Sauerkraut mit Äpfeln

Pro Portion: 1250 kJ/299 kcal, 31 g E, 10 g F, 21 g KH

Zutaten für 4 Portionen:

2 Äpfel
400 g Möhren
285 g Sauerkraut aus der Dose
1 Beutel KNORR Fix für Schweinebraten
500 g Kasselerfleisch
evtl. gemahlener Kümmel

1. Äpfel waschen, vierteln, entkernen und in Spalten schneiden. Möhren schälen und klein schneiden. Sauerkraut abtropfen lassen.
2. Fix für Schweinebraten in 3/8 Liter (375 Milliliter) kochendes Wasser einrühren.
3. Das Fleisch in Würfel schneiden und zugeben. Apfelspalten, Möhren und Sauerkraut zum Fleisch geben und zugedeckt bei schwacher Hitze 15 bis 20 Minuten schmoren. Nach Belieben mit Kümmel abschmecken.

Gut dazu: 500 Gramm Schupfnudeln aus dem Kühlregal in 2 Esslöffel heißem Öl etwa 5 Minuten braten.

tipp

Besonders fein wird das Sauerkraut, wenn Sie beim Kochen 1 Schuss Weißwein dazugeben.

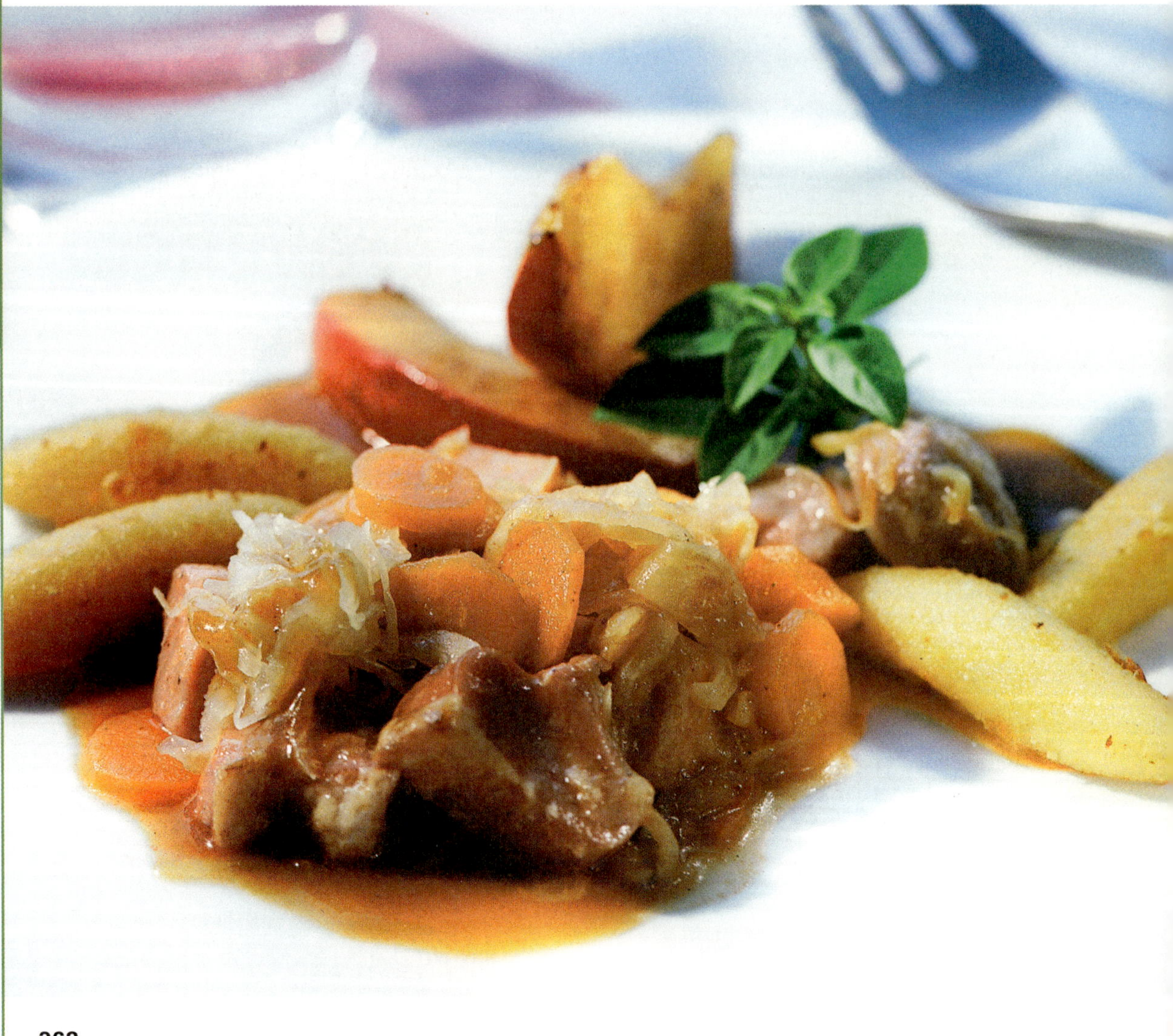

Zubereitungszeit ca. 1 h 10 min

Schweinebraten mit Malzbier

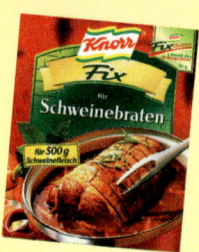

Pro Portion: 1730 kJ/414 kcal, 28 g E, 20 g F, 29 g KH

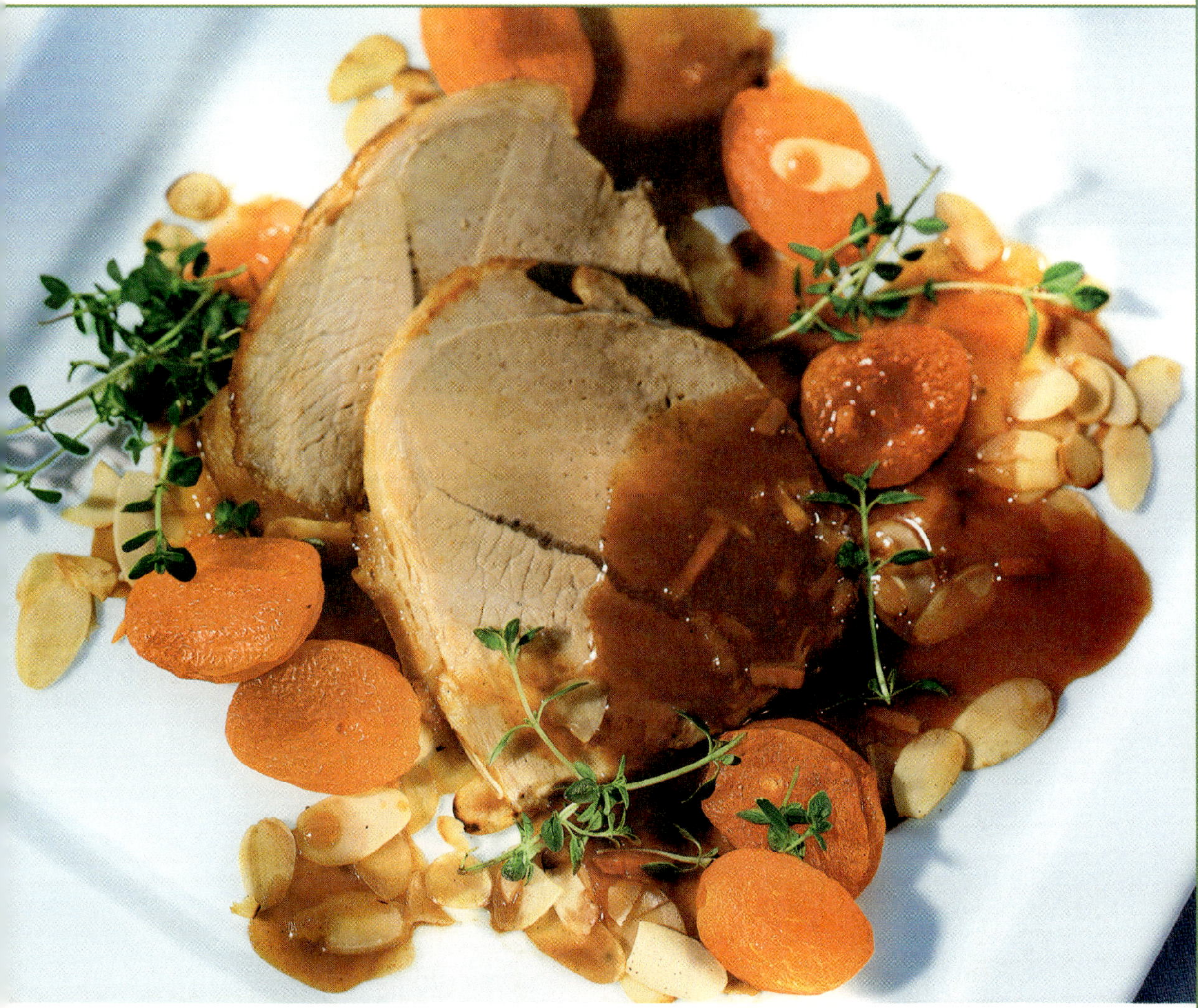

Zutaten für 4 Portionen:

500 g Schweinefleisch (z.B. aus der Keule)
2–3 EL Öl
200 ml Malzbier
1 Beutel KNORR Fix für Schweinebraten
100 g Trockenfrüchte (z.B. Aprikosen)
Salz, Pfeffer
3 EL Mandelblättchen
Kräuter zum Garnieren

1. Schweinefleisch in heißem Öl anbraten. 200 Milliliter Wasser und Malzbier dazugießen und aufkochen. Fix für Schweinebraten einrühren.
2. Zugedeckt bei schwacher Hitze etwa 1 Stunde schmoren – Fleisch ab und zu wenden; bei Bedarf etwas Wasser oder Malzbier nachgießen.
3. 15 Minuten vor Ende der Garzeit die Trockenfrüchte zufügen. Mit Salz und Pfeffer abschmecken. Mandelblättchen in einer Pfanne ohne Fett goldbraun rösten und in die Sauce geben. Mit Kräutern anrichten.

Dazu schmecken gekochte Klöße, z.B. von Pfanni.

tipp

Dazu passt ein Glas frischer Beaujolais villages aus dem Burgund oder roter Dao aus Portugal.

Zubereitungszeit ca. 1 h 10 min

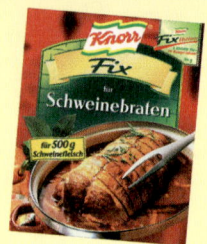

Schweinenackenbraten

Pro Portion: 1605 kJ/384 kcal, 27 g E, 22 g F, 16 g KH

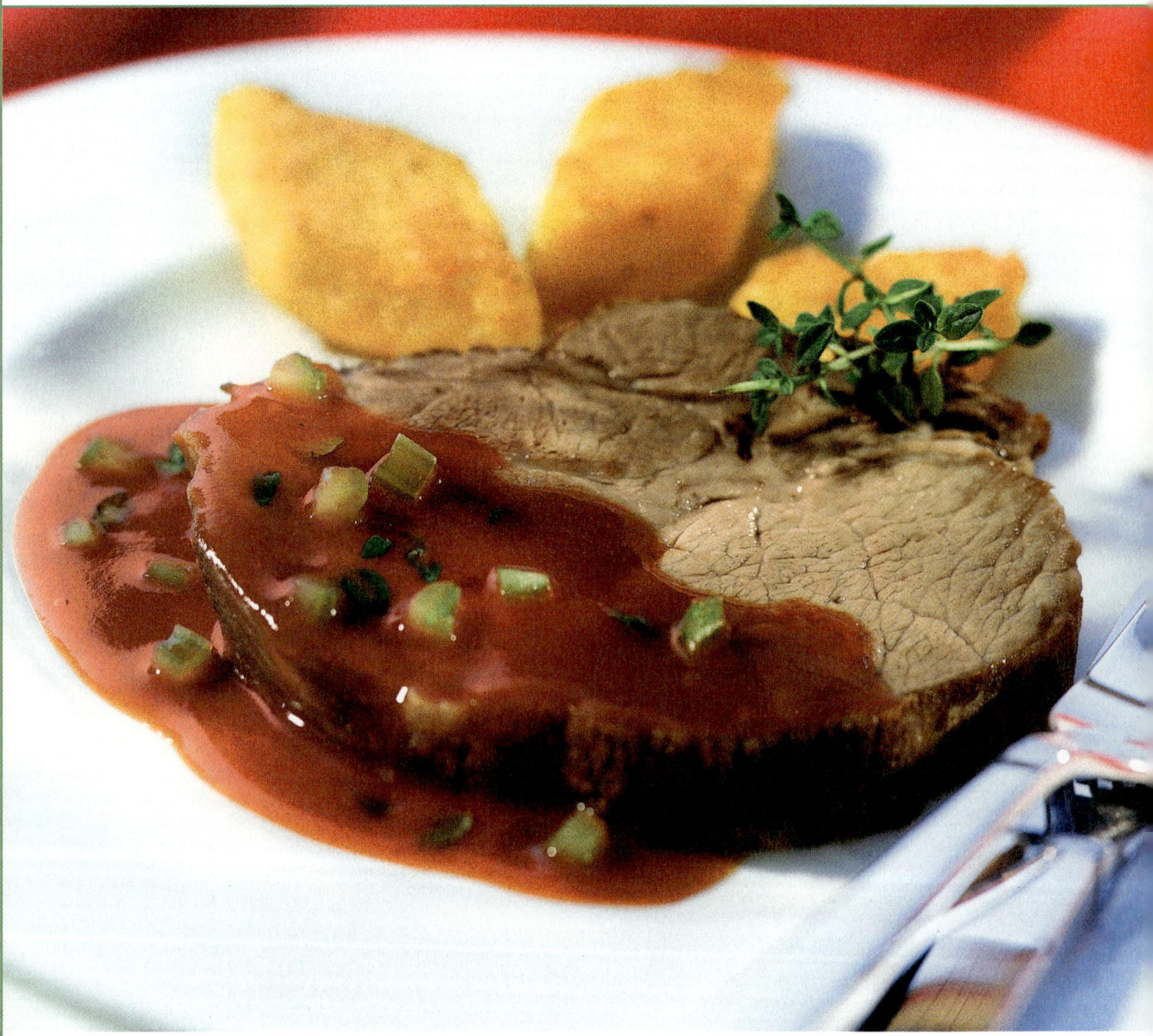

Zutaten für 4 Portionen:

200 g Staudensellerie
500 g Schweinenacken
2 EL Öl
1 Packung passierte Tomaten (ca. 500 g)
100 ml Weißwein
1 Beutel KNORR Fix für Schweinebraten
1 Knoblauchzehe
1/2 TL Thymian
1 Prise Zucker

tipp

Zum Servieren den Braten mit einem scharfen Messer quer zur Faser in Scheiben schneiden.

1. Staudensellerie waschen, putzen und in kleine Würfel schneiden. Schweinefleisch in heißem Öl anbraten, Selleriewürfel mitdünsten. Passierte Tomaten und Weißwein dazugießen und aufkochen.
2. Fix für Schweinebraten einrühren. Knoblauchzehe abziehen, fein hacken und mit Thymian und Zucker zugeben.
3. Zugedeckt bei schwacher Hitze etwa 1 Stunde schmoren – Fleisch ab und zu wenden; bei Bedarf etwas Wasser nachgießen.

Dazu: Polenta oder Nudeln.

Zubereitungszeit ca. 1 h 10 min

Schweinebraten »Orange«

Pro Portion: 1610 kJ/362 kcal, 27 g E, 18 g F, 21 g KH

1. Schweinefleisch in heißem Öl anbraten. 1/4 Liter (250 Milliliter) Wasser und Orangensaft dazugießen und aufkochen. Fix für Schweinebraten einrühren. Zugedeckt bei schwacher Hitze etwa 1 Stunde schmoren.

2. Orangen schälen, Fruchtfilets herausschneiden und kurz vor dem Servieren zusammen mit dem Cointreau in die Sauce geben und erhitzen. Nach Belieben mit Honig abschmecken.

Zutaten für 4 Portionen:

500 g Schweinefleisch (z.B. aus der Keule)
2–3 EL Öl
150 ml Orangensaft
1 Beutel KNORR Fix für Schweinebraten
2 Orangen
1 TL Cointreau (Orangenlikör)
evtl. 1 TL Honig

tipp

Den Schweinebraten mit eingelegten Kapernfrüchten servieren.

Zubereitungszeit ca. 1 h 10 min

Lombardisches Gulasch

Pro Portion: 1325 kJ/317 kcal, 27 g E, 18 g F, 11 g KH

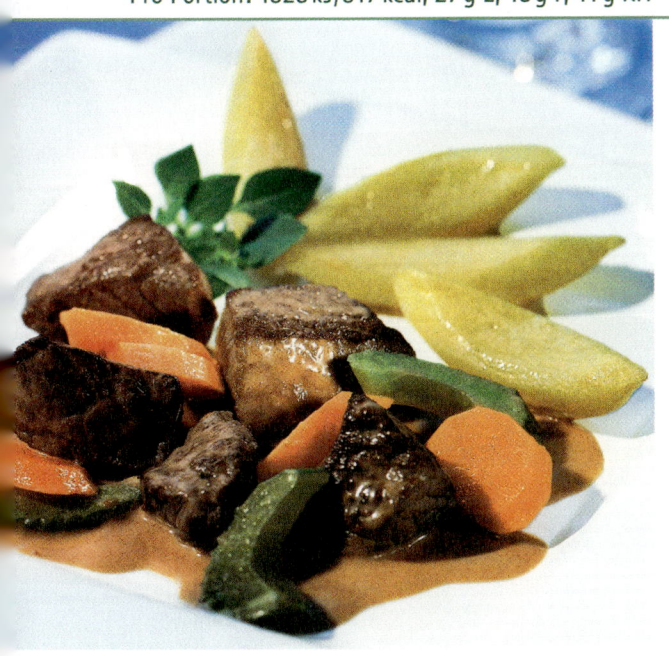

1. Kalbsgulasch in heißem Öl anbraten. 3/8 Liter (375 Milliliter) Wasser dazugießen und aufkochen. Fix für Schweinebraten einrühren.

2. Zugedeckt bei schwacher Hitze etwa 45 Minuten schmoren. Möhren schälen und in Scheiben schneiden, Staudensellerie waschen, putzen und in Stücke schneiden.

3. Gemüse zum Gulasch geben und etwa 15 Minuten weiterschmoren. Sahne unterrühren. Mit Salz und Pfeffer abschmecken.

Dazu: Röstkartoffeln oder Spätzle.

Zutaten für 4 Portionen:

500 g Kalbsgulasch
2–3 EL Öl
1 Beutel KNORR Fix für Schweinebraten
200 g Möhren
200 g Staudensellerie
100 ml Schlagsahne
Salz, Pfeffer

tipp

2 Lorbeerblätter und etwas unbehandelte Zitronenschale mitgaren.

Kasselerbraten

Pro Portion: 1065 kJ/254 kcal, 28 g E, 12 g F, 9 g KH

Zutaten für 4 Portionen:

500 g Kasselerfleisch
2–3 EL Öl
1 Beutel KNORR Fix für Schweinebraten
250 g Mixed Pickles aus dem Glas
1 TL Zucker

tipp

Dazu schmeckt Weißbier oder eine Schorle aus trockenem Weißwein und Mineralwasser.

1. Das Fleisch in heißem Öl anbraten. 3/8 Liter (375 Milliliter) Wasser dazugießen und aufkochen. Fix für Schweinebraten einrühren.

2. Zugedeckt bei schwacher Hitze etwa 1 Stunde schmoren; Fleisch ab und zu wenden.

3. Mixed Pickles abtropfen lassen und 5 Minuten vor Ende der Garzeit zugeben. Mit Zucker und nach Belieben mit etwas Mixed-Pickles-Flüssigkeit abschmecken.

Zubereitungszeit ca. 55 min

Kaninchen »Dijoner Art«

Pro Portion: 1115 kJ/267 kcal, 24 g E, 7 g F, 22 g KH

Zutaten für 4 Portionen:

2 Kaninchenkeulen à 250 g
2–3 TL Dijon-Senf
2 EL Öl
1/8 l (125 ml) Weißwein
1 Beutel KNORR Fix für Schweinebraten
100 g Backpflaumen
Zucker

tipp

2 in dünne Scheiben geschnittene Zwiebeln mitgaren.

1. Kaninchenkeulen mit 2 Teelöffel Dijon-Senf bestreichen. In einer Pfanne in heißem Öl anbraten. 1/4 Liter (250 Milliliter) Wasser und Weißwein dazugießen und aufkochen.

2. Fix für Schweinebraten einrühren. Zugedeckt bei schwacher Hitze 25 bis 30 Minuten schmoren, dabei mehrmals wenden.

3. 10 Minuten vor Ende der Garzeit Backpflaumen in die Sauce geben. Mit restlichem Dijon-Senf und etwas Zucker abschmecken.

Zubereitungszeit ca. 1 h 10 min

Schweinekasserolle

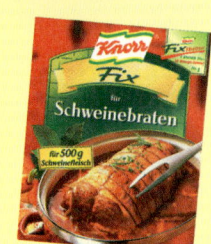

Pro Portion: 1715 kJ/410 kcal, 29 g E, 18 g F, 33 g KH

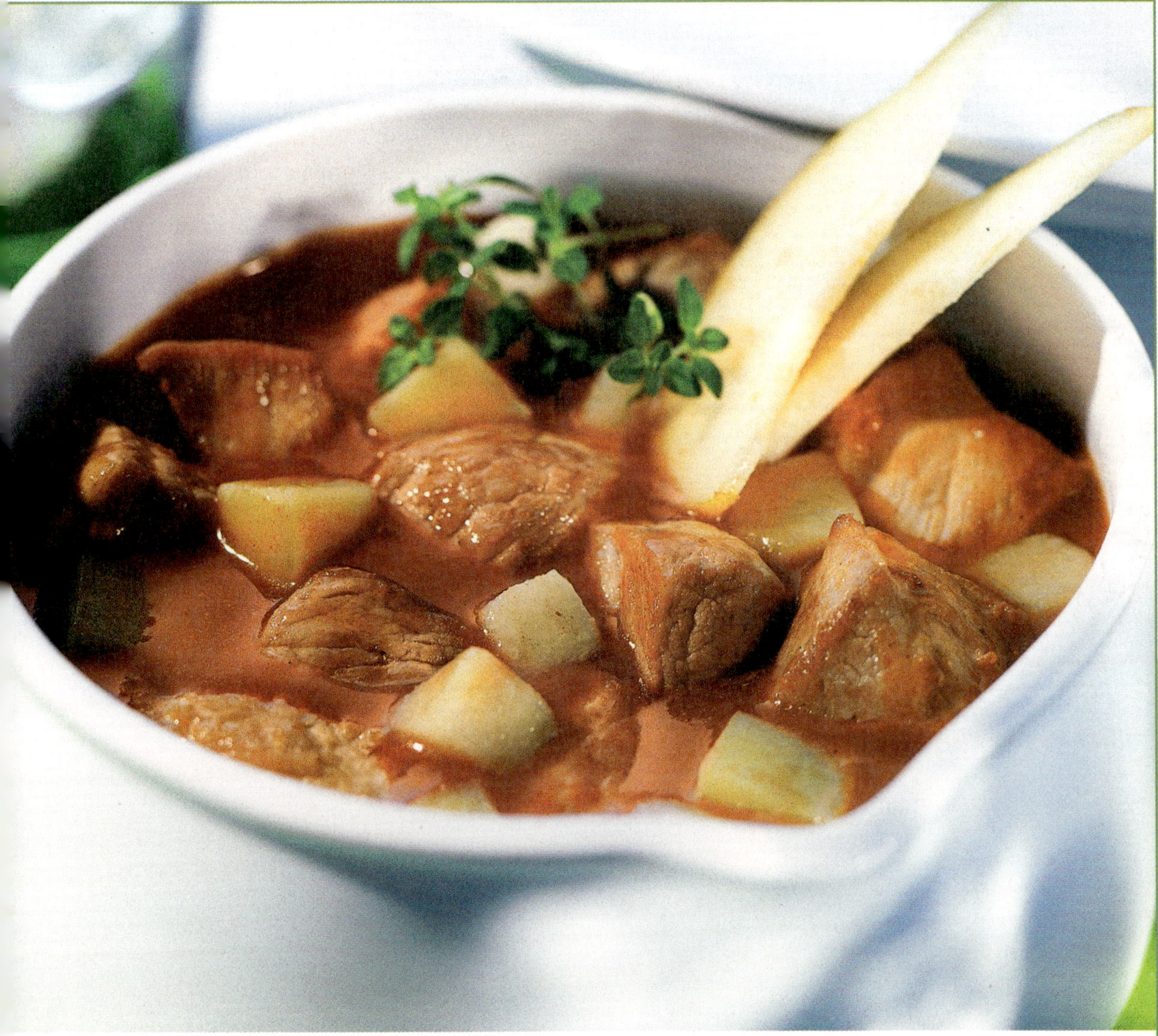

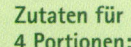

Zutaten für 4 Portionen:

500 g Schweinegulasch

2–3 EL Öl

1 Beutel KNORR Fix für Schweinebraten

500 g Kartoffeln

1 Birne (ca. 300 g)

Salz, Pfeffer

1. Schweinegulasch in heißem Öl anbraten. 3/8 Liter (375 Milliliter) Wasser dazugießen und aufkochen. Fix für Schweinebraten einrühren. Zugedeckt bei schwacher Hitze 40 Minuten schmoren.
2. Kartoffeln schälen und würfeln. Birne schälen, vierteln, entkernen und ebenfalls würfeln. Beides zum Fleisch geben und weitere 15 bis 20 Minuten schmoren; bei Bedarf etwas Wasser nachgießen. Mit Salz und Pfeffer würzen.

tipp

Zusätzlich mit 1 Prise gemahlenem Piment würzen.

Fix für Spaghetti alla Carbonara

Mit vier
Sorten Käse

Pasta in Basilikum-Sahne

Pro Portion: 2835 kJ/677 kcal, 22 g E, 23 g F, 94 g KH

1. Spaghetti in reichlich kochendem Salzwasser bissfest garen und in einem Sieb abgießen. Pinienkerne in einem Topf ohne Fett goldbraun rösten.

2. 1/4 Liter (250 Milliliter) kaltes Wasser zu den Pinienkernen gießen. Knoblauchzehe abziehen, zerdrücken und dazugeben. Fix für Spaghetti alla Carbonara einrühren, aufkochen und bei schwacher Hitze 1 Minute kochen lassen.

3. Sahne unterrühren und mit Salz, Pfeffer und Zitronensaft abschmecken. Basilikumblätter in Streifen schneiden und mit den Spaghetti unter die Sauce mischen.

Zutaten für
2 Portionen:

250 g Spaghetti
Salz
2–3 EL Pinienkerne
1 Knoblauchzehe
1 Beutel KNORR
Fix für Spaghetti
alla Carbonara
50 ml Schlagsahne
Pfeffer
1 TL Zitronensaft
10 Basilikumblätter

tipp

Frisch geriebenen Parmesan oder Grana Padano dazu servieren.

Zubereitungszeit ca. 20 min

Pasta mit Räucherfisch

Pro Portion: 2525 kJ/604 kcal, 27 g E, 12 g F, 95 g KH

1. Spaghetti in reichlich kochendem Salzwasser bissfest garen und in einem Sieb abgießen.

2. Fix für Spaghetti alla Carbonara in 1/4 Liter (250 Milliliter) Wasser einrühren, unter Rühren aufkochen, gefrorene Erbsen dazugeben und bei schwacher Hitze 1 Minute kochen.

3. Forellenfilet in Stücke schneiden, zur Sauce geben und erwärmen. Sauce zu den Spaghetti servieren. Mit Zitronenspalten und nach Belieben mit Dill garnieren.

Zutaten für
2 Portionen:

250 g Spaghetti
Salz
1 Beutel KNORR
Fix für Spaghetti
alla Carbonara
3 EL TK-Erbsen
1 geräuchertes
Forellenfilet
(ca. 100–150 g)
1/2 unbehandelte
Zitrone
evtl. Dill

Zubereitungszeit ca. 20 min

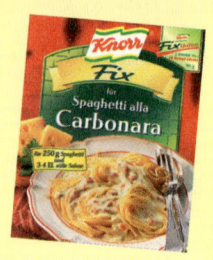

Kalbsschnitzel alla saltimbocca

Pro Portion: 1630 kJ/390 kcal, 44 g E, 20 g F, 8 g KH

Zutaten für 3 Portionen:

2 Kalbsschnitzel à 150 g
Salz, Pfeffer
4 Scheiben Parmaschinken
einige Salbeiblätter
1–2 EL Öl
1 Beutel KNORR Fix für Spaghetti alla Carbonara
50 ml Schlagsahne
1 TL Zitronensaft

1. Jedes Schnitzel in 3 Stücke teilen, leicht flach klopfen, mit Salz und Pfeffer würzen. 3 Scheiben Schinken halbieren, die vierte Scheibe in Streifen schneiden.
2. Auf jedes Schnitzelchen eine halbe Schinkenscheibe und 1 bis 2 Salbeiblätter geben, mit Holzstäbchen feststecken. Die Schnitzel in heißem Öl von jeder Seite 2 bis 3 Minuten braten.
3. 1/4 Liter (250 Milliliter) kaltes Wasser in einen Topf gießen. Fix für Spaghetti alla Carbonara einrühren, aufkochen und bei schwacher Hitze 1 Minute kochen. Schinkenstreifen dazugeben. Sahne und Zitronensaft unterrühren. Sauce zu den Schnitzelchen servieren.

Dazu passen Bandnudeln.

tipp

Trockenen leichten Weißwein aus der Gegend um Rom, z.B. Frascati oder Colli Albani, zu den Kalbsschnitzeln reichen.

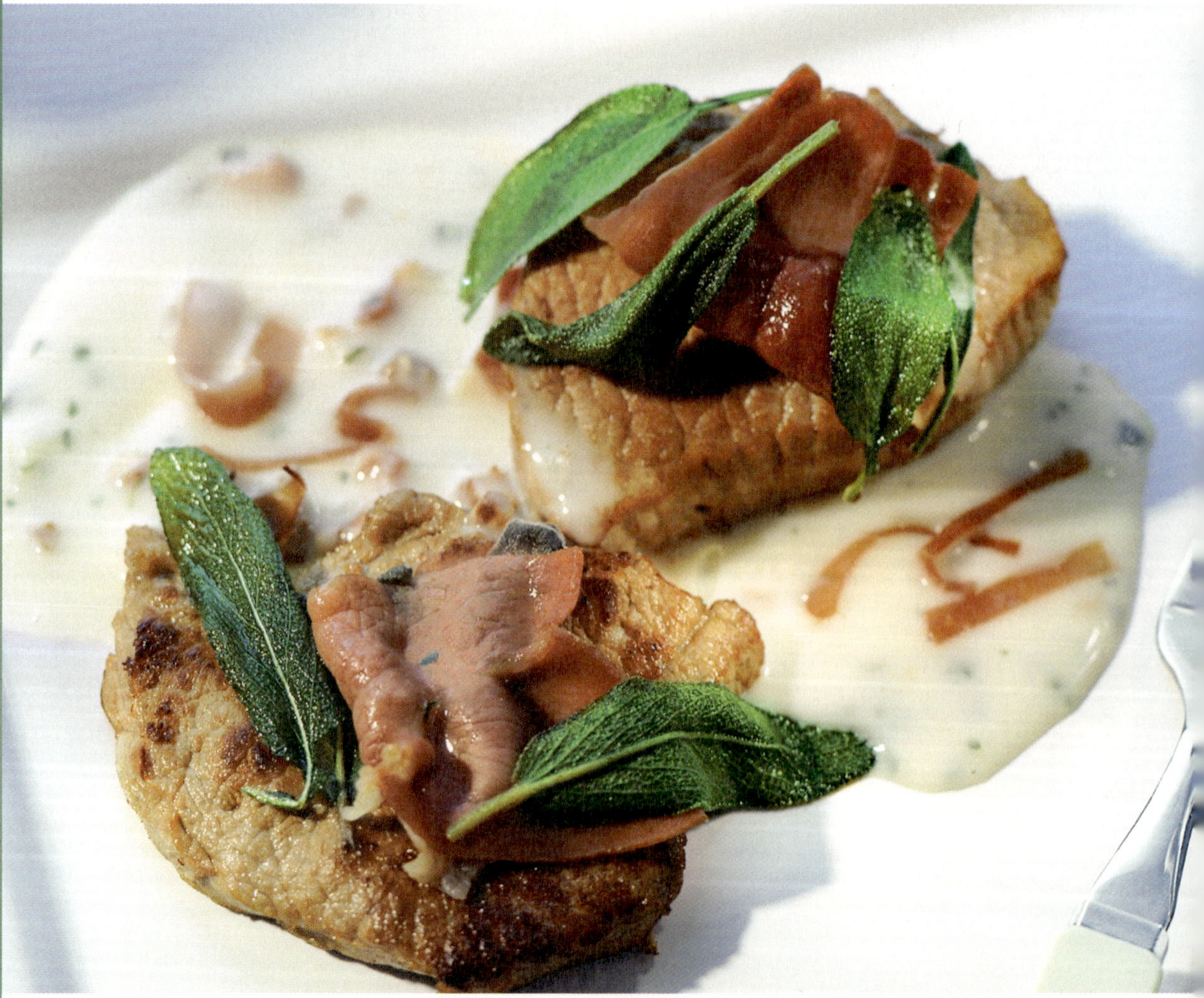

Zubereitungszeit ca. 20 min

Nudeln mit mediterraner Sauce

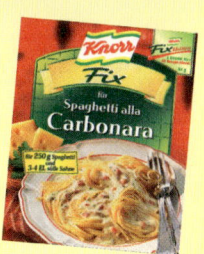

Pro Portion (bei 2 Port.): 865 kJ/206 kcal, 6 g E, 16 g F, 10 g KH

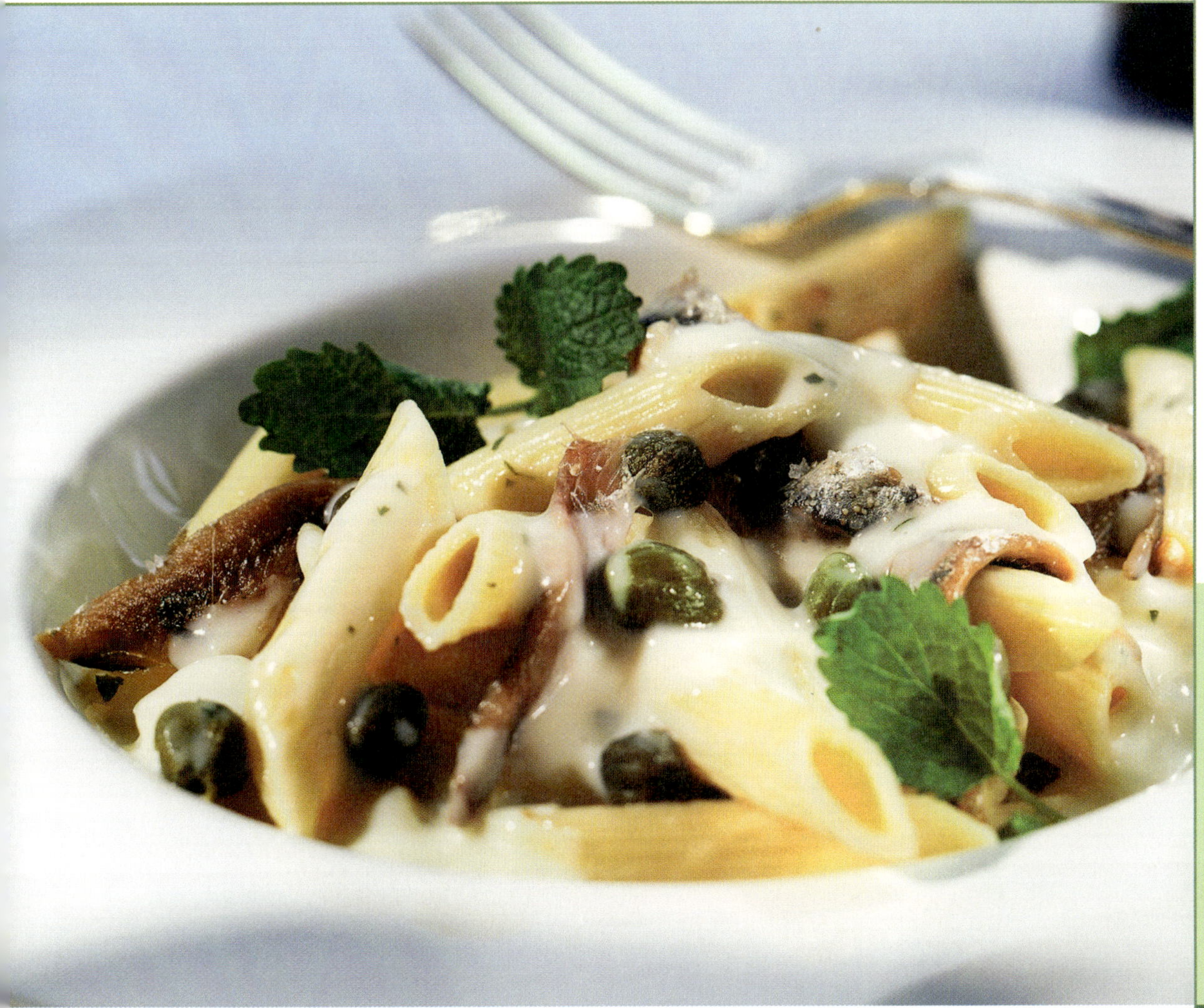

Zutaten für 2–3 Portionen:

250 g Nudeln (z.B. Penne)

Salz

2–3 Sardellenfilets

1 Beutel KNORR Fix für Spaghetti alla Carbonara

1 EL Kapern

50 ml Schlagsahne

1. Die Nudeln in reichlich kochendem Salzwasser bissfest garen und in einem Sieb abgießen.
2. Sardellenfilets in kleine Stücke schneiden. 1/4 Liter (250 Milliliter) kaltes Wasser in einen Topf gießen. Fix für Spaghetti alla Carbonara einrühren, unter Rühren aufkochen und bei schwacher Hitze 1 Minute kochen.
3. Kapern, 1 Esslöffel Kapernflüssigkeit und Sardellen dazugeben. Sahne unterrühren. Nudeln mit der Sauce vermischen.

tipp

Mit abgezupften Blättchen von frischer Zitronenmelisse anrichten.

Zubereitungszeit ca. 20 min

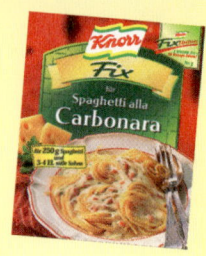

Lauchcremesuppe

Pro Portion (bei 2 Port.): 1540 kJ/370 kcal, 6 g E, 33 g F, 12 g KH

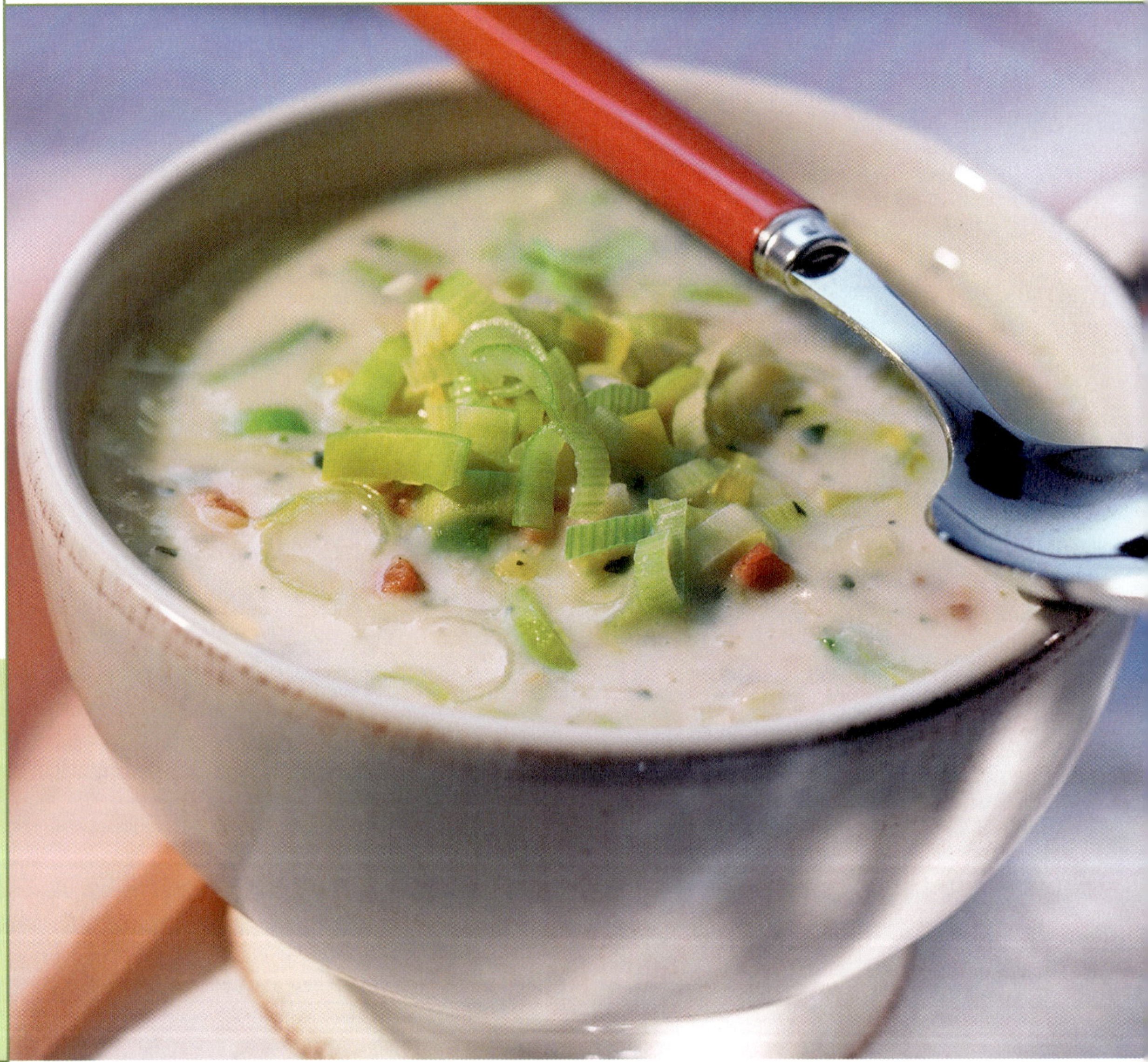

Zutaten für 2–3 Portionen:

2 kleine Stangen Lauch (ca. 300 g)

2 EL Öl

100 ml Schlagsahne

1 Beutel KNORR Fix für Spaghetti alla Carbonara

1–2 TL MONDAMIN Fix-Soßenbinder, hell

tipp

Falls keine Kinder mitessen, einen Schuss Pernod oder anderen Anisschnaps zur Suppe geben.

1. Lauch putzen, waschen, in feine Streifen schneiden und in einem Topf in heißem Öl dünsten.
2. 1/2 Liter (500 Milliliter) Wasser und Sahne dazugießen, Fix für Spaghetti alla Carbonara einrühren, aufkochen und bei schwacher Hitze 1 Minute kochen lassen. Fix-Soßenbinder einrühren und noch einmal aufkochen.

Dazu passt Baguette oder Bauernbrot.

Pasta »Hawaii«

Pro Portion (bei 2 Port.): 3110 kJ/743 kcal, 30 g E, 21 g F, 107 g KH

1. Nudeln in reichlich kochendem Salzwasser biss-fest garen und in einem Sieb abgießen.

2. Ananasscheiben abtropfen lassen, den Saft dabei auffangen. Ananas in kleine Stücke schneiden. Schinken in Würfel schneiden.

3. Fix für Spaghetti alla Carbonara in 300 Milli-liter kaltes Wasser und Sahne einrühren, auf-kochen und bei schwacher Hitze 1 Minute kochen. Ananasstücke, Schinkenwürfel und Curry dazugeben und 1 Minute weiterkochen. Sauce mit 2 bis 3 Esslöffel Ananassaft ab-schmecken, Nudeln untermischen.

Zutaten für 2–3 Portionen:

250 g Nudeln (z.B. Farfalle)

Salz

140 g Ananasscheiben aus der Dose

2 Scheiben gekochter Schinken

1 Beutel KNORR Fix für Spaghetti alla Carbonara

50 ml Schlagsahne

1 Prise Currypulver

Zubereitungszeit ca. 60 min

Sauerkraut-Auflauf

Pro Portion: 1310 kJ/313 kcal, 12 g E, 17 g F, 26 g KH

1. Kartoffeln mit der Schale in 15 bis 20 Minuten in Salzwasser kochen und abgießen. Kartoffeln pellen und in Scheiben schneiden.

2. Sauerkraut abtropfen lassen, mit Pfeffer, Zucker und etwas Salz würzen. Kraut und Kartoffel-scheiben in eine gefettete Auflaufform geben und mischen.

3. Fix für Spaghetti alla Carbonara in 1/4 Liter (250 Milliliter) kaltes Wasser und Sahne ein-rühren, aufkochen und bei schwacher Hitze 1 Minute kochen. Sauce über Sauerkraut und Kartoffeln verteilen und mit Käse bestreuen.

4. Im vorgeheizten Backofen bei 225 °C (Gas Stufe 4, Umluft 200 °C) 20 bis 25 Minuten backen.

Zutaten für 3 Portionen:

500 g Kartoffeln

Salz

400 g Sauerkraut aus der Dose

Pfeffer, Zucker

1 Beutel KNORR Fix für Spaghetti alla Carbonara

50 ml Schlagsahne

50 g geriebener Käse

tipp

Den Auflauf zu Kasseler, Fleischkäse oder Bratwurst servieren.

Zubereitungszeit ca. 25 min

Pasta mit Zwiebelsauce

Pro Portion (bei 2 Port.): 3525 kJ/844 kcal, 34 g E, 36 g F, 95 g KH

Zutaten für 2–3 Portionen:

250 g Spaghetti

Salz

1/2 Bund Frühlingszwiebeln

150 g Hackfleisch

1 EL Tomatenmark

1–2 EL Öl

Pfeffer

1 TL Oregano

1 Beutel KNORR Fix für Spaghetti alla Carbonara

50 ml Schlagsahne

1. Spaghetti in reichlich kochendem Salzwasser bissfest garen und in einem Sieb abgießen. Frühlingszwiebeln putzen, waschen und in Ringe schneiden.

2. Hackfleisch und Tomatenmark in einem Topf in heißem Öl anbraten. Mit Salz, Pfeffer und Oregano würzen. 300 Milliliter kaltes Wasser dazugießen, Fix für Spaghetti alla Carbonara einrühren und aufkochen. Zwiebelringe zugeben und bei schwacher Hitze 2 bis 3 Minuten kochen. Sahne unterrühren. Spaghetti mit der Sauce vermischen.

Zubereitungszeit ca. 20 min

Hähnchen-Rucola-Pasta

Pro Portion (bei 2 Port.): 3490 kJ/835 kcal, 52 g E, 24 g F, 99 g KH

Zutaten für 2–3 Portionen:

250 g Spaghetti

Salz

60 g Rucola

250 g Hähnchen-brustfilet

1–2 EL Öl

1 Beutel KNORR Fix für Spaghetti alla Carbonara

100 g TK-Erbsen

50 ml Schlagsahne

tipp

1 gehackte Knoblauchzehe mitbraten.

1. Spaghetti in reichlich kochendem Salzwasser bissfest garen und in einem Sieb abgießen. Rucola waschen, putzen und einige Blätter zum Garnieren beiseite legen.

2. Hähnchenbrustfilet in Würfel schneiden und in heißem Öl etwa 5 Minuten braten. 1/4 Liter (250 Milliliter) Wasser dazugießen und Fix für Spaghetti alla Carbonara einrühren. Unter Rühren aufkochen, Erbsen zufügen und bei schwacher Hitze 2 Minuten kochen lassen.

3. Sahne und Rucola unterrühren, die Spaghetti mit der Sauce vermischen. Mit restlichem Rucola garnieren.

Zubereitungszeit ca. 50 min

Kartoffel-Apfel-Gratin

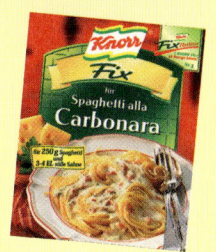

Pro Portion (bei 2 Port.): 1920 kJ/459 kcal, 15 g E, 25 g F, 41 g KH

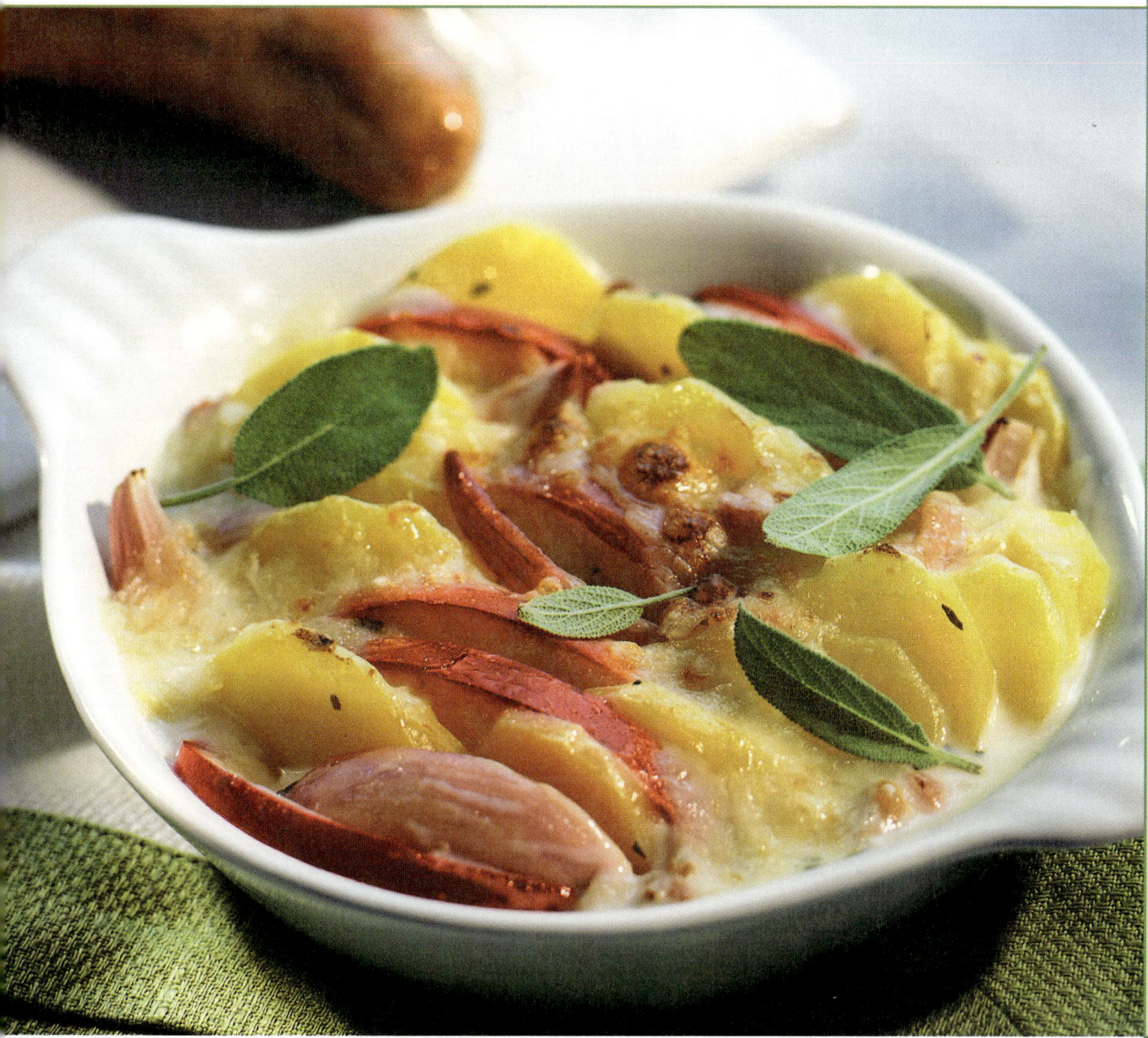

Zutaten für 2–3 Portionen:

400 g Kartoffeln
150 g Zwiebeln oder Schalotten
1 roter Apfel
50 ml Schlagsahne
1 Beutel KNORR Fix für Spaghetti alla Carbonara
50 g geriebener Käse
evtl. Salbei

1. Kartoffeln schälen und in dünne Scheiben schneiden. Zwiebeln abziehen und in Spalten schneiden. Apfel waschen, vierteln, entkernen und ebenfalls in dünne Spalten schneiden.
2. 350 Milliliter kaltes Wasser und Sahne in einen weiten Topf geben, Fix für Spaghetti alla Carbonara einrühren und aufkochen. Kartoffelscheiben, Zwiebel- und Apfelspalten zur Sauce geben und bei schwacher Hitze 3 Minuten kochen. Alles in eine gefettete Auflaufform füllen und mit Käse bestreuen.
3. Im vorgeheizten Backofen bei 200 °C (Gas Stufe 3, Umluft 175 °C) etwa 30 Minuten gratinieren. Nach Belieben mit Salbeiblättern bestreut servieren.

Dazu schmecken Bratwurst, Kasseler oder Fleischkäse.

tipp

Als vegetarisches Gericht mit in Sesam gewälztem, in Öl gebratenem Tofu servieren.

Fix für Spaghetti Bolognese

Neuer Auftritt für
den Pasta-Klassiker

Pasta Bolognese

Pro Portion (bei 2 Port.): 2535 kJ/605 kcal, 32 g E, 24 g F, 63 g KH

1. Zwiebel abziehen und würfeln. Hackfleisch zusammen mit den Zwiebelwürfeln in heißem Öl anbraten. 1/2 Liter (500 Milliliter) Wasser zugießen, aufkochen und Fix für Spaghetti Bolognese einrühren.

2. Ungekochte Nudeln in die Hackfleischsauce geben. Zugedeckt bei schwacher Hitze 12 bis 15 Minuten garen, bis die Nudeln gar sind. Mit Parmesan bestreut servieren.

Zutaten für 2–3 Portionen:

1 Zwiebel
200 g Hackfleisch
2 EL Öl
1 Beutel KNORR Fix für Spaghetti Bolognese
150 g kurze Röhrennudeln (z.B. Rigatoni oder Hörnchen)
50 g geriebener Parmesan

tipp

Gelingt am besten in einem beschichteten Topf oder einer tiefen beschichteten Pfanne.

Zubereitungszeit ca. 25 min

Bruschetta

Pro Stück: 350 kJ/84 kcal, 5 g E, 4 g F, 7 g KH

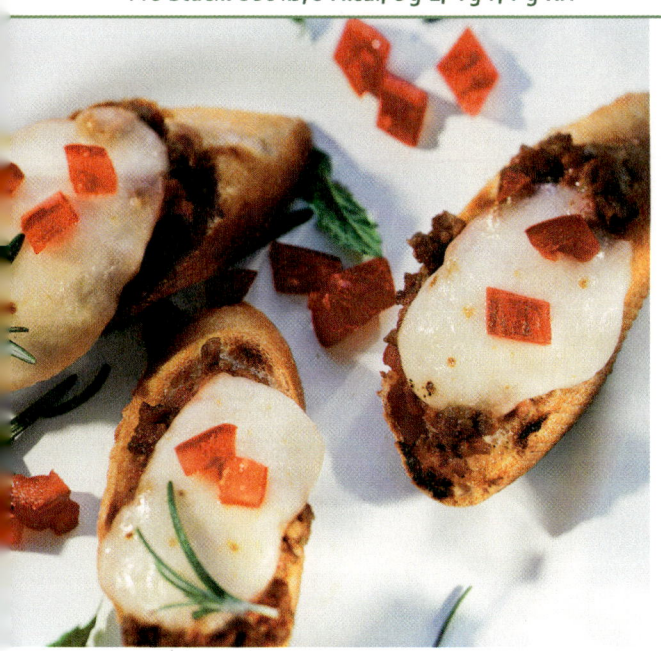

1. Brot in dünne Scheiben schneiden. Im vorgeheizten Backofen bei 225 °C (Gas Stufe 4, Umluft 200 °C) auf oberster Schiene oder unter dem vorgeheizten Grill einige Minuten bräunen.

2. Hackfleisch in heißem Öl krümelig braun anbraten. Knoblauch abziehen, zerdrücken und kurz mitbraten. 200 Milliliter Wasser zugießen, aufkochen und Fix für Spaghetti Bolognese einrühren. Zugedeckt 5 Minuten kochen.

3. Die Hackfleischmischung auf die Brote verteilen, mit Mozzarellascheiben belegen und etwa 5 Minuten im Backofen überbacken.

Zutaten für ca. 15 Stück:

1/2 Baguette (ca. 150 g)
200 g Hackfleisch
2 EL Öl
1 Knoblauchzehe
1 Beutel KNORR Fix für Spaghetti Bolognese
100 g Mozzarella

tipp

Bruschetta mit Tomatenwürfeln und Rosmarinnadeln hübsch garnieren.

Zubereitungszeit ca. 20 min

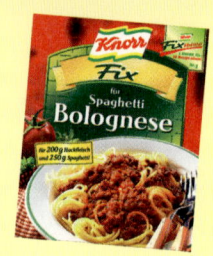

Spaghetti Bolognese mit frischem Gemüse

Pro Portion (bei 2 Port.): 3685 kJ/882 kcal, 39 g E, 36 g F, 99 g KH

Zutaten für 2–3 Portionen:

200 g Hackfleisch
2 EL Öl
1 Beutel KNORR Fix für Spaghetti Bolognese
250 g Spaghetti
Salz
200 g Gemüse (z.B. Paprika, Zucchini)
1 EL geriebener Parmesan

1. Hackfleisch in heißem Öl krümelig braun anbraten. 1/4 Liter (250 Milliliter) Wasser dazugießen, aufkochen und Fix für Spaghetti Bolognese einrühren.
2. Spaghetti in Salzwasser bissfest garen und in einem Sieb abgießen. Gemüse putzen, waschen und in kleine Würfel schneiden. Gemüsewürfel in die Fleischsauce geben und im offenen Topf bei schwacher Hitze 5 bis 8 Minuten garen. Nudeln mit der Sauce und geriebenem Parmesan bestreut servieren.

tipp

1 Esslöffel Mascarpone in die Sauce geben und schmelzen lassen.

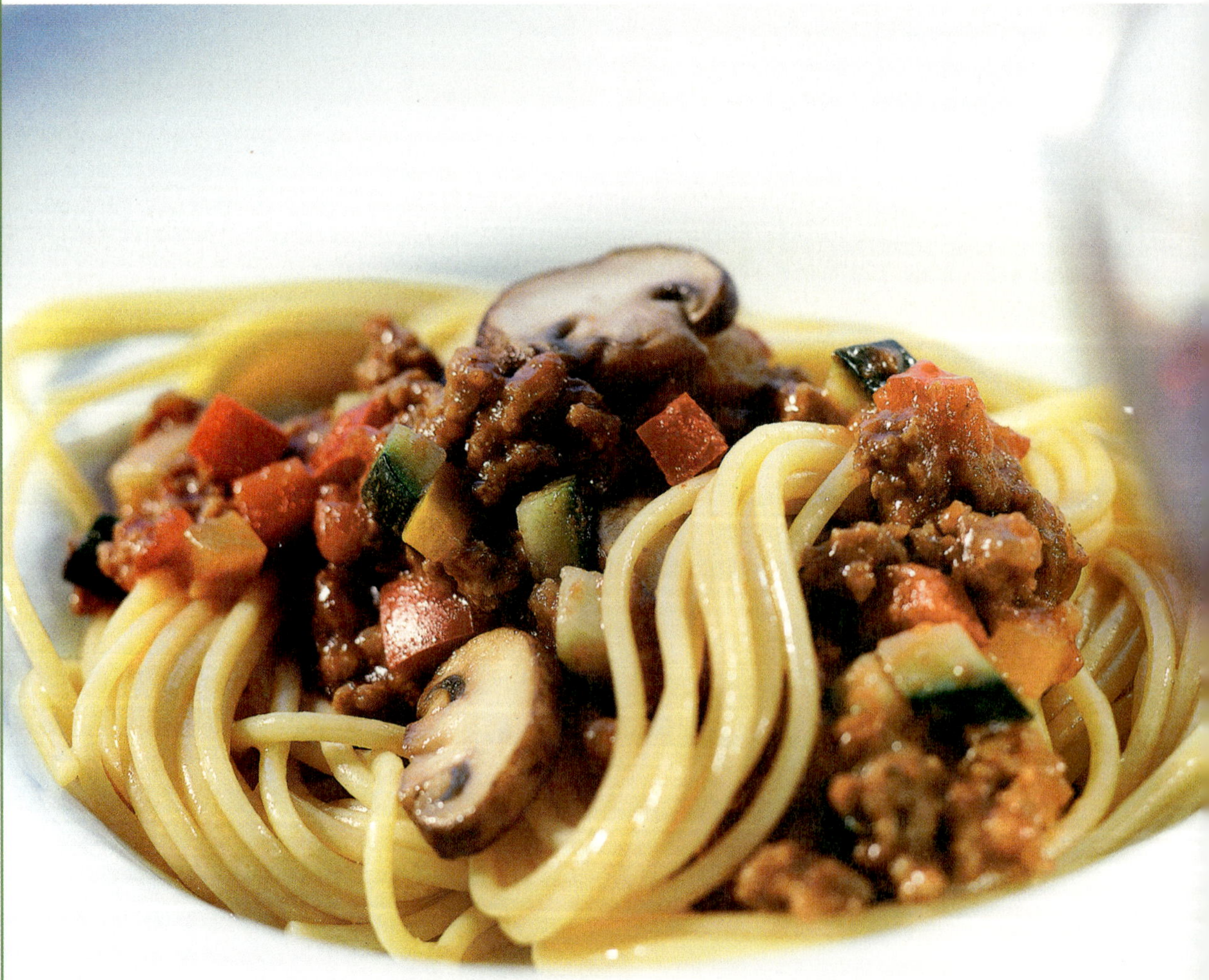

Zubereitungszeit ca. 25 min

Fenchelgemüse Bolognese

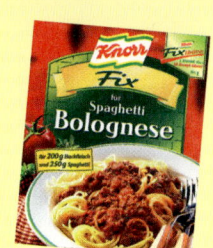

Pro Portion (bei 2 Port.): 1525 kJ/364 kcal, 26 g E, 21 g F, 17 g KH

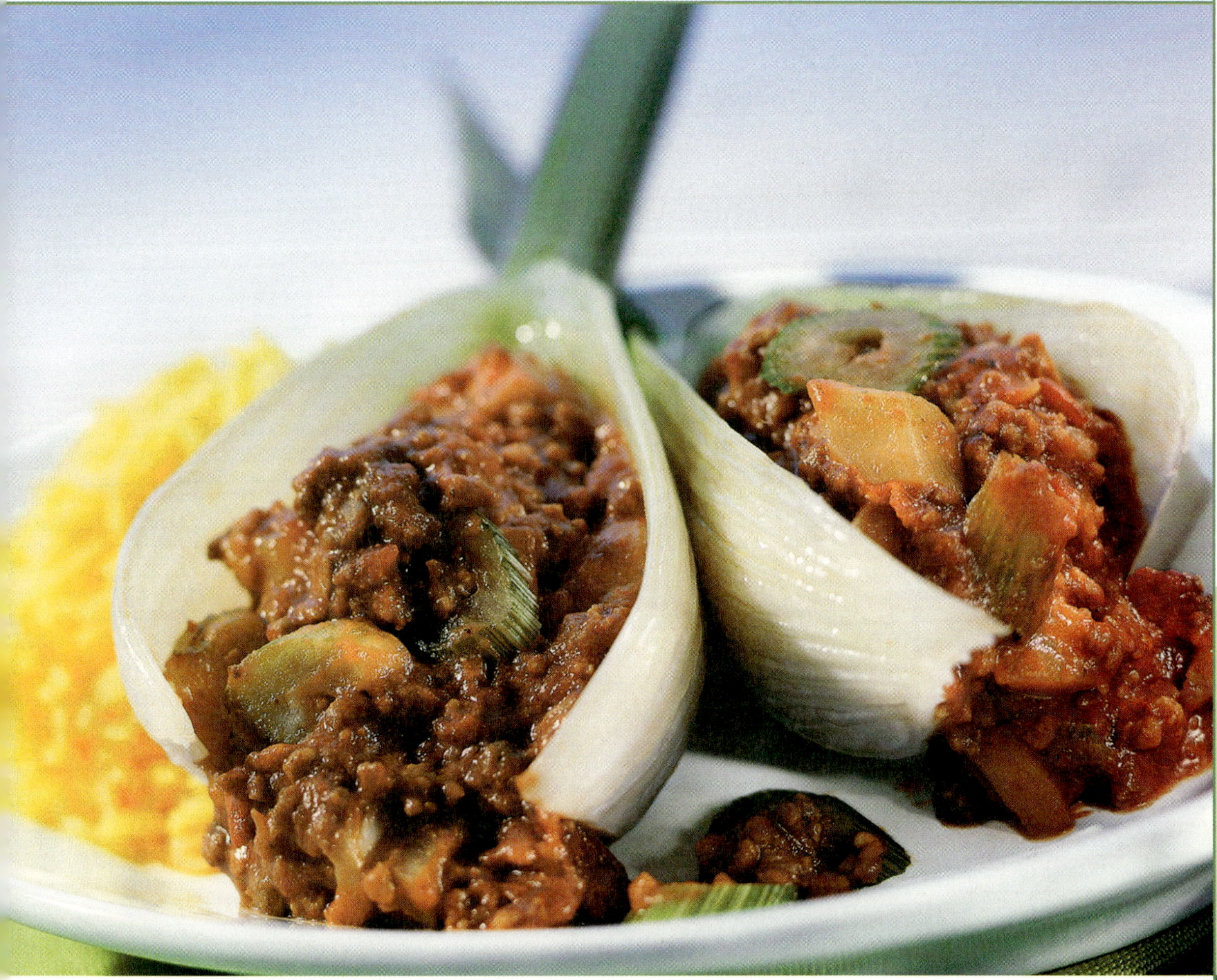

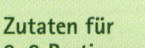

Zutaten für 2–3 Portionen:

1 große Fenchelknolle (ca. 400 g)

1 EL Tomatenmark

2 EL Öl

200 g Hackfleisch

1 Beutel KNORR Fix für Spaghetti Bolognese

1. Fenchelknolle putzen und waschen. 2 bis 3 äußere Blätter ablösen und beiseite legen. Restlichen Fenchel klein schneiden und zusammen mit dem Tomatenmark in heißem Öl etwa 5 Minuten andünsten. Die Fenchelblätter in kochendem Wasser 3 Minuten garen.
2. Hackfleisch zum Gemüse geben und krümelig anbraten. 1/4 Liter (250 Milliliter) Wasser zugießen, aufkochen und Fix für Spaghetti Bolognese einrühren. Zugedeckt bei schwacher Hitze 5 Minuten garen. Die Bolognese in den Fenchelblättern anrichten.

tipp

Dazu schmeckt ein Glas Weißburgunder aus Südtirol oder ein deutscher Silvaner.

Nudelauflauf

Pro Portion (bei 2 Port.): 3740 kJ/892 kcal, 34 g E, 33 g F, 114 g KH

Zutaten für 2–3 Portionen:

250 g Nudeln (z.B. Hörnchen oder Penne)

Salz

200 g Hackfleisch

2 EL Öl

1 Beutel KNORR Fix für Spaghetti Bolognese

1 Packung KNORR Tomato al Gusto Kräuter

3/8 l (375 ml) Milch

60 g Sahne-schmelzkäse

3 EL MONDAMIN Fix-Soßenbinder, hell

Pfeffer

50 g geriebener Käse

tipp

Jede Portion Nudel-auflauf mit 1 Klecks Crème fraîche an-richten.

1. Nudeln in kochendem Salzwasser bissfest garen und abgießen. Hackfleisch in einem Topf in heißem Öl krümelig braun anbraten. 200 Milliliter Wasser dazugießen, aufkochen und Fix für Spaghetti Bolognese einrühren.

2. Tomato al Gusto zufügen und die Sauce im offenen Topf etwas einkochen lassen.

3. Milch mit Schmelzkäse aufkochen, Fix-Soßenbinder einrühren und 1 Minute kochen lassen. Mit Salz und Pfeffer würzen.

4. In eine gefettete Auflaufform abwechselnd Nudeln und Sauce Bolognese geben, helle Sauce zum Schluss darüber verteilen und mit Käse bestreuen. Im vorgeheizten Backofen bei 225 °C (Gas Stufe 4, Umluft 200 °C) etwa 25 Minuten backen.

286

Zubereitungszeit ca. 60 min

Auberginen-Moussaka

Pro Portion (bei 2 Port.): 2385 kJ/570 kcal, 34 g E, 35 g F, 30 g KH

1. Kartoffeln schälen und in dünne Scheiben schneiden. Aubergine waschen und würfeln. Hackfleisch in heißem Öl anbraten. Auberginenwürfel zugeben und kurz mitbraten.

2. 400 Milliliter Wasser zugießen, aufkochen und Fix für Spaghetti Bolognese einrühren. Kartoffelscheiben zugeben und zugedeckt bei schwacher Hitze 3 Minuten garen. Mit Paprika, Zimt, Salz und Zucker abschmecken.

3. Alles in eine gefettete Auflaufform geben, mit geriebenem Käse bestreuen und im vorgeheizten Backofen bei 200 °C (Gas Stufe 3, Umluft 175 °C) etwa 35 Minuten backen.

Zutaten für 2–3 Portionen:

300 g Kartoffeln
125 g Aubergine
250 g Hackfleisch
2 EL Öl
1 Beutel KNORR Fix für Spaghetti Bolognese
Edelsüß-Paprika, Zimt, Salz, 1 Prise Zucker
50 g geriebener Käse

tipp

Statt der Aubergine können Sie auch Zucchini oder frische Paprika verwenden.

Zubereitungszeit ca. 25 min

Chili-Bolognese

Pro Portion (bei 3 Port.): 2675 kJ/639 kcal, 26 g E, 29 g F, 68 g KH

1. Zwiebel abziehen und würfeln. Paprikaschote waschen, halbieren, entkernen und würfeln. Tomaten waschen, putzen und ebenfalls in Würfel schneiden. Chilischote entkernen und klein schneiden. Oliven in Ringe schneiden. Bandnudeln in Salzwasser bissfest kochen und in einem Sieb abgießen.

2. Hackfleisch zusammen mit vorbereitetem Gemüse, Chili und Oliven unter Rühren in heißem Öl anbraten. 1/4 Liter (250 Milliliter) Wasser dazugießen und aufkochen. Fix für Spaghetti Bolognese einrühren. Knoblauchzehe abziehen, zerdrücken und dazugeben.

3. Zugedeckt bei schwacher Hitze 5 Minuten garen. Mit Cayennepfeffer abschmecken.

Zutaten für 2–3 Portionen:

1 kleine Zwiebel
1 kleine rote Paprikaschote
2 Tomaten
1 Chilischote
schwarze Oliven (ohne Stein)
250 g Bandnudeln
Salz
200 g Hackfleisch
2 EL Öl
1 Beutel KNORR Fix für Spaghetti Bolognese
1 Knoblauchzehe
Cayennepfeffer

Blätterteigtaschen

Zutaten für 6 Stück:

200 g Hackfleisch
2 EL Öl
1 Beutel KNORR Fix für Spaghetti Bolognese
100 g Schafskäse
3 Scheiben TK-Blätterteig (225 g)
1 Eigelb

tipp

Einen Hauch von Orient bekommt die Füllung, wenn 1 gewürfelte Tomate, Chilipulver und etwas Zimt zugefügt werden.

Pro Stück: 1240 kJ/296 kcal, 13 g E, 20 g F, 17 g KH

1. Hackfleisch in einem Topf in heißem Öl krümelig braun anbraten. 200 Milliliter Wasser dazugießen, aufkochen und Fix für Spaghetti Bolognese einrühren. Schafskäse in kleine Stücke schneiden und untermischen.

2. Blätterteigscheiben antauen lassen, halbieren und mit etwas Mehl auf die doppelte Größe ausrollen. Die Hackfleischmasse auf die Teigstücke verteilen und dabei jeweils die Ränder frei lassen. Eigelb verquirlen und die Ränder bestreichen. Teigecken über der Füllung zusammenschlagen und andrücken.

3. Die Blätterteigtaschen mit restlichem Eigelb bestreichen und im vorgeheizten Backofen bei 200 °C (Gas Stufe 3, Umluft 175 °C) in etwa 20 Minuten goldbraun backen.

Zubereitungszeit ca. 40 min

Gefüllte Pfannkuchen

Zutaten für 4 Stück:

2 Eier
1/4 l (250 ml) Milch
1 Prise Salz
150 g Mehl
2 EL Öl
400 g Champignons
200 g Hackfleisch
1 Beutel KNORR Fix für Spaghetti Bolognese
100 g TK-Erbsen
4 EL Crème fraîche

tipp

Die Fleischsauce in 4 Weizen-Pitas (Brottaschen) füllen.

Pro Stück: 1905 kJ/457 kcal, 23 g E, 24 g F, 37 g KH

1. Eier, Milch, Salz und Mehl verquirlen und 5 Minuten stehen lassen. In einer beschichteten Pfanne in heißem Öl nacheinander 4 Pfannkuchen backen und warm stellen.

2. Champignons putzen und in Scheiben schneiden. Zusammen mit dem Hackfleisch im restlichen Bratfett anbraten. 1/4 Liter (250 Milliliter) Wasser zugießen, aufkochen und Fix für Spaghetti Bolognese einrühren. Zugedeckt bei schwacher Hitze 5 Minuten garen. Kurz vor Ende der Garzeit die gefrorenen Erbsen zufügen.

3. Sauce auf den Pfannkuchen verteilen, jeweils 1 Esslöffel Crème fraîche darauf geben und die Pfannkuchen zusammenklappen.

Zubereitungszeit ca. 55 min

Pizza Bolognese

Gesamt: 3960 kJ/948 kcal, 36 g E, 86 g F, 50 g KH

Zutaten für 1 Pizza, 26 cm ⌀

1 Zwiebel

200 g Hackfleisch

2 EL Öl

1 Beutel KNORR Fix für Spaghetti Bolognese

1 Packung MONDAMIN Pizza-Teig

1 gelbe Paprikaschote

50 g geriebener Käse

1. Zwiebel abziehen und würfeln. Zusammen mit dem Hackfleisch in heißem Öl anbraten. 200 Milliliter Wasser dazugießen, aufkochen und Fix für Spaghetti Bolognese einrühren. Zugedeckt bei schwacher Hitze 5 Minuten garen.

2. 1 Beutel Pizza-Teig mit 1/8 Liter (125 Milliliter) lauwarmem Wasser verkneten. Den Teig zu einem runden Pizzaboden ausrollen. Paprikaschote waschen, putzen und in Streifen schneiden. Sauce Bolognese und Paprika auf dem Teig verteilen.

3. Mit geriebenem Käse bestreuen und im vorgeheizten Backofen bei 200 °C (Gas Stufe 3, Umluft 175 °C) 25 bis 30 Minuten backen.

tipp

Mit einem kühlen Bier serviert wird daraus eine zünftige Mahlzeit – nicht nur für Fußballabende vor dem Fernseher!

289

Fix für Spaghetti Napoli

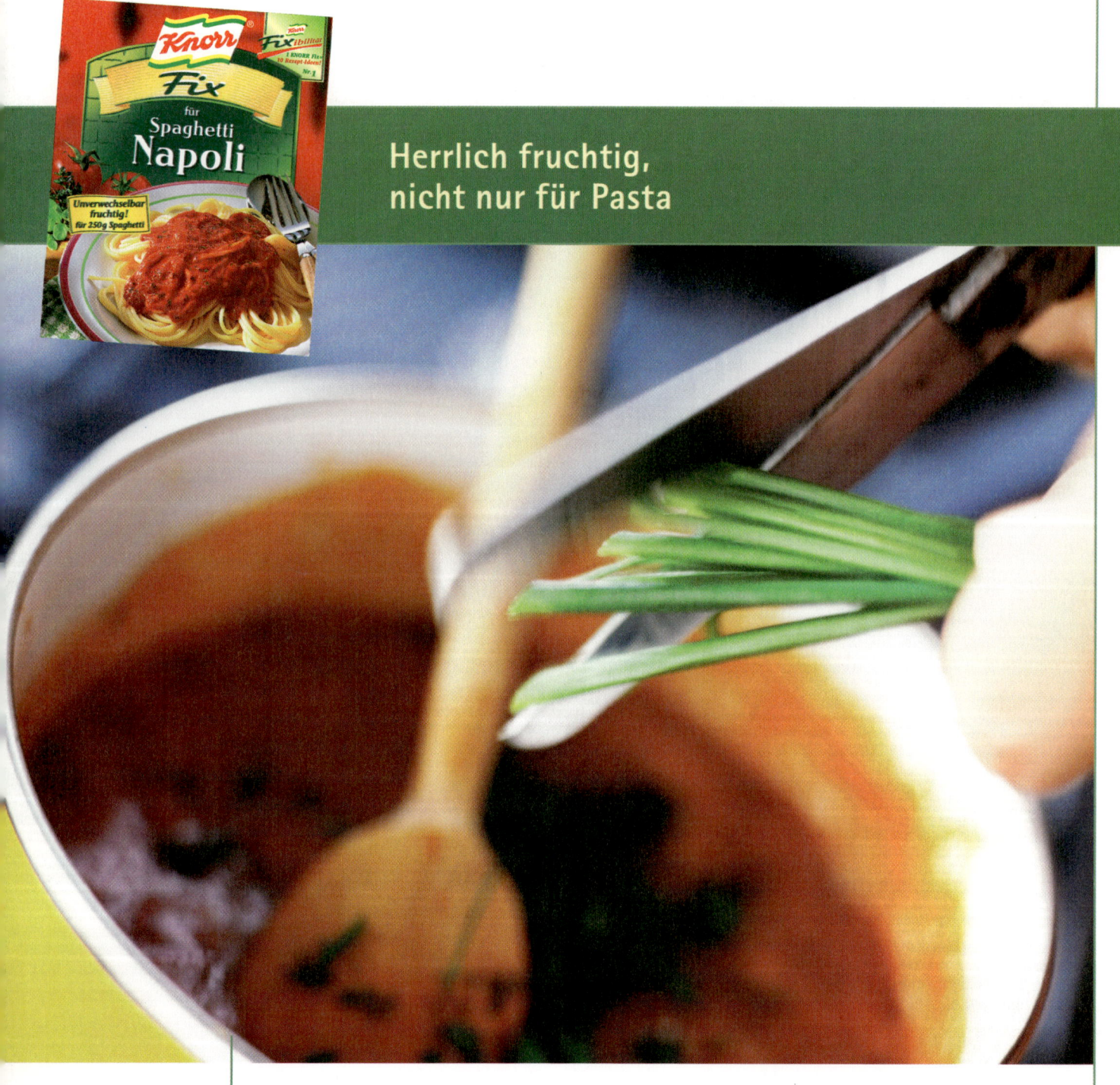

Herrlich fruchtig, nicht nur für Pasta

Zubereitungszeit ca. 20 min

Pasta Mozzarella

Pro Portion: 1060 kJ/278 kcal, 15 g E, 18 g F, 14 g KH

1. Spaghetti in kochendem Salzwasser bissfest garen und in einem Sieb abgießen. Mozzarella würfeln.

2. Fix für Spaghetti Napoli in 1/4 Liter (250 Milliliter) Wasser einrühren und das Olivenöl dazugeben. Unter Rühren aufkochen.

3. Abgetropfte Spaghetti mit Sauce und Mozzarella anrichten. Mit Basilikumblättchen bestreut servieren.

Zutaten für 2 Portionen:

250 g Spaghetti
Salz
125 g Mozzarella
1 Beutel KNORR Fix für Spaghetti Napoli
1 EL Olivenöl
Basilikumblätter

tipp

Fleischfans erhitzen 100 Gramm in Scheiben geschnittene Cabanossi oder TK-Fleischklößchen in der Sauce.

Zubereitungszeit ca. 35 min

Fischfilet Napoli

Pro Portion (bei 3 Port.): 2915 kJ/695 kcal, 51 g E, 20 g F, 75 g KH

1. Bandnudeln in reichlich Salzwasser bissfest garen und in einem Sieb abgießen.

2. Fischfilet in Portionsstücke schneiden, mit Zitronensaft beträufeln, mit Salz und Pfeffer würzen und in einer Pfanne in heißem Olivenöl goldbraun braten. Filets herausnehmen und warm stellen.

3. 1/2 Liter (500 Milliliter) kaltes Wasser in die Pfanne gießen, Fix für Spaghetti Napoli einrühren und unter Rühren aufkochen. Mit Sahne verfeinern.

4. Fischstücke und Sauce mit den Nudeln servieren.

   Wenn Sie Fisch lieber gedünstet mögen, garen Sie ihn bei schwacher Hitze etwa 5 Minuten in der Tomatensauce.

Zutaten für 3–4 Portionen:

250 g grüne Bandnudeln
Salz
600 g Fischfilet (z.B. Rotbarsch, Seelachs oder Kabeljau)
1 EL Zitronensaft
Pfeffer
2 EL Olivenöl
2 Beutel KNORR Fix für Spaghetti Napoli
2–3 EL Schlagsahne

Zubereitungszeit ca. 35 min

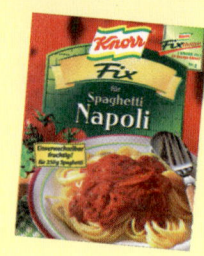

Schnitzel mit Blauschimmelkäse

Pro Portion: 1850 kJ/444 kcal, 37 g E, 27 g F, 12 g KH

Zutaten für 3 Portionen:

3 Schweineschnitzel à ca. 125 g

Salz, Pfeffer

1/2 Bund glatte Petersilie

100 g Blau-schimmelkäse

2–3 EL Olivenöl

200 g frische Zuckerschoten

1 Beutel KNORR Fix für Spaghetti Napoli

Petersilie zum Garnieren

1. Schweineschnitzel flach klopfen und halbieren, mit Salz und Pfeffer würzen. Petersilienblättchen auf 3 Schnitzelhälften verteilen. Blauschimmelkäse in Streifen schneiden und darüber legen, mit den anderen Schnitzelhälften bedecken. Mit Holzspießchen zusammenstecken und in heißem Olivenöl von beiden Seiten braten.
2. Zuckerschoten waschen, putzen und in kochendem Salzwasser 2 bis 3 Minuten garen.
3. Fleisch aus der Pfanne nehmen und warm stellen. 1/4 Liter (250 Milliliter) kaltes Wasser in die Pfanne gießen. Fix für Spaghetti Napoli einrühren und unter Rühren aufkochen. Schnitzel wieder dazugeben und kurz in der Sauce erhitzen. Mit Zuckerschoten und Petersilie anrichten.

tipp

Anstelle von Zuckerschoten TK-Erbsen dazu servieren.

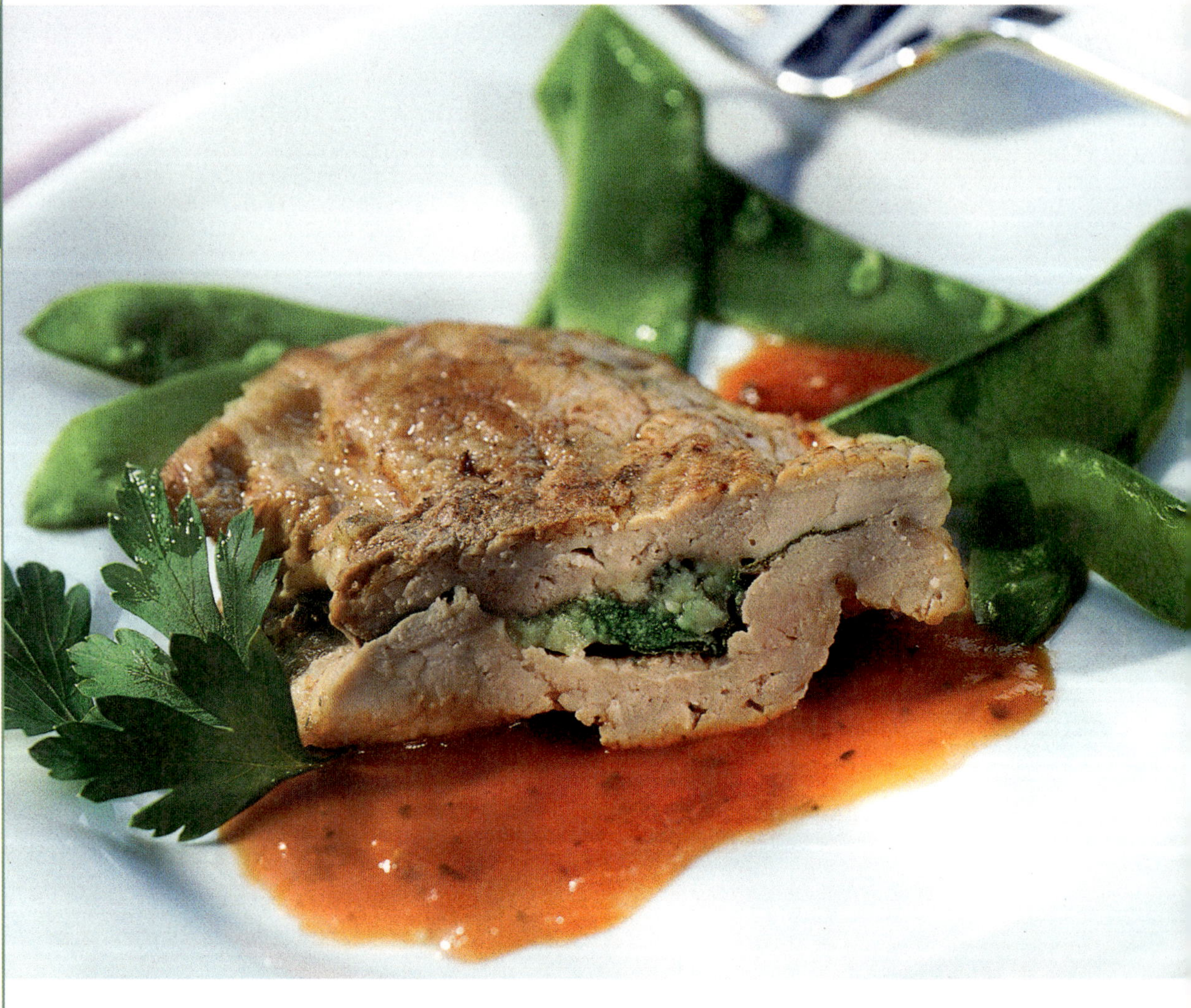

Zubereitungszeit ca. 30 min

Spaghetti mit Möhren-Tomaten-Sauce

Pro Portion: 3025 kJ/725 kcal, 20 g E, 24 g F, 104 g KH

Zutaten für 2 Portionen:

250 g Spaghetti

Salz

1 kleine Zwiebel

150 g Möhren

1 EL Öl

100 ml Schlagsahne

1 Beutel KNORR Fix für Spaghetti Napoli

Pfeffer

Kräuter zum Garnieren

tipp

Tiefgekühlte Fleischklößchen oder gebratene Hähnchenleber in der Sauce erwärmen.

1. Spaghetti in reichlich Salzwasser bissfest garen und in einem Sieb abgießen.

2. Zwiebel abziehen und würfeln. Möhren putzen, waschen und fein raspeln. Zwiebelwürfel und Möhrenraspel in einer Pfanne in heißem Öl andünsten.

3. 350 Milliliter kaltes Wasser und Sahne dazugießen. Fix für Spaghetti Napoli einrühren und zugedeckt bei schwacher Hitze 10 Minuten kochen. Nach Belieben mit Salz und Pfeffer würzen.

4. Spaghetti mit der Sauce servieren. Kräuter darüber streuen.

293

Zubereitungszeit ca. 60 min

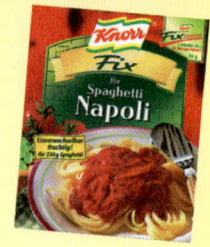

Geschmortes Kaninchen

Pro Portion: 1940 kJ/465 kcal, 43 g E, 23 g F, 15 g KH

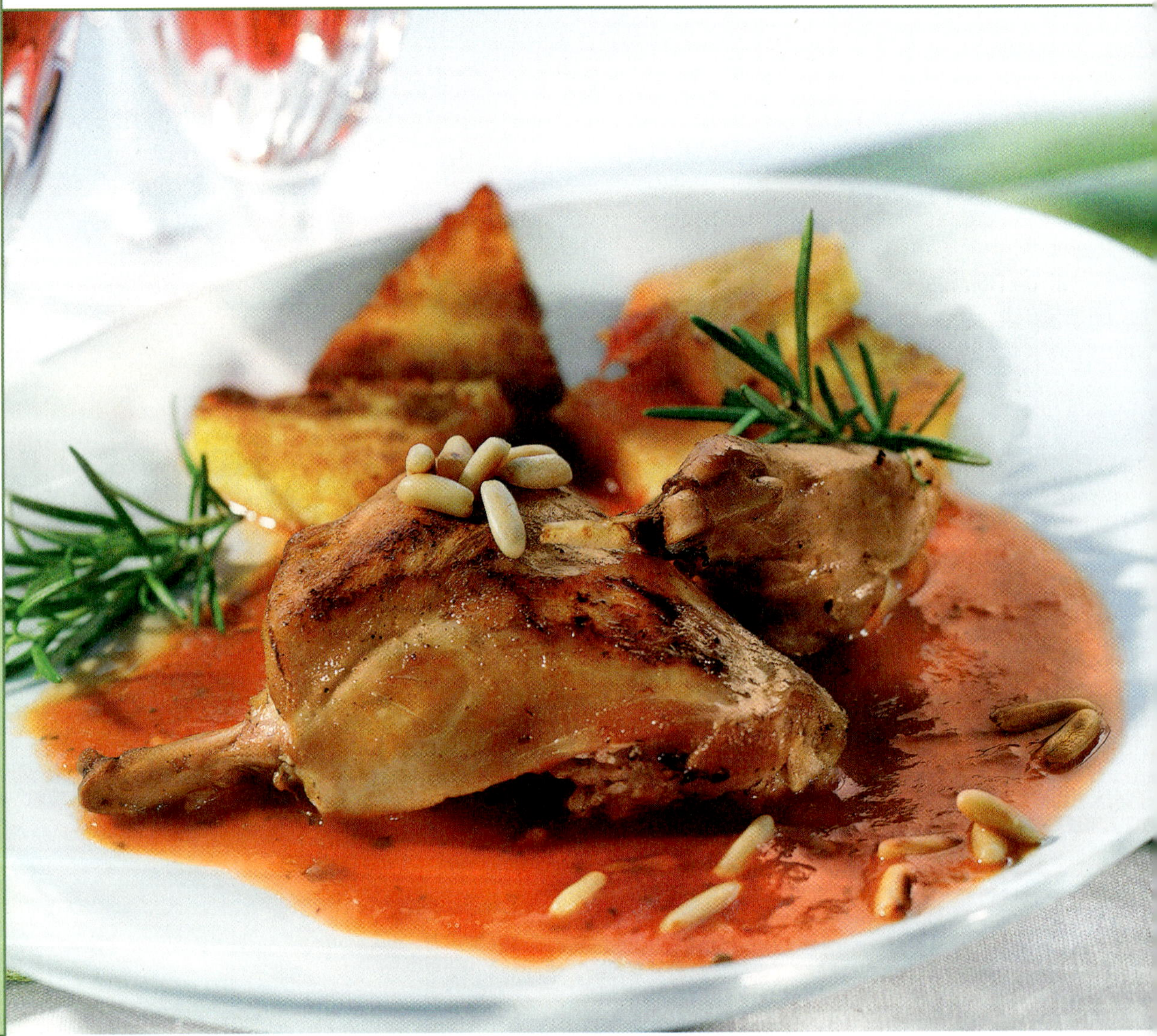

Zutaten für 4 Portionen:

1 kg Kaninchenteile
Salz, Pfeffer
3 EL Olivenöl
2 Beutel KNORR Fix für Spaghetti Napoli
100 ml Weißwein
1 Rosmarinzweig
1 Lorbeerblatt
2 EL Pinienkerne

tipp

Dazu passt ein trockener Welschriesling oder ein Weißburgunder aus Österreich.

1. Kaninchenteile waschen und trockentupfen, mit Salz und Pfeffer würzen. Fleischstücke in einem Schmortopf in heißem Olivenöl anbraten.
2. Fix für Spaghetti Napoli in 400 Milliliter kaltes Wasser und Weißwein einrühren und aufkochen. Rosmarinzweig und Lorbeerblatt zufügen und die Sauce in den Schmortopf zum Kaninchen geben.
3. Im vorgeheizten Backofen bei 200 °C (Gas Stufe 3, Umluft 175 °C) etwa 45 Minuten schmoren. Pinienkerne in einer beschichteten Pfanne ohne Fett rösten und über das geschmorte Kaninchen geben.

Zubereitungszeit ca. 25 min

Thunfisch-Spaghetti

Pro Portion: 2910 kJ/695 kcal, 28 g E, 17 g F, 106 g KH

1. Spaghetti in reichlich Salzwasser bissfest garen und in einem Sieb abgießen.

2. Frühlingszwiebeln putzen, waschen und klein schneiden. In einer Pfanne in heißem Öl andünsten.

3. 1/4 Liter (250 Milliliter) kaltes Wasser dazugießen. Fix für Spaghetti Napoli einrühren und unter Rühren aufkochen. Thunfisch abtropfen lassen, zusammen mit den Kapern zugeben und in der Sauce erwärmen.

4. Spaghetti mit der Sauce servieren.

Zutaten für 2 Portionen:

250 g Spaghetti
Salz
1/2 Bund Frühlingszwiebeln
1 EL Olivenöl
1 Beutel KNORR Fix für Spaghetti Napoli
80 g Thunfisch aus der Dose
1 EL Kapern

tipp

Noch pikanter: Statt Thunfisch Sardellenfilets verwenden.

Zubereitungszeit ca. 35 min

Pizza-Baguette

Pro Portion (bei 5 Port.): 1010 kJ/241 kcal, 12 g E, 8 g F, 31 g KH

1. Baguette in etwa 20 bis 25 Scheiben schneiden. Fix für Spaghetti Napoli in 1/2 Liter (500 Milliliter) kaltes Wasser einrühren und aufkochen.

2. Zucchini waschen und grob raspeln. Mais abtropfen lassen und zusammen mit den Zucchiniraspeln in die Sauce geben und verrühren. Gemüse portionsweise auf Baguettescheiben verteilen und mit Käse bestreuen.

3. Im vorgeheizten Backofen bei 225 °C (Gas Stufe 4, Umluft 200 °C) etwa 15 Minuten überbacken und warm servieren.

Zutaten für 4–5 Portionen:

1 großes Baguette
2 Beutel KNORR Fix für Spaghetti Napoli
250 g Zucchini
140 g Mais aus der Dose
100 g geriebener Emmentaler

tipp

Statt Mais klein gewürfelte Paprikaschoten oder getrocknete Tomaten in die Sauce geben.

Zubereitungszeit ca. 30 min

Pilze in Tomatensahne

Pro Portion: 940 kJ/225 kcal, 6 g E, 17 g F, 11 g KH

Zutaten für 3 Portionen:

500 g Champignons
1 Knoblauchzehe
2 EL Öl
100 ml Schlagsahne
1 Beutel KNORR Fix
für Spaghetti Napoli
Basilikumblätter

tipp

Die Pilze mit
1 Klecks saurer
Sahne oder Crème
fraîche anrichten.

1. Champignons putzen und vierteln. Knoblauchzehe abziehen, zerdrücken und mit den Champignons in einer Pfanne in heißem Öl anbraten.

2. 300 Milliliter kaltes Wasser und die Sahne dazugießen. Fix für Spaghetti Napoli einrühren und bei schwacher Hitze 5 Minuten kochen lassen.

3. Basilikum in Streifen schneiden. Vor dem Servieren über die Champignons streuen.

Dazu: Gnocchi oder Reis.

Zubereitungszeit ca. 25 min

Pasta »Florentiner Art«

Pro Portion: 3005 kJ/718 kcal, 21 g E, 24 g F, 102 g KH

Zutaten für 2 Portionen:

100 g TK-Blattspinat
250 g Spaghetti
Salz
1 kleine Zwiebel
1 Knoblauchzehe
1 EL Öl
100 ml Schlagsahne
Pfeffer
1 Beutel KNORR Fix für
Spaghetti Napoli

tipp

Geröstete Pinienkerne in die Sauce
geben.

1. Blattspinat im Topf oder in der Mikrowelle auftauen. Spaghetti in reichlich Salzwasser bissfest kochen und in einem Sieb abgießen.

2. Zwiebel abziehen und in kleine Würfel schneiden. Knoblauchzehe abziehen und fein hacken. Zwiebelwürfel und Knoblauch in einer Pfanne in heißem Öl dünsten. Blattspinat und Sahne dazugeben. Bei schwacher Hitze 5 Minuten kochen. Nach Belieben mit Salz und Pfeffer würzen. Aus der Pfanne nehmen und warm stellen.

3. 1/4 Liter (250 Milliliter) kaltes Wasser in die Pfanne gießen. Fix für Spaghetti Napoli einrühren und unter Rühren aufkochen. Spaghetti mit Spinat und Sauce vermischen.

Auberginen-Lasagne

Pro Portion: 1560 kJ/372 kcal, 12 g E, 18 g F, 40 g KH

Zutaten für 3 Portionen:

300 g Auberginen

2–3 EL Öl

1 Beutel KNORR Fix für Spaghetti Napoli

1 EL Tomatenmark

6 Lasagneplatten ohne Vorkochen

100 g Crème fraîche

30 g geriebener Käse

tipp

Dazu passt roter Corvo aus Sizilien oder ein spanischer Rotwein aus Valencia.

1. Die Auberginen waschen, putzen und in kleine Würfel schneiden. In heißem Öl anbraten, 3/8 Liter (375 Milliliter) kaltes Wasser dazugießen und Fix für Spaghetti Napoli einrühren. Tomatenmark zufügen und 3 Minuten kochen lassen.

2. In eine gefettete Auflaufform abwechselnd Gemüsesauce und Lasagneplatten schichten. Mit Sauce beginnen und abschließen. Zum Schluss Crème fraîche und Käse darüber verteilen.

3. Auberginen-Lasagne im vorgeheizten Backofen bei 200 °C (Gas Stufe 3, Umluft 175 °C) etwa 25 Minuten backen.

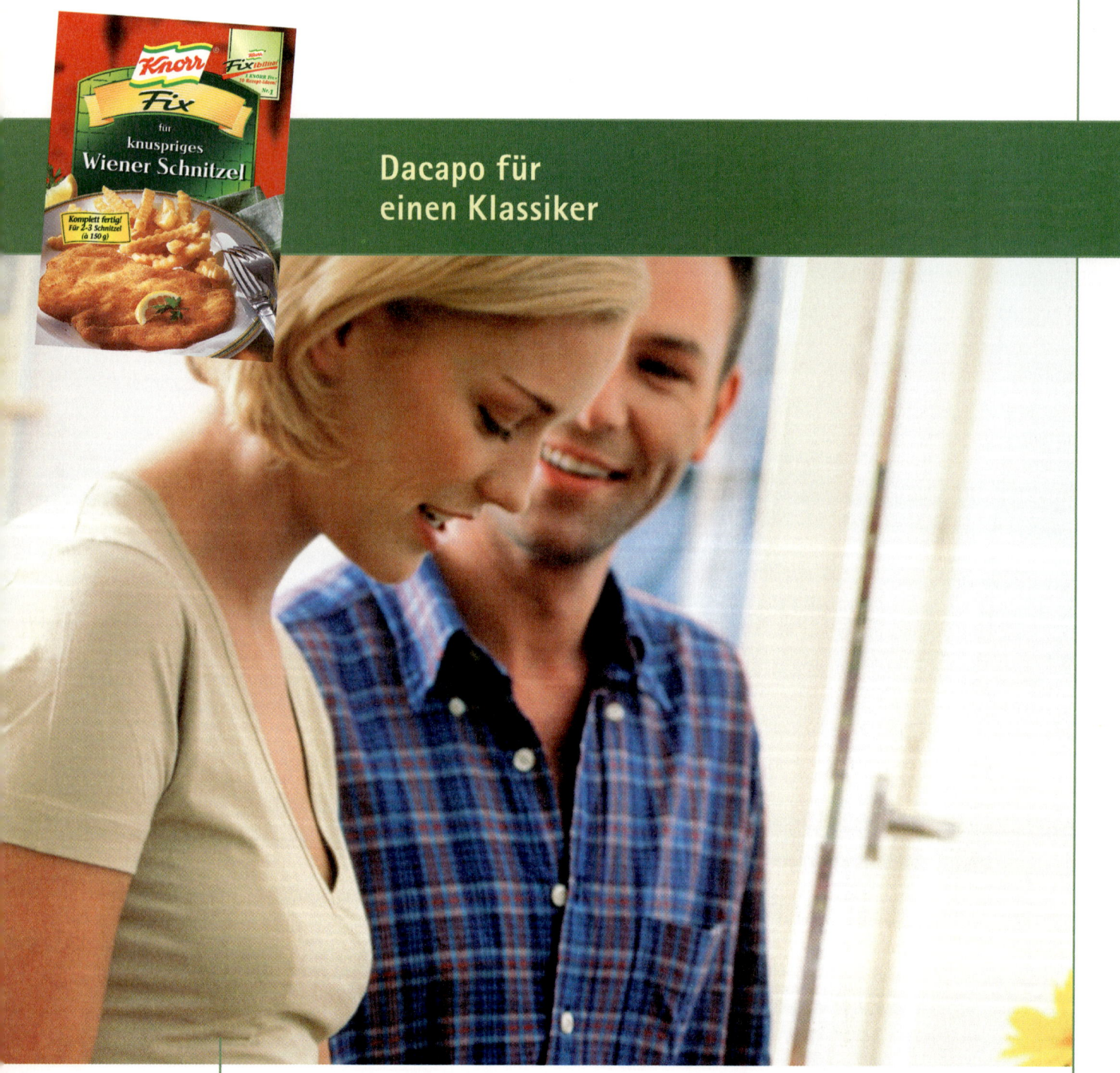

10 Rezept-Ideen

Fix für knuspriges Wiener Schnitzel

Dacapo für einen Klassiker

Blumenkohl mit Bröseln

Pro Portion: 1365 kJ/326 kcal, 10 g E, 23 g F, 22 g KH

1. Blumenkohl putzen, in Röschen teilen und waschen. In kochendem Salzwasser etwa 10 Minuten garen, abtropfen lassen und in eine Servierschüssel geben.

2. Das Fett in einer Pfanne zerlassen. Fix für knuspriges Wiener Schnitzel dazugeben und bei mittlerer Hitze unter Rühren bräunen. Die Brösel auf dem Blumenkohl verteilen.

   Dazu passen Rühreier oder Frikadellen und Kartoffelpüree.

Zutaten für 4 Portionen:

1 Blumenkohl (ca. 1 kg)
Salz
100 g Butter oder Margarine
1 Beutel KNORR Fix für knuspriges Wiener Schnitzel

tipp

Sie können auch Rosenkohl und Broccoli nach diesem Rezept zubereiten.

Zubereitungszeit ca. 25 min

Knuspriges Cordon bleu

Pro Portion: 2360 kJ/562 kcal, 57 g E, 27 g F, 23 g KH

1. Schnitzel flach klopfen, mit je 1 Scheibe Schinken und Käse belegen, zusammenklappen und mit Spießchen zustecken.

2. Fix für knuspriges Wiener Schnitzel auf einen flachen Teller geben. Schnitzel gut mit kaltem Wasser befeuchten. In die Panade legen, gut andrücken, wenden und wieder fest andrücken. Cordon bleu in einer Pfanne in heißem Öl bei mittlerer Hitze von beiden Seiten 5 bis 8 Minuten goldbraun braten.

3. Tomaten waschen und in Scheiben schneiden. Zwiebel abziehen und in feine Ringe schneiden. Tomaten und Zwiebel mit Salz und Pfeffer würzen und auf 3 Teller verteilen. Die Schnitzel darauf anrichten und mit Kräutern garnieren.

Zutaten für 3 Portionen:

3 Kalbs- oder Schweineschnitzel à 150 g
3 Scheiben gekochter Schinken
3 Scheiben Emmentaler
1 Beutel KNORR Fix für knuspriges Wiener Schnitzel
3–4 EL Öl
250 g kleine Tomaten
1 Zwiebel
Salz, Pfeffer
Kräuter zum Garnieren

Zubereitungszeit ca. 35 min

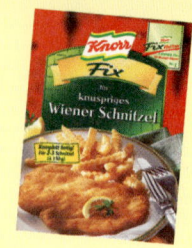

Ofenschnitzel mit Kräuterkruste

Zutaten für 3–4 Portionen:

- 1 Beutel KNORR Fix für knuspriges Wiener Schnitzel
- 2 Knoblauchzehen
- 80 g weiche Margarine
- 1–2 TL Kräuter der Provence
- 3–4 Schweine- oder Putenschnitzel à 150 g
- 2–3 EL Öl
- Kräuter zum Garnieren

Pro Portion (bei 3 Port.): 2280 kJ/544 kcal, 37 g E, 35 g F, 21 g KH

1. Fix für knuspriges Wiener Schnitzel mit 8 Esslöffel Wasser verrühren. Knoblauchzehen abziehen, zerdrücken und zusammen mit der Margarine und den Provence-Kräutern untermischen.
2. Die Schnitzel zuerst in heißem Öl anbraten, dann mit der Kräuterpaste bestreichen. Schnitzel in eine gefettete Auflaufform legen und im vorgeheizten Backofen bei 250 °C (Gas Stufe 5, Umluft 225 °C) 15 bis 20 Minuten überbacken. Mit Kräutern garnieren.

Dazu: kleine in Olivenöl gebratene Pellkartoffeln und Salat.

tipp

Schweinekoteletts nach diesem Rezept mit einer Kräuterkruste zubereiten.

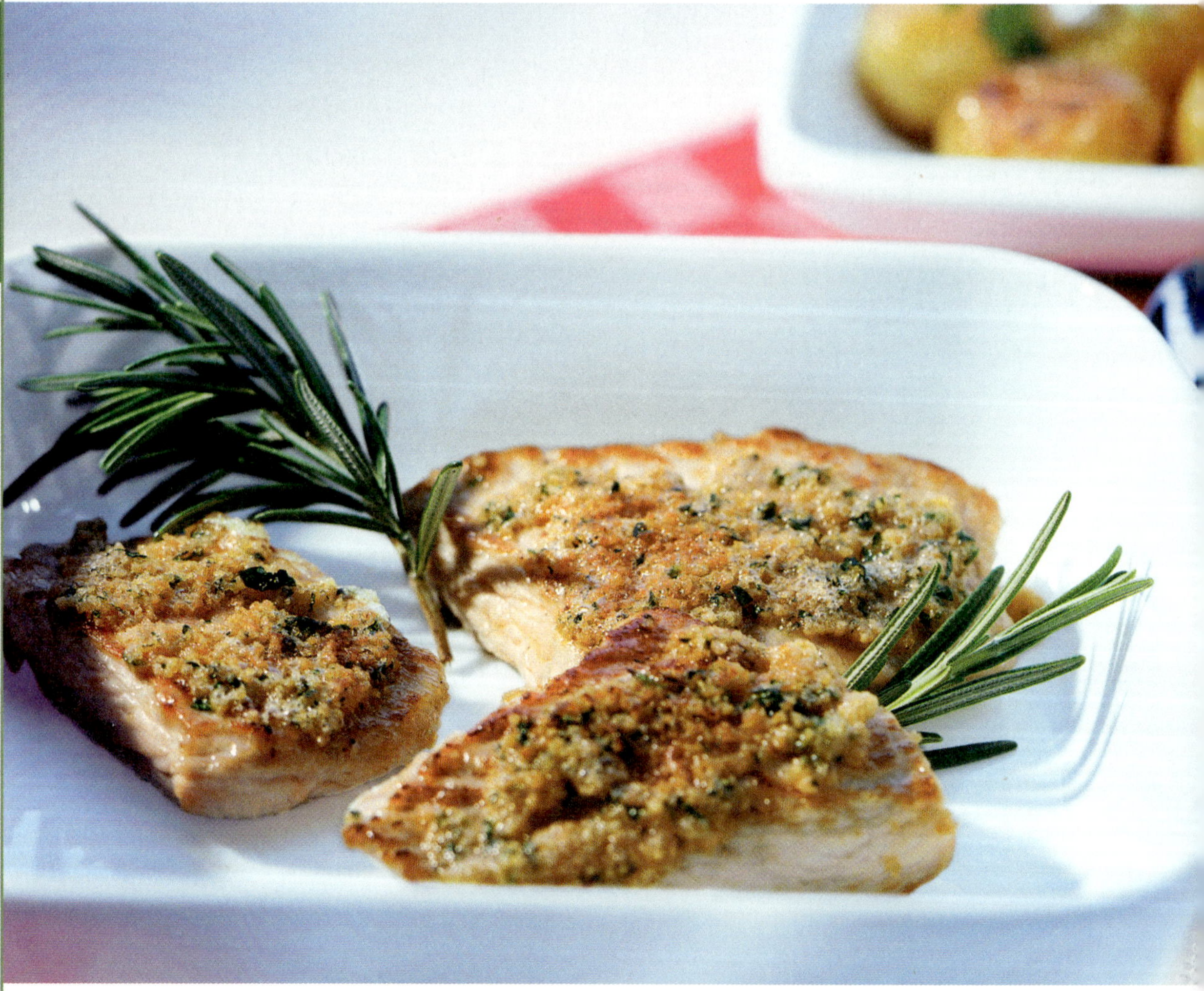

Zubereitungszeit ca. 25 min

Hähnchenbrustfilet mit Sesamkruste

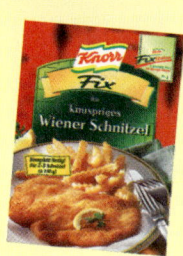

Pro Portion (bei 3 Port.): 1630 kJ/390 kcal, 42 g E, 16 g F, 21 g KH

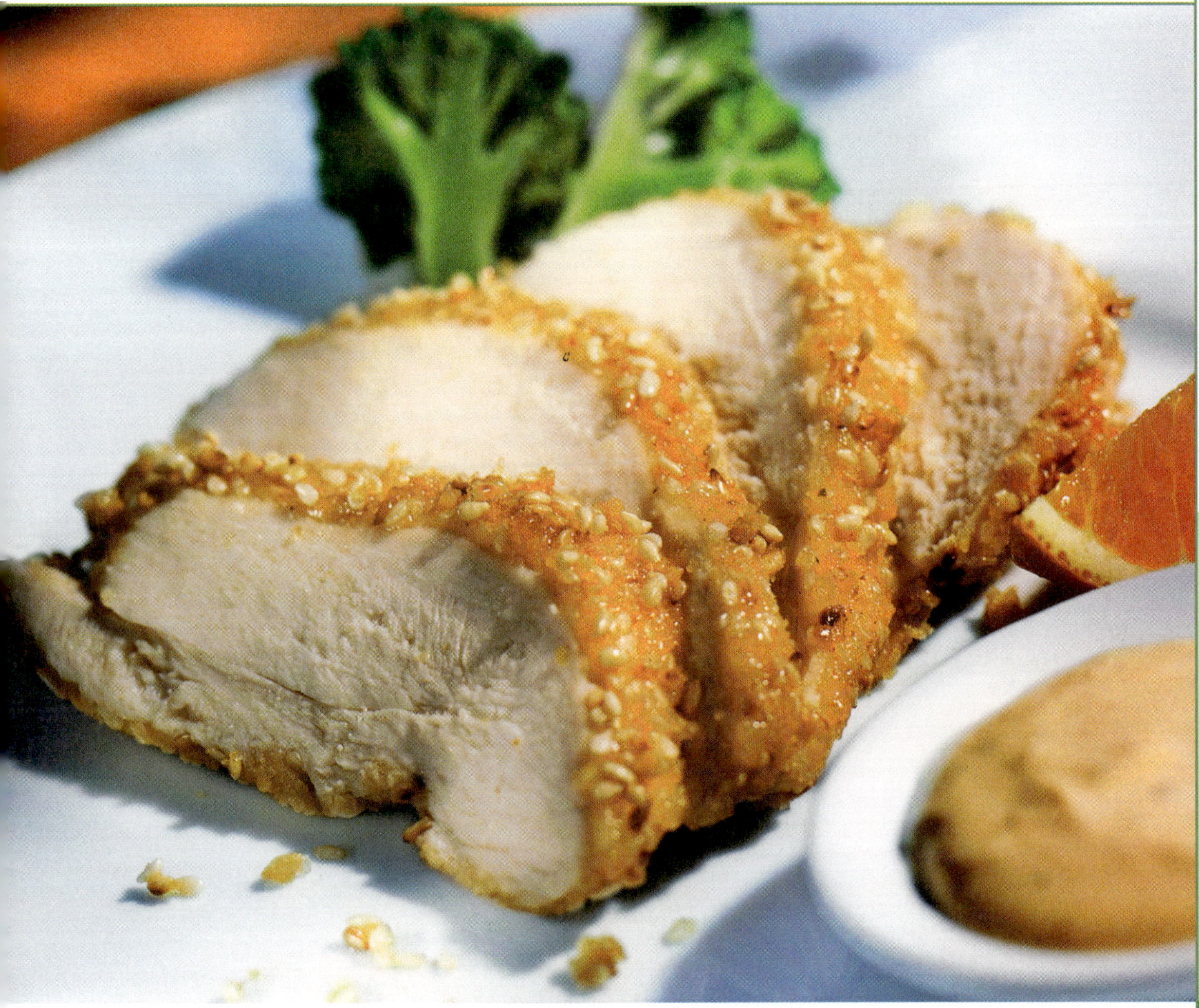

Zutaten für 3–4 Portionen:

1 Beutel KNORR Fix für knuspriges Wiener Schnitzel

2 EL Sesamsaat

3–4 Hähnchenbrustfilets à 150 g

3–4 EL Öl

2 EL Mayonnaise

1 EL Magerquark

2 TL Senf

Honig, Salz, Pfeffer

1. Fix für knuspriges Wiener Schnitzel mit Sesam auf einen flachen Teller geben und vermischen.
2. Hähnchenbrustfilets mit kaltem Wasser gut befeuchten. Das Fleisch in die Panade legen, fest andrücken, wenden und wieder andrücken.
3. In einer Pfanne in heißem Öl anbraten und bei mittlerer Hitze von jeder Seite etwa 5 bis 8 Minuten goldbraun braten. Mayonnaise mit Quark und Senf verrühren. Mit Honig, Salz und Pfeffer kräftig würzen.

tipp

Statt mit Sesam können Sie das Rezept auch mit geriebenem Parmesan, mit Röstzwiebeln oder Mandelblättchen zubereiten.

Zubereitungszeit ca. 20 min

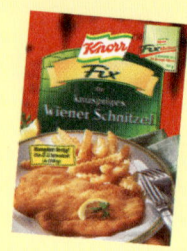

Paniertes Fischfilet

Pro Portion: 1900 kJ/454 kcal, 41 g E, 24 g F, 19 g KH

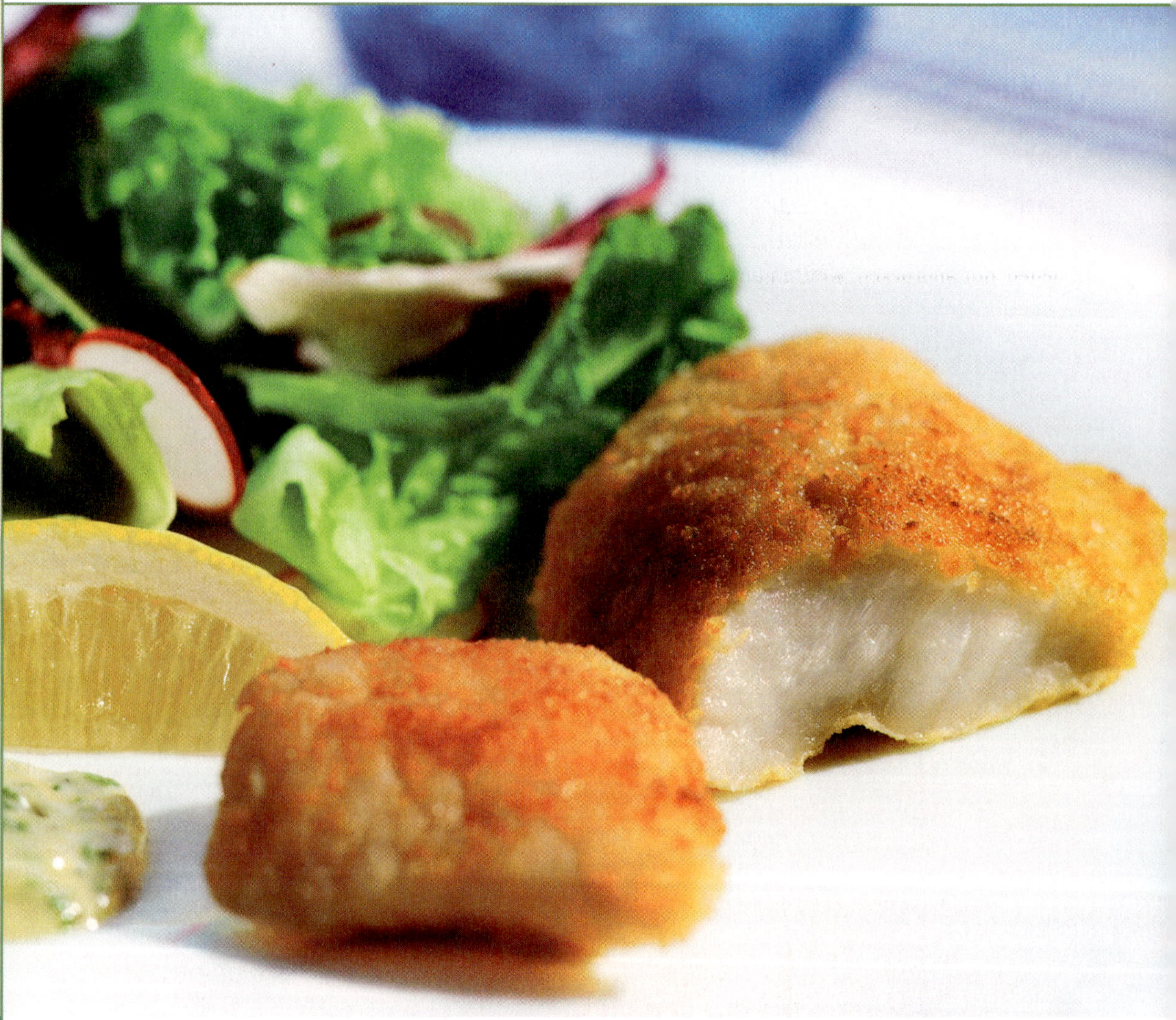

Zutaten für 4 Portionen:

3 EL Zitronensaft

800 g Fischfilet (z.B. Seelachs oder Kabeljau)

1 Beutel KNORR Fix für knuspriges Wiener Schnitzel

3–4 EL Öl

Zitronenspalten zum Garnieren

4 EL Remouladensauce

tipp

Durch die knusprige Hülle bleibt das Fischfilet schön saftig.

1. 200 Milliliter kaltes Wasser mit Zitronensaft verrühren. Fischfilet in Portionsstücke schneiden und mit dem Zitronenwasser befeuchten.
2. Fix für knuspriges Wiener Schnitzel auf einen flachen Teller geben. Fischfilet in die Panade legen, gut andrücken, wenden und wieder gut andrücken.
3. In einer Pfanne in heißem Öl anbraten und bei mittlerer Hitze von beiden Seiten goldbraun braten. Den Fisch mit Zitronenspalten und Remouladensauce anrichten.

Zubereitungszeit ca. 25 min

Schnitzel mit Senfkruste

Pro Portion (bei 2 Port.): 2100 kJ/501 kcal, 42 g E, 23 g F, 33 g KH

1. Kräuter mit Senf und Joghurt verrühren. Die Schnitzel in Mehl wenden und mit der Senf-Joghurt-Mischung bestreichen.

2. Fix für knuspriges Wiener Schnitzel auf einen flachen Teller geben. Schnitzel in die Panade legen, gut andrücken, wenden und wieder gut andrücken.

3. In einer Pfanne in heißem Öl bei mittlerer Hitze von beiden Seiten 5 bis 8 Minuten goldbraun braten.

   Dazu: Kartoffelsalat.

Zutaten für 2–3 Portionen:

2 EL gehackter Kerbel oder Petersilie
2 EL Dijon-Senf
50 g Naturjoghurt
2–3 Kalbs-, Schweine- oder Putenschnitzel à 150 g
1 Beutel KNORR Fix für knuspriges Wiener Schnitzel
3–4 EL Öl

Zubereitungszeit ca. 35 min

Hähnchen »China-Art«

Pro Portion: 1625 kJ/388 kcal, 40 g E, 12 g F, 29 g KH

1. Ananasscheiben in dünne Stifte schneiden und in 1 Esslöffel Öl anbraten. Sojasauce und Sherry dazugeben und mit Ingwer- und Currypulver abschmecken.

2. In die Hähnchenbrustfilets der Länge nach eine Tasche schneiden, die gewürzten Ananasstifte hineingeben und mit Holzspießchen zustecken.

3. Fix für knuspriges Wiener Schnitzel auf einen flachen Teller geben. Fleisch gut mit kaltem Wasser befeuchten. In die Panade legen, fest andrücken, wenden und wieder gut andrücken.

4. In einer Pfanne in restlichem, heißem Öl bei mittlerer Hitze von jeder Seite etwa 5 Minuten goldbraun braten.

   Dazu passen gebratene Mungobohnensprossen und Reis.

Zutaten für 4 Portionen:

170 g Ananasscheiben aus der Dose
4 EL Öl
1 EL Sojasauce
1 EL Sherry
Ingwerpulver
Currypulver
4 Hähnchenbrustfilets à 150 g
1 Beutel KNORR Fix für knuspriges Wiener Schnitzel

tipp

Die Füllung zusätzlich mit geriebenen Möhren verfeinern.

303

Gemüsebratlinge

Pro Portion (bei 2 Port.): 1605 kJ/381 kcal, 18 g E, 18 g F, 38 g KH

**Zutaten für
2–3 Portionen:**

1 Bund Suppengrün
(ca. 400 g)

200 g Zucchini

2 Eier

1 Beutel KNORR Fix
für knuspriges
Wiener Schnitzel

2–3 EL Öl

tipp

Die Bratlinge auf
frischen Sprossen
anrichten.

1. Suppengrün und Zucchini waschen, putzen und
   fein raspeln.

2. Das zerkleinerte Gemüse mit den Eiern und Fix
   für knuspriges Wiener Schnitzel vermischen.

3. Öl in einer beschichteten Pfanne erhitzen.
   Gemüsemasse esslöffelweise hineingeben,
   etwas flach drücken. Von beiden Seiten etwa
   8 Minuten braun braten.

   Dazu schmeckt Tsatsiki oder Mayonnaise.

Gemüse-Kroketten

Pro Stück: 410 kJ/97 kcal, 2 g E, 5 g F, 11 g KH

**Zutaten für
20 Stück:**

100 g Möhren

100 g Zucchini

1 Packung PFANNI
Knödel halb & halb
(8 Stück)

Salz, Pfeffer, Muskat

1 Beutel KNORR Fix
für knuspriges
Wiener Schnitzel

3–4 EL Öl

glatte Petersilie zum
Garnieren

tipp

Für Vegetarier mit
gemischtem Salat
anrichten.

1. Möhren und Zucchini waschen, putzen und fein
   raspeln. Knödelmischung in 1/2 Liter (500 Milliliter) kaltes Wasser rühren. Die Möhren- und
   Zucchiniraspel dazugeben und mit Salz, Pfeffer
   und Muskat würzen. 10 Minuten quellen lassen.

2. Aus dem Teig mit angefeuchteten Händen
   20 Kroketten formen. Fix für knuspriges Wiener
   Schnitzel auf einen flachen Teller geben. Kroketten mit Wasser befeuchten und in der Panade
   wälzen.

3. Kroketten in einer Pfanne in heißem Öl bei
   mittlerer Hitze in 5 bis 8 Minuten von allen
   Seiten goldbraun braten. Mit Petersilienblättchen garnieren.

Zubereitungszeit ca. 35 min

Sesam-Käse-Häppchen

Pro Portion (bei 3 Port.): 3010 kJ/717 kcal, 48 g E, 50 g F, 21 g KH

Zutaten für 2–3 Portionen:

700 g Weichkäse (z.B. Schafskäse, Ziegenkäse, Mozzarella)

1 Beutel KNORR Fix für knuspriges Wiener Schnitzel

2–3 EL Sesamsaat

3–4 EL Öl

1. Den Käse in kleine Stücke oder längliche Streifen schneiden. Fix für knuspriges Wiener Schnitzel mit Sesam auf einen flachen Teller geben und mischen.

2. Die Käsestücke gut mit kaltem Wasser befeuchten. Käse in die Panade legen, fest andrücken, wenden und wieder gut andrücken.

3. In einer Pfanne in heißem Öl bei mittlerer Hitze von beiden Seiten goldbraun braten.

tipp

Panierte Käsewürfel zusammen mit Trauben oder Cocktailtomaten auf Spießchen stecken.

305

10 Rezept-Ideen

Fix für
Würstchen-Gulasch

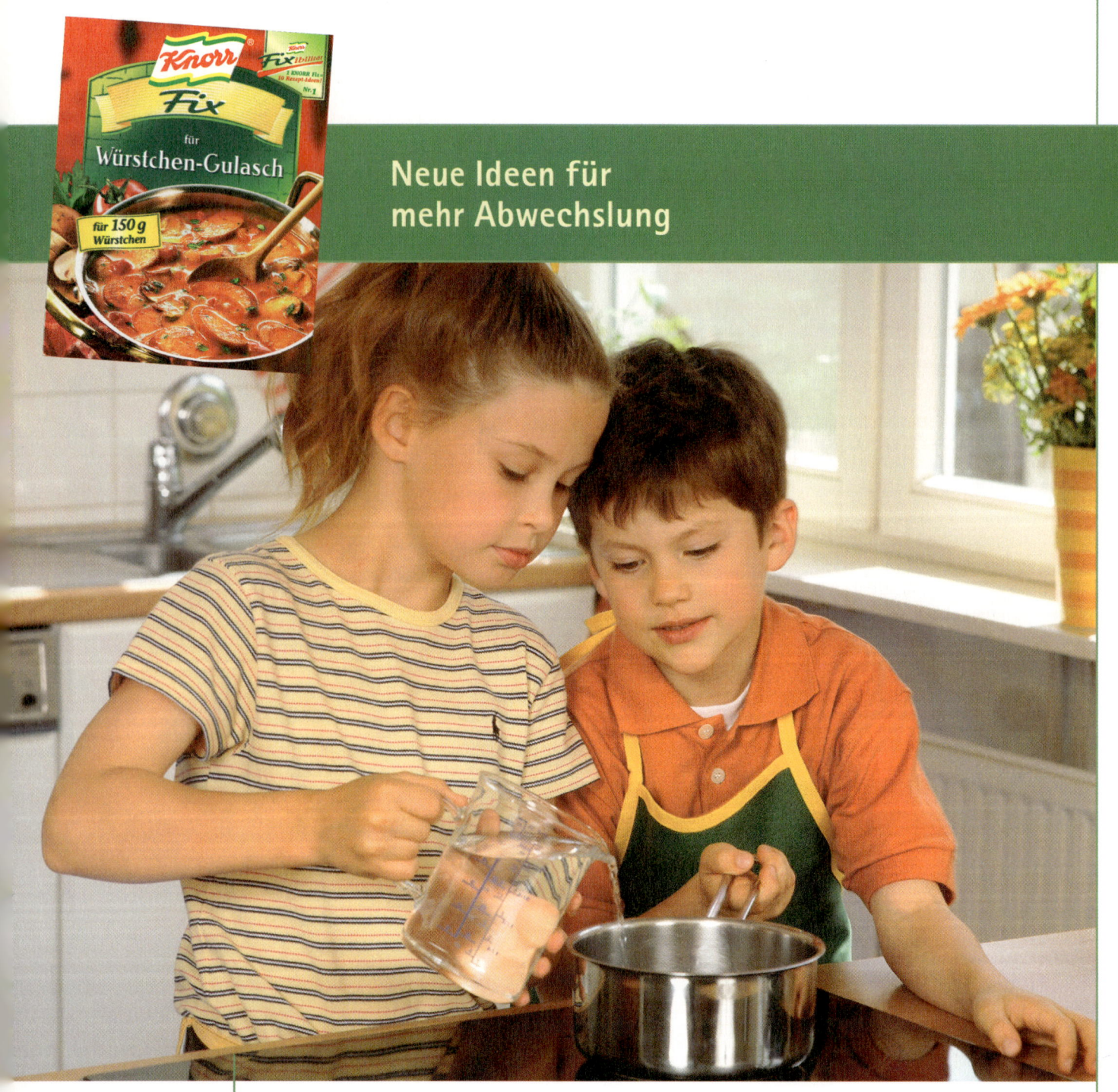

**Neue Ideen für
mehr Abwechslung**

Zubereitungszeit ca. 35 min

Kartoffel-Wurst-Pfanne

Pro Portion (bei 2 Port.): 2690 kJ/643 kcal, 19 g E, 47 g F, 35 g KH

1. Kartoffeln schälen, in kleine Würfel schneiden und in einer Pfanne in heißem Öl etwa 10 Minuten unter Wenden goldbraun braten. Debreziner Würstchen in Scheiben schneiden, dazugeben und kurz mitbraten.

2. 1/4 Liter (250 Milliliter) kaltes Wasser dazugießen, Fix für Würstchen-Gulasch einrühren und unter Rühren aufkochen. Zugedeckt bei schwacher Hitze 5 Minuten garen. Vor dem Servieren Crème fraîche und Kräuter darauf verteilen.

Zutaten für 2–3 Portionen:

450 g Kartoffeln
2 EL Öl
200 g Debreziner Würstchen
1 Beutel KNORR Fix für Würstchen-Gulasch
3 EL Crème fraîche
Kräuter zum Garnieren

tipp

Mit eingelegtem Kürbis oder Mixed Pickles servieren.

Zubereitungszeit ca. 60 min

Gefüllte Paprikaschoten

Pro Portion: 2135 kJ/511 kcal, 20 g E, 20 g F, 59 g KH

1. 150 Milliliter Wasser mit Salz aufkochen und über den Couscous gießen. 5 Minuten quellen lassen, Butter untermischen. Frühlingszwiebeln putzen, waschen und in Ringe schneiden. Oliven in kleine Stücke schneiden. Frühlingszwiebeln, Oliven und Käse unter den Couscous mischen. Mit Salz und Pfeffer würzen.

2. Paprikaschoten waschen, halbieren, entkernen und mit der Couscousmischung füllen. Fix für Würstchen-Gulasch mit den Pizza-Tomaten verrühren und die Mischung in eine große Auflaufform geben.

3. Gefüllte Paprikaschoten darauf setzen und im vorgeheizten Backofen bei 200 °C (Gas Stufe 3, Umluft 175 °C) etwa 45 Minuten garen, für die letzten 15 Minuten mit Alufolie abdecken.

Zutaten für 3 Portionen:

Salz
125 g Instant-Couscous
10 g Butter
1 Bund Frühlingszwiebeln
10 schwarze Oliven ohne Stein
100 g geriebener Käse
Salz, Pfeffer
3 große gelbe Paprikaschoten
1 Beutel KNORR Fix für Würstchen-Gulasch
400 g Pizza-Tomaten aus der Dose

Zubereitungszeit ca. 30 min

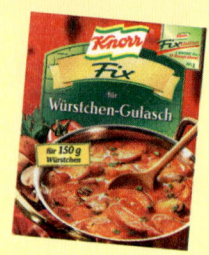

Geschnetzeltes mit Champignons

Pro Portion: 1270 kJ/304 kcal, 36 g E, 13 g F, 9 g KH

Zutaten für 2 Portionen:

300 g Champignons
2 EL Öl
250 g Putenbrustfilet
1 Beutel KNORR Fix für Würstchen-Gulasch
2 EL Crème fraîche
Kräuter zum Garnieren

1. Champignons putzen, in Scheiben schneiden und bei starker Hitze in heißem Öl braten. Aus der Pfanne nehmen und warm stellen.
2. Putenfleisch in Streifen schneiden und in der Pfanne anbraten. 1/4 Liter (250 Milliliter) Wasser zugießen, Fix für Würstchen-Gulasch einrühren, unter Rühren aufkochen und bei schwacher Hitze 2 Minuten kochen.
3. Champignons zum Fleisch in die Pfanne geben. Geschnetzeltes mit Crème fraîche verfeinern. Mit Kräutern garnieren.

tipp

1 geraspelte Möhre und 1 gewürfelte Zwiebel mit den Champignons anbraten.

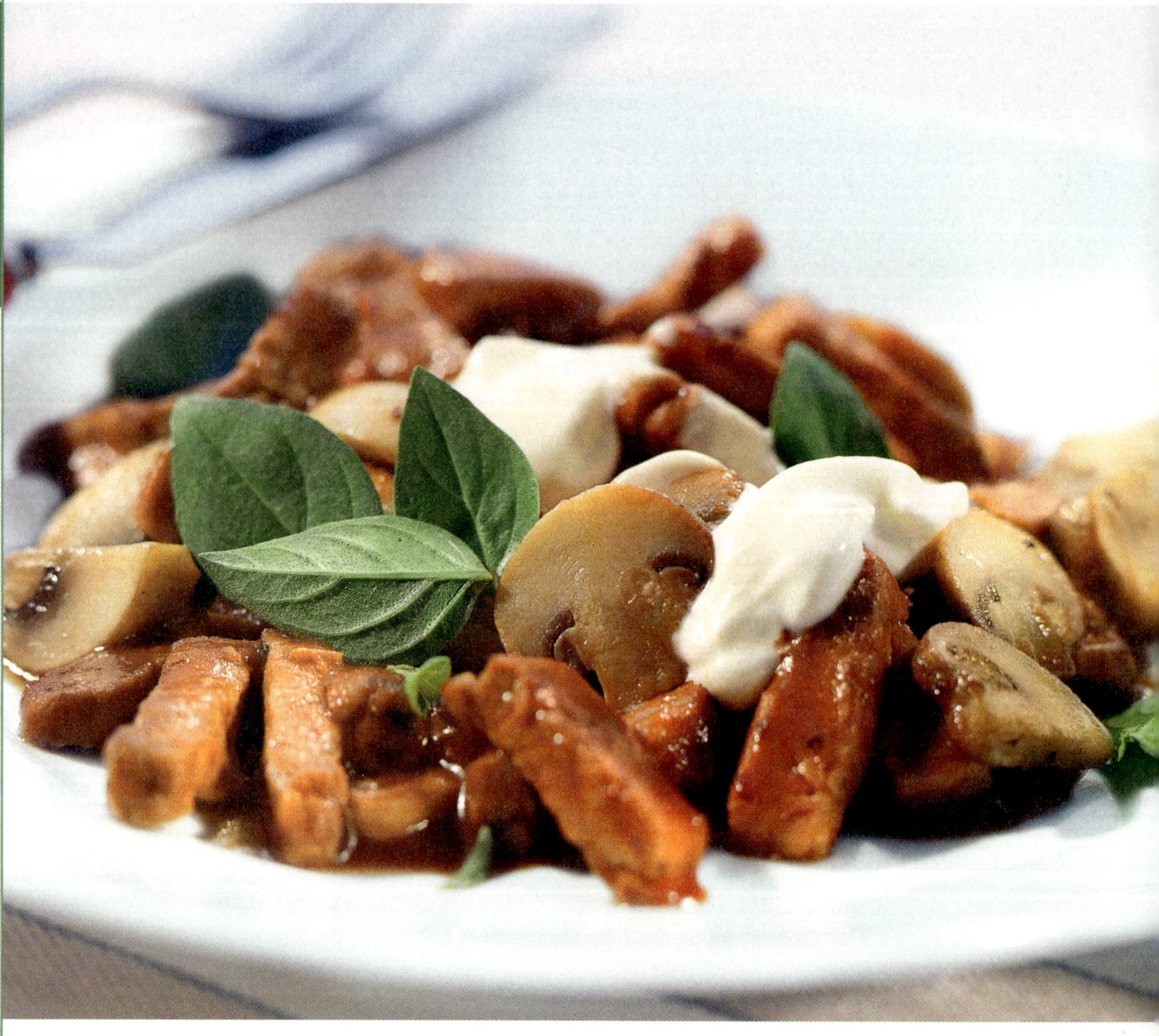

Zubereitungszeit ca. 35 min

Gemüseragout mit Mettbällchen

Pro Portion: 1880 kJ/451 kcal, 22 g E, 34 g F, 13 g KH

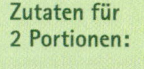

Zutaten für 2 Portionen:

200 g Mett (gewürztes Schweinehack)

2–3 EL Öl

1 rote Paprikaschote

250 g Zucchini

1 Beutel KNORR Fix für Würstchen-Gulasch

Kräuter zum Garnieren

tipp

Jede Portion mit 1 Esslöffel Hüttenkäse oder 1 Klecks griechischem Joghurt servieren.

1. Mett zu 16 Bällchen formen, in heißem Öl rundherum braun braten, aus der Pfanne nehmen und warm stellen.

2. Die Paprikaschote waschen, halbieren, entkernen und in Würfel schneiden. Zucchini waschen, putzen und in Scheiben bzw. Stücke schneiden. Gemüse im Bratfett 3 Minuten dünsten.

3. 1/4 Liter (250 Milliliter) kaltes Wasser zum Gemüse gießen, Fix für Würstchen-Gulasch einrühren, unter Rühren aufkochen. Mettbällchen wieder dazugeben und bei schwacher Hitze 5 Minuten garen. Mit frischen Kräutern garnieren.

Zubereitungszeit ca. 45 min

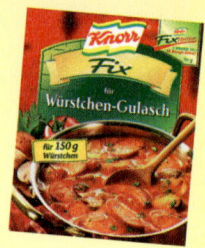

Gemüse-Obst-Pfannkuchen

Pro Portion (bei 2 Port.): 2865 kJ/687 kcal, 22 g E, 25 g F, 92 g KH

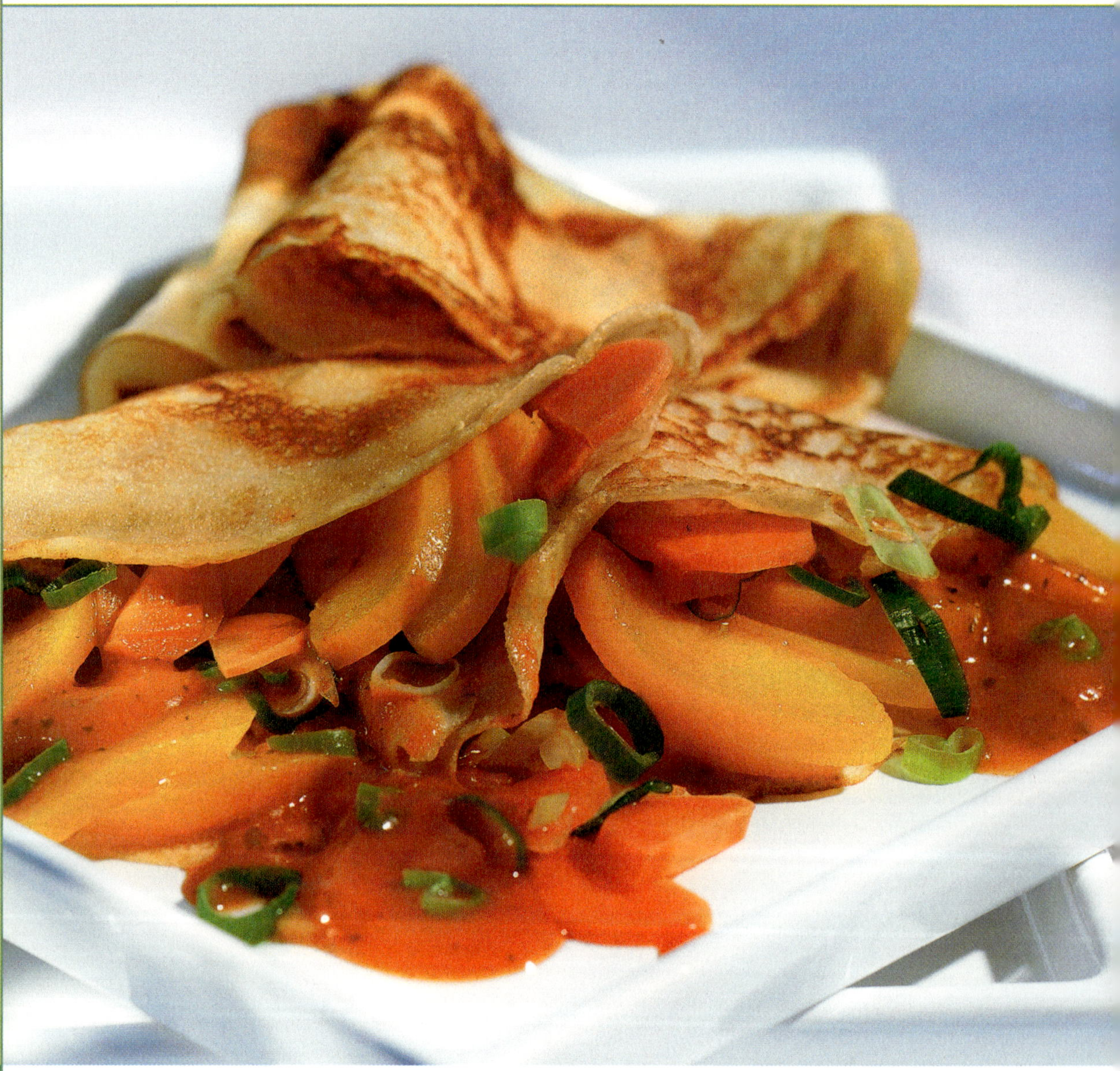

Zutaten für 2–3 Portionen:

2 Eier
1/4 l (250 ml) Milch
1 Prise Salz
150 g Mehl
4 EL Öl
135 g Pfirsichspalten aus der Dose
150 g Möhren
1 Bund Frühlingszwiebeln
1 Beutel KNORR Fix für Würstchen-Gulasch
evtl. Crème fraîche

tipp

Noch schneller geht's, wenn Sie fertige Pfannkuchen aus dem Kühlregal nehmen.

1. Eier, Milch, Salz und Mehl zu einem Pfannkuchenteig verrühren. In einer beschichteten Pfanne in 3 Esslöffel heißem Öl nacheinander 3 Pfannkuchen backen und warm stellen.
2. Pfirsichspalten abtropfen lassen und halbieren. 50 Milliliter Saft auffangen. Möhren waschen, putzen und in dünne Scheiben, Frühlingszwiebeln putzen, waschen und in Ringe schneiden. Das Gemüse im restlichen Öl 3 bis 5 Minuten dünsten.
3. 150 Milliliter kaltes Wasser und Pfirsichsaft zum Gemüse gießen. Fix für Würstchen-Gulasch einrühren, aufkochen und zugedeckt bei schwacher Hitze 5 Minuten garen. Pfirsiche zugeben und in der Sauce erwärmen. Pfannkuchen damit füllen und nach Belieben mit 1 Klecks Crème fraîche servieren.

Paprika-Hack-Pfanne

Pro Portion: 2070 kJ/495 kcal, 33 g E, 30 g F, 22 g KH

1. Paprikaschote waschen, halbieren, entkernen und würfeln. Zusammen mit dem Hackfleisch in heißem Öl unter Rühren anbraten.

2. 1/4 Liter (250 Milliliter) kaltes Wasser dazugießen, Fix für Würstchen-Gulasch einrühren und unter Rühren aufkochen. Abgetropfte Kidney-Bohnen zugeben und zugedeckt bei schwacher Hitze 5 Minuten garen.

3. Mit Chilipulver und Pfeffer abschmecken. Mit Schnittlauchröllchen bestreut servieren.

Zutaten für 2 Portionen:

1 gelbe Paprikaschote
250 g Hackfleisch
2 EL Öl
1 Beutel KNORR Fix für Würstchen-Gulasch
250 g Kidney-Bohnen aus der Dose
Chilipulver, Pfeffer
2 EL Schnittlauchröllchen

tipp

Wenn Sie es scharf mögen, verwenden Sie frische, in feine Streifen geschnittene Chilischote.

Cabanossi-Gulasch

Pro Portion: 1570 kJ/376 kcal, 14 g E, 31 g F, 9 g KH

1. Cabanossi in Scheiben schneiden und in heißem Öl anbraten.

2. 1/4 Liter (250 Milliliter) kaltes Wasser dazugießen, Fix für Würstchen-Gulasch einrühren, unter Rühren aufkochen.

3. Sauerkraut abtropfen lassen, mit 2 Gabeln auflockern und zum Würstchengulasch geben. Zugedeckt bei schwacher Hitze etwa 10 Minuten kochen. Mit Kräutern garniert anrichten.

Zutaten für 2 Portionen:

150 g Cabanossi
1–2 EL Öl
1 Beutel KNORR Fix für Würstchen-Gulasch
285 g Sauerkraut aus der Dose
Kräuter zum Garnieren

tipp

Einen klein geschnittenen Apfel mitgaren.

Hähnchenpfanne mit Reis

Zutaten für 2 Portionen:

125 g Reismischung (Langkorn- und Wildreis)

Salz

200 g Hähnchenbrustfilet

1 rote Zwiebel

2 EL Öl

1 Beutel KNORR Fix für Würstchen-Gulasch

tipp

Statt Reis Streifen von geröstetem und gebuttertem Roggenmischbrot dazu servieren.

Pro Portion: 1985 kJ/476 kcal, 31 g E, 10 g F, 64 g KH

1. Reis in 350 Milliliter kochendes Salzwasser geben und 15 bis 20 Minuten garen. Hähnchenbrustfilet in Streifen schneiden. Zwiebel abziehen und in feine Spalten schneiden. Fleisch und Zwiebelspalten in heißem Öl anbraten, aus der Pfanne nehmen und warm stellen.

2. 1/4 Liter (250 Milliliter) kaltes Wasser in die Pfanne zum Bratfett geben, Fix für Würstchen-Gulasch einrühren, unter Rühren aufkochen. Fleisch und Zwiebel dazugeben und bei schwacher Hitze etwa 3 Minuten kochen.

3. Reis abtropfen lassen und in gefettete, hohe Souffléeförmchen oder Tassen drücken. Zum Servieren je 1 Portion Reis auf einen Teller stürzen und mit der Hähnchenpfanne anrichten.

   Besonders dekorativ: Ein Teil des Reises mit 1/4 Teelöffel Kurkuma garen.

Spätzle mit Linsen

Zutaten für 3 Portionen:

200 g Spätzle

Salz

180 g Cocktail-Würstchen aus dem Glas

1–2 EL Öl

1 Beutel KNORR Fix für Würstchen-Gulasch

265 g Linsen aus der Dose

1/2 EL Essig

Zucker, Salz

Pro Portion: 1360 kJ/325 kcal, 16 g E, 22 g F, 17 g KH

1. Nudeln in kochendem Salzwasser bissfest garen und in einem Sieb abgießen. Würstchen abtropfen lassen und in heißem Öl anbraten.

2. 200 Milliliter kaltes Wasser dazugießen, Fix für Würstchen-Gulasch einrühren und aufkochen. Zugedeckt bei schwacher Hitze etwa 3 Minuten garen.

3. Linsen abtropfen lassen, dazugeben und 2 Minuten mitgaren. Linsenpfanne mit Essig, Zucker und Salz abschmecken. Die abgetropften Nudeln mit den Linsen anrichten.

Zubereitungszeit ca. 25 min

Putenpfanne mit Ananas

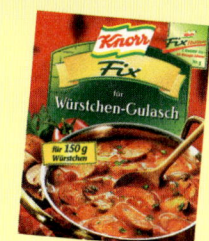

Pro Portion (bei 2 Port.): 2130 kJ/510 kcal, 34 g E, 25 g F, 36 g KH

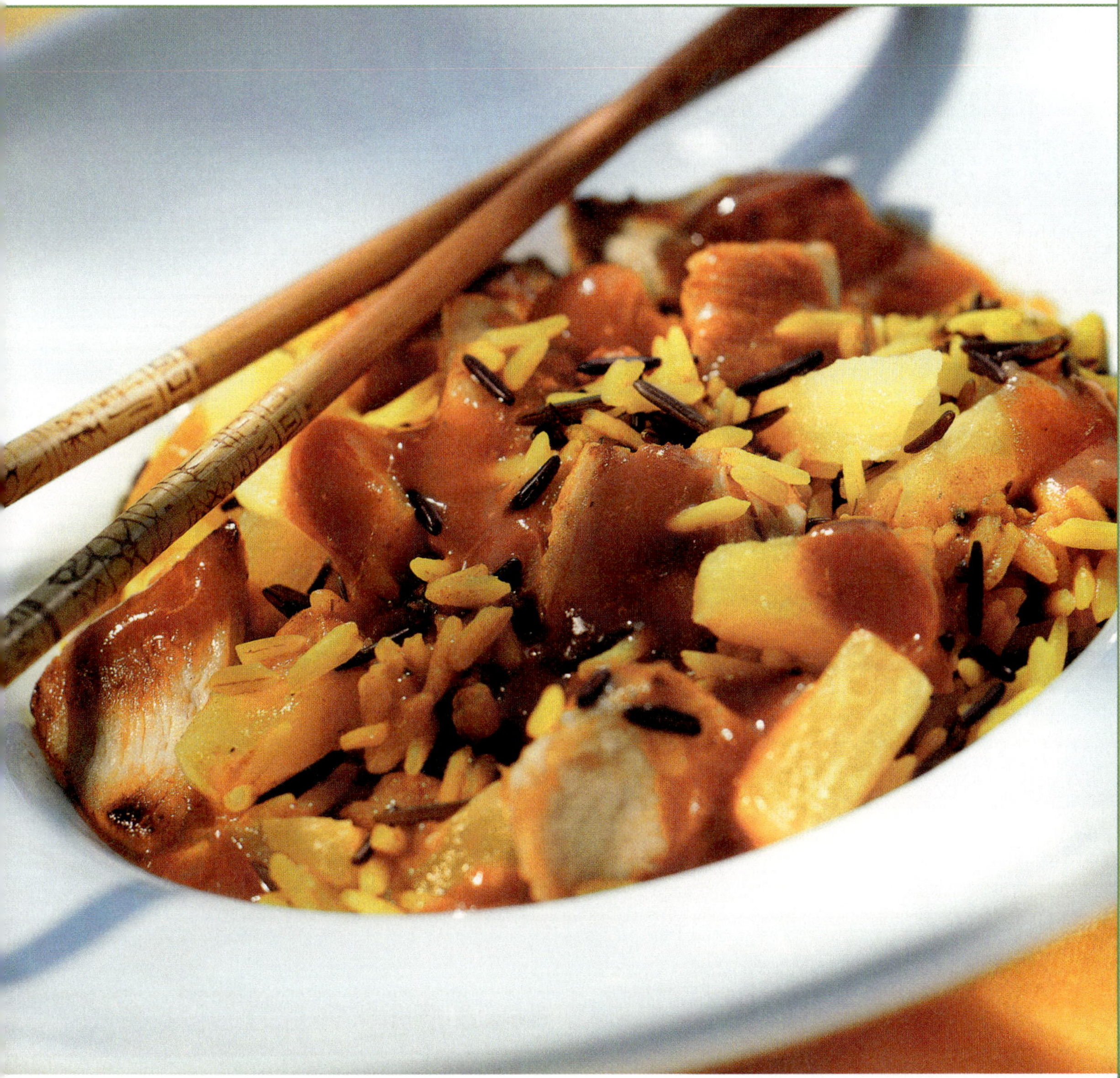

Zutaten für 2–3 Portionen:

250 g Putenbrustfilet
2 EL Öl
100 ml Schlagsahne
1 Beutel KNORR Fix für Würstchen-Gulasch
1 TL Currypulver
260 g Ananasstücke aus der Dose

1. Putenfleisch würfeln und in heißem Öl goldbraun braten. Herausnehmen und warm stellen.
2. In 150 Milliliter kaltes Wasser und Sahne Fix für Würstchen-Gulasch einrühren, Currypulver zugeben und aufkochen. Zugedeckt bei schwacher Hitze etwa 4 Minuten kochen.
3. Ananasstücke abtropfen lassen, mit dem gebratenen Fleisch in die Pfanne geben und in der Sauce erwärmen.

tipp

Frische Ananas gibt es in einigen Supermärkten auch fertig geschält und gewürfelt.

Fix für Zucchini-Pfanne Toscana

Mit Raffinesse
und guten Ideen

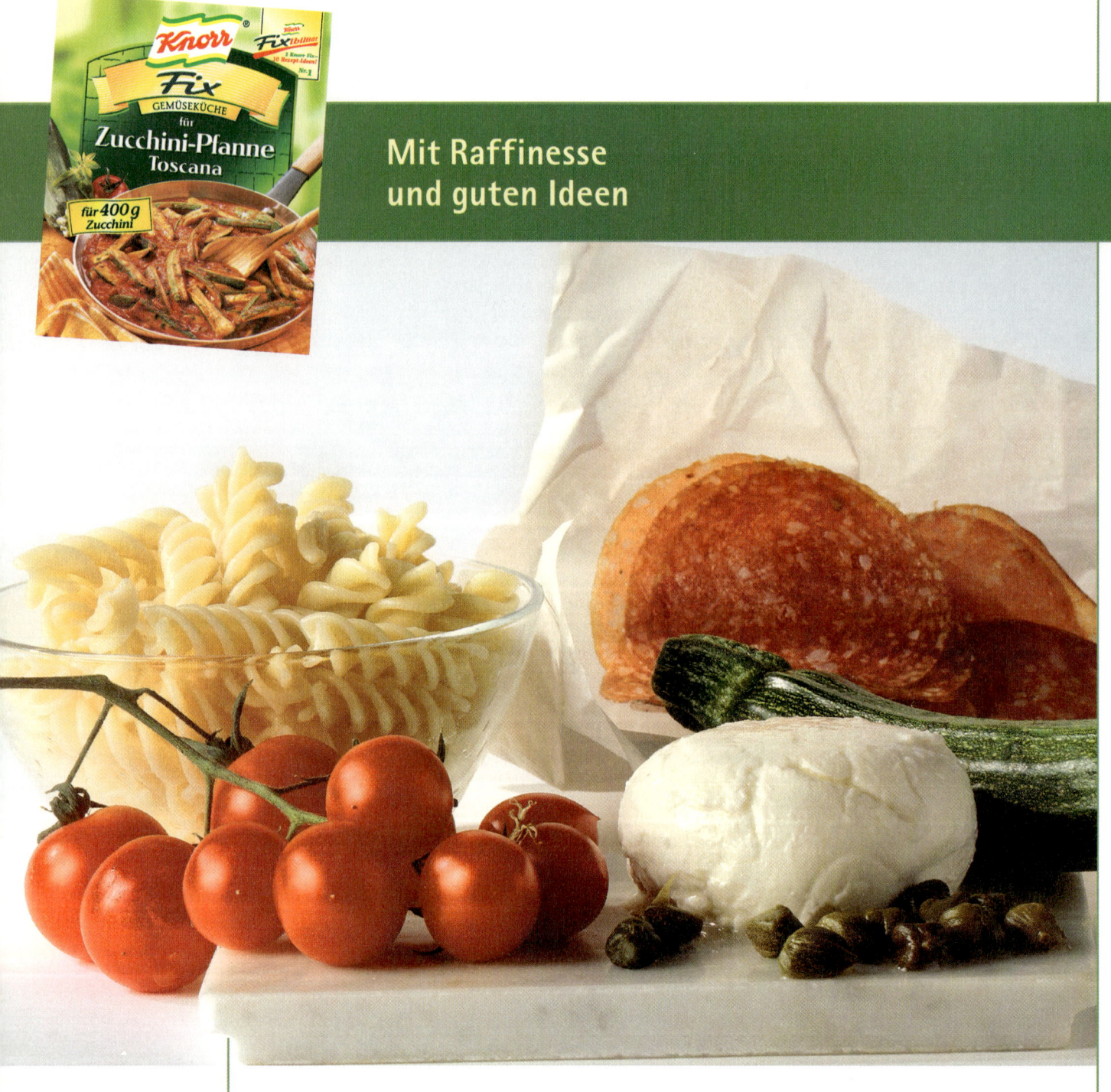

Schupfnudelpfanne

Pro Portion (bei 3 Port.): 1240 kJ/297 kcal, 9 g E, 15 g F, 31 g KH

1. Zucchini waschen, putzen und in Scheiben schneiden. Schupfnudeln in einer Pfanne in heißem Öl 5 Minuten anbraten. Zucchini zugeben, bei schwacher Hitze etwa 3 Minuten mitdünsten und aus der Pfanne nehmen.

2. 150 Milliliter kaltes Wasser in die Pfanne gießen, Fix für Zucchini-Pfanne Toscana einrühren und 1 Minute kochen lassen. Schupfnudeln in die Sauce geben und gut vermischen. Mit Basilikum und Käse bestreut servieren.

Zutaten für 2–3 Portionen:

150 g Zucchini

500 g Schupfnudeln aus dem Kühlregal

3 EL Öl

1 Beutel KNORR Fix für Zucchini-Pfanne Toscana

1 EL fein geschnittenes Basilikum

geriebener Käse

tipp

Statt Schupfnudeln können Sie auch frische Spätzle verwenden.

Zucchini-Hack-Pfanne

Pro Portion (bei 2 Port.): 2450 kJ/587 kcal, 32 g E, 44 g F, 17 g KH

1. Zwiebel abziehen und würfeln. Knoblauch abziehen und zerdrücken. Hackfleisch mit Zwiebelwürfeln, Knoblauch, Salz und Pfeffer gut vermischen. 10 kleine Hackbällchen formen, rundherum in heißem Öl braun anbraten, herausnehmen und warm stellen.

2. Zucchini waschen, putzen und in Stifte schneiden, Champignons putzen und halbieren. Beides in der Pfanne in dem verbliebenen Öl kurz dünsten. 150 Milliliter kaltes Wasser dazugießen, Fix für Zucchini-Pfanne Toscana einrühren und bei schwacher Hitze 2 bis 3 Minuten kochen.

3. Hackbällchen in die Sauce geben und heiß werden lassen.

Zutaten für 2–3 Portionen:

1 Zwiebel

1 Knoblauchzehe

250 g Hackfleisch

Salz, Pfeffer

4 EL Öl

100 g Zucchini

250 g kleine Champignons

1 Beutel KNORR Fix für Zucchini-Pfanne Toscana

Zubereitungszeit ca. 35 min

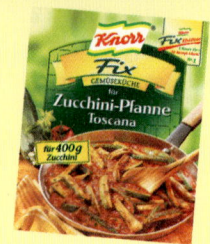

Mexikanische Chili-Gemüsepfanne

Pro Portion: 685 kJ/164 kcal, 8 g E, 5 g F, 20 g KH

Zutaten für 3 Portionen:

100 g Möhren
100 g Lauch
1 rote Paprikaschote
2 EL Öl
1 Beutel KNORR Fix für Zucchini-Pfanne Toscana
265 g Kidney-Bohnen aus der Dose
Kreuzkümmel
Chilipulver

1. Möhren schälen und in Scheiben schneiden. Lauch putzen, waschen und in feine Ringe schneiden. Paprikaschote waschen, halbieren, entkernen und in Streifen schneiden. Alles in einer Pfanne in heißem Öl dünsten.
2. 200 Milliliter kaltes Wasser dazugießen, Fix für Zucchini-Pfanne Toscana einrühren und unter Rühren aufkochen. Zugedeckt bei schwacher Hitze 5 bis 10 Minuten garen, bei Bedarf etwas Wasser nachgießen.
3. Kidney-Bohnen abtropfen lassen, dazugeben und mit Kreuzkümmel und Chilipulver abschmecken.

tipp

Genießen Sie dazu ein mexikanisches Bier, stilecht serviert mit einem Limonenschnitz im Flaschenhals.

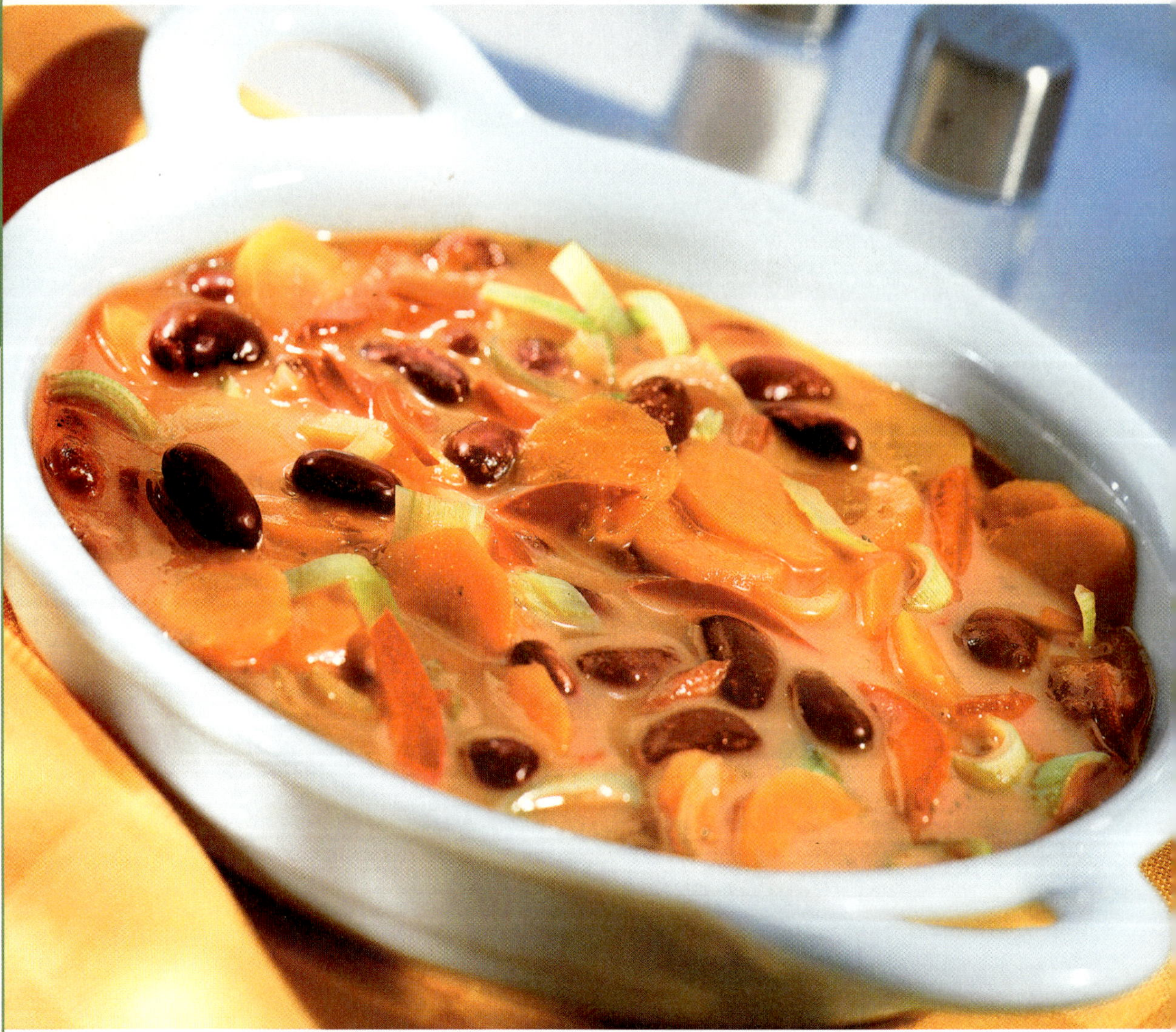

Zubereitungszeit ca. 60 min

Pikante Mini-Calzone mit Oliven

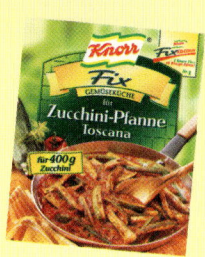

Pro Stück: 510 kJ/123 kcal, 4 g E, 7 g F, 12 g KH

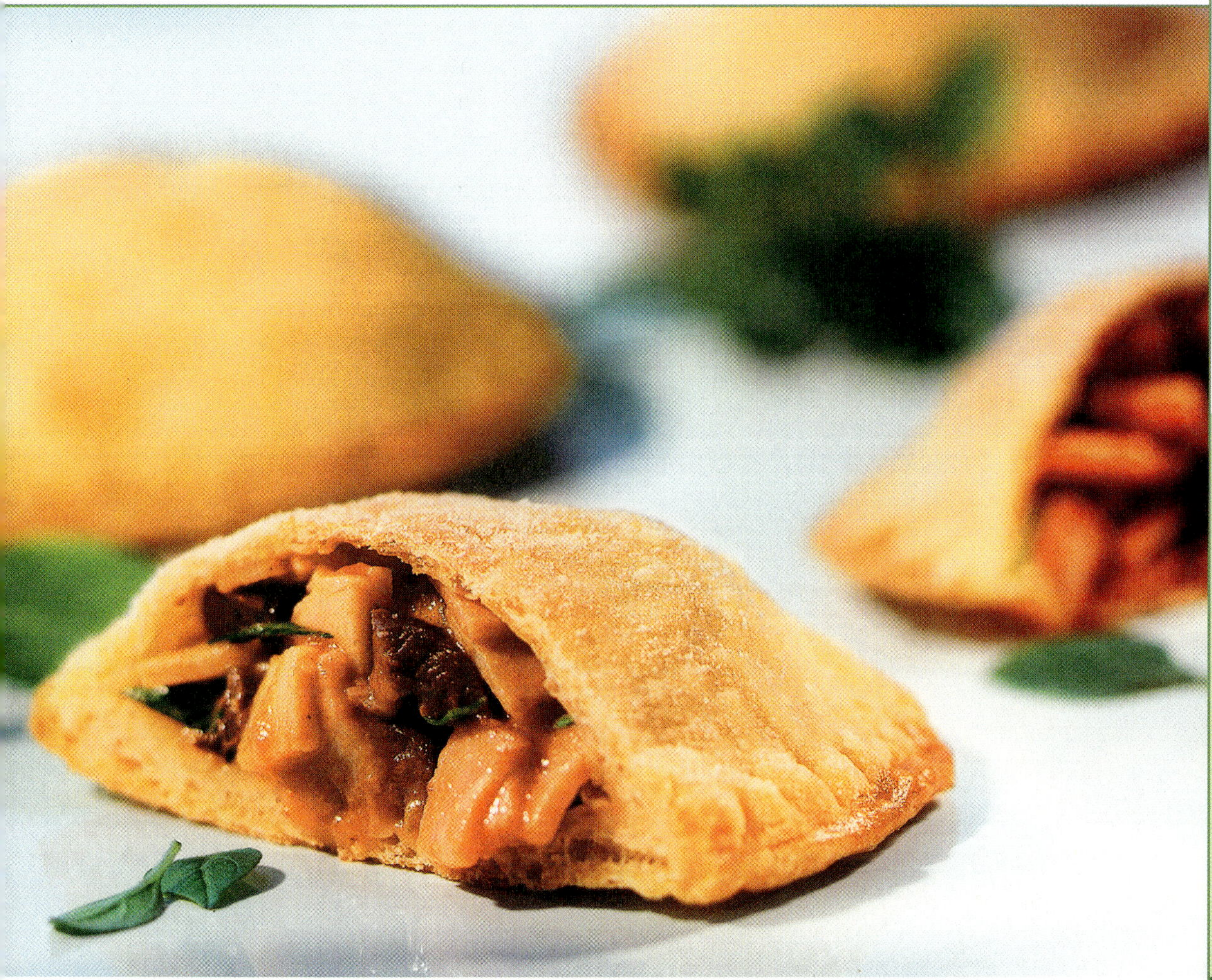

Zutaten für 15 Stück:

1 Packung MONDAMIN Pizza-Teig

1 Scheibe roher Schinken (ca. 100 g)

1 Knoblauchzehe

20 schwarze Oliven ohne Stein

1 EL Öl

1 Beutel KNORR Fix für Zucchini-Pfanne Toscana

1 Ei

Kräuter zum Garnieren

1. Den Inhalt von 1 Beutel Pizza-Teig mit 1/8 Liter (125 Milliliter) lauwarmem Wasser verkneten. Teig ausrollen und mit einem Glas 30 Kreise ausstechen.
2. Schinken würfeln, Knoblauchzehe abziehen und fein hacken, Oliven in Scheiben schneiden. Alles zusammen in heißem Öl dünsten.
3. 100 Milliliter kaltes Wasser dazugießen, Fix für Zucchini-Pfanne Toscana einrühren und 1 Minute kochen. Den Belag auf die Mitte von 15 Kreisen verteilen.
4. Ei verquirlen und die Teigränder damit bestreichen. Restliche Teigkreise auflegen und mit einer Gabel darauf festdrücken. Im vorgeheizten Backofen bei 200 °C (Gas Stufe 3, Umluft 175 °C) 20 Minuten backen. Mit Kräutern garnieren.

tipp

Die kleinen Pizzen sind ideal als Partysnack. Sie schmecken heiß und kalt.

Zubereitungszeit ca. 25 min

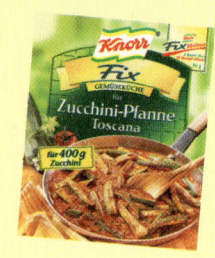

Minestrone mit Nudeln

Pro Portion: 665 kJ/160 kcal, 5 g E, 5 g F, 22 g KH

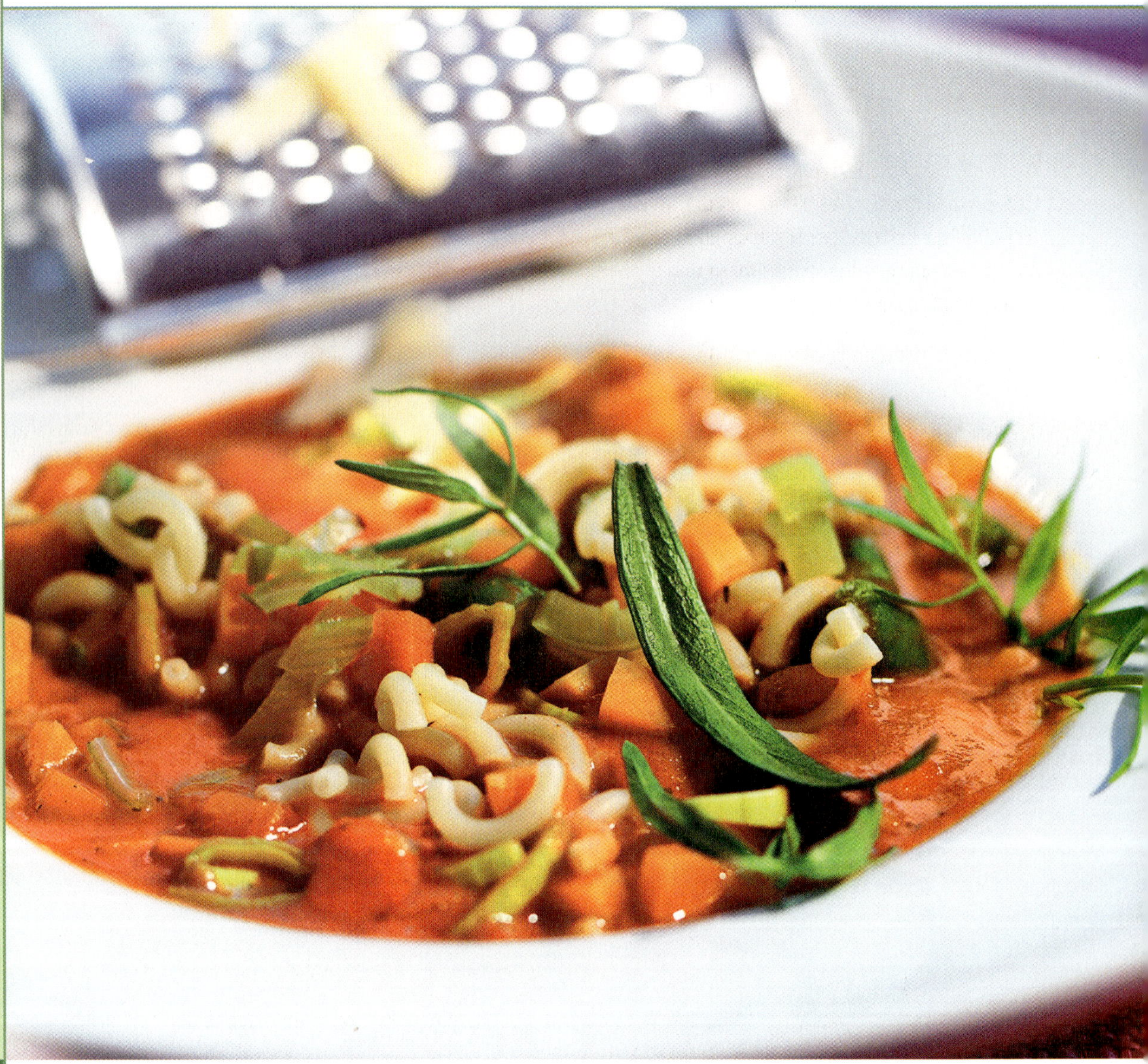

Zutaten für 3 Portionen:

200 g TK-Suppengemüse
2 EL Öl
50 g Suppennudeln
1 Beutel KNORR Fix für Zucchini-Pfanne Toscana
Salz, Pfeffer
1–2 EL geriebener Käse
Kräuter zum Garnieren

tipp

Zum Servieren gießen Italiener gern etwas aromatisches Olivenöl auf die fertige Suppe.

1. Suppengemüse in einem Topf in heißem Öl andünsten. 600 Milliliter Wasser dazugießen, die Suppennudeln zugeben und zugedeckt bei schwacher Hitze 10 bis 15 Minuten garen.
2. Fix für Zucchini-Pfanne Toscana einrühren, unter Rühren aufkochen und 1 Minute kochen lassen.
3. Suppe mit Salz und Pfeffer abschmecken. Mit Käse bestreuen und mit Kräutern garnieren.

Zubereitungszeit ca. 40 min

Thunfisch-Zucchini-Pizza

Pro Portion: 3890 kJ/931 kcal, 37 g E, 47 g F, 88 g KH

1. Pizzateig auf ein mit Backpapier ausgelegtes Backblech legen.

2. Zucchini waschen, putzen, in Stifte schneiden und in einer Pfanne in heißem Öl kurz dünsten. 150 Milliliter kaltes Wasser dazugießen, Fix für Zucchini-Pfanne Toscana einrühren und 2 bis 3 Minuten bei schwacher Hitze kochen lassen.

3. Thunfisch abtropfen lassen und zusammen mit dem Zucchinigemüse und Käse auf dem Pizza-boden verteilen. Im vorgeheizten Backofen bei 225 °C (Gas Stufe 4, Umluft 200 °C) 20 bis 25 Minuten backen.

Zutaten für 2 Portionen:

1 runder Pizzateig aus dem Kühlregal

300 g Zucchini

2 EL Öl

1 Beutel KNORR Fix für Zucchini-Pfanne Toscana

150 g Thunfisch aus der Dose

50 g geriebener Käse

tipp

Aus dem Teig kleine Pizzen ausstechen und belegen.

Zubereitungszeit ca. 30 min

Bohnenpfanne »Toscana«

Pro Portion (bei 2 Port.): 1800 kJ/430 kcal, 51 g E, 16 g F, 7 g KH

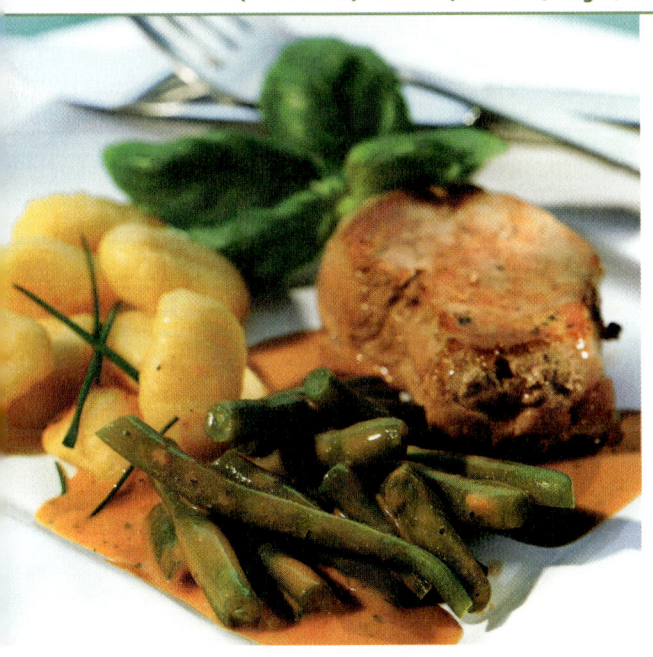

1. Fleisch in Portionsstücke schneiden und in heißem Öl von jeder Seite 6 bis 8 Minuten braten. In der Pfanne warm halten.

2. Bohnen putzen, eventuell halbieren und in ungesalzenem Wasser 10 bis 15 Minuten kochen. In einem Sieb abgießen.

3. Fix für Zucchini-Pfanne Toscana in 150 Milli-liter kaltes Wasser einrühren, aufkochen, Bohnen zufügen und 2 bis 3 Minuten garen. Mit den Schweinefilets anrichten.

   Dazu passen Gnocchi oder Salzkartoffeln.

Zutaten für 2–3 Portionen:

400 g Schweinefilet

2 EL Öl

400 g grüne Bohnen

1 Beutel KNORR Fix für Zucchini-Pfanne Toscana

tipp

Dazu einen italie-nischen Barbaresco aus dem Piemont oder roten Cahors aus dem Südwesten Frankreichs.

Zucchini-Toasties

Pro Portion (bei 3 Port.): 1315 kJ/314 kcal, 13 g E, 15 g F, 30 g KH

**Zutaten für
2–3 Portionen:**

400 g Zucchini
2 EL Öl
1 Beutel KNORR Fix
für Zucchini-Pfanne
Toscana
100 g Schafskäse
6 halbe Weizen-
Toasties
1/2 Knoblauchzehe
1 EL Olivenöl

tipp

Toasties mit in feine
Streifen geschnitte-
nen Basilikumblätt-
chen bestreuen.

1. Zucchini waschen, putzen, in Stifte schneiden
   und in einer Pfanne in heißem Öl kurz dünsten.
   150 Milliliter kaltes Wasser dazugießen, Fix für
   Zucchini-Pfanne Toscana einrühren und 2 bis
   3 Minuten bei schwacher Hitze kochen lassen.
   Unter Rühren so lange weiter kochen, bis die
   Sauce cremig-dickflüssig ist.

2. Schafskäse in Würfel schneiden und zugeben.
   Weizen-Toasties toasten. Knoblauchzehe
   abziehen und halbieren. Die Toasties damit ein-
   reiben und mit etwas Olivenöl beträufeln.

3. Zucchinigemüse auf den Toasties verteilen und
   warm als Snack servieren.

Polentaplätzchen

Pro Portion (bei 3 Port.): 2250 kJ/537 kcal, 23 g E, 25 g F, 55 g KH

**Zutaten für
3–4 Portionen:**

150 g Polenta
(Maisgrieß)
600 ml Milch
Salz
1 Prise Muskat
100 g geriebener Käse
1 Beutel KNORR Fix
für Zucchini-Pfanne
Toscana
2–3 EL Schlagsahne
Kräuter zum
Garnieren

1. Polenta mit Milch, Salz und Muskat kochen.
   Etwa 10 Minuten bei schwacher Hitze quellen
   lassen, dabei mehrmals umrühren. Polentabrei
   auf einem gefetteten Backblech etwa 1 Zentimeter dick ausstreichen und abkühlen lassen.

2. Plätzchen, z.B. Halbmonde, ausstechen, auf
   Backpapier setzen und mit Käse bestreuen. Im
   vorgeheizten Backofen bei 200 °C (Gas Stufe 3,
   Umluft 175 °C) in 15 Minuten goldbraun backen.

3. Fix für Zucchini-Pfanne Toscana in 150 Milliliter kaltes Wasser einrühren, unter Rühren aufkochen und 1 Minute kochen lassen. Mit Sahne
   verfeinern und auf Teller verteilen. Die Polenta-
   plätzchen mit Kräutern darauf anrichten.

Zubereitungszeit ca. 25 min

Spätzle-Lauch-Pfanne

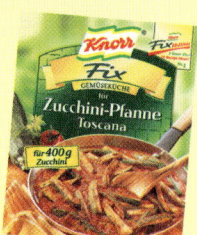

Pro Portion (bei 3 Port.): 1890 kJ/454 kcal, 18 g E, 14 g F, 62 g KH

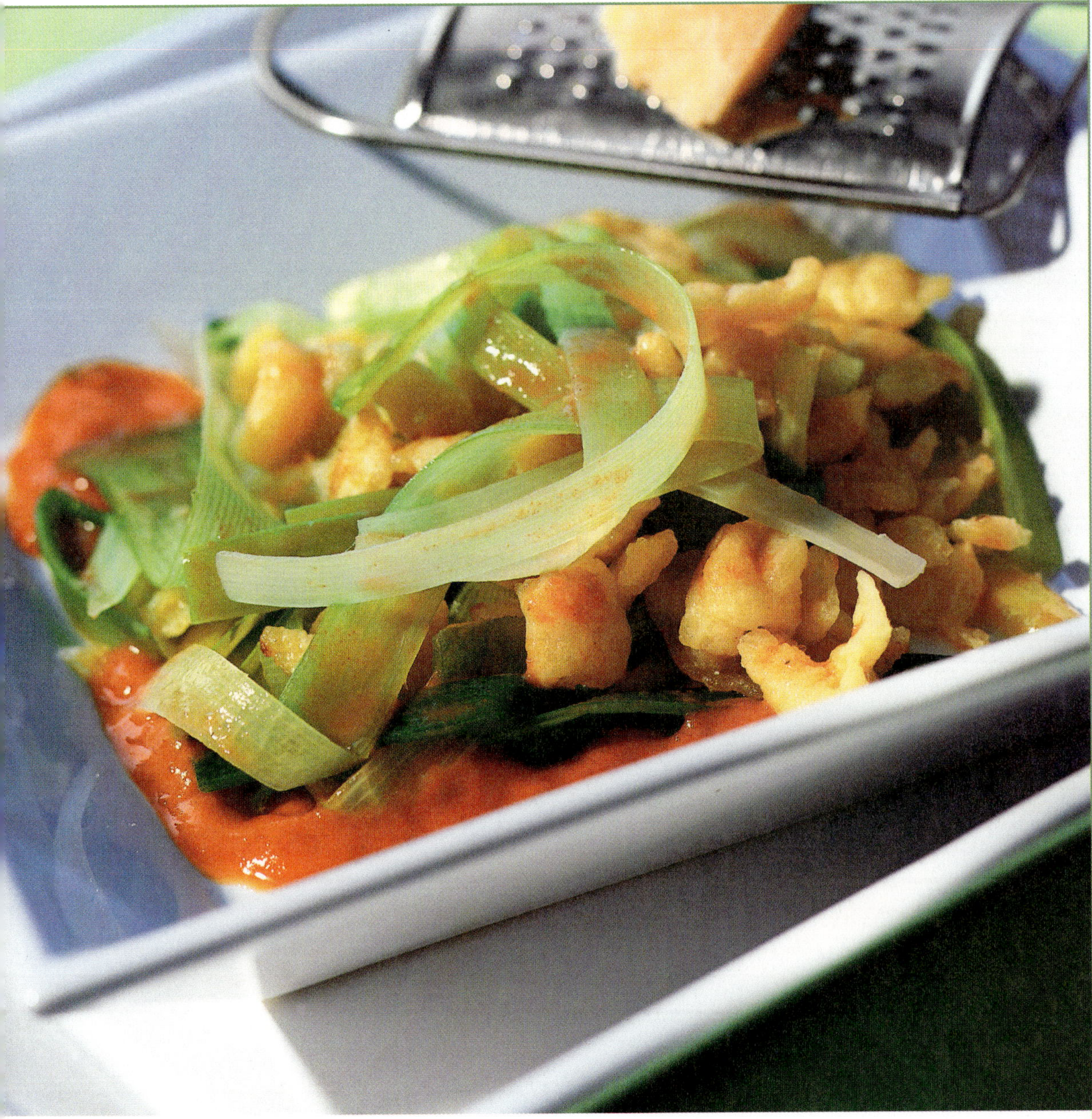

Zutaten für 3–4 Portionen:

500 g Lauch

2 EL Öl

500 g Spätzle aus dem Kühlregal

1 Beutel KNORR Fix für Zucchini-Pfanne Toscana

50 g geriebener Parmesan

1. Lauch putzen, waschen, in dünne Streifen schneiden und in einer Pfanne in heißem Öl etwa 5 Minuten dünsten. Die Spätzle dazugeben.
2. 150 Milliliter Wasser dazugießen, Fix für Zucchini-Pfanne Toscana einrühren und alles gut vermischen. Mit Parmesan bestreut servieren.

tipp

Halbierte Kirschtomaten in der Spätzle-Pfanne mit erwärmen.

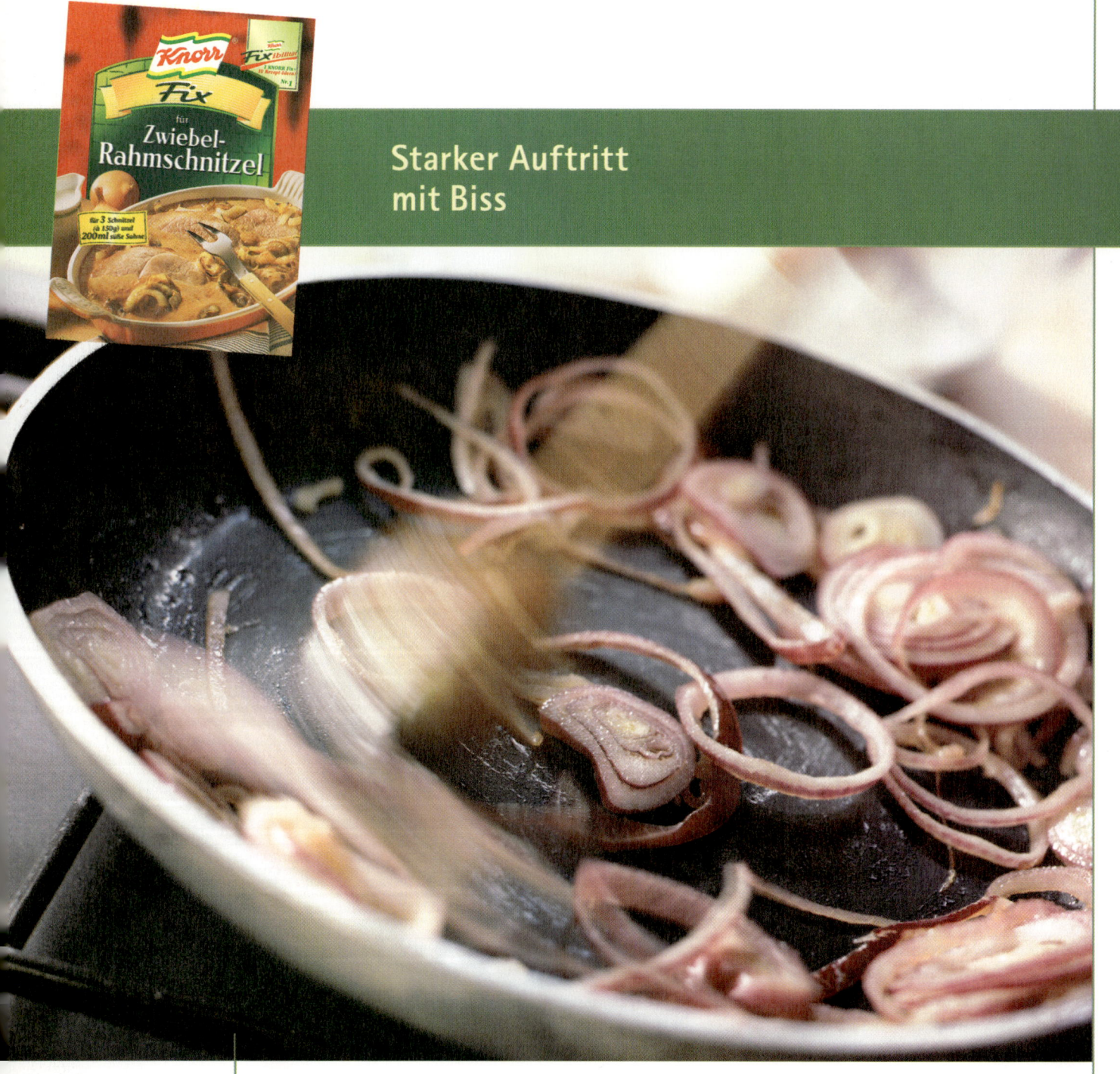

10 Rezept-Ideen

Fix für Zwiebel-Rahmschnitzel

Starker Auftritt
mit Biss

Französische Zwiebelsuppe

Pro Portion (bei 2 Port.): 880 kJ/211 kcal, 8 g E, 8 g F, 24 g KH

1. 1/2 Liter (500 Milliliter) kaltes Wasser in einen Topf gießen. Fix für Zwiebel-Rahmschnitzel einrühren, unter Rühren aufkochen und zugedeckt bei schwacher Hitze 10 Minuten kochen.

2. Die Suppe mit 1/2 Teelöffel Thymian würzen. Weißwein und Sahne unterrühren.

3. Das Brötchen in dünne Scheiben schneiden und mit geriebenem Käse bestreuen. Unter dem vorgeheizten Grill oder im Backofen kurz überbacken. Die Scheiben mit restlichem, zerriebenem Thymian bestreuen.

4. Die Suppe in Suppentassen füllen und mit den gratinierten Käsebroten anrichten.

Zutaten für 2–3 Portionen:

1 Beutel KNORR Fix für Zwiebel-Rahmschnitzel
1 TL getrockneter Thymian
1–2 EL Weißwein
2 EL Schlagsahne
1 Brötchen
20 g geriebener Käse

tipp

Anstelle von Weißwein trockenen Sherry in die Suppe geben.

Kartoffel-Zwiebel-Gratin

Pro Portion (bei 2 Port.): 1770 kJ/423 kcal, 16 g E, 17 g F, 49 g KH

1. Kartoffeln schälen, mit einem Gemüsehobel in dünne Scheiben hobeln oder in dünne Scheiben schneiden.

2. 300 Milliliter kaltes Wasser in einen Topf geben. Fix für Zwiebel-Rahmschnitzel einrühren und unter Rühren aufkochen. Kartoffelscheiben dazugeben und aufkochen. Sahne unterrühren.

3. Alles in eine gefettete Auflaufform geben und mit Käse bestreuen. Im vorgeheizten Backofen bei 200 °C (Gas Stufe 3, Umluft 175 °C) in etwa 30 Minuten goldbraun backen.

Zutaten für 2–3 Portionen:

500 g Kartoffeln
1 Beutel KNORR Fix für Zwiebel-Rahmschnitzel
50 ml Schlagsahne
50 g geriebener Käse

tipp

Mit Salat ein vegetarisches Hauptgericht. Auch gut als Beilage zu Schnitzel oder Lammfleisch.

Zubereitungszeit ca. 45 min

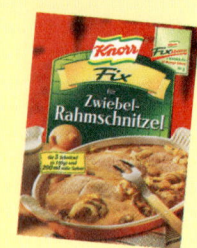

Kasseler mit Sauerkraut-Zwiebel-Haube

Pro Portion (bei 3 Port.): 2225 kJ/531 kcal, 42 g E, 36 g F, 10 g KH

Zutaten für 2–3 Portionen:

- 3 Scheiben Kasseler-fleisch à 150 g
- 285 g Sauerkraut aus der Dose
- 1 Beutel KNORR Fix für Zwiebel-Rahmschnitzel
- 200 ml Schlagsahne
- 1/2 Bund gehackte Petersilie
- 50 g geriebener Käse

1. Kasseler nebeneinander in eine gefettete Auflaufform legen. Sauerkraut abtropfen lassen und ausdrücken.
2. Fix für Zwiebel-Rahmschnitzel in die Sahne einrühren. Sauerkraut und Petersilie untermischen. Auf jede Fleischscheibe 1 Portion der Kraut-Zwiebel-Mischung geben. Mit Käse bestreuen.
3. Das Fleisch im vorgeheizten Backofen bei 200 °C (Gas Stufe 3, Umluft 175 °C) etwa 30 Minuten backen.

tipp

Zum Kasseler eine Schale Apfelmus und Wildpreiselbeeren servieren.

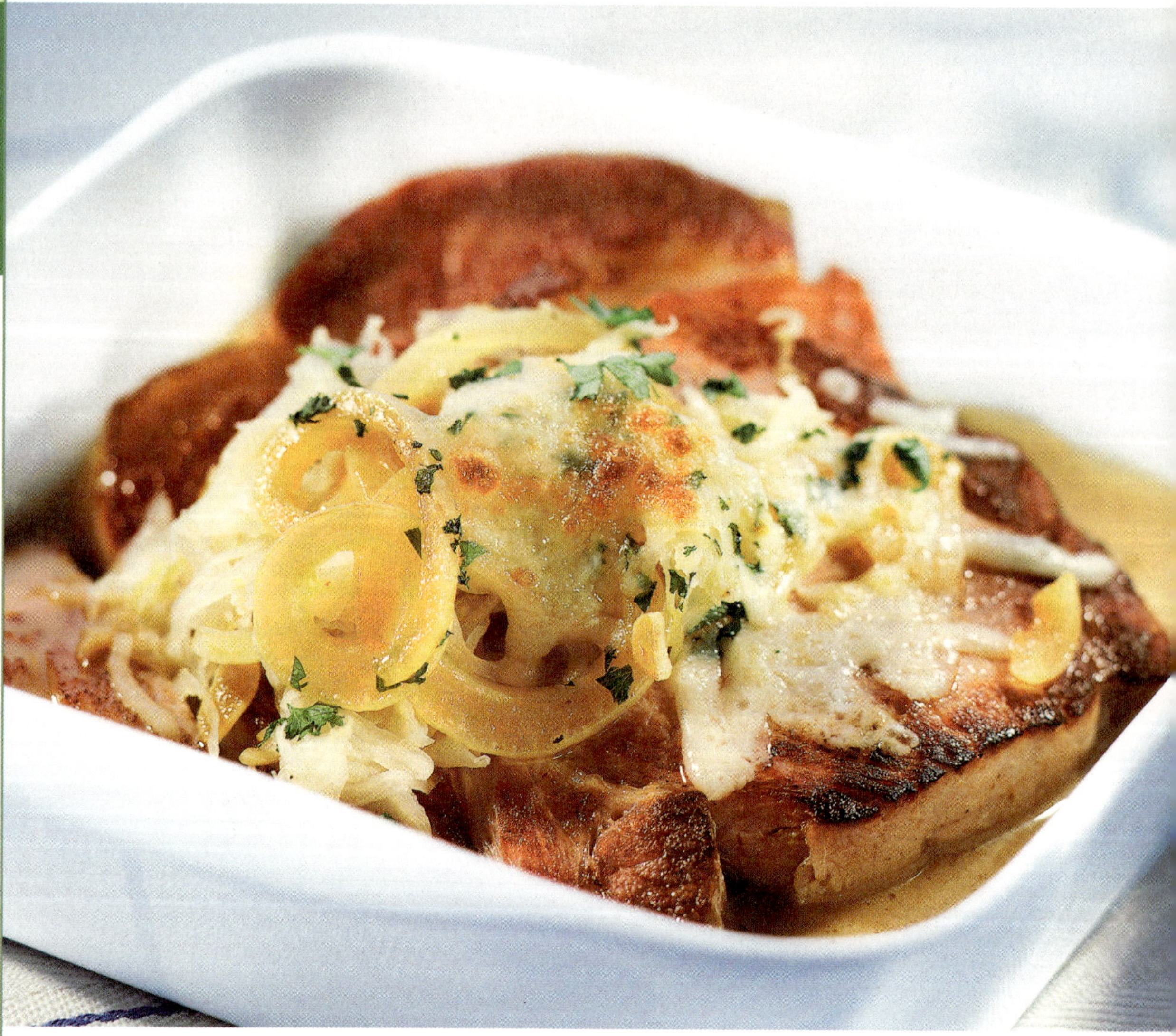

Zubereitungszeit ca. 60 min

Putenröllchen mit Lauchfüllung

Pro Portion (bei 3 Port.): 3650 kJ/873 kcal, 84 g E, 51 g F, 18 g KH

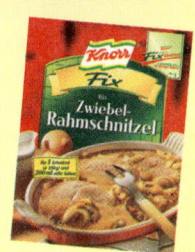

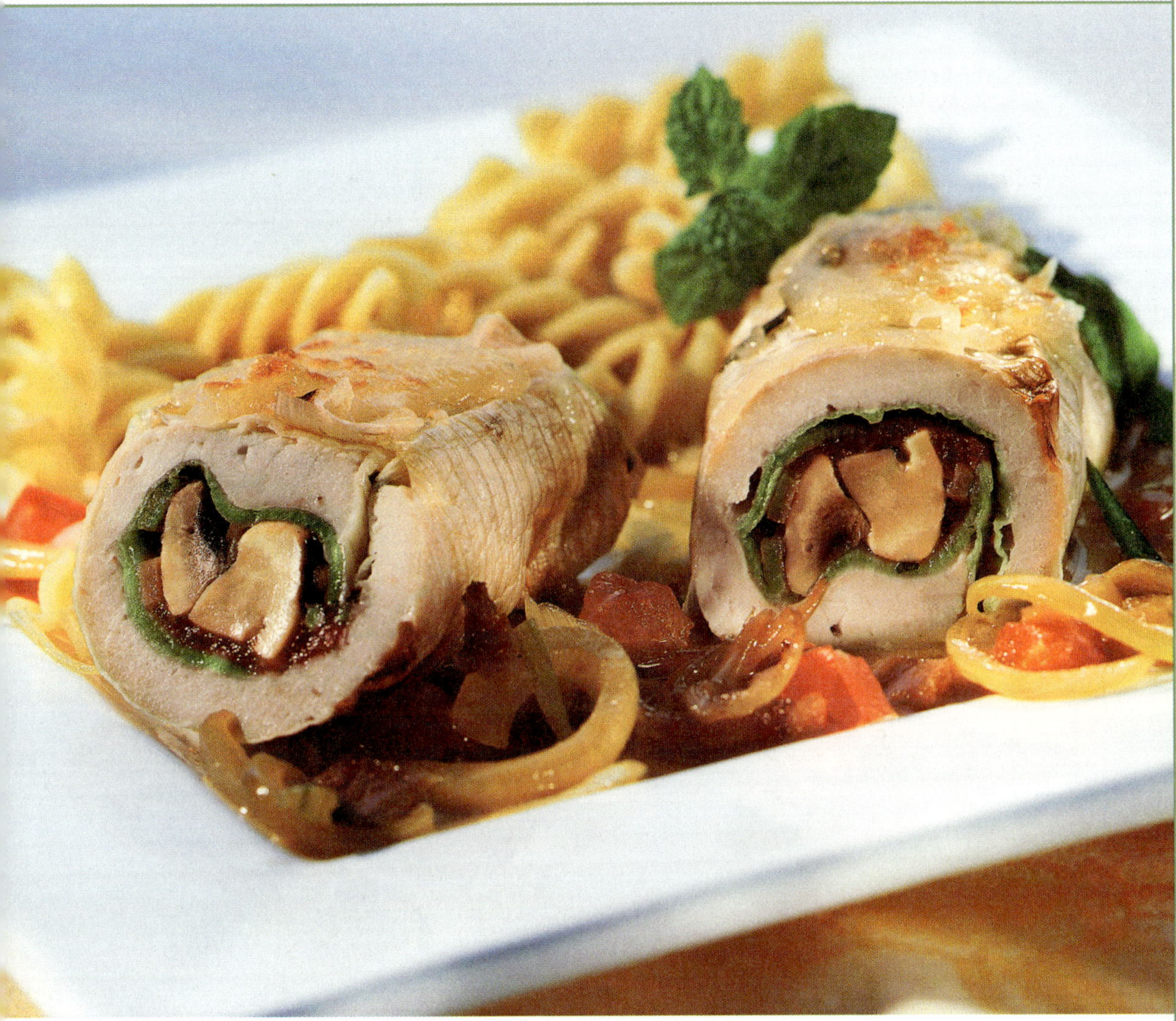

Zutaten für 2–3 Portionen:

1 dicke Stange Lauch (ca. 250 g)

Salz

150 g Champignons

1 Scheibe roher Schinken (ca. 60 g)

2 EL Öl

2 EL gehackte Petersilie

Pfeffer

3 Putenschnitzel à 150 g

1 Beutel KNORR Fix für Zwiebel-Rahmschnitzel

200 ml Schlagsahne

100 g geriebener Käse

1. Lauch putzen, waschen, der Länge nach halbieren und in kochendem Salzwasser 2 bis 3 Minuten garen. Herausnehmen und abtropfen lassen.
2. Champignons putzen und würfeln. Schinken ebenfalls würfeln und mit den Pilzen in heißem Öl anbraten. Petersilie dazugeben, mit Salz und Pfeffer würzen.
3. Putenschnitzel flach klopfen und der Länge nach halbieren. Lauchblätter ablösen und die Fleischstreifen damit bedecken. Pilz-Schinken-Mischung darauf verteilen. Fleisch aufrollen und in eine gefettete Auflaufform geben.
4. Fix für Zwiebel-Rahmschnitzel in Sahne einrühren, darüber gießen und mit Käse bestreuen. Im vorgeheizten Backofen bei 200 °C (Gas Stufe 3, Umluft 175 °C) 30 Minuten backen.

tipp

Dazu einen Vino nobile oder einen Chianti aus der Toskana probieren.

Zubereitungszeit ca. 35 min

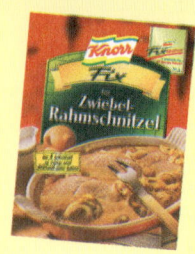

Kasseler in Zwiebelsauce

Pro Portion (bei 3 Port.): 1505 kJ/359 kcal, 39 g E, 11 g F, 23 g KH

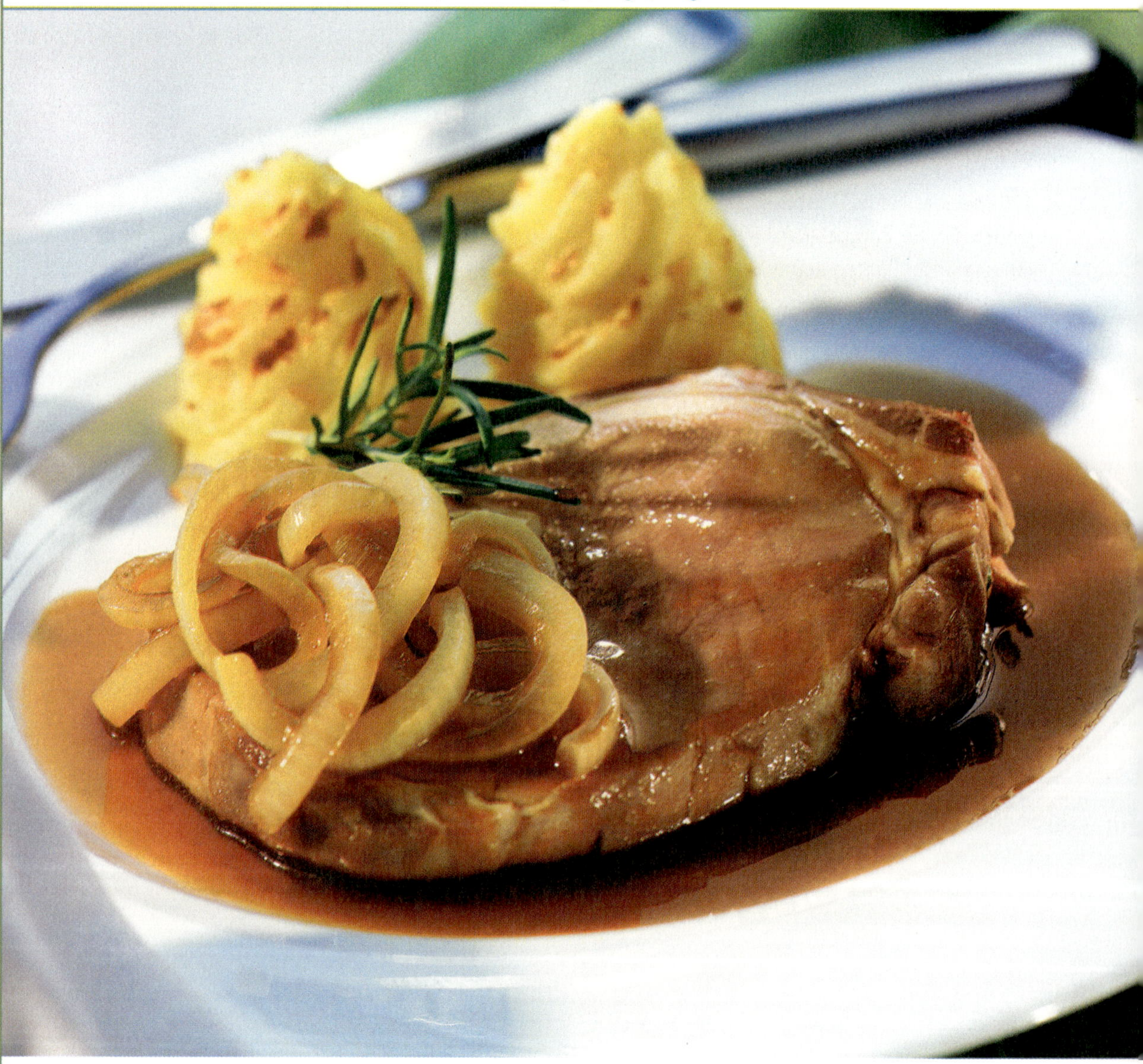

Zutaten für 2–3 Portionen:

500 g Kasselerfleisch
2 EL Öl
200 ml Malzbier
1 Beutel KNORR Fix für Zwiebel-Rahmschnitzel
evtl. 1 EL Zitronensaft
evtl. 1–2 TL Honig

tipp

Sehr edel: Püree mit einem Eigelb mischen, mit einer Spritztüte Tupfen aufs Blech setzen und überbacken.

1. Kasseler in einem weiten Topf in heißem Öl anbraten. 1/4 Liter (250 Milliliter) kaltes Wasser und das Malzbier dazugießen. Fix für Zwiebel-Rahmschnitzel einrühren und unter Rühren aufkochen.
2. Zugedeckt bei schwacher Hitze 20 bis 30 Minuten garen, das Fleisch ab und zu wenden. Nach Belieben mit Zitronensaft und Honig verfeinern.

Dazu: Kartoffelpüree.

Zubereitungszeit ca. 25 min

Schupfnudeln mit Kraut

Pro Portion (bei 2 Port.): 2100 kJ/505 kcal, 22g E, 25g F, 45g KH

1. Schupfnudeln in einer Pfanne in heißem Öl in etwa 5 Minuten goldbraun braten. Schupfnudeln herausnehmen und warm stellen.

2. 400 Milliliter kaltes Wasser in die Pfanne gießen. Fix für Zwiebel-Rahmschnitzel einrühren und unter Rühren aufkochen. Sauerkraut abtropfen lassen, ausdrücken und dazugeben.

3. Zugedeckt bei schwacher Hitze 10 Minuten garen. Petersilie untermischen. Mit Salz, Pfeffer und eventuell Zucker abschmecken. Mit Käse bestreut servieren.

   Statt der Schupfnudeln zur Abwechslung frische Spätzle verwenden.

Zutaten für 2–3 Portionen:

500g Schupfnudeln aus dem Kühlregal

2 EL Öl

1 Beutel KNORR Fix für Zwiebel-Rahmschnitzel

285g Sauerkraut aus der Dose

1/2 Bund gehackte Petersilie

Salz, Pfeffer

evtl. Zucker

50g geriebener alter Gouda

Zubereitungszeit ca. 25 min

Zwiebelrostbraten

Pro Portion (bei 2 Port.): 2315 kJ/555 kcal, 53 g E, 31 g F, 14 g KH

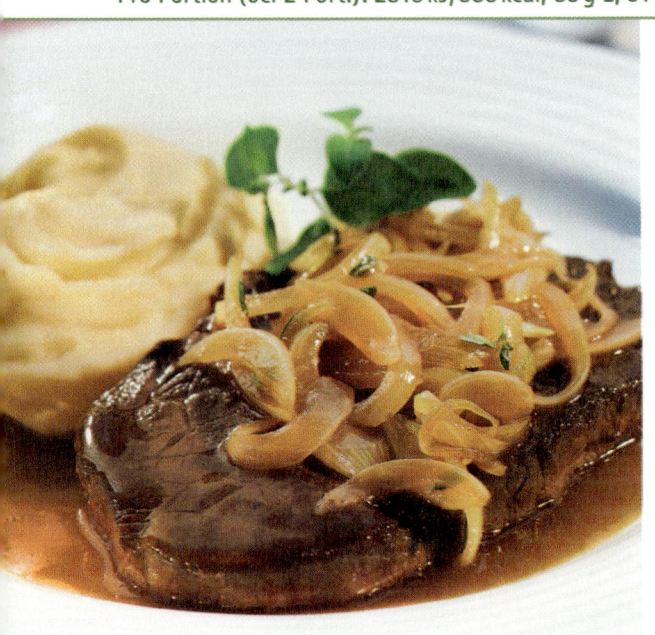

1. Zwiebeln abziehen und in Ringe oder dünne Spalten schneiden. Rindersteaks in einer Pfanne in 2 Esslöffel heißem Öl anbraten, herausnehmen und warm stellen. Das restliche Öl in die Pfanne geben und die Zwiebeln darin glasig dünsten. Herausnehmen und warm stellen.

2. 300 Milliliter kaltes Wasser in die Pfanne gießen, Fix für Zwiebel-Rahmschnitzel einrühren und aufkochen.

3. Fleisch in die Sauce geben. Zugedeckt bei schwacher Hitze etwa 15 Minuten garen. Mit den gedünsteten Zwiebeln anrichten.

   Dazu: Kartoffelpüree.

Zutaten für 2–3 Portionen:

3 Zwiebeln

450g Rindersteaks (ca. 2–3 Stück)

3 EL Öl

1 Beutel KNORR Fix für Zwiebel-Rahmschnitzel

tipp

Zu dem Zwiebelrostbraten ein Glas Pilsner Urquell oder ein Weißbier servieren.

Hähnchenleber mit Salbei

Pro Portion (bei 3 Port.): 2565 kJ/612 kcal, 48 g E, 35 g F, 26 g KH

**Zutaten für
2–3 Portionen:**

2 Fleischtomaten

600 g Hähnchenleber

2 EL Öl

150 g Lauch

1 Knoblauchzehe

8 Salbeiblätter

50 g luftgetrockneter Schinken

200 ml Schlagsahne

1 Beutel KNORR Fix für Zwiebel-Rahmschnitzel

1. Tomaten mit kochendem Wasser überbrühen und abziehen. Fruchtfleisch in Würfel schneiden.

2. Hähnchenleber von Fett und Sehnen befreien und in Stücke schneiden. Leicht mit Mehl bestäuben und in heißem Öl rundherum anbraten.

3. Lauch putzen, waschen und in Streifen schneiden. Knoblauchzehe abziehen, zerdrücken. Salbeiblätter klein schneiden. Alles zum Fleisch geben und kurz mitbraten.

4. Schinken in Streifen schneiden und mit den Tomatenwürfeln dazugeben. Sahne dazugießen, Fix für Zwiebel-Rahmschnitzel einrühren, unter Rühren aufkochen und zugedeckt bei schwacher Hitze 10 Minuten kochen.

Zubereitungszeit ca. 35 min

Zwiebel-Wurst-Gulasch

Pro Portion (bei 2 Port.): 2640 kJ/632 kcal, 23 g E, 53 g F, 18 g KH

**Zutaten für
2–3 Portionen:**

300 g Nürnberger Bratwürstchen (ca. 14 Stück)

2 EL Öl

1 Beutel KNORR Fix für Zwiebel-Rahmschnitzel

200 g Möhren

Salz, Pfeffer

1–2 TL mittelscharfer Senf

evtl. 2–3 EL Schlagsahne

1. Bratwürstchen in einer Pfanne in heißem Öl braten und herausnehmen.

2. 400 Milliliter kaltes Wasser in die Pfanne gießen, Fix für Zwiebel-Rahmschnitzel einrühren und unter Rühren aufkochen. Möhren schälen, in dünne Scheiben schneiden und zufügen. Zugedeckt bei schwacher Hitze 10 Minuten kochen. Sauce mit Salz, Pfeffer und Senf abschmecken. Nach Belieben mit Sahne verfeinern.

3. Würstchen schräg in Stücke schneiden und in der Sauce heiß werden lassen.

Zubereitungszeit ca. 45 min

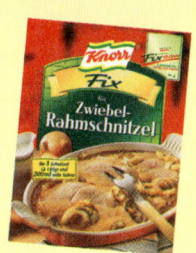

Fleisch-Zwiebel-Topf

Pro Portion: 1970 kJ/472 kcal, 35 g E, 34 g F, 8 g KH

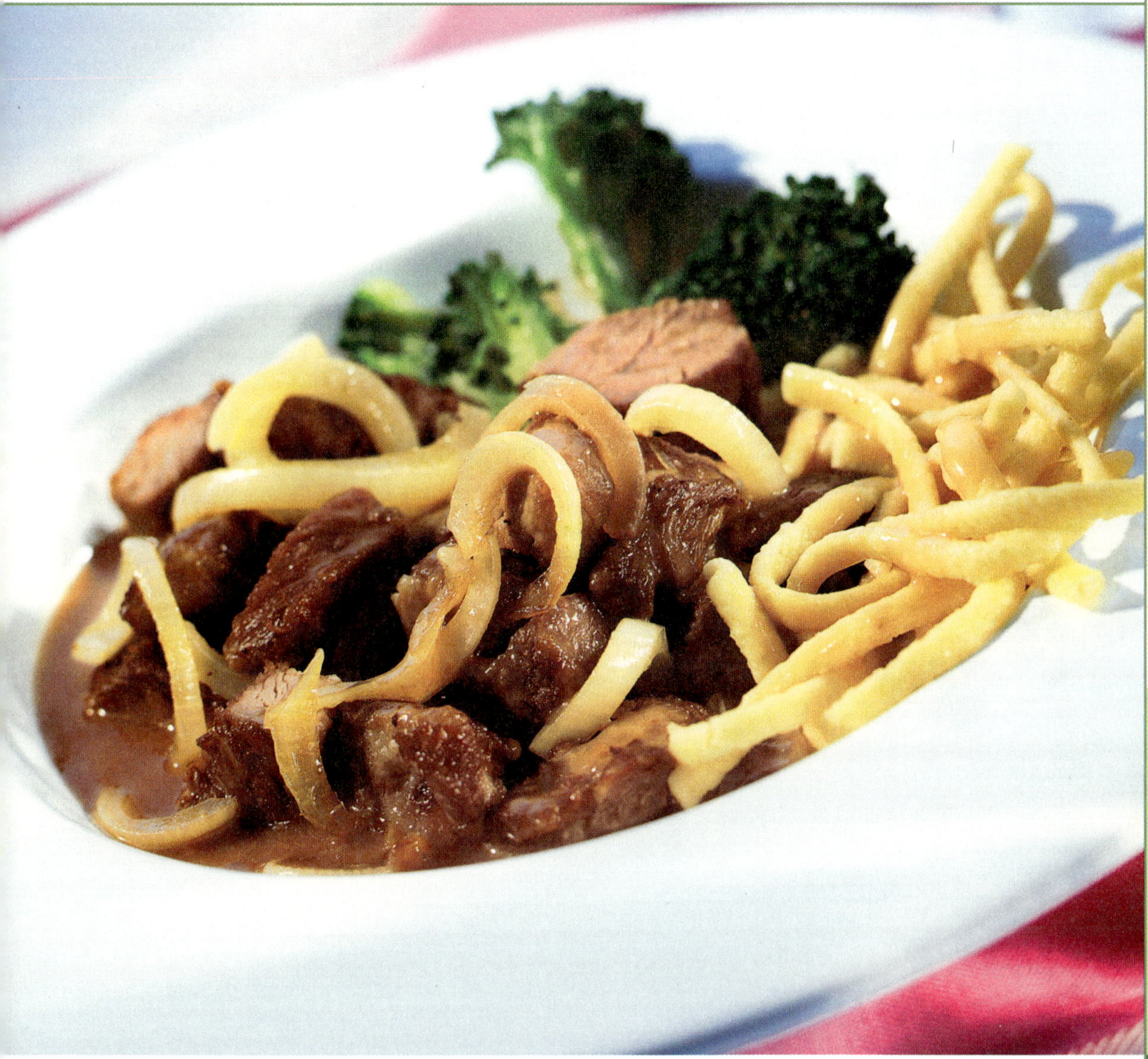

Zutaten für 3 Portionen:

500 g Schweine-nacken

2 EL Öl

1 Beutel KNORR Fix für Zwiebel-Rahmschnitzel

Salz, Pfeffer

1. Schweinenacken in etwa 2 Zentimeter große Würfel schneiden und in einem weiten Topf in heißem Öl anbraten. 1/2 Liter (500 Milliliter) kaltes Wasser dazugießen, Fix für Zwiebel-Rahmschnitzel einrühren und unter Rühren aufkochen.
2. Fleisch-Zwiebel-Topf zugedeckt bei schwacher Hitze 30 Minuten garen. Mit Salz und Pfeffer abschmecken.

Dazu passen Broccoli und Spätzle.

tipp

Abgezupfte Blätter von 1 kleinen Bund frischem Thymian mitgaren.

Rezeptübersicht

Fleisch & Wurst

Rezeptübersicht

Geflügel & Wild

Rezeptübersicht

Fisch & Krustentiere

Gemüse & Pilze

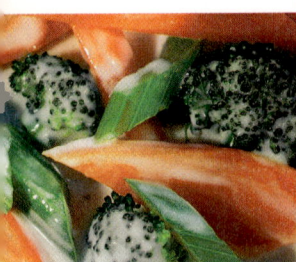

Rezeptübersicht

Pasta, Pizza & Kartoffeln

Rezeptübersicht

Aufläufe & Gratins

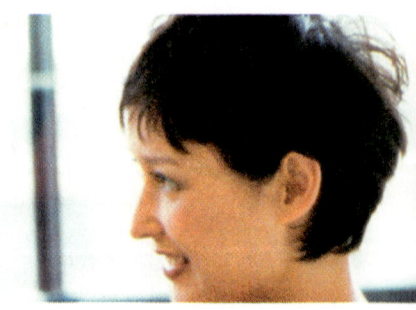

Suppen & Eintöpfe

Rezeptübersicht

Saucen & Dips

Vegetarisches

Über dieses Buch

Hinweis

Das vorliegende Buch ist sorgfältig erarbeitet worden. Dennoch erfolgen alle Angaben ohne Gewähr. Für eventuelle Nachteile oder Schäden, die aus den im Buch gemachten praktischen Hinweisen resultieren, kann der Verlag keine Haftung übernehmen.

Impressum

Der Südwest Verlag ist ein Unternehmen der Econ Ullstein List Verlag GmbH & Co. KG, München.
© 2002 Econ Ullstein List Verlag GmbH & Co. KG, München

Alle Rechte vorbehalten. Nachdruck – auch auszugsweise – nur mit Genehmigung des Verlags.

Redaktion
Bookie & Partner, Hamburg/Irsee

Rezepte
Unilever Bestfoods *Deutschland GmbH*, Hamburg

Schlussredaktion
Karin Schanzenbach

Projektleitung
Susanne Kirstein

Umschlaggestaltung und Layout
Büro N2, Andreas Lange (www.bn2.de)

DTP/Satz
Print Production, Irsee

Lithografie
Onnen & Klein, Hamburg
Print Production, Irsee

Produktion
Manfred Metzger (Leitung),
Annette Aatz, Monika Köhler

Printed in Italy
Gedruckt auf chlor- und säurearmem Papier

ISBN 3-517-06585-4

Bildnachweis

Alle Rezeptfotos stammen von der Unilever Bestfoods *Deutschland GmbH* (Fotograf: Sven Raben; Foodstyling: Thomas Lauterbach, Rocco Dressel).
Ebenfalls von Unilever Bestfoods *Deutschland GmbH*:
8, 9 Mitte, 18, 34, 42, 50, 98, 114, 146, 154, 162, 178, 210, 226, 234, 242, 274, 282, 314.
Außerdem Südwest Verlag:
U1 (2. v. o. und 4. v. o.), U4 li. u. 26 (Peter von Felbert u. Eickenberg), 58, 218, 266, 306;
gettyimages, München:
U1 (2. v. u.), 82, 186, 298; U4 o. re. (Champion Ship);
Jean-Blaise Hall/PhotoAlto: 90, 130, 258, 290, 322;
Francis Hammond/PhotoAlto: 74, 122;
John Dowland/PhotoAlto: 9 o. r., 10, 138, 202, 250;
Stock Photo: 66, 106, 170.

KNORR®, PFANNI®, MONDAMIN® und KNORR Fixibilität® sind eingetragene Marken.